變異

日本二千年

李永晶　著

目錄

上篇　變異

中篇　日本二千年

下篇　現代日本的深層結構

推薦序

李朝津

戴季陶是知名的日本通，頗受日本知識界敬重，他在其《日本論》寫道：
「『中國』這個題目，日本人也不曉得放在解剖台上解剖了幾千百次，裝在試
驗管裡化驗了幾千百次。我們中國人卻只是一味的排斥反對，再不肯做研究工
夫……這真叫做『思想上閉關自守』、『智識上的義和團』了。」這段話寫了將
近百年，情況似乎改變不大，研究日本的人雖不是沒有，但要把日本作一個通盤
檢討的著作卻依然不多，李永晶教授這本著作可以說鳳毛麟角，從宏觀角度透徹
分析日本，由古代到今天，由亞洲體系以至世界體系，無所不包，目的是尋找一
個可以貫通古今中外日本的脈絡，立論體大思精。

　　李教授首先由日本與亞洲的關係切入。向來都認為日本因孤懸亞洲大陸以
外，一直具侵略亞洲大陸的野心，唐朝時代的白江村戰役，明朝時豐臣秀吉出兵
朝鮮半島，都是例證。但作者一不從侵略角度，認為是表面層次；二不用日本受
中國文化教化角度，也認為過分片面。他希望由日本與亞洲大陸的互動過程，瞭
解它如何建立自我，也就是日本的獨特性。以平等視角觀察日本，我想是本書一
個重要出發點，亦是我們研究日本一個基本出發點。不過在閱讀本書後，發覺亞
洲這個概念有點值得進一步討論。亞洲是西學東漸後所帶來的一個地理名稱，在
此之前，東方並沒有亞洲這個概念。對近代以前東亞的人來說，東亞就是整個世
界，而位在世界的中心則是中國，這是日本在近代與中國接觸的一個重要背景。

　　一個有趣的例子是 1871 年中國與日本簽訂《修好規條》及《通商章程》，
兩國歷史上首次建立平等外交關係。議約之初，中國所提出的約稿是中國與日本
國並列，但在雙方會談時，日本反對使用中國兩字，最後李鴻章讓步，條約中代
以大清國和大日本國。李鴻章對此甚為不解，他認為中國與西方各國簽約，歷來
都使用「中國」二字，不明白日本為何反對？他當時以為日本無事生非，目的是
從中國取得更多好處。李鴻章可以說是身處山中，不識廬山真面目，也反映出晚
清洋務官僚，開始接受西方的國際體系，用與西方國家交往的方式對待日本，不
理解日本無法接受「中國」兩字背後的含義，亦即中國代表居天下之中，具有優
越地位。因此日本對「亞洲」二字的認知，是具有傳統天下觀的含義，它存在著
一個政治以至文化中心。正如本書作者所指出，日本對亞洲概念是充滿矛盾的，
它一方面要強調其獨特性，但另一方面又強調其統一體系，反映到近代，便極力

排斥使用「中國」一詞。我以日本國會圖書館藏書為基礎作了一個簡單的統計，計算由 1880 年開始以中國為題的出版物，或是替代中國另一些名詞的出版物，其結果如下：

	1880–1899	1900–1919	1920–1939	1950–1969	1970–1989	1990–2009
中國	27	210	284	3,123	22,377	99,258
支那	484	1,685	6,523	292	421	824
日中	1	17	13	292	421	824
日支	7	36	354	7	32	87
日清 / 日華	398 / 0	65 / 15	61 / 60	41 / 18	248 / 68	978 / 289

選取時間以 20 年為一段落，但 1940 至 1950 年沒有選入，因為正跨越戰爭年代，環境變化太快，不易作準。另外搜尋時僅以書名為對象，會有不少誤差，例如日本本身便有中國地區，書名可能是指日本地名。不過這主要是觀察趨勢，無須太精確。由上表可以得出結論，以中國為名的書籍在戰前數量不多，戰後才開始取得優勢，到 1970 年代中國與日本的關係正常化後，數量更突飛猛進，也反映出直到 1970 年代中日正常化以後，中國這名稱才正式為日本接受，也是經過一百年以後的事了。

因此可以說日本在邁入近代時，傳統的天下觀念仍揮之不去。1928 年戴季陶代表國民政府往東京疏解中日關係，回國前夕，少壯軍人舉行餞別宴會。席間軍人表示，國民黨以前遠處廣東，力量有限，現在已發展到長江下游，但能否直搗中原尚在未知數？日後在北方見面才知分曉。這種躍馬亞洲大陸、逐鹿中原的心態，很容易說明所謂「亞細亞主義」，自明治以來便混淆著傳統的天下觀念，完全跨越近代西方國家體系的界線，也是戰前少壯軍人與外交協調派的最大差別，一直到二次大戰結束後，傳統天下觀才真正淡出日本的亞洲概念。

日本對亞洲的認識，除傳統看法外，也受當時世界環境的影響，1928 年日本少壯軍人對戴季陶的一番說話，背後還有第一次世界大戰以後的國際氛圍。一戰上最大衝擊便是軍事觀念的改變，戰爭勝負不再是取決於戰場上，而是看本國能否掌握足夠資源以支持戰事。因此戰後各國都在爭取地區霸權（autarky），建

立自給自足的天然資源。戰後日本軍人，無論是所謂統制派或皇道派，其實都在追求東亞地區霸權，因此有大東亞概念的出現，而石原莞爾即其表表者。第二次世界大戰結束後，日本已放棄雄霸亞洲想法，但亞洲概念仍在政界及學界不斷有迴響。雖然只是理論層次，不過隨著日本國力上升，日本對亞洲即有新的解釋，大平正芳在 1978 年提出「環太平洋連帶」，中曾根康弘在 1982 年提出「東亞共同體」，均希望打造一個新型亞洲方式，其中亦包括美國在內。因此「亞洲」一詞，於日本實在有許多不同含義，正如作者所言，亞洲是日本藉此自我表達的方式，它的內容複雜，本書在這方面邁開了重要一步，期待作者日後有更深入的巨著。

回過來再檢視中國如何看待亞洲這一概念？簡而言之，可以說是十分冷淡。「亞細亞」一語自明末便由西方傳教士傳入中日兩國，但當時只當作是地理名詞，而且是西方的地理框架，影響力不大。它在政治上產生作用力是始於日本，1877 成立振亞社，以後發展為興亞社、亞細亞學會等，主張團結亞洲各國，抗拒西方侵略。中國方面也有人參與呼應，如黃遵憲及孫中山等，但始終沒有成為一個有力概念。主要原因大概有兩點，首先是地緣問題，日本所提倡的亞細亞主義，雖然包括今日亞洲全部，但重點仍在東亞，而中國周圍鄰近國家眾多，面向的不止是東亞一地，而是包括東南亞、中亞及北亞，不可能只傾斜東亞一方；其次是中國一直自詡為東亞文明的源頭，對同源的日本、韓國和越南等文化不無輕視心理。就第一點而言，它是外交政策的實行層次問題，強調東亞地區的特殊性，並不妨礙四海一家精神，反而有相輔相成效果；至於東亞文化的形成，中國固然在時間上先著一鞭，但日、韓、越三國亦各自有其貢獻，近年學界頗關注日、韓儒家思想的發展，其實在醫學及藝術等生活層面，它們也有一定成就，但常被忽視，要建設一個有力的亞洲概念，必須承認日本以至其他國家共同努力的結果，才有發展的可能性。有幸拜讀李永晶教授大作，並受囑作序，深感作者若能在這方面發揮所長，則更是東亞文化之福。

台北大學歷史系退休教授李朝津

2023 年 8 月 8 日草於芝加哥

尋源日本：理解日本的「奇跡」

致繁體中文世界的讀者

1.

在日本研究領域有所謂的「日本的奇跡」的説法，它有兩層含義：一層是説第二次世界大戰後，日本迅速崛起為僅次於美國的超級經濟大國，遙遙領先於西歐各大國；另一層是説，日本從戰前的天皇制絕對主義迅速轉變為成熟的自由民主主義制度，成為自由主義陣營的一塊主要基石。這種關於日本的説法自然不錯，本書題名《變異》，其實就有著「變得令人驚異」、「變得卓異」的含義。那麼，這個「奇跡」是如何得以形成的？它包含著怎樣的人類文明史的教訓和未來文明的信息？這些正是促使我撰寫本書最初的動機。

其實，我們還經常會聽到一種説法：中國需要好好瞭解一下日本。這個説法的言外之意就是，我們此前忽視或者説輕視了「日本的奇跡」。這種看法坦誠而樸素，但在我看來，日本並不僅僅是我們需要瞭解的對象，更是一個迫使我們思考的存在——我們要將日本視為一種方法，藉以觀察我們自身的文明狀況。我在本書中試圖表明，日本是一個如此奇異、典型的事例，以至於我們可將其視為人類文明的一幅全息縮影，我們總能從中獲得理解我們自身不可或缺的信息。

這個判斷的一個前提是日本列島與東亞大陸有著源遠流長的關係。即使在今天，人們在提到日本話題時仍不免提出一些最樸素的問題：歷史上中日兩國究竟有著怎樣的關係？如何看待當下和未來的中日關係？日本文化和社會到底有哪些獨特的屬性？這些問題錯綜複雜，並沒有簡單的答案。如果將我們的視野提升到一定的高度，我們就會意識到，「日本問題」其實與我們的自我意識息息相關。問題就是認知，因此我們需要採取審慎的態度，以一種更為從容、更富有反思性的角度去討論相關問題。

有人可能會説，現在中日兩國間人員往來極為頻繁，長期縈繞在中國人頭腦中的那種集某種神秘感、奇異感、親近感與異己感於一體的日本印象正在消失吧？誠然，與 19 世紀中後期兩國初次開始密集交流的時代相比，日本早已經不是我們陌生的鄰人，但這並不意味著我們已經獲得了理解日本的終南捷徑；試圖

通過簡單的觀察與閱讀的方式理解日本，結果可能會讓自己陷入了一些往往互相矛盾的現象與說法中；諸如高雅與低俗、審美與醜陋、簡素與奢華、沉靜與暴烈、溫順與桀驁、忠誠與叛逆、傳統與現代，這些要素共同編織成一幅五光十色、光怪陸離的畫面。今天發達的出版與旅遊產業誠然讓我們看到了日本的一部分面容，但這幅畫面的畫風依舊。因此，印象的積累與疊加並不同於認知的深化，有時可能還會強化我們固有的觀念和偏見。有鑒於此，我們需要關於日本的一種系統性的解釋。

這種認知上的困難來源於中日關係的特殊性。中日兩國間深厚的歷史與文化關聯，意味著我們要小心翼翼地區分二者的異同；我們的目光要穿透這種聯繫造就的表象，進入歷史與文明的深處。這也是我自己在前著《分身：新日本論》中提出「分身」這一認知模型的原因——在某種意義上，日本就是我們的「分身」，是我們的「另外一個自我」；對日本的探尋就是對我們自身的探尋。如果說《分身》的主題就是探索近代日本的「奇跡」，那麼本書則是在更遼闊的文化與歷史空間中描述和闡釋這個「奇跡」的出現過程，進而嘗試提供一種關於日本的整全的解釋圖式與框架。

2.

本書的這一意圖首先再次要求我們對對象自身有整體的把握。我們不妨再想像這樣一個情境：在碧波萬頃的海面上，遠方星羅棋佈、錯落有致的冰山在陽光的照射下晶瑩剔透，熠熠生光；我們可以盡情讚美眼前的美景奇觀，表達由衷的審美愉悅，但同時，也必須保持高度的警惕——眼前的景象可能僅僅是冰山的一角，會對航船造成無數的困擾乃至致命的危險。其實，日本首先就是這樣一幅景觀：特異的畫面感一直在強烈地吸引著人們的關注，但同時也妨礙了人們對其本質的認知。

那麼，放棄我們從旁觀者的角度進行的習以為常的觀察和判斷，直接進入「日本」這一精神海洋，和對象進行一次對話又如何呢？通過身臨其境的對話，而不只是依靠觀察和理性分析去認知日本，將是接近日本本質的有效方法。其

實，日常生活經驗一再表明，我們在認識異於自身的他者時，對話扮演著不可或缺的角色。在一個理想的對話中，我們通常會投入我們的全副身心與人格，以期實現心靈上的共鳴。因此，通過對話尋源日本的心靈歷程就不是權宜之計，而是我們直面我們自身的疑惑時無可替代的方法。

但「日本」自身並不會發問與應答，所以這個對話要求我們首先說出自己——無論是出於功利還是審美——的疑問，然後讓「日本」基於自身的歷史、基於民族共同體的生活經驗來作答。某種意義上，這樣的作答相當於當事者自身的證言；更重要的是，在對話中，我們還傾聽到了自己內心的真實聲音，它們顯然源自於我們對自身生活與命運的關切。

在這個對話中呈現的「日本」，就是我們試圖探求的對象——「日本」內在於我們自身的生活和歷史中，是我們自身的觀念與慾望的投影。這是一種對事實的樸素描述，並無多少玄妙深奧之處。無論是日本還是中國，都是在與自然、與他者的共同演化進程中形成了今天的狀態。

我們通過對話尋源日本，本質上是一種同時建構自我與他者的過程，是對東亞世界共同演化的歷史圖像的重新繪製。因此，本書對日本的呈現，無論是素描，還是刻劃，是譽美還是批評，在根本的意義上是與自己進行的一場對話，並從中尋省意義，最終激發我們共同向善、向美、向真的意志。「不能反躬，天理滅矣。」（《禮記·樂記》）——在這個古典的意義上，我期待讀者能將本書視為一部關於我們自身的省察錄。

3.

對於我而言，本書能以繁體中文的形式出版具有特別的意義。我出生於上世紀 70 年代中期，從 80 年代後期開始念初中時開始，我所接觸的小說、音樂、影視等流行文化，可以說主要來源於繁體中文文化圈。——這麼說吧：繁體中文文化圈的文化形態構成了我們這一代人自我啟蒙的一個主要精神源泉。每個人從中獲得的薰陶自然不盡相同，但對於我而言，那些文化作品中流溢的源於傳統文明的古樸、真摯和善良的信息，當然還有各種美輪美奐的形式，正是動人心懷之

處。這或許就是文化與文明的力量。

　　一直等到多年以後，我才領悟到：以繁體中文為載體的文化，對於當時的我而言，無異於文化人類學當中所言的「異文化」。在一個人成長至為重要的青春時代，我於不知不覺間經受了一場既陌生又親切的文化薰陶，如今看來真是幸事！當然，這個「異文化」還只是就形式上說的，古老的東亞生命共同體的心魂才是這一文化的本質。

　　念完大學後，我選擇了去東京繼續讀書，這其實是我的第二次文化啟蒙。不過，這兩次啟蒙並非完全關係。如同 20 世紀初的留日前輩曾有過的體驗一樣，我同樣在山川異域的日本列島驚訝地發現了「中國」。無須說，這個「中國」是一種文化心理現象，正是我在第一次文化啟蒙中隱隱約約感受到的那個純然文化意義上的「中國」；沒有後者，自然就沒有前者。

　　當然，我明白，我所感受到的這兩個「中國」已經經過了一種理想化，現實中並不存在。——不錯，在我的觀念中，這個「中國」純然是仁義禮智信、溫良恭儉讓這些普遍的人類美德的一種表象，但這決不意味著這種「理想化」是一種無意義的虛構；一種文化、一種文明如果缺少了這些德性，那麼只能導致人性荒蕪的結局。近代東亞世界史上的暗黑時代，無一不是這種普遍德性為人類的貪慾和暴政所壓倒的時代。從根本上說，道德理想與精神表象才具有根本的人性意義。

　　我在這裏寫下上面一番說法，其實包含著一種期待，因為這些說法涉及到本書的一條隱晦的精神線索；此刻，這條線索既然已經由隱晦轉向顯白，我自然期待本書的尊敬讀者能藉此進入本書描繪的精神世界，並由此產生更多的共鳴。那麼，「日本」究竟會向我們說出怎樣的真相呢？作為這場對話的組織者，我真誠地邀請有緣的讀者朋友參與其中，一起看看日本二千年所走過的道路，並循此進入廣闊的心靈世界，聆聽來自歷史、文明、他者以及我們內心深處的聲音。

2023 年 5 月 25 日，作者謹識

變異：日本認知與想像的二重奏

1.
日本：奇跡還是奇異？

在大多數人的心中，現代日本是一個特殊的存在，容易讓我們聯想到中日歷史上的各種恩怨情仇。人們會因為日本歷史上曾尊崇和學習中華文明而對它抱有好感，隔海相望、「一衣帶水」是我們用來描述中日關係的特殊詞彙。但另一方面，因日本在近代轉向西方世界，並轉而侵略中國，人們又會對它的「背叛」耿耿於懷。日本的這種形象由我們自身的想像與認知交錯而成，但這是一種有待反思和省察的樸素的存在。

日本從 19 世紀後期開始崛起，一舉成長為改變東亞與世界秩序的大國；1945 年戰敗後，它很快又再次崛起，如今正走在世界文明發展的前沿地帶。很多西方學者將這一現象稱為「日本的奇跡」。但從中國的角度看，我們還要繼續追問的是：日本是如何從歷史上中華世界邊緣的蕞爾小邦、一個世界史上無籍籍名的東海小國，轉變為讓世界驚異的存在？日本如何轉變為異於我們的陌生存在？如何理解日本在現代化進程上堪稱卓異的各種表現？

或者說，與西方視線中的日本不同，我們要理解的不是「日本的奇跡」，而是「日本的變異」，是要建立一個理解日本的框架，將日本納入一個可理解的認知體系中。

現代中國人看日本時的視線頗為複雜：在我們想像的某個角落中，日本是和我們相同的存在；但在現實中，日本又有著許多我們不易理解的奇異屬性，甚至是一個矛盾的複合體。其實，現代日本人看中國時同樣如此：他們也是以一種糾結的心態觀察著中國的一舉一動。這種彼此打量對方目光的奇異性，是歷史上中日兩國特殊關係的一種呈現。

正因如此，我們必須去理解日本的「變異」，日本的這種轉變為「異質」的、有著諸多「卓異」品質的他者的過程，從而獲得一種關於日本原理的精深認知。重新審視日本的演化歷程，描繪日本在政治、經濟、文化與社會上的歷史變遷，這種工作構成了我們解析日本「變異」的基礎。

本書還有一個與此並行不悖、相輔相成的目標：獲得一種全新的自我認識。

「我們」是誰？在這個巨變的時代，這是一個我們無法迴避的問題。我們是要把日本當作一面鏡子嗎？日本誠然是一面鏡子，我們可以通過光學折射看到自己的鏡像；但這還不是一個恰當的比喻，因為鏡子是外在於我們的一種事物，是一種工具，而日本在本質上並不是外在於我們的一個國家。其實，日本內在於我們自身，我們對日本的想像與認知方式，正是自我的建構與外在呈現。

這種看法可以在我們的日常生活經驗中得到確證。想想看，平時提到日本時，我們的第一印象是什麼？我們會用哪些關鍵詞來描述它？顯然，諸如「文明」、「乾淨」、「安全」、「認真」、「勤奮」、「執著」、「有禮」、「拘謹」、「變態」等說法，很容易出現在我們的頭腦中。這裏要注意的是，這些說法其實有著共同的起源，即都來源於比較，而比較的對象主要就是我們自己。

我在前面說「日本是一個矛盾的複合體」，其實這是對人們日常感受的一種鄭重、嚴肅的表達；在日常生活中，人們更願意直接用「變態」來描繪他們眼中的日本的奇異屬性。

既然如此，我們不妨就從「變態」這個標籤說起。這個常見的說法因其高度的通俗性和表現力，只要對它加以恰當的闡釋，就會構成我們認知日本的獨特視角——「變異」。

2.
關於日本「變態」的想像和認知

讓我們暫且回到上面提到的包括「變態」在內的說法上。這些說法的本質是社會學當中所謂的「刻板印象」：它是指社會上一般流行的關於其他族群、關於他人的看法，通常都夾雜著特定的成見和偏見。我們如果想要深刻認識日本，首先就要對這些刻板印象進行一番論辯與反思；而對「變態」進行分析，會給我們提供直抵問題核心的入口。

現在，我們的問題變得非常簡單了：日本真是「變態」的嗎？顯然，「變態」是一個極其口語化的說法，亦莊亦諧；人們在平時讀日本小說，看日本電視劇、

電影或者閱讀日本社會新聞的時候，經常會遭遇到一些情節或事件，然後不經意地評論說，「嗯，有點變態」，「哇，真是變態」。這麼說時，人們其實是要表達一種特定的扭曲現象，尤其是指「心理變態」與「性變態」。這些「變態」不是什麼好事，但正因為如此，反倒會激發我們去探尋，在人們日用而不知的這個「變態」所指涉的現象的背後，是否有著我們不熟悉的日本的特殊原理在發揮著作用？

這個問題把我們導向了嚴肅的思考。事實上，當我們在日本社會和文化的某些領域中發現「變態」現象時，我們正是用它指稱一種和我們不同的、日本自身特有的形態；而「變態」的稱謂，恰好表明了我們對日本特殊性的一種樸素感受。

其實，從字典的標準來看，「變態」有兩種嚴肅的含義。首先，它是指事物的形態或姿態發生了改變、變形，是指一種「變化了的形態」；其次，它是指一種「非正常的狀態」。無論哪種含義，問題的關鍵在於，當我們說「變態」時，我們心中一定有一個「常態」，即我們自己認為的「正常」標準。因此，「變態」在本質上是指一種和我們預設的標準不同的狀態，我們可勉強稱之為「非常態」。

日本的這種非常態現象，似乎舉目皆是。日本人對漢字的用法就是很典型的例子。譬如，他們的地名或姓氏裏面有「我孫」、「我孫子」、「吾妻」這樣莫名其妙的說法，而名字裏則有「龜太郎」、「花子」等同樣不可思議的叫法。這種奇異的漢字用法不勝枚舉，但如果我們不以我們自己當下的用法為準繩去判斷，就很難說日本的用法「變態」了。我們再看一個例子。日語中有「雪隱」一詞，看上去頗有意境，但意思卻是「廁所」，這似乎顯得很不可理喻。但翻閱日文字典我們會發現，這個用法其實出自中國佛教典故，源於雪竇禪師在浙江雪竇山靈隱寺司職清掃廁所的故事。「雪隱」的這種古典用法在現代漢語中幾乎已完全隱去。

再有，日本的和尚可食肉，可飲酒，可娶妻生子。即使走在東京、大阪等現代化大都市的街道上，你也會隨時發現大小不一的佛教寺院，而佛寺裏面通常就是墓地，密密麻麻地豎立著木製或石刻的墓碑。日本人的社區和墓地毗鄰而居，陰陽兩界似乎相安無事；更讓人嘆為觀止的是，日本的電視台、報紙等

各種媒體還會投放關於如何辦理個人喪事、料理後事的廣告。我們覺得這些現象是一種「變態」，它的佛教規定違背了中國現行佛教「斷酒禁肉」的戒律（形成於南北朝時期），而它的生死觀也和我們中國人的大相徑庭，觸犯了我們心中的一些禁忌。

日本社會和文化中還有無數的這樣讓我們嘖嘖稱奇、深感費解乃至瞠目結舌的例子。可問題也出在這裏：我們同樣可以在美國、印度、非洲發現讓我們震驚的文化現象，但我們通常不會說「美國變態」、「印度變態」或者「非洲變態」。那麼，「變態」為何成了我們心目中幾乎是日本專屬的標籤呢？

問題其實出在我們自己身上。原來，我們每個人的心中都有一把為日本定製的尺子，無論我們怎麼用它來衡量，都會發現日本和我們不一樣，於是就認定是日本「變態」。我們潛在的意識是日本應該和我們一樣。至於美國或印度等其他國家，它們本來就跟我們不一樣，我們不必為本來就不一樣的事物感到驚詫。

這意味著什麼？這意味著「日本」一直在我們的心中！我們每個人的心中都有一個特定版本的「日本」，而對其他國家與民族的不同並不十分在意。換言之，我們都認為日本和我們中國的關係特殊，以至於我們對日本的「不同」、對日本的「非常態」非常敏感。我們有意無意使用的「變態」這個説法，將我們日本認知的深層邏輯或者説無意識暴露了出來。

我們的日本認識由此就深入了一步：日本並非一個純然外在的對象，它和中國有著千絲萬縷的內在關聯，甚至就是我們的一個「分身」。中國的文人學士們很早就表達了這種面對日本時似曾相識的感受。譬如，周作人（1885–1967）在1935年的一篇回憶性文章〈日本的衣食住〉中曾這樣寫道：

> 我們在日本的感覺，一半是異域，一半卻是古昔，而這古昔乃是健全地活在異域的，所以不是夢幻似地空假，而亦與高麗安南的優孟衣冠不相同也。[1]

---

[1] 周作人：《苦竹雜記》（北京：北京十月文藝出版社，2011），頁177。

周作人的意思是說，他在日本發現了中國美好的古代形象，那是堯舜禹湯、文武周公這些聖人在位的時代，是中國政治和文化史上的黃金時代；而朝鮮、越南這兩個國家雖然也在「優孟衣冠」，同樣在模仿中國的禮儀典章制度，但我們卻無法在它們身上看到這樣美好的中國。中國的「古昔」在故土已經失落為「空假」，這更是耐人尋味的文化與文明意識。

這樣的例子其實還有很多。譬如清朝末年駐日參贊、被譽為「近代中國走向世界第一人」的黃遵憲（1848–1905），譬如懂 9 種語言、獲得 13 個博士學位的「文化怪傑」辜鴻銘（1857–1928），譬如晚清變法領袖、「南海聖人」康有為（1858–1927），再譬如大思想家、「最後一位儒家」梁漱溟（1893–1988），他們都有過類似的日本體驗：有人在日本發現了「中國」，有人說遇見了自己的「故鄉」，有人看到了中國古典政治理想中的「三代之治」。

再回到當下。如果你有過日本旅行的體驗，或者通過影視節目有過間接的體驗，當你看到日本滿街的漢字時，是否同樣有「發現中國」的感覺？譬如，現代日文中的漢字字體就與我們廣泛使用的「宋體字」不同，他們使用的字體叫「明朝體」，是中國明朝時傳入日本的標準字體。這種字體雖然本質上也是一種宋體字，但和我們當下印刷體使用的「宋體」或「仿宋體」在字形上有很大的差異。單從漢字字體上，我們就會發現我們身邊還有一個不同的「中國」。

如果對書法多少有所瞭解，我們可能還會在內心深處認同周作人曾經的印象。周作人回憶說，當時他和他的夥伴們，「看見店舖招牌的某文句或某字體，常指點讚嘆，謂猶存唐代遺風，非現今中國所有」。[2] 即便我們對書法不瞭解，多半也會感覺到日本很多店舖招牌的漢字書寫讓人耳目一新，似乎更有古風，更為古雅。

在「變態」的日本，我們竟然發現了另外一個「中國」！

我們在日本能夠發現「中國」，這只是因為我們內心有著一種觀念，即日本文化是長久以來接受中華文明的哺育而成的；而我們在日本的所見，恰好印證

---

2   周作人：《苦竹雜記》，頁 176–177。

了我們內心的日本形象。觀念和現實感受相互強化的結果，就是日本構成了「我們」的一部分：我們看到了另外一個中國。

因此，當我們認定日本的某些現象是「變態」時，根本原因在於日本的發展變化偏離了我們心目中的常態，變得「不正常」。這個常態就是我們自己。因為古典文明的關係，我們在看待日本人、日本文化以及日本社會時，會傾向於認為他們應該和我們一樣。

當然，這是一種誤認。

3.
日本是一種「心理情結」

再換一個角度，借用「羨慕嫉妒恨」這個流行的大眾心理學的説法，我們就能更進一步捕捉「日本在我們心中」的經驗證據。每當我們提到日本時，這些情緒中的一種或全部可能會以某種形式或多或少地出現在我們的腦海中。

譬如，在提到現代日本國泰民安、衣食豐美、秩序井然時，我們會羨慕，會把日本當作自己的奮鬥目標；但提到他們中的一些人，譬如右翼政治家或右翼學者否認侵略戰爭、否認戰爭中的各種罪行，我們當然會憤怒。同樣，想到日本在歷史上長期受惠於中華文明，到了近代卻後來居上、反超中國時，有一些人內心難免會有一絲嫉妒，這也是人之常情。

這些都是變化不定的情緒，想像、事實、認知與偏見雜糅在一起，我們不必較真。但這些日常的經驗與觀感的普遍存在恰恰表明，日本內在於我們的心中，我們隨時會拿出我們內心的尺子來對它測度一番。問題還有更複雜的一面：我們面對日本時的這些或溫和或強烈的情緒，還深深地影響了我們內心衡量日本的那把尺子，影響了我們對日本事物的判斷。日本內在於我們的這種心理機制，可以稱之為「日本情結」。

「情結」是一個心理學、精神分析學上的專門説法，近似於我們日常口語中的「心病」。「情結」影響了我們對日本的判斷，也影響了我們對自己的看法。譬如，剛剛提到的「日本右翼」政治家與學者究竟是怎麼回事？日本軍國主義會

死灰復燃嗎？再譬如，迄今為止，日本已經出現了二十多位諾貝爾獎獲得者，這意味著什麼？我們不能因情緒和刻板印象而影響了對這些問題的判斷。

俗語云：心病還須心藥醫。既然日本是我們的「心病」，認識日本就是認識我們自己的問題。

這個心病有多種起源，我會在本書中加以分析。如果舉出其中的犖犖大者，那就是最近一百多年來，日本深深捲入中國的革命和建設過程中：甲午戰爭、二十一條、濟南慘案、九一八事變、抗日戰爭……這些歷史，我們耳熟能詳，它們強烈地影響了現代中國人國家和民族觀念的形成，而這種歷史記憶和觀念更進一步強化了我們心中的情結。

情結是心理上的事物，雖然對我們的觀念和行為有著深刻的影響，但不容易讓人把捉。與此相對，「日本」還有另外一個我們隨時可見的面相：日本就在我們身邊。

這不是說日本在地理上距離我們很近，而是說它實實在在地就在此刻你我的身邊。譬如，在我們的手機上，各種品牌的手機或多或少都有日本製造商提供的零部件或設計方案；我們可能通過手機上的應用軟件，看日本電視或電影節目，或者玩日本遊戲。再譬如，我們到處都可以看到日系的汽車；中國每年銷售的家用汽車，日系大約佔了四分之一。

日本在我們身邊，是因為它有著龐大的經濟體系。日本的經濟總量在1960年代末躍居世界第二，僅次於美國。直到2010年，這個第二的位置才被中國取代。但要注意的是，中國的人口數量是日本的11倍，國土面積大約是它的25倍。如果不比較總量而比平均，我們會看到，日本是一個名副其實的大國！這時候我們如果還說日本「變態」，那麼它的真實含義就是「優異」和「非凡」意義上的「非常態」。

早在19世紀末的甲午戰爭之後，當時中國的一部分士大夫就意識到了日本的優異屬性，開啟了學習日本的熱潮。整個20世紀，中國都一直在奮起直追。時至今日，我們取得了顯著的進步，但日本更富有危機意識，時刻關注著中國的發展和變化。為了準確、及時把握中國的動態，日本投入了大量的人力和物力對中國進行研究。告別了20世紀上半葉血與火的生死之爭後，中日兩國如今建立

了異常緊密的經貿關係，但雙方在政治關係上一直起起落落，處於一種低信任的狀態。[3]

這是第二次世界大戰後東亞世界秩序的常態，但又與我們所期待的理想狀態不同，是一種非常態。因此，我們的日本認知要先行一步，指向一個更好的中日關係與東亞世界秩序的建構。從世界主義的視角來看，建構一個積極的、富有建設性的中日關係，在長遠的意義上關乎世界的文明進程。[4]

4.
探尋日本「變異」的特殊原理

日本的「變態」是指日本的一種「非常態」，在根本上意味著日本有一種不為我們所知、不為我們所理解的獨特品性。日本在近代以後迅速成長為一個大國、一個工業化的文明國家，與它的這種獨特品性有著直接的關聯。在本書中，我將日本這種轉變為異於我們自身形態的過程，以及日本呈現出的令世人驚異的轉變，統稱為「變異」。

如果「變態」強調的是想像，那麼「變異」則將我們導向認知。由於地理上的接近，中日兩國分享了古典東亞世界的文明觀念和文明成果，我們容易認為歷史上中國是老師，日本是學生。但這其實是一種誤認；日本是一個相對獨立的共同體，有著自己的生存、演化的自然地理條件，有著它特有的生存處境和困境。因此，日本和中國不同才應該是「常態」，而我們發現的相同、相似之處反倒可以說是一種「非常態」。在「變異」的視角下，我們要重估中日關係的本質。

因此，「變異」同樣是我們在認知我們自己時的觀念工具。我們要時刻留意日本與中國的不同，從而時刻提醒我們去探尋「變異」的特殊原理。最終我們

3　關於現代日本的中國認識以及中日關係的特徵，參見拙著《友邦還是敵國？ —— 戰後中日關係與世界秩序》（上海：上海人民出版社，2018）。
4　關於世界主義的構想和實踐，參見拙著《分身：新日本論》（北京：北京聯合出版公司，2020）。

將會認識到，「變異」的本質是一種日本文明演進的機制，是推動日本自身和世界文明演化的力量。

　　本書共分為九章，結構上分為三篇。

　　上篇相當於「文化篇」，我將提煉出觀察日本的五個重要視角，然後對日本社會的奇異屬性從類型學的角度進行分析。

　　中篇相當於「歷史篇」，我將具體探討日本在傳統東亞和近代西方兩種文明空間中的演變，探討日本在過去二千年中自我意識的成長歷程，進而揭示，現代日本身兼傳統中華屬性與近代西方屬性於一身，正是日本「變異」的結果。

　　下篇可稱之為「社會篇」，我將聚焦於現代日本在政治與經濟領域的特殊呈現，進一步分析它們背後蘊藏的獨特原理。同時，我還將討論當代日本社會面臨的幾個問題，它們既是日本演化的結果，又是推動日本演化的動力。

　　在本書的結尾部分，我還將對日本二千年的演化史進行一次總結。

上篇

變異

第一章

日本的原理

東亞
造就日本的世界體系

在導論中，我們首先討論了人們在表述日本時常常使用的一個特別的關鍵詞，即「變態」，來呈現日本文化與社會的特殊屬性。「變態」這個說法雖僅僅停留在對日本特殊性的表象認知與想像上，但非常有益於喚醒我們的問題意識，並將我們導向對日本文化與社會的「非常態」與「異質性」的認知。

接下來，我將具體提出並論述五種從整體上認知、把握日本「變異」的方法與視角，以建構一個整體性的解釋框架，幫助我們理解日本文化和日本文明的特殊性。當然，這五種視角彼此之間並非完全獨立，而是相互支持，相互證明，進而形成了一種多重但統一的解釋體系。

我們要從一個根本的問題開始我們的認知之旅：究竟是什麼造就了我們今日所見的日本，使得它在我們的世界認知當中佔據了特殊的地位？

這種特殊地位，我在本書中將用「變異」來加以描繪和刻劃。此前人們用「變態」而非「變異」去描繪他們眼中的日本，是因為人們傳統的日本認知中存在著不易被察覺的偏差。造成這種認知偏差的原因與造就我們所知的日本的原因，其實屬於一體兩面。

在現存的日本認識模型中，最為常見的就是「師生關係」：中國是老師，日本是學生或弟子。這個認知模型確實反映了一部分歷史事實，現代日本的文化論者也有注意到「弟子」身分意識對其思維結構的影響，認為日本人善於學習，「開發出了世界上效率最高的學習裝置」。[1] 不過，從中國的角度來看，這種模型有著顯著的缺陷：它預設了一種非對等的上下關係，預設了一種單方向的影響關係。歷史上的中國曾經以「天朝上國」自居，就是這種認知模型在對外關係上

1　參見〔日〕內田樹著，郭勇譯：《日本邊境論》（上海：上海文化出版社，2012），頁106。

的呈現。這種傲慢的自我認知，阻礙了我們自身的文明進程。所以，要破除認知偏差，首先就需要找到一個新的認知框架，能讓我們從平等的、對等的角度去看待中日兩國的歷史演化。這個框架就是「東亞世界體系」。

東亞世界體系是國際關係學中的一個說法，是指不同的民族主體在「東亞」這一區域內通過長期的互動而形成的一種秩序。從這個角度看，當下的「中國」和「日本」都是這個體系造就的產物。現代的人們傾向於從自己所屬的國家的角度看待歷史進程，這其實是一種封閉的自我認識，無視了現代國家形成的真實機制。如果從東亞世界體系內部來重新觀察，我們就會發現我們的日本認知偏差產生的結構性、體系性的要因。

———— ⊙ ————

為了理解「東亞世界體系」在日本認知中扮演的角色，有必要從偏差或者說誤認開始談起。從類型上說，這種偏差可以分為兩類：一類可以稱之為「同質性偏差」，另一類可稱之為「異質性偏差」。前者是指我們從「同質」的角度觀察日本時產生的誤認，而後者則源於我們對「異質」自身缺乏準確的認知。

先舉一個歷史上的例子。中國在中日甲午戰爭中慘敗於日本，戰敗的原因當然多種多樣，但當時中國士大夫對日本缺乏準確的認知可以說難辭其咎。當時的中國士大夫普遍將日本視為「蕞爾小邦」，認為日本是中華世界邊緣的一個小國，而且還是一個窮國；他們沒有注意到明治維新後日本形成了全新的近代國家體制，還依然認為日本與自己的屬性相同，而未能洞察到時局的走勢。這就是一個源於「同質性偏差」的致命事例。

在當下，我們的日本認知當中也不時出現這種類型的偏差。譬如，1990 年代的日本發生了「泡沫經濟崩潰」，日本國內的各種媒體先是哀嘆自己「失去的十年」，後來隨著時間的流逝，又接著哀嘆「失去的二十年」。這個說法的意思是說，日本經濟停止增長，正在走下坡路。於是，我們的很多媒體也亦步亦趨地跟著喊：日本失去了十年、二十年，彷彿日本真的一蹶不振，甚至哀鴻遍野。但這並不是事實。由於未能注意到日本文化的特殊屬性，我們的一些學者和評論家想當然地將日本國內的哀嘆當成了不證自明的事實。

其實，日本「失去的十年」或「失去的二十年」這樣的說法，與我們認知當中的涵義有著本質上的差異。誠然，進入 1990 年代以後，日本經濟增長失去了往日高歌猛進的速度，但它此前已經實現了高度的現代化，成為世界上最為發達的工業化國家之一。在 1990 年初泡沫經濟崩潰後，日本經濟確實陷入了低增長的狀態，但日本上下致力於將危機化為機會，藉此開始經濟轉型，強化製造業，尤其是強化自身在全球產業分工中的佈局。這一轉型為它隨後的復蘇創造了條件。更重要的是，日本國民的生活與福利在總體上並未受到影響，而是一直保持著上升的態勢。

對於此間日本經濟與社會變化的認識，西方學者並未簡單地聞雞起舞。在日本經濟如日中天的 1970 年代末，有一本關於日本經濟成長奧秘的書《日本第一》（*Japan As Number One*）異常暢銷，該書的副標題是「對美國的啟示」，作者是美國著名的東亞史專家傅高義（Ezra F. Vogel, 1930–2020）。《日本第一》的日文譯本，在 2004 年出了新版；新版前言中的一段話，非常值得我們深思。傅高義指出，人們齊聲說 1990 年代的日本「失敗」了，但這是一個過於誇張的說法。他這樣反駁道：

> 西歐的一部分人不看日本的生活水準有多高，而是僅僅強調日本內需的衰弱。可是，在 1990 年代，日本消費者比美國人使用了更多的彩電、音響、相機、遊戲機、手機。日本大街上行駛的汽車，平均比美國的更新，裝備更齊全。到日本旅遊的西方人，更是感嘆大街上、地鐵裏的日本人服裝精良，彷彿身著時裝一樣。[2]

現在我們已經看到，誤解日本並不是我們的專利，美國等西方國家的觀察家可能同樣在誤解日本。這種情況出現的原因，正在於人們習慣於用自己的標準來進行判斷，而未注意到日本的特殊屬性。我們之所以很容易接受日本國內「失

2　參見 Ezra F. Vogel, *Japan As Number One* 日文版：《ジャパンアズナンバーワン》（東京：阪急コミュニケーションズ，2004），頁 4。

去的二十年」這類說法，除了一些所謂的客觀經濟指標的迷惑性，更是因為在我們的意識深處，橫亙著一種「同質性偏差」——認定「他們」和「我們」對事物的判斷是一樣的，讓我們失去了客觀的視角。

那麼，當日本新聞媒體哀嘆「失去的十年」或「失去的二十年」時，這些說法、這種哀嘆行為究竟表達了日本國民怎樣的獨特屬性？

我們當然可以找到特定的指標，來證實或者證偽這些說法，但在日本認知上，特定的指標高低並不是核心的問題。這些說法或哀嘆首先表明了日本與眾不同的危機意識，以及與此相輔相成的低調行事的品格。這種危機意識與行事風格不是我們習慣的「常態」，而是一種非常態，是一種「變態」。與這個世界上的許多國家不同，現代日本上上下下都盡低調之能事，誇誇其談、空話大話連篇的情形非常少見。相反，它有著高度的危機意識，媒體總是在喊：狼來了，狼來了。這個世界的多數國家都自我感覺良好，甚至自吹自擂，但日本朝野上下傾向於自我「唱衰」，甚至到了「變態」的程度。如果有人相信狼真的來了，那是誰的錯呢？答案不言而喻。

這種對日本國民感受性與危機意識特徵的誤認，本質是一種非認知的狀態。簡單地說，這種認知狀況源於我們原有的認知框的束縛。我們覺得日本應該和我們的本質、質地一樣。譬如，我們會認為日本文化為中華文化的庶出，中國是日本的父母之邦或者是文明的老師。但事實並非如此。這種觀念造成的對日本的認知偏差，就是我們這裏所說的「同質性偏差」；而這種偏差產生的歷史根源，正在於雙方處於同一個演化體系當中。我們將體系的同一性，想當然地認為是**彼此的同質性**。

我們日本認知當中的「異質性偏差」，產生的機制跟上面所言的「同質性偏差」相反，但在認知效果上卻相輔相成。這種說法強調的是我們對日本的「異質性」缺乏敏銳的感知。

首先要指出的是，這個異質性不是指在傳統的「東亞世界體系」框架內中日兩國的不同屬性，而是形成於日本與西方文明的互動過程，在今天尤其受到了美國的影響。美國不僅是日本的鄰居，而且內在於日本——第二次世界大戰後遍佈日本的美國軍事基地就是一種明證；美國文化在日本大為流行，日本國民甚至

不認為英語是外語。很多評論家用「美國化」這個說法來描述二戰後日本的國家重建過程。

再進一步說，日本的異質性就是指近代日本獲得的西方世界的屬性；它不但是指日本在精神和觀念上的西方屬性，還包括西方在日本的現實存在。明治時代的日本人普遍認為，日本集東洋文明與西洋文明於一身。這個顯得頗為自負的說法並非空穴來風。從明治維新後的「脫亞入歐」，到第二次世界大戰後的「脫亞入美」，人們慣用的這些說法描述的正是日本深受西方文明的洗禮，獲得了另外一種迥異於東亞傳統文明的屬性。由於「同質性偏差」的強烈作用，我們對這種日本的異質性更缺乏敏感，從而忽視甚至無視了近代日本特殊的演進歷程。

上面的分析意味著，我們的日本認知偏差產生的原因在於我們缺乏一個有效的、一以貫之的認知與解釋框架，無法將各種單獨的事實組織起來，進行有意義的解釋。正因如此，我們要引入「東亞世界體系」這一認知框架，來剖析中日兩國的這種特殊關係。這個說法意味著，日本和中國同屬於一個更大的認知框架，即「東亞世界」；在這個框架內，中日兩國形成了一個相互作用的體系，彼此給對方都造成了難以磨滅的影響。

我們要從這個「東亞世界體系」內部的各種相互作用的角度，而不是從孤立的角度來理解日本以及我們自身。在這個新的認知框架中，日本和中國不再是現代民族國家觀念中彼此獨立的國家。相反，它們都是古典東亞文明體系中的一員，在生成上有著相同或相近的起源。由此我們可以獲得一個新的視角——譬如，倘若從雙方共有的古典東亞世界文明的角度來看當下的中日兩國，那麼誰的「變異」更為顯著呢？

在歷史上，中國曾以東亞古典文明的本家自居，並且事實上，在很長的歷史時期內是東亞世界體系的中心。以中心—邊緣的視角看日本，這個視線當然是有梯度的，而不是水平的，自然會產生重大的偏差。歷史上，我們曾經想當然地認為，日本雖然和我們有著高度的同質性，但在文明上落後於我們。但在歷史的實際進程中，「我們」和「他們」其實共生於「東亞」這個地理和文明空間當中；合作、競爭、敵對，這些構成了雙方演化的基本動力。尤其是當歷史上的日本開始大量攝取大陸的文明成果後，我們對雙方文明的高下非但很難進行比較，這種

比較自身也不再有意義。

　　隨著 19 世紀近代西方勢力的到來，東亞世界體系整體性地鑲嵌到了世界文明的巨變當中。第二次世界大戰後，日本和美國結成了軍事同盟，導致東亞世界體系出現了結構上的變化。這個體系不再是只有一個中心或一個圓心的圓形結構，而是出現了一個新的中心，即美國。換言之，我們今日置身其中的「東亞世界體系」是一種橢圓結構，它有兩個焦點，分別代表了歷史上的兩種文明，代表了當下世界秩序當中的兩種力量。

　　在這個東亞世界體系演變的歷程中，日本曾經遊刃有餘，周旋其中；但到了 19 世紀中後期，它的運行軌跡開始遭受兩種力量的左右：傳統的東亞文明與近代的西方文明都試圖將日本拉向自己的陣營。

　　我們所說的「東亞世界體系」的世界性就體現在這裏。它不再是傳統的以東亞朝貢—冊封體系、以中國為中心的「天下」秩序，而是兩種不同制度、不同體系的重疊與競爭。當下我們對日本的誤解，源於我們對內在於日本的異質性的陌生；而日本的異質性，正形成於兩種東亞世界體系的重疊之處。「成也蕭何，敗也蕭何。」中國的這個成語將東亞世界體系的作用恰如其分地揭示了出來。日本的成功和失敗，都可歸因於日本所處的這種特殊位置。

———— ⊙ ————

　　東亞世界體系的屬性造成了今天的日本，也造成了我們對日本認知的偏差。要正確地看待日本，就要將日本置於東亞世界體系中，在日本和其他國家的互動模式中去理解和認知。

　　我們之前對日本的認知，過度依賴了當下我們自身的標準。就如同我們對自己傳統的認知充滿了矛盾，對於有著同樣東亞傳統的日本的認知，我們同樣充滿了矛盾。如果換個視角，從日本的角度看，他們可以同樣主張說現代中國背離了東亞傳統文明，才是「非常態」呢。事實也正是如此：現代日本的一些評論家

用「異形」來描述他們眼中的中國。[3]當然，這些都是特定的認知偏差。我們要從這些偏差存在的事實當中，探尋有意義的歷史與文明解釋。

從東亞世界體系的視角來看，無論是對於東方文明還是西方文明，日本似乎都構成了一種例外。現代西方國家不容易理解日本精神深處的東方文明，從而造成了對日本的誤解。而我們則是不容易覺察日本近代以來在吸收西方文明的基礎上，已經形成了一種異質的屬性，結果在日本認知上很容易陷入「同質性偏差」和「異質性偏差」的雙重束縛當中。

我提出這兩種偏差的目的就在於，今後我們無論是看日本和中國的「同」，還是「不同」，都要由表象觀察進入本質省察的層面。就此而言，「東亞」是我們重新認識日本的首要框架；或者說，從世界體系的角度來理解日本的變異，是我們把握日本的第一原理。

3　在日本的中國論當中，「異形」是一個相對常見的說法，意思是「和普通不一樣的形狀」，兼備漢語中「變態」與「變異」雙重含義。

風土 | 加拉帕戈斯化的文化起源

在「東亞世界體系」的框架下，我們看到的是造就日本屬性的結構性力量。那麼，為什麼這種結構性力量能在日本的身上得到充分的展現？這個問題將我們的目光引向了日本的一種天賦屬性：日本在東亞世界中有著獨特的自然地理狀況。

提到自然地理條件時，我們通常會想到物種的分佈狀況。其實，我們在認知日本時，可以使用一個生物學上的比喻，把日本看作一個與我們不同的獨特「物種」。這樣，我們對日本的各種變異現象進行識別和判斷時，就不再依賴於關於「相同」的預設。不過，物種這個說法不僅僅是比喻，它還有著刻劃現實的一面；我們今日所知的日本的形成，的確有著它特定的自然環境的要因：日本是日本列島這一自然環境塑造的「物種」。

那麼，究竟是怎樣的自然環境造就了日本讓人感到奇異的屬性？我們首先要探討日本的「風土」，即日本固有的自然造化的特殊性格。

這種自然造化首先是指它的島國特徵；它有著天然的封閉屬性，海岸線就是它的邊界。值得留意的是，日本的經濟領域新近出現的「加拉帕戈斯化」（Galapagosization）的說法，就來源於人們對日本的島國印象。這個說法的大意是，日本相關產業出現了閉鎖的性格，與外界缺乏交流，從而在世界市場上喪失了競爭力。顯然，這是從風土的角度對現代日本的一種解釋。

那麼，這個說法有道理嗎？

———— ◉ ————

我們就從「島國」這個說法開始。在當代日本文化論當中，有「島國根性」這樣一個特殊的表達。依據日文辭典《廣辭苑》的解釋，它的意思是說，由於和其他國家交往少，生活在島嶼國家的人們通常會形成視野狹隘、封閉、小氣這樣

一種「島國根本的屬性」。日本的一些文化評論家經常用「島國根性」這個説法來進行自我剖析和自我批評。不過，對於日本評論家這種自嘲式的看法，不能照單全收。我們可以看幾個事例。

從近代史上看，日本在第二次世界大戰期間提出了「大東亞共榮圈」這樣的政治、經濟一體化構想。近代日本還有個口號叫「八紘一宇」，源自 8 世紀的史書《日本書紀》，意思是將天之「八維」置於同一屋宇之下，因而它宣揚的就是世界一家，有著統治世界的意圖。近代日本的視野和雄心之大，由此可見一斑。另外，第二次世界大戰後，日本確立了「貿易立國」的國策，貿易機構遍佈世界各地，如今它的商品具有的全球競爭力也是有目共睹。所以，「島國根性」這個説法固然觸及了日本社會與文化的某些特徵，但卻未能在更深的層面上把握「島國」這一自然地理條件對其演化路徑造成的影響。

要探討日本的風土與其獨特的文化屬性之間的關聯，我們需要從兩個形式上相互對立的視角進行把握。這兩個視角可稱之為「大陸性」與「海洋性」。簡單地説，「大陸性」就是指陸地的屬性，它相對穩定、固定，受這種屬性影響的人們富有保守氣質；與此相對，「海洋性」則是指一種開放的屬性，受此影響的人們靈活而善變，富有進取氣質。我們只有從這兩種屬性統一的視角，才能理解日本的獨自屬性。事實上，日本文化論者很早就嘗試過從類似的角度對日本進行解釋。

在 1920、1930 年代的日本，活躍著一位非常有名的哲學家，叫和辻哲郎（1889–1960）。他畢業於京都帝國大學，曾經跟隨海德格爾（Martin Heidegger, 1889–1976）學習哲學。在他論述日本文化的著作《風土》中，和辻哲郎將「風土」定位為「人類自我瞭解的現象」，認為人們「可以在文藝、美術、宗教、風俗等一切人類生活表現中發現風土」。在長久的自然演化過程中，風土發揮了超出我們想像的作用。這個説法表面上是一種所謂的「環境決定論」，但其實不然。在人類的真實生活中，在跟周邊自然環境的互動過程中，人類的文化生產必然會將這種相互關係呈現出來。

和辻哲郎將風土分為「季風型」、「沙漠型」和「牧場型」三種類型，並分析了生活在各種類型下的人們的精神氣質。譬如，和辻認為日本和中國同屬於

季風型風土，但中國是「沙漠式」季風風土，呈現出「空漠」——如同空曠的沙漠一般——的屬性，從而文化形成了「單調」的精神特徵。與此相對，日本可稱為「颱風式」季風風土，包括熱帶和寒帶，富有變化，形成了「寂靜式激情」的矛盾性格。

這裏沒有必要重述他的具體分析，因為這些說法已經給我們提供了有益的啟發：我們可從風土的角度探索一個民族的精神屬性。我們先稍微具體看一下日本列島的自然特徵。

首先，日本國土的大約四分之三是山地，火山活躍，地震頻發，所以日本列島又被稱為「火山列島」、「地震列島」。據統計，世界上 20% 的大地震和 10% 的活火山集中在日本。日本列島還位於颱風的通道上，堪稱「颱風列島」。每年入夏開始，太平洋上生成的颱風如同趕場一般，競相從日本南端的島嶼登陸，然後縱貫列島，一路北上，前赴後繼。與此同時，從菲律賓群島東岸形成的暖流沿著列島北上，直到東京灣北部的千葉縣才離開大陸，一頭扎入太平洋中部。由於暖流遠觀呈現藍黑色，日本國民稱其為「黑潮」。到了冬季，來自千島群島的寒流，則沿著日本海一側南下，形成所謂的「親潮」（千島寒流）。日本民眾的生活既受惠於這些自然地理特徵，也要忍受它們帶來的災難。

其次，日本列島極為狹長，從南到北跨越了多種氣候類型。在日本的東北地區，由於冬季受來自西伯利亞的寒流影響，降雪異常豐富；相反，在太平洋一側的夏季，降水異常豐富。日本人分別將它們命名為「裏日本氣候」和「表日本氣候」。關於列島的氣候，日本還有「內陸性氣候」和「瀬戶內式氣候」的說法，前者用於描述中部高地溫差較大的特徵，後者是指瀬戶內海周邊那種溫暖濕潤的氣候。總體上看，日本列島四季分明，風花雪月在日本的四季各領風騷。

根據和辻哲郎的說法，日本列島的這種風土特徵，造就了日本人豐富的感受性以及文化的多樣性。這一點其實並不難理解。如前所述，日本列島在氣候類型、物種分佈、地質地貌等方面都極富多樣性，為人們的生活提供了複雜多彩的環境。

在這樣的環境中演化出的一些文化特徵，從外部來看可能顯得奇異古怪，但對於列島上生活的人們而言卻是極為自然，因為它們起源於生活問題的解決，

是人們生存智慧的結晶。在這方面，日本的建築風格就是一個典型。今天的日本建築設計師的作品在全球贏得了很高的聲譽，其實在各種設計的背後，都有著對自然環境細緻入微的考量，有著深刻的美學和哲學原理。譬如，日本的傳統房屋多為木質結構，就是人們長期應對颱風、梅雨、暑熱、地震等自然環境條件的實用主義結果。

日本學者竹村公太郎認為，日本人在應對變幻莫測的地震和氣象條件下形成了一種「無原則性」，因為「人們必須誠惶誠恐地順應大自然的脾氣」。相反，西方文明有著諸如「永恒」、「無限」和「絕對」這樣嚴格的理念與原則性特徵，同樣是人們適應單調的自然環境的結果。他這樣寫道：

> 支撐西歐文明和伊斯蘭文明根基的是基督教、猶太教和伊斯蘭教。這三個宗教都是「一神教」。作為一神教原點的猶太教是從沙漠中產生的。在一望無際的沙漠，到了晚上除了月亮和星星什麼也沒有。在那裏人們能感受到的是「永恒、無限、絕對的上帝」。……沙漠的時間是停止的。從時間停止不動、沒有變化的沙漠中產生了「永恒」的時間概念。在氣象和自然時刻發生變化的日本，無法產生時間永恒的感覺。……在季節時常發生變化，東西發生變質和腐朽的日本產生出來的概念是「無常」，而不是「永恒」。[1]

日本風土所造成的日本人精神生活的特徵，用前面提到的「大陸性」和「海洋性」可以將它準確地表達出來——日本文化是一種「大陸性」與「海洋性」的混合物。說它是大陸性的，是因為日本從古代開始到進入近代以前，一直在不斷地攝取東亞大陸的文化和文明；在這一過程中，東亞古典文明的大陸性氣質，自然會反映到日本的文化呈現當中。說它是海洋性的，除了島國四面環海的自然條件外，還意味著日本進入近代以後，轉向了西方的海洋文明。在吸收西方文明的

1　〔日〕竹村公太郎著，謝躍譯：《日本文明的謎底：藏在地形裏的秘密》（北京：社會科學文獻出版社，2015），頁 194–195。

過程中，日本文化的海洋性得到了豐富和發展。

因此，日本自身集大陸性與海洋性於一身的風土條件，事實上培育了日本開放而非封閉、多元而非單一的文化形態與精神氣質。日本國家與文明的特徵，當然無法用「島國根性」這樣的説法來形容。

——— ◉ ———

封閉性不是日本文明的屬性；非但如此，日本風土的這種複合性質還意味著日本文化的開放性、多樣性與蕪雜性，因而在外部觀察者的眼中，無論是從中國的角度還是從西方的角度，日本顯現出某種非常態的、奇異的屬性。前面提到的與島國屬性相關的另外一個説法，即「加拉帕戈斯化」，給我們提供了觀察、理解日本文化的一個新視角。這個説法本來是指一種生物進化現象，有人推而廣之，用它來解釋人類社會的一些特徵。

加拉帕戈斯本來是地名，是指距離南美大陸大約一千公里外的火山群島，又叫科隆群島，隸屬於厄瓜多爾。因為與大陸距離過於遙遠，與外部交流的渠道嚴重匱乏，群島自身形成了一個與世隔絕的封閉體系。這種情況使得島嶼上動植物的生存環境與大陸那種開放式的空間迥然不同。島嶼上物種在閉鎖的空間中長期生存的結果，導致動植物呈現出獨自的進化特徵。人們在島上發現了大量的奇花異草、珍禽怪獸，這個群島也由此獲得了「生物進化活博物館」的美譽。

在日本的經濟學領域，「加拉帕戈斯化」這個説法頗為流行，評論家們用它來描述日本的一些技術在島內、在一個相對封閉的體系內的獨自進化現象。很多人指出，日本在一些工業技術領域中走上了獨自進化的道路，這導致日本的相應商品與外部格格不入，無法進入國際市場。日本的互聯網搜索引擎就是一個活生生的例子。

一般來説，搜索引擎這種工具在各國市場上都呈現出一家通吃的局面。從世界範圍來看，最常見的搜索引擎可以説是美國的 Google（谷歌），當年和它競爭的 Yahoo!（雅虎）幾乎不見了蹤跡。但如果去日本網站看一眼，我們就會發現 Yahoo! 在日本活得非常滋潤；事實上，「Yahoo! 日本」甚至是日本本土最受歡迎的門戶網站，很多新技術新功能，都圍繞這個網站得到了進一步開發。在手

機上，還有各種 Yahoo! 的應用軟件。

　　類似這樣的例子還有很多，很多在世界市場上已經消失的品牌都能在日本找到它們的升級產品。當然，日本市場還有許多世界市場壓根看不到的新奇商品。這裏要說的是，像 Yahoo! 這樣的種子落到日本列島之後並未被其他物種消滅，而是開始了獨自的演化歷程。

　　另外一個典型的例子就是人們日常生活必備的手機。看一下我們每天都使用的智能手機，你會發現日本品牌的手機——索尼（Sony）、松下（Panasonic）、東芝（Toshiba）等——在世界市場上彷彿消失了影蹤，但日本的國內市場則是另外一番景象：這些品牌都非常活躍，各領風騷；而外國製造商除了蘋果公司（Apple）外，在世界市場上叱咤風雲的華為（HUAWEI）、三星（Samsung）等品牌卻不容易分一杯羹。這樣的例子在電子、汽車、遊戲等產業部門也極為常見。

　　不過，倘若由此下結論說，這就是日本的「加拉帕戈斯化」，日本面向世界的技術創新喪失了活力，走向了自我封閉，那就大謬不然了。如果說「島國根性」誇大了日本的封閉屬性，那麼用「加拉帕戈斯化」來描述日本的經濟現象，同樣是不得要領，無法觸及日本產業技術演進的根本屬性。事實上，在這個人云亦云的「加拉帕戈斯化」現象背後，隱藏著現代日本另外一種不易為人們所察覺的真實。

　　技術在日本的獨自進化，從技術自身的角度來看，它首先意味著一種技術上的創新。人們沒有必要擔心，日本獨自進化的技術會走向自身被淘汰的地步，因為獨自進化的技術只是創新的一部分，是溢出創新常軌的變異部分。這種變異的前提是日本有著大量與世界市場接軌的創新，都已廣泛應用於世界市場，為世界各地的人們所接受；而其中的一小部分，則專門為苛刻的日本消費群體所開發，並得到了他們的認可。從這個角度看，日本獨自進化的技術是其技術創新的一種溢出。在這個意義上，說日本是島國、自我封閉，其實只是現代日本國民自我反省、自我激勵的批評性說法，而不是對日本的客觀認知。

　　我們還可以進一步從我們已經討論過的「東亞世界體系」的角度，來說明日本的非封閉屬性。由於古代日本文明起步較晚，在面對東亞大陸的先進文明

時，它無法保持自我封閉的能力。到了近代以後，日本則遭受了西方文明的衝擊。兩種異質的、性質截然不同的文明先後作用的結果，使得日本對外部的世界變得異常敏感，從而使得日本獲得了不斷向外開放的思維方式。因此，非封閉的屬性其實構成了日本主體性的一個重要特徵。

在這裏，我們有必要注意一下日本在吸收外部文明時的主體性。日本主體性的形成有多種原因，這裏要給出的正是地理環境角度的解釋。首先，也是最重要的一點，就是距離。在古代世界，一個文明與其他文明的距離，對該文明的存續與發展有著宿命般的意義。在這一方面，英國是一個典型的對照事例。[2]

表面上看去，英國和歐亞大陸的關係跟日本和歐亞大陸的關係很相似，同樣都是隔了一道海峽。但是，海峽寬度的不同導致了英國和日本面臨的處境大異其趣。英國和歐洲大陸之間的多佛海峽，最狹窄處大約只有 34 公里，簡單的帆船就可以橫渡。所以，英國人並不認為在著名的「諾曼征服」（1066），即法國諾曼第公爵對英格蘭的入侵和征服前，英國有著自己的古典文化。相反，他們認為自己的文化從來都是跟歐亞大陸一體的。多佛海峽並未構成英國地理條件中的獨特屬性。

而日本和大陸之間的海峽，即它和朝鮮半島之間的對馬海峽，寬度是多佛海峽的五倍，這對當時試圖渡海的人們而言是不小的困難。如果進一步將朝鮮半島視為對馬海峽的延長，將歷史上的朝鮮王國視為日本和大陸之間的緩衝帶，那麼我們可以說，日本事實上成了歐亞大陸的一塊飛地，只有通過超乎尋常的努力，大陸的力量才能對日本列島造成直接的衝擊。唐朝高僧鑒真和尚（688–763）東渡傳播佛法的事跡，以及人們對鑒真的敬仰，正說明了當時文明傳播的困難。但反過來說，這種地理環境使得日本可以有選擇地、自主地吸收大陸的文化和文明，從而為自己獨特的文化保留了生長、演化的時間與空間。

日本的這種孤懸海外、近乎孤立的狀態，的確導致了列島文化上的一些加

2　日本學者非常重視這種地理空間對其文化產生的影響，政治思想史學者丸山真男就是一例。參見〔日〕丸山真男著，唐永亮譯：《丸山真男講義錄》（成都：四川教育出版社，2017），第 6 冊，第 1 章。

拉帕戈斯化特徵。美國著名的日本專家埃德溫‧賴肖爾（Edwin O. Reischauer, 1910–1990）在有名的作品《當代日本人：傳統與變革》（*The Japanese Today: Change and Continuity*）中，就比較準確地把握了地理環境和日本文明特徵之間的關係。他這樣寫道：

> 實際上，孤立狀態也許使日本人比世界上任何一個類似民族創造出更多自己的文化，並形成別具一格的文化。日本人的引人注目之處不在於模仿別人，而是在學習和改造外國文化時並不喪失自己的文化個性的那種特性和能力。其他民族也曾這樣努力過，但是成效不大。[3]

不過，引文中所說的日本人那種「並不喪失自己的文化個性」的特性和能力，依然停留在現象描述的層面上，還只是將那種特性和能力當成了一樁不證自明的事實。著者未能進一步明確指出，那種能力和特性並非天然就存在，而是歷史演化的結果。事實上，日本文化上的加拉帕戈斯化與生物學現象上的獨自進化之間有著本質的不同，而不同之處就在於日本人的主動選擇性或者說是自主性。換言之，日本對外來文明和文化的吸收，有一種比較強的主體性在發揮著作用。這是理解日本文化與文明演化的關鍵所在。

這樣看來，人們津津樂道的日本文化的加拉帕戈斯化現象背後，隱藏著日本文化與社會演化的獨特機制。上面的分析表明，這個說法在本質上意味著島國日本的一種特殊能力，一種對技術、對終端產品極端的差異化、多樣化需求的敏感與創造能力。日本在特定技術領域出現的加拉帕戈斯化現象，更能說明日本在研製、開發、生產適用於世界市場的產品上的卓異能力。

日本在技術和文化上的獨自進化不是一種孤獨的進化，而是通過有選擇地吸收外來文化而與世界保持同步的過程。在這一過程中，日本列島演化出了具有獨自民族特色的技術和文化特徵。因此，加拉帕戈斯化其實是奉行低調主義的日

3　〔美〕賴肖爾、詹森著，陳文壽譯：《當代日本人：傳統與變革》（北京：商務印書館，2016），頁 39。該書的新版本為賴肖爾與詹森的共同創作。

本國民自嘲的說法，我們要從中看到這個現象的本質。

——————— ⊙ ———————

　　現在，我們有必要再次回到風土的話題。形成日本風土的兩種對立屬性，即大陸性和海洋性，意味著一種矛盾。這種矛盾性格產生了文化與技術的多樣性，而不是人們想像的單調性。那麼，我們平時所說的表達單一屬性的「日本文化」、「日本文明」這些說法，又有著怎樣的含義？

　　近代日本的著名哲學家西田幾多郎（1870–1945）給我們提供了一種解釋。他有這樣一個有名的說法：「絕對矛盾的自我同一。」譬如，大陸性與海洋性就是一對絕對矛盾。一般說來，根據辯證法的矛盾相互轉化的原理，大陸性與海洋性最終無法共存，而是會發生化學上的化合作用，形成新的事物。但西田幾多郎並不這麼認為。他在思考日本文化的本質特徵後發現，日本文化的特殊性恰恰在於，它能在完整保存矛盾的雙方——譬如說大陸性和海洋性——的基礎上，形成一種新的統一的文化樣式。這正是「日本文化」以及「日本文明」不容易為人們所注意到的特性。

　　按照西田的解釋，無論是來自大陸的東方文明，還是來自海洋的西方文明，都在日本列島上生了根。它們在各自保持自身屬性的同時，在日本得到了進一步的加工、創作，得到了進一步的演化。重要的是，正因為這些外來的文明保持了各自的屬性，今天的日本才顯現出一種與東西文明都殊為不同的特色。這正是日本「變異」的一種獨特的原理。

　　明治時代蜚聲歐美的思想家岡倉天心（1863–1913）的一個論斷，同樣說明了這一點。在有名的作品《東洋的理想》（*The Ideals of the East: With Special Reference to the Art of Japan*）中，岡倉天心將日本描述為「亞洲文明的博物館」；他緊接著指出，「日本民族生來就有一個特點，他們在接受新事物時，並不拋棄以往的舊事物……力求保存以前每個時代的理想之變化」。[4] 當然，「博物館」只是一個

————————————————————————

4　〔日〕岡倉天心著，陳小妹譯：《東洋的理想》（北京：商務印書館，2018），頁12。

巧妙的比喻，他接下來的解釋也有理想化的，甚至民族美化的成分，但究其實質而言，岡倉天心的確把握了日本風土對其精神形態所造成的根本影響。

由此，我們還可以進一步得出這樣的結論：日本的風土以及它所孕育出的精神文化，保證了日本文化既是不斷進化的文化，又是進化停止的文化。這正是日本文化殊異性格的根本原因，是日本文化「變異」屬性與機制的另外一種表達。

和辻哲郎在《風土》中還有一段關於中日文化異同的說法，事實上描繪了日本在其自身的風土環境中的演化歷程，並暗示了它所到達的位置。他這樣寫道：

> 日本人在明治維新之前的一千多年間尊敬中國文化，且放下自我觀念，致力於攝取中國文化，衣食住等各個方面都是如此。但是日本的衣食住和中國的有著顯著的不同。同樣，日本人所攝取的中國文化已經不是中國式的了。日本所尊重的不是空漠的廣大而是細緻縝密；不是外觀的整齊而是內部的整體醇化；不是形式上的體面而是內心的感動。日本人不管吸收了多麼深的中國文化，但其最終並沒有帶上如前所述的中國特徵。但是儘管如此，日本文化還是將先秦到漢唐宋的中國文化精髓納入自身內部予以充分發揮。中國人理解這一點反過來也可以重新認識到現代中國已經消失了的過去那種高貴文化的偉大力量吧！……中國必須復興，必須恢復到漢唐時代那種文化的偉大。世界文化的新發展需要中國文化的復興……[5]

在這段話中，和辻哲郎表達了幾重意思，其中最值得我們留意的有兩點。第一，日本可以「放下自我觀念」，以空虛的自我吸收外部文化。這一點其實還可以用來解釋西田幾多郎「絕對矛盾的自我同一」這個命題。由於不執著於觀念中的「自我」，日本文化呈現出明顯的「進化的文化」特徵。第二，和辻哲郎認

---

5 〔日〕和辻哲郎著，朱坤容譯：《風土：一項人間學的考察》（北京：東方出版社，2017），頁132。

為，中國可以在日本看到自己已經消失的那種高貴文化。這其實說的就是我在前面提到的「進化停止」：中國曾經的高貴文化止步於日本列島。如果我們放棄文化必然是向著更高程度無止境進化的預設，回憶起「禮失而求諸野」（《漢書·藝文志》）的儒學教誨，那麼當和辻哲郎說日本為中國保留了「過去那種高貴文化」時，我們就不能簡單地視其為自大，而要理解他的深刻洞察。今天的日本被視為「禮儀之邦」，其實是因為它繼承了古典東亞文明的禮儀品性。

此外，和辻哲郎為中國提出的方案也值得關注。他的方案不是我們熟悉的所謂的「繼承」和「淘汰」，或者「創造性轉化」這樣的說法，而是直接要求「恢復到漢唐文化的那種偉大」。這一點，今天的人們可能不容易理解，但卻正是日本獨特的思考問題的方法。我們可稱其為「向過去的進化」。

———— ⊙ ————

我們從風土的角度對日本變異的探索，最終的目的是為日本文化的特殊性尋找一種自然主義的解釋模式。在人類的真實生活中，人們必然和周邊自然環境發生各種互動，他們的文化生產必然會將這種相互關係呈現出來。日本文化呈現出的多樣性、駁雜性、豐富性，以及在這些現象後面的某種自主性，都可以從風土的角度獲得一定程度的合理說明。

譬如，最近數十年間，日本在技術上的創新以及獲得的專利數量一直居於世界前茅。日本的創新模式不是單純的破舊立新，而是用舊的技術和知識疊加孵化出的創新。這種創新路徑和很多國家大相徑庭。多數國家的技術演進過程，更多地表現在新舊淘汰上。但這種淘汰很可能忽略了原有技術或文化形態尚未被開發、被窮盡的可能性；每一次新舊淘汰，很可能同時淘汰了前人在生活上沉澱的智慧和努力。以我們前面提到的手機為例，日本翻蓋功能手機雖然看似落後，但在長期的獨自技術積累中，現代智能機能夠實現的功能也幾乎樣樣不缺。技術開發人員將各種新功能疊加到原來的功能機上，結果形成了新的技術和產業鏈。這種開發思想，賦予了日本的手機產業獨特的生命力，而這種生命力正是日本技術積累厚度的展現。

因此，「加拉帕戈斯化」這個說法的價值就在於它非常富有啟發性。日本

的技術確實有獨自演化的成分，但舊有的或者競爭力弱的要素還儲存在市場中，相當於為日本保留了可能被淘汰的「物種」。而一旦創新需要時，這些看似缺乏競爭力的要素，就會轉化為富有國際競爭力產品的重要養料，從而滿足各種各樣的用戶，甚至是小眾用戶的挑剔需求。就此而言，日本的創新文化並不僅僅是推陳出新、新舊替代，還有著新舊雙方並存、相互加持的一面。其實我們觀念中的「厚積薄發」，也正是這個意思。

在論述日本文明的特徵時，法國人類學家列維—斯特勞斯（Lévi-Strauss, 1908–2009）曾經分別使用「分色主義」（這個詞通常指一幅畫中將幾種純色調並置）和「原始主義」來表達他所發現的現代日本人的精神與智力秉賦上的特徵。[6] 這些說法都可以在我們討論的風土的框架內得到重新的認知和理解。因此，沿著這種由自然風土到現代文化的解釋路徑，我們可以走進日本獨自的屬性中，對日本社會進行更為深入的觀察和深刻的判斷。

6　〔法〕列維—斯特勞斯著，于姍譯：《月亮的另一面：一位人類學家對日本的評論》（北京：中國人民大學出版社，2018）。

神祇 | 初民文化的現代異彩

　　日本固有的風土特性之所以造成了日本文化的特殊性，從根本上說，是因為風土從外部塑造了人們面對世界的思維方式，它在日本人「沉澱於思想深處的思考方式與世界觀」的形成中扮演了關鍵的角色。[1]這種深層的思考方式與世界觀的一種古典顯現，就是我們現在要具體探討的「神話」。

　　事實上，初民在長期的生產和生活經驗中，一再遭遇無法控制的自然力量對他們造成的傷害，時時刻刻感受著生命的脆弱，人們感到恐懼與不安，於是他們將一種魔法般的力量賦予周圍的自然世界，以便解釋他們的豐饒與災難，以及命運的變幻莫測。初民的這種自我意識覺醒的第一個標誌，就是將自身與天神地祇建立起有意義的關聯。藉助與神祇的交流，人們開始營建自己的文明。這是神話誕生的歷史。如果說風土是一種塑造文明的外部力量，那麼神話既是這種文明最初的產物，又是文明得以繼起的內在力量。

　　從本質上說，神話自身是一種初民的思考方式，它所創造的神祇——所謂的「天神地祇人鬼」其實就是各種超自然力量的人格化表達——必然內在於人們的生活世界，成為影響文化表達的一種特殊的精神力量。當然，由於神祇是世界各地所有初民共有的一種觀念，說它是一種「自然現象」也未嘗不可。法國著名的宗教哲學家柏格森（Henri Bergson, 1859–1941）直接將神話命名為「自然秩序」，正是有著這方面的考慮。[2]

　　那麼，生活在日本列島上的初民在與風土長期互動中形成的神話觀念，在造就日本民族非常態的屬性上，扮演了怎樣的角色？

1　〔日〕丸山真男：《丸山真男講義錄》，第 6 冊，頁 19。
2　〔法〕柏格森著，彭海濤譯：《道德與宗教的兩個來源》（北京：北京時代華文書局，2018），頁 142。

首先，我要繼續解釋一下為何要選擇「神」這個視角。除了上面提到的神話與文明的關係外，這個視角的設定還有一層特別的考慮：「神」對於我們現代中國人而言，是一個相對陌生的概念。孔子「不語怪力亂神」（《論語‧述而》）的著名說法表明，傳統中國社會在春秋時代就顯現出了非常世俗化、理性化的世界觀。「臨時抱佛腳」這樣極為常見的說法，說的就是中國人在平常的生活中佛教觀念淡薄，平素缺乏敬佛禮佛之心，但出於臨時的功利目的，又會去拜佛，希望獲得佛祖保佑。所以，提到「神」，我們多數人會敬而遠之，甚至將其視為封建迷信。這種對「神」的陌生性會妨礙我們對日本文化屬性的認知。

其實，我們稍微觀察一下當代日本的電影、電視劇、漫畫等大眾文化就會發現，日本國民似乎對「怪力亂神」有著格外濃厚的興趣。被人們稱頌不已的宮崎駿的電影《千與千尋》就是一個富有代表性的事例。日語當中有「八百萬神」的說法，來自日本最古老的史書《古事記》，意思是說有八百萬的神靈居住在日本，這些神靈都有著介入人間秩序的超凡能力。即便在東京這樣的現代化大都市，也幾乎隨時可以看見大大小小的神社、佛教寺院、地藏菩薩的石刻造型等坐落其中。另外，在日本各地，日本人都會舉行各種以祈福消災為目的的祭祀活動，祭祀的對象當然就是名目繁多的各種「神靈」，譬如先祖的「祖靈」、保佑順產的「產神」、主管五穀的「倉稻魂」（或「稻魂」）以及各種產業的守護神等。[3]

日本的諸神誕生於初民的生活世界中，當時的人們認為萬物有靈，但多無影蹤。只有一個「神」是例外，那就是作為天照大神的後裔「天皇」。天皇有行跡，有肉身，與佛教寺院那些造型截然不同。因此，提到日本的「神」時，世界各地的人們可能都會想到日本的天皇。不過，我們中的很多人會認為，歷史上的天皇不過就是一位凡人，是世俗的國王，而不是什麼神；退一步而言，心智未開的初民雖然把天皇當作了神，但到了近代以後，隨著科學的發達與理性的昌明，

3　〔日〕谷川健一著，文婧等譯：《日本的眾神》（北京：社會科學文獻出版社，2015）。

天皇自然也就褪去了神秘的面紗，成為一位普通的凡人。

　　但問題並不這麼簡單，日本國民對神靈的認知遠非上面的幾句話所能涵蓋。所以，接下來我們就以天皇為例，探討一下列島初民的神話觀念在近現代日本社會變遷中所扮演的角色。我們將會看到，日本文化之所以在今天大放異彩，在我們的眼中呈現出一種奇異的光景，一個極其重要的原因就在於初民文化得到了大量的保留和繼承。因此，我們這裏所說的神祇首先是指一種文化現象，它表達的是一種超凡的存在、力量或機制。在這個意義上，日本的文化類型就是一種與神共生的文化。[4]

——— ⊙ ———

　　我們先看一個與日本的「神」觀念有直接關聯的經典事例：第二次世界大戰期間日本的「神風特攻隊」。今天的美國人提到日本的標籤，「神風」一定是最熱門的一個選項。這一點和我們中國人的感受不一樣，我們可能會想到「櫻花」、「壽司」、「和服」、「富士山」等，但一般不會想到「神風」以及這兩個字所代表的「神風特攻隊」，後者意味著戰爭的暴烈與生死。所以，不同於日常情境中神人相對和平的共生關係，在戰爭時期，這個與神共生的文化有著生殺予奪、讓人生讓人死的力量。

　　有關「神風特攻隊」的故事，在各種版本的二戰史紀錄中都會出現。第二次世界大戰末期，在太平洋戰場上經過一系列與美國的激烈搏殺後，日本海軍和空軍力量幾乎損耗殆盡，日本帝國也走到了窮途末路。1944年10月，為了對抗美國在菲律賓的登陸作戰，一位叫大西瀧治郎（1891–1945）的海軍中將出了一個主意：組建一個新的航空隊，讓飛行員駕駛飛機，直接撞擊美軍的海面艦艇，

4　無論是在日本文化還是在中國文化觀念中，「神」都具有多種含義，日本漢學家津田左右吉（1873–1961）將其歸納為三種：（1）宗教或咒術上的神，是指有著超越人類的能力，能以某種方式驅動人們日常生活的存在；（2）在宇宙觀上，神是一種宇宙本身具有的玄妙能力或作用；（3）神還指內在於人的一種屬性，通常「是在心的內部主宰著心、主宰有生命的肉體的靈妙之存在」，也就是「精神」一詞的來源。參見〔日〕津田左右吉著，鄧紅譯：《日本的神道》（北京：商務印書館，2011），頁10–11。

這樣既可以節省燃油，又能提高命中率。由於飛機大多只裝有單程的燃油，多數飛行員有去無回，異常慘烈。在半年多的時間裏，據統計共有 3,843 名特攻隊員戰死。

有人會說，神風特攻隊就是一般的敢死隊，但事實並非如此，二者在屬性上截然不同。敢死隊通常也是臨危受命，為了完成特殊的戰鬥任務臨時組建而成，隊員通常要面臨高度的生命危險，但其前提依然是隊員完成任務並且能夠生還。神風特攻隊則完全不同，它被設計成當時日本海軍的常設兵種，而且最初的設計就是飛行員有去無回，必死無疑。

這種以命相搏的瘋狂行為給當時的美國海軍士兵造成極大的心理震撼。日語中「神風」的羅馬字母拼讀，即 Kamikaze，已經進入英語辭典，含義就是「自殺式攻擊」。譬如，2001 年 9 月 11 日，美國紐約、華盛頓遭受了恐怖主義襲擊事件，基地組織劫持飛機進行了多起自殺式攻擊，這個場景就讓很多美國人想到了「神風」這個說法，人們紛紛用 Kamikaze 來表達他們的震驚。

這裏要關注的不是上述歷史過程，而是這樣一個特定的事實：特攻隊員多由學生兵組成，多數受過高中以上甚至大學教育，接受了相當高的科學與理性教育，有著合理的思考方式。[5] 那麼，究竟是怎樣的命令能讓他們自願赴死？

我曾經撰寫過一篇回憶性的文章，裏面的主角就是一位學生兵神風特攻隊員。不過，我寫的不是我所讀到的歷史故事，而是一位和我有過深度交流的真實人物。上面說過，神風特攻隊員多是有去無回，而我認識的那位隊員，據他說，就在他等待出征時，日本宣佈戰敗，於是他僥倖生存了下來。我曾經問過他，為何要當那種自殺式攻擊隊員。他的回答並不出乎意外：保護家人、保衛國家、保衛天皇陛下。[6]

他沒有談到的是，在當時的軍國主義教育下，為天皇陛下犧牲生命是士兵的最高美德；更重要的是，他們相信死後的靈魂會在靖國神社得到國家的供奉，

5　特攻隊的主體是學生軍官和海軍實習飛行員，他們留下的家書和長篇日記等文字資料，顯示了他們受過的教育水準。參見〔美〕大貫美惠子著，石峰譯：《神風特攻、櫻花與民族主義：日本歷史上美學的軍國主義化》（北京：商務印書館，2016），第 6 章。

6　參見拙著《東京留學憶記》（桂林：廣西師範大學出版社，2015）。

成為被祭祀的神。國家，具體而言是天皇，對戰死者進行「封神」，意味著政治權力掌控了傳統的神道觀念與習俗。這種觀念又被稱為「國家神道」思想，國家成為神道的代表。這時候，人們相信天皇就是「神」，而且認為天皇具有非凡的神力，可以讓死者成為「神」。天皇是活在現世的「神」，這就是所謂的「現人神」；他的命令不僅僅是世俗國家的命令，還具有了神格。

———— ⊙ ————

説到這裏，我們有必要進一步去追問：這個國家神道思想，為何會有這麼大的力量？這是一個比較複雜的問題，人們也進行了各種分析。

在我看來，在這個神道思想的背後，有著日本民族起源的神話傳說，或者說，神道的思想與日本民族共同體的遠古記憶，甚至與他們不可追憶的遠古時代的生活，有著內在的關聯。這就如同風土會在民族的心靈打上難以磨滅的刻印，日本列島初民的神話觀念，同樣深深刻印在日本民族心靈的深處。事實上，很多學者都認為神話構成一個民族自我與世界認識的心理原型。就此而言，神道思想體現的正是日本國民的生命觀。

這個關於民族起源的神話傳說，最初出現在 8 世紀初編纂的兩本書中：一本是成書於 712 年的《古事記》，是日本最古老的史書；另外一本是成書於 720 年的《日本書紀》。[7] 這兩本書在開篇處都有神話傳說的記載，神話和歷史最初就通過文字結合在了一起，因此也有人篤信它們就是歷史事實。

日本最初的創世神話出現在《古事記》的開篇，敍述了兩位有著兄妹關係的神（即伊邪那岐和伊邪那美）的事跡。他們結合在一起，誕生下了數十位神、江河湖海以及日本列島，因而被視為開天闢地的始祖。日本皇室奉為始祖的「天照大神」，就出生於伊邪那岐的左眼。天照大神的曾孫就是傳說中的「神武天皇」，是降臨在日本列島進行統治的第一位神人。結果，所有的日本人都被視為

---

7 這是一般的說法。也有日本學者認為《古事記》是成書於 9 世紀的「偽書」，日本的第一部書應該是天武天皇在 681 年下令開始編纂，最終於 720 年成書的《日本書紀》。參見〔日〕岡田英弘著，王嵐等譯：《日本史的誕生》（海口：海南出版社，2018），頁 170-173。

神的後裔；他們接受神的庇佑與統治。日本以「神國」自稱，最初的根據就是這個神話。

經過後世的學者與政治理論家的逐步加工，這個神話最終在 1860 年代明治維新成功之後，獲得了政治力量的加持，上升為近代日本國家的意識形態。簡單地說，天皇是這個神國萬世一系的統治者，德川幕府的末代將軍將大政「奉還」給了天皇。這種新的意識形態將天皇建構為「現人神」，天皇具有神和人的雙重屬性。在中央集權國家強大的意識形態宣傳教育下，已然步入近代的明治日本反而成功地確立了自己的「神國」形象。

當時生活在日本的外國人，敏銳地注意到了近代日本國民精神生活的這種異常特徵，留下了許多出色的觀察和描繪。譬如，日本文化論領域中有一位頗負盛名的作家，叫小泉八雲（1850–1904）。他原名叫赫恩（Hearn），1850 年出生於希臘，父親是愛爾蘭人，母親是希臘人。赫恩於明治二十三年（1880）來到日本，後來娶了一位叫小泉節子的日本姑娘為妻，並加入日本國籍，改姓小泉。他先後撰寫了十幾本關於日本的書，被譽為「比西洋人更理解西洋，比日本人更理解日本」。他最後一本解釋日本文化的著作，就以「神國」二字題於書中空白處，人們通常稱其為《神國日本》。

當時正值日俄戰爭期間，日本正在挑戰強大的沙皇俄國。由於士兵作戰異常勇猛，日本在付出了巨大的代價後，最終獲得了勝利。關於取勝的原因，小泉八雲這樣寫道：

> 日本人這樣出人意料地表現了戰鬥力的背後所潛伏的道德力，的確是靠了長期間的訓練的。日本國民因默從變革而被隱藏的精力——浸透在這由四千萬人而成的集團的不自覺的勇氣，——天皇的一聲命令，立刻在建設上也好，破壞上也好，能夠發揮出來的潛伏力，——這是膚淺的觀察者所不能看出來的。……這次戰爭中被召集出征的數萬青年之中，吐露希望太平無事光榮凱旋的話的人，一個也沒有。口中吐露出來的唯一希望，是被祭祀在那信為為天皇而死者之靈來集的招魂祠——「靖國神社」，而長為世人所記憶。……作為愛國之宗教的神道，如果使其充分發揮力量，不

獨會影響整個遠東的命運，而且是能影響文化的將來的力量。[8]

　　小泉八雲能夠有這樣的觀察，顯然源於他自身對「神」和宗教現象的深刻理解。不過，小泉在上述引文中描述的還只是現象和結果。在這個極端的軍國主義意識形態中，其實包含著日本固有的「神話」、「神國」與「神道」的思想和邏輯，它們相互疊加、交織在一起，構成了一種強大的觀念與意義體系——從本質上說，它是一套源於神話、具有宗教特徵的「神國」意識形態。這種意識形態要求人們為這個「神國」而奮鬥，甚至獻出生命，而「神道」則以宗教信仰的面目，在初民觀念和現代極權國家之間建立了一條強韌的精神紐帶。

　　人們多會注意到軍國主義意識形態有著針對國民的生殺予奪的力量，但我們這裏還要注意的是，這種政治思想還是初民神話觀念在近代日本的一種表達，有著深層的觀念和認知基礎。第二次世界大戰後，它雖然最終在政治上毀滅了自身，但在其他領域，我們依然可以觀察到這種文化觀念在今日的各種呈現。

———— ⊙ ————

　　近代日本精神生活的最大秘密，就在於日本文化是一種神人共生的文化。

　　一般而言，宗教雖然都是以神為核心建構而成的一套信仰觀念與組織體系，但神通常高高在上，並不直接顯現，而是通過它在人間的代理人，也就是各種神職人員來進行精神上的統治；基督教的牧師是最典型的例子。有神的彼岸和無神的此岸可能偶有跨界現象發生，在原理上卻是涇渭分明。但在日本的「神國」觀念中，神人不分；天皇就是以神人合一的方式君臨天下，直接實施統治。因此，天皇的命令就不僅是世俗國家統治者的權力意志，還是一種超越理性認知的神秘力量，從而獲得了操控國民生死的巨大能力。

　　第二次世界大戰後，在佔領軍主導的民主化改革中，軍國主義思想遭到了剷除，但作為民族遠古記憶的神話和民俗信仰的神道，卻在自由的政治制度和社

8　〔日〕小泉八雲著，曹曄譯：《神國日本》（長春：吉林人民出版社，2008），頁281-283。

會生活中得到了保存。這其實是一種非常特殊的世俗化路徑——日本迅速轉變為自由民主體制的社會，國家權力退出了宗教領域。結果，近代日本國家一直試圖強化的那種神人共生關係，在極端的形態遭到切除之後，反倒獲得了自在自生的土壤。這一點非但和我們中國不同，與經歷了長時間世俗化過程的西方社會相比，也迥然有異。

我們可以在很多文明或民族的初民階段觀察到神人共生的關係。譬如，屈原的《楚辭》裏就有大量關於巫鬼、神靈、祭祀等怪誕奇異場面的描寫與渲染。在那個時代位於中國南方的楚國文化中，大凡日月星辰、江河湖海、雷電風雨，都被視為有神靈的，人們就生活在神靈主宰的世界。事實上，在一些神話學者看來，今天被視為中華文明始祖的「伏羲」、「黃帝」等，本義就是「太陽神」或「光明之神」。華夏初民的這種思維方式的遺跡，可能就表現在用於自身命名的「華」字上，它有著「日光」的含義。[9] 不過，隨著中國北方儒家文化的崛起和發展，儒家理性主義上升為主流文化，並開始塑造人們的心靈。

其後，中國神人關係的歷史可以說就是一部神逐漸隱退的歷史。到了宋朝新儒學那裏，「鬼神」或被視為「天地之功用」，或被視為陰陽「二氣之良能」，而朱熹提出的「鬼者陰之靈也，神者陽之靈也」（《四書章句集注・中庸章句》）的說法，則被後世視為一種經典的「無神論」的表達。[10] 到了近代之後，隨著科學世界觀的勝利，除了在一些民俗習慣中，鬼神可以說被屏蔽於人們的心靈之外。

著名社會學家馬克斯・韋伯（Max Weber, 1864–1920）認為，「世界的祛魅」或者說世界觀的「合理化」是大多數民族都曾經歷的一個過程，但日本卻顯得頗為例外。我們在今天高度現代化的日本，反而能看到古代日本一些原滋原味的神人共生的現象。

9　有意思的是，對太陽的崇拜並非中國獨有，可廣泛見於古代埃及、印度、希臘等初民的神話觀念當中。參見何新：《諸神的起源》（北京：民主與建設出版社，2018），第1章和第2章。

10　當然，此處對新儒學關於「鬼神」及其「無神論」的表述還只是通行的看法。如果要深入探討中國文化中的「神人關係」，我們還需要對中國文化中的「神」、「氣」、「陰陽五行」等觀念展開更全面的討論。

據統計，今天的日本社會有八萬多座大大小小的神社，它們構成了日本宗教生活的一部分。與此同時，數百種源於古代日本文化傳說的妖怪與精靈，同樣活躍於現代日本人的文化觀念中，可以説是一種「與妖怪共生」的現象。這意味著神靈、妖怪等異界的事物在日本的社會生活中依然扮演著特定的角色，為日本文化抹上了一層氤氳、神秘的色調。在政治制度上，天皇雖然喪失了神格，但作為象徵君主，尤其作為起源於神話的君主，仍與國民有著超出我們想像的關聯。法國人類學家列維—斯特勞斯就曾經對日本這個「處於科技進步的前沿」的國家依然「保留著萬物有靈論思想的敬畏」讚嘆不已。[11] 這種現象在文化和政治上造成的結果依然有待於我們去觀察、探索和辨析。

當然，在今天並不是每個日本人都虔誠地信仰這套體系。但這種依靠祭祀和傳統遺留下來的文化氛圍，卻在潛移默化地影響著日本人的生活。我們在前面提過一個非常態的現象，即現代日本人能心無芥蒂地和墓地毗鄰而居，就是現代日本人與神共生文化觀念的顯現。

這裏要強調的是，這種文化觀念與類型其實生成於日本固有的神的觀念，扎根於社會生活自身。有許多學者指出，日本的神本質上是一種共同體的神，或者説就是共同體本身。譬如，日本文化學者荒木博之（1924–1999）曾經這樣論述道：

> 基督教的神或佛教的各種佛，都與個體的靈魂救濟有關。與此相對，日本的神並不以個體靈魂救濟為目的而出現。……日本的神最初就是共同體的神，在與共同體的關聯當中顯現而出，這是日本神的本來樣子。日本的神出現在牢不可破的共同體結構之上。因此，共同體的解體，對於日本而言就意味著神的消滅、神的死亡。神與共同體共存亡。從這個意義上來說，日本的神就是共同體自身，或者說是共同體的邏輯、共同體的意志自身。[12]

11　〔法〕列維—斯特勞斯：《月亮的另一面》，頁 24–25。
12　〔日〕荒木博之：《日本人の心情論理》（東京：講談社，1976），頁 121。

沿著這種解釋路徑，荒木博之實際上對日本的「神國」觀念給出了一種社會學的解釋：村落共同體的神就是村落共同體自身；同樣，日本民族共同體的神，即天皇，就代表了日本國家自身。在這個觀念與邏輯中，我們再次看到了自然風土條件（即島國與山地生活）對於日本初民心智結構的影響。這種心智結構是在長期的歷史演化中沉澱、結晶而成，形成了相對穩定的結構，因而並不會簡單地隨著外部環境的變化而發生顯著的變化。

　　因此，日本文化中「神」的觀念持續為日本國民的生活提供了一種深遠的意義來源。圍繞「神」形成的感受性與思考方式，就是生活在日本列島上的人們最特殊的思維方式；把握了這個「神」的視角和維度，我們就獲得了理解日本文化精神的捷徑。「神人共生」是這種文化原理的凝練表達，但如果要進行更深刻、更細緻的分析，我們還需要進行所謂「深層心理學」的研究，要進入神以及神話世界的內部，與其共存共生，從而獲得切實體認和回答。[13]

　　現在我們就可以回答前面提出的問題了：與風土對日本國民心靈造成的恒久影響不相上下，日本列島的諸神同樣在日本人的心靈上刻下了不滅的印記。初民時代諸神縱橫宇內、森羅萬象的幻象，以及它們的蹤跡，在往昔的蒼茫歲月和近代時勢的陡然巨變中並未湮滅。在高度現代化的社會生活中依然可見初民的宗教遺跡，就此而言，日本列島還可以說是一個「人類宗教的博物館」。

13　〔日〕河合隼雄著，王華譯：《神話與日本人的心靈》（北京：生活·讀書·新知三聯書店，2018），頁 13。

文字 ｜ 日本思維樣式的形成

　　日本列島「神人共生」文化的起源不可溯及，在本質上，它是初民文化的一種延續。作為一種源於歷史和民族深處的綿延不絕的力量，我們可以把「神」視為一種近似於「自然」且對日本人的世界觀造成深遠影響的事物。但這並不是日本文化特異性的全部起源。事實上，在古代日本出現的一種「人為」的事物，同樣對日本人的思考方式造成了強烈的影響。

　　這種人為的事物，就是漢字的導入以及日語的創造。超越的、彼岸的、不可思議的異界事物生成於人們理智未開的初民時代，而日語的創造則是理性主義的傑作，有著可以追溯的相對確鑿的歷史，對日本思維方式、日本文化帶來的影響，也更為有跡可循。

　　這種「跡象」首先在於我們自身的一種感受：我們對日本有一種非常特殊的親近感。其實，無論是否瞭解日本，當我們看到現代日本人大量使用漢字時，那種親近感會油然而生。而當我們看到日本人在使用一些古雅、富有傳統文化特徵的漢語詞匯時，更是如此。譬如，日本享譽世界的化妝品品牌「資生堂」，其中的「資生」二字，就取自中國儒家經典《易經》中「至哉坤元，萬物資生」一句。再譬如，日本有一家很有名的書店，叫「有斐閣」，其中「有斐」二字就源於儒家經典《詩經》中「有斐君子，如切如磋，如琢如磨」這一名句。這樣的例子不勝枚舉。此外，像「明治」、「大正」、「昭和」、「平成」等近現代日本的年號，皆直接取自諸如《尚書》、《史記》等中國典籍。2019年4月1日日本發佈新元號「令和」，這個漢字組合雖說出自日本古典詩集《萬葉集》中「初春令月，氣淑風和」一句，但這句話本身卻同樣是化用中國古典

詩文而來。[1]

如果置身於這些古奧、文雅的漢字空間中，我們可能會產生錯覺，認為日本就是古代中國的兄弟；當然，這麼說的前提是中國是本家。但這些都是我們自己的看法和想像，日本人並不這麼認為。對於日本人而言，漢字並不是單純的外來文字和語言。

那麼，漢字在日本文化演化過程中究竟扮演了怎樣的角色？

——— ⊙ ———

漢字，傳說是黃帝的史官倉頡所創，人們通常將其視為生活於東亞大陸上的「漢民族」的語言文字。但實際上，作為比較成熟的漢字，甲骨文誕生於距今三千多年前的商朝；「漢」這一說法的成立和普及要歸功於公元前 202 年劉邦建立的漢朝，而「漢字」這個說法直到元代（1271–1368）才出現，「漢族」則是更晚近的說法。所以，我們今天重新思考作為文化現象的漢字時，應該暫時將它和「中國」的關係懸置起來，將它還原到前近代的東亞世界的歷史時空中。在那個時候，「漢字」並不具有特定民族的屬性；古典的「漢文」（即文言文）是當時東亞世界的通用語言，人們可通過「筆談」的方式進行直接的交流。文化學者常常使用的「漢字文化圈」就是對這一事實的一種比較貼切的表達。

從「漢字文化圈」的角度來看，漢字對於古代日本人而言，就不再僅僅是一種外來文字。語言是人類表達自身思維的一個極其重要的手段；我們藉助文字符號，表達頭腦當中的世界。因此，古代日本人在使用外來的漢字時，當然會產生一種特殊的精神體驗。這個體驗在長期的生活實踐中穩定下來之後，就轉變為人們在思考事物時日用而不知的手段。這正是漢字轉變為日本人母語的演化機制。

1　這裏僅舉幾個例子：東漢時代的文學家、數學家張衡（78–139）的〈歸田賦〉中有「仲春令月，時和氣清」的說法；南北朝時期梁國詩人王台卿的〈陌上桑〉中有「令月開和景，處處動春心」一句；唐代薛元超（623–685）在〈諫蕃官仗內射生疏〉中有「時惟令月，景淑風和」這樣的表達。《萬葉集》中的這一句出自第五卷〈梅花歌卅二首並序〉，描述的是 730 年大和朝廷貴族宴飲的情形。該序的原文為漢文，模仿東晉著名書法家王羲之〈蘭亭集序〉的序文撰寫而成。

我們可以聯想一下自己使用外語時的經驗：除非我們掌握得非常精到、純熟，否則在某時某刻可能就會出現一種「言不由衷」的感覺；也就是說，我們的所思所想與我們的表達並不一致。由此，我們會產生一個合理的推斷：古代日本人因長期使用漢字，這對他們的表達方式造成了影響，進而影響了他們對周圍世界的認知。換言之，漢字的使用造成了日本思考方式的特殊屬性。這種思考方式的特殊性生成於漢字的母語化過程中。

現代日語的書寫採用的是「假名」（包括平假名與片假名）和「漢字」共同表達的方式。一般認為，「假名」是日本固有的表音字母，專門用於表達聲音；而「漢字」則源於中國，用來表達意思。但這是現代人的誤認。如果奈良時代（710–794）或隨後的平安時代（794–1185）的日本人穿越到現代，拿起一張日文報紙，他們看到的可能都是漢字；他們會認為假名也是漢字。當然，在歷經千年後，漢字字形、假名寫法以及日文語法都有很多演化，古代日本人未必能讀懂現代日文。

古代日本人的這種日語觀到底意味著什麼？我們可以對比一下我們自身的漢字觀。我在上文提到，我們因為漢字而對日本抱有特殊的親近感，這雖說不上是錯覺，但的確妨礙了我們對日本的認知。漢字對日本人的心靈塑造和思維方式所產生的影響，可能超乎我們的意料，畢竟古代日本人經歷了漢字母語化的過程。

對於中國人而言，漢字就是我們母語的書寫與表記方法；對於日本人而言，漢字的意義卻不僅僅如此。事實上，使用外來的漢字表達自己的意思，這是一個涉及「日本」誕生的重大歷史事件，我們有必要重新認識一下漢字在「日本」形成中的關鍵作用。這種作用，我們在前文已經所有觸及；概括而言，那就是它體現在日本人對事物的認知方法上，或者說，漢字的採用塑造了日本特有的思維方法。

在這裏，我要引述一下當代日本文化評論家松岡正剛關於漢字的論述。在題名為《日本方法》的書中，他提出了這樣一個觀點：日本獨特的、固有的、本質看待事物與思考事物的方法，就是「日本的編輯」；而這個方法，正是來源於

日語書寫體系的發明。[2] 那麼，這位評論家到底想說什麼呢？

提到編輯，人們一般會想到書籍、報紙、雜誌、電視劇等創作或製作的一個環節。它通常是指基於特定目的對資料或材料進行的一種操作，包括資料的收集、分類、包裝、變形等。松岡正剛在使用「編輯」一詞時，不僅僅是指上面說的這一系列操作，而是進一步把它提升為日本文化的一種原理。松岡認為，日本人在面對外來事物和外來文明時，首先把這些外來事物視為一種信息、一種資料，然後對這些信息進行收集、加工等編輯工作，以便為某種特定的目的服務。

那麼，這個「編輯」的方法是如何演變為日本文化的一種特殊原理的？按照松岡的說法，這個方法正是起源於一種特殊的歷史實踐——古代日本人吸收、使用漢字，進而形成日語的實踐。松岡的解釋的獨特性在於，他注意到了文字的形成對於人們思維方式可能造成的巨大影響。其實，我們對語言，尤其是語言的書寫方式在人類思維方式中的本質作用的認知，還遠遠不夠。我們可以先看一個例子。

古代南美洲印第安人創造的文明，即印加文明，是古代屈指可數的幾大文明之一。然而，當印加王國在 1532 年被西班牙殖民者滅亡後，印加文明旋即消失了影蹤，如今只剩下若干建築物的遺跡供後人憑弔。印加文明為什麼如此乾淨俐落地退出了人類歷史的舞台？其中一個重要原因，就在於它沒有發明文字，無法將它的文明記載並穩定地傳承給其後裔。在長達三千餘年的文明發展過程中，印加文明在物質層面已經相當發達，這一點從它留下來的極其壯觀的建築遺址上就看得出來。但在文字上，印加人卻停留在結繩記事的階段。文字的發明是文明傳承中一件性命攸關的大事，當然更是一件難事。

由此看來，漢字傳入日本，再由古代日本人將其改造為自己的語言，這實際上是日本的文字文明的一個從無到有的本質性飛躍。這和日本吸收了某種具體的生產技術有著本質的差異。松岡正剛的「編輯」文化論，實際上涉及的是日本經由攝取漢字、創造日語，進而確立其思維方式的過程。因此，如果只是將漢字理解為日本的外來語，會錯失許多有關歷史與文明的認知。

2　〔日〕松岡正剛：《日本という方法：おもかげ・うつろいの文化》（東京：NHK 出版，2006）。

這一從最初的外來語（漢字）變為後來的母語（日語）的演化過程，有相對清晰的路徑可循。據說，285 年，位於今天朝鮮半島南部的百濟王國的博士王仁攜帶《論語》和《千字文》赴日，後人視其為漢字和中國儒學傳入日本的開始。還有一種說法，時間上更晚一些，說是 5 世紀時，百濟王國的學者將漢字引入日本。值得注意的是，這些說法應當是指大規模、系統性地導入漢字。因為與大陸有各種聯繫，生活在日本列島的原住民，即所謂的「倭人」，接觸漢字的時間可能比這些年代早很多。

關於日語的形成，起源的時間並不十分重要。因為，直到現代日語的「假名」（相當於日語字母）文字被創造之前，古代日本人一直在直接使用「漢文」，即古代漢語。當然，此時漢文主要用在政府公文、外交事務、祭祀禮儀等場合，與一般民眾的使用還有較大的距離。而且，掌握這些漢文的人更可能是從事貿易活動的華僑或者來自大陸的移民。不管怎樣，那時的漢語的確是日本人或者說「倭人」的外語。但隨後「假名」的發明，使得日語的演化出現了突變，最終使得日語從漢語中獨立出來。這其實是日本文化史、文明史上極為重大的事件。

由於所有民族都有著有語言而無文字的歷史階段，在漢字傳入日本之前，日本也有著很長的無文字的歷史時期。所以，古代日本人最初看到漢字時，可能無法在這些文字符號和他們的口語之間建立起有意義的關聯。這就如同我們今天看甲骨文時的感受一樣，我們多數人看到的是「圖形」，是一些無意義的、縱橫交錯的線條。不過，由於倉頡造字時的原則是「依類象形」，古代日本人據此或許能猜到其中的若干文字的意義。

當然，漢字並非突然出現在古代日本人眼前；如前所述，華僑與移民可能扮演了重要角色。隨著東亞世界商貿網絡的逐漸發達，或者為了躲避東亞大陸的戰亂，包括「秦人」、「漢人」、「百濟人」、「新羅人」、「高句麗人」等在內的所謂的「渡來人」或「歸化人」，大量進入日本列島。通過各種交流，日本列島的一部分原住民，包括他們的部落首領，逐漸認識到了文字符號和語言的關係。

於是，一個大問題也隨之出現：如何用漢字這種外來的文字符號來表達自

己的觀念世界？古代日本人想到了兩種解決方案。第一種方法是直接使用漢語。譬如，在日本有聖人之譽的聖德太子（574–622）在604年發佈的著名的《憲法十七條》，就是用純正的漢文書寫而成，而內容則取法於儒學和佛教的教誨。日本最早的史書，即712年編輯的《古事記》以及720年編纂的《日本書紀》，同樣直接使用了漢文。而751年編輯而成的詩集《懷風藻》，收錄的則是當時日本文人創作的漢詩，可見當時的人們還直接用漢語抒發內心的情感。這種直接使用漢語的傳統，一直延續到20世紀初。這其中，從1657年開始編撰、最終於1906年完成的《大日本史》是這一傳統的最高典範，而且在觀念上對明治維新產生了深遠的影響。在學術與思想領域，江戶時代的日本儒學者還留下了大量的漢文哲學著作。

用外語來表達自己民族的思想和感情，在實踐中會產生各種問題，因為漢語畢竟起源於另外一個民族共同體，有著自己特定的「民族」屬性。日本漢字學者白川靜就曾指出，漢字的歷史構成了這個民族的精神史的支柱。[3] 因此，如何用漢字來表達當時日本人的語言或者說「倭語」就成了一大問題。結果，古代日本人開始改造漢字與漢文的表達方式，形成了第二種方法，也就是用一部分漢字來表達其口語聲音。今天我們使用的諸如「法蘭西」、「菲律賓」、「加拿大」這樣的名詞，以及以「佛陀」為首的大量源於佛教的詞彙，就是借用文字來表音。這種方法的本質是將漢字視為純粹的表音符號；文字的意義由聲音承載，而不用字形表達。

雖然說漢字六書中有「假借」，即純粹用漢字表音的文字使用方法，但非常有限。總體上，漢字的造字還是以「象形」、「指事」為本源，從根本上說是一種表意文字。因此，古代日本人將整個漢字體系用來表音，也就是採用完全的「假借」方法，正是漢字在日本母語化的開始。

8世紀中期編纂的詩歌集《萬葉集》，在日語演化史上具有重要地位，集中

3　白川靜認為，古代文字的起源都與神事相關，承載著人的意志，通常作為神人交流的手段而得到發明和發展。這種看法很可能將文字與其「民族」精神深處的要素的關聯揭示了出來。參見〔日〕白川靜著，陳強譯：《漢字的世界：中國文化的原點》（成都：四川人民出版社，2018），第1章。

反映了這一時期日語的形成狀況。詩集的編輯者、奈良時代的著名詩人大伴家持（717–785）用漢字表音的「假借」方法，結合部分表意的漢字，巧妙地表達了當時詩人們的內心世界。根據詩歌創作年代的不同，《萬葉集》收錄的詩歌可分為三種，分別是純粹用漢字表意的詩歌、用漢字表意和表音混合的詩歌以及純然用漢字表音的詩歌。那些用來表音的漢字就是日語形成史上有名的「萬葉假名」。假名的另一個說法就是「假字」。

我們如果直接看《萬葉集》的原文，就會發現裏面的漢字都認識，但很多漢字組合會讓人莫名其妙。譬如，詩集裏「美邪古」三個字就容易讓我們聯想到「美麗」、「邪惡」、「古老」的形象。但日本人卻不會這麼認為，因為只要他們按照日文中的漢字讀法 mi-ya-ko 來讀，馬上就會明白它的意思：它就是現代日語裏「都」字的讀音，表達的正是「都」、「首都」、「都市」的含義。

我們再看一個例子。詩集中收錄了大伴家持的父親大伴旅人（665–731）創作於 793 年的一首詩：「余能奈可波　牟奈之伎母乃等　志流等伎子　伊与余麻須　萬須加奈之可利家理。」在我們的眼中，這只是一排無意義的漢字，但現代日本人按照這些漢字的日本讀音讀出來，詩歌的意思就大致出來了：「這個人世間啊，當我知道它的空虛時，就越發悲傷起來。」這首詩就是完全用萬葉假名書寫的。

採用這種文字表記方式的前提是要對漢字的發音體系有徹底的掌握，而且還要為其他人所共享。無須說，7 世紀的日本人早已精通了漢字的用法，最具代表性的事例就是前面提到的《憲法十七條》；到了 8 世紀，日本已經出現了漢詩集《懷風藻》。用漢字的本意來作詩，將複雜的內心感受和意義世界呈現出來，意味著漢字已經高度母語化了。《萬葉集》中有一種叫「略體歌」的詩歌形式，就與中國的古體詩類似，用漢字表達意思。譬如，詩集中有這樣一首詩：「春楊葛山　發雲　立居　妹念。」這樣的詩歌，我們中國人通過望文生義就可猜測到它的大意：春天楊柳依依，白雲從葛山升起；此時我坐立不安，輾轉反側，因為

思念著妹妹。[4]

在隨後一個多世紀的漢語使用過程中，進一步出現了兩種變化：一方面，僧侶們在閱讀、抄寫佛經時，由於要使用工整的楷書，為了方便，經常取漢字楷書的一部分來表達發音，這種方法創造了「片假名」；另一方面，日本詩歌的編纂者們在書寫時從楷書逐步過渡到行書和草書，於是就形成了「草（書）假名」，這種假名在字體上進一步演化，就成了我們今日所見的「平假名」。至此，表音的平假名、片假名，再加上表意的漢字，就構成了我們今日所見的現代日語。[5]

日本人在這個過程中還自己創造了一些漢字，即所謂的「国字」或「和字」。譬如，「峠」（山巔）、「榊」（神社內的一種樹）、「辻」（十字路口）等就是按照漢字「指事」造字方法創造而成。我們今天看到這些字，基本上能推測出字面的含義。這些字的一部分也進入了中國的漢字字庫，成為漢語的一部分，其中頗為典型的一個字就是表示身體器官的「腺」。這個字無論在日本還是在中國都很常用，人們多認為它起源於中國，但實際上卻是由日本「蘭醫」──學習荷蘭醫學的學者或醫生──宇田川榛齋（1769–1834）在翻譯荷蘭語 klier 時自己創造的漢字，正式出現在他自己於 1805 年刊行的著作中。而在此前，日本的蘭醫或者用萬葉假名的方式將其表記為「機里爾」、「机里尔」或「吉離盧」，或者用表意的漢字將其表記為「濾胞」，但皆未能流傳。[6]「国字」的出現意味著漢字母語化的完成。

這裏還要一提的是，日本在近代開始接觸西方文明後，還大量引入了荷蘭語、英語、法語、德語、葡萄牙語等歐洲語言的詞匯。這些詞匯一部分用漢字的形式表達，更多的則是用片假名的方式直接進行音譯，人們一般稱它們為「外來語」。這種用片假名來直接表達「外來語」的門檻極低，譬如英語的 yes（是）、

4　在《萬葉集》時代的日本，夫稱妻為「妹」，妻稱夫為「兄」。上面的說法是對這首詩大意的解釋，而不是呈現詩意的翻譯。《萬葉集》的漢語譯本，可參見錢稻孫譯：《萬葉集精選集》（上海：上海書店出版社，2012）。

5　同古代日本的許多文化一樣，日語「假名」的發明也有來自朝鮮半島的漢字文化的影響。朝鮮半島的住民很早就使用漢字來表達他們的聲音，這種方法被稱為「吏讀」或「吏吐」。因此也有學者推測，日本的假名是由朝鮮半島遷居過來的眾多歸化人所創造的。

6　〔日〕笹原宏之：《日本の漢字》（東京：岩波書店，2006），頁 177–179。

no（不）、wife（妻子）、cake（蛋糕）等最簡單的詞彙，都有各自的片假名寫法。日本人還利用自己固有的假借方法，對英語文字進行了大膽的改編與使用，其中的一些日式英語讓許多西方的日本專家也常常感到莫名其妙。[7]其實，日語文字的表記與語法正是在這個過程中得到了進一步的發展和完善，現代日語最終得以定型。

對於這種外來語的大量「入侵」，日本人的看法出現了分歧；保守主義者視這些「日語」為肉中刺、眼中釘，呼籲立法禁止，但無濟於事。其實，從我們介紹的古代日本人發明假名的過程來看，現代日本人在外來語使用上呈現出的激進性格，其實正是日本思維方式的根本反映，是日本人固有的一種創造性的表達。反過來說，我們要從這個複雜的日語表達體系中，識別出日本思維方式的根本特徵。

———— ⊙ ————

我們上文的目的並不是介紹日語形成的歷史，而是要談一個關於日本的認知。作為總結，我們還要進一步思考一下日語演化史的精神維度。

第一，我們在前面說過，語言是人類表達思維的一個極其重要的手段；我們藉助語言，表達頭腦當中的世界，而語言也會反向影響我們的思維。對於中國人而言，漢字就是我們母語的書寫方式與表記方法。如何說、如何寫以及如何思維，對於我們而言是一致的。但古代日本人並沒有文字，所以漢字就不僅僅是表達日語的一種書寫手段；漢字固有的對世界的感知與認知特徵，隨著日語的成立，就必然以潛移默化的方式影響著日本人的世界觀與生命觀。這意味著，日本人的精神世界可能因此而存在著某種矛盾：他們要藉助一種外來的文字來表達自己原有的思維和觀念。古代日本人使用「編輯」的方法，逐步把漢字、漢語編輯成自己的語言，目的可能就是要逐漸消除這種緊張。同樣，日本人在攝取外來文化時的主體性格，可能就表現在這裏。

我們在前面介紹的《萬葉集》，它在日本國民心中相當於《詩經》在中國人

7　〔美〕賴肖爾、詹森：《當代日本人》，頁 442–443。

心中的地位，是這個民族心靈的故鄉。正是在這個故鄉的深處，我們看到了漢字日語化的歷程，看到了漢字對日本民族心靈的約束以及激發。當代日本文化學者試圖將「編輯」提升為一種原理，觸及了文字發明在日本文化演進中的關鍵作用。

由於語言是我們表達思想最根本的工具，當古代日本人用「編輯」的手法來彌合精神世界的矛盾時，這種方法本身對日本人思維方式的塑造，就變得越發強固了，因為「編輯」並無法在根本上改變作為編輯對象的材料的自身屬性。而且，隨著日本文明的發達，日本語言承載的內容越來越豐富，這種「編輯」方法和思維方式，也就最終演進為日本固有的一種思維方式，尤其是面對外來事物的思維方式。

第二，日語自身固有的一個說法其實已經顯示了精神層面的問題，那就是「假名」或「假字」這個說法自身的涵義。前面說過，這個名稱可能源於漢字六書的「假借」方法，但我們的頭腦中仍不免會出現更樸素的疑問：古代日本人將自己創造的文字稱為「假名」，難道還有「真名」嗎？

事實還真是如此。日語的「假名」正是相對於「真名」而言的，而「真名」就是指漢字自身，是事物真正的「名稱」。當時的日本人非常謙遜，認為相對於從中國傳來的「真正的」事物，日本自己的創造「不是真正的」，而是「假的」或者說「假借的」。這種對文字的看法，自然會對日本人的自我意識和心理結構產生深遠的影響，因為「真」、「真正的事物」要到中國文化中去尋找。從這裏我們亦會發現，當代日本國民謙遜、低調、內斂的精神氣質其實有著深刻的歷史根源。

古代日本的這種對待中國事物的態度，一直持續到江戶時代中期。當時新出現的學派「國學派」試圖擺脫這種尊崇中國事物的習慣和思維方式，要在自己的文化傳統和歷史典籍中尋找「真」。這是一種對漢字作為「真名」與「帝國的語言」的反抗。[8] 由於漢字、漢文在當時的日語書寫體系中處於優先地位，結果，主要用假名書寫的《萬葉集》以及《古事記》、《源氏物語》等成為「國學派」

8　〔日〕柄谷行人著，薛羽譯：《民族與美學》（西安：西北大學出版社，2016），頁191。

學者們極其看重的日本古典，而這正是現代日本文化民族主義的起源。[9]這是「漢字」在東亞世界體系中的政治效果的一種呈現。

所以，我們不能將現代日語中的「漢字」簡化為中國人自己的文字。作為一種表達思考與思維方式的工具，現代日語的形成是一種獨特的發明。這種發明的方法，這種對待外來事物的方法，是一種獨特的類型，它在保留外來事物特徵的同時，呈現了主體的創造。這種日本獨特的思維方式，在古代日本人創造日本語的實踐中得到了展現和完成。

由此，我們還可以進一步思考漢字和我們自身的關係。眾所周知，明治維新前後的日本學者在翻譯西方書籍時，創造了大量的新的漢語詞彙。中國當年的有識之士，隨即引入了這些詞匯，為中國打開了文明的一扇窗戶。我們很熟悉的一些雙音節詞匯，譬如「科學」、「藝術」、「哲學」、「市場」、「經濟」、「幹部」、「階級」、「解放」、「希望」、「時間」、「空間」、「電話」、「銀行」、「正確」、「優秀」等等，都凝聚著近代日本知識分子的創意與匠心。[10]我們今天使用這些語匯時，我們的頭腦世界同樣會為這些語匯所約束。事實上，我們此刻使用的現代白話文自身，很多學者就指出，它在語法上有著「歐化」的特徵，但實際上，它更是受到了 19 世紀末逐漸定型的現代日語表達方式的影響，有著濃厚的「日化」特徵。[11]

如果說近代日本人通過對「漢字」詞匯的創造進一步改變了自身的思維方式，那麼，中國對這些詞匯的輸入，同樣也改變了自身。在現代中國國民的精神生活的深處，有近代日本的影子。

9　〔日〕吉野耕作著，劉克申譯：《文化民族主義的社會學：現代日本自我認同意識的走向》（北京：商務印書館，2004），頁 54–58。

10　我們常用的雙音節詞匯中，很多是日本學者的獨自創造，但也有近代西方在華傳教士翻譯西方學術作品時的創造，其中的一部分途經明治日本後又「返銷」回中國。此外，還有一部分詞匯見於中國古籍，但明治日本知識分子賦予了它們新的意義，進而轉化為現代漢語的一部分；我們常用的「學校」、「社會」就是典型。參見陳力衛：《東往東來：近代中日之間的語詞概念》（北京：社會科學文獻出版社，2019），第 1 章，以及沈國威：《一名之立旬月跙躑：嚴復譯詞研究》（北京：社會科學文獻出版社，2019），第 5 章。

11　所謂現代漢語的「歐化」或「日化」，其實就是指一種翻譯體，在翻譯中逐漸定型的新的表達方式。近代日本在翻譯歐文時，最初將其直接譯為古典漢文，隨後出現了用「漢文體」的日文翻譯；1887 年後，日本出現了「歐文直譯體」，這被認為是現代日語形成的開始。參見陳力衛：《東往東來》，第 10 章。

文明 | 日本民族的演化機制

　　古代日本對漢字的吸收和假名的創造，無疑意味著日本文明的一次飛躍。日本學者用「編輯」來概括文字創制過程中體現的日本方法和原理，亦即日本面對外來文明、外來事物時的一種根本的思維方式：日本人善於通過自己的獨特加工，將外來文明轉換成自己的發明和創造。

　　文字的創制是這種思維方式的一次重大的實踐，反過來又促進了這種思維方式的發展。由此，一個新的問題出現在了我們的面前：如果說日本只是善於學習、善於將外來文明轉換為自己的文明，那麼「日本文明」這個說法還有意義嗎？

———— ⊙ ————

　　提到日本文明時，不少中國的學者、評論家，甚至包括一些日本學者在內，會有這樣的想法：日本專事借鑒其他文明而已，沒有自己的文明。在他們看來，所謂的古代日本文明就是模仿、吸收而來的中華文明，7世紀中期的「大化改新」就是一場大規模吸收隋唐文明的政治改革；到了近代之後，日本轉換了方向，開始模仿、吸收西方文明。這些看法司空見慣，但問題非常大。從根本上說，這還只是停留在事實的描述層面，沒有進入認知的領域，尚未回答日本到底是不是一個獨特的文明。

　　這個問題與文明的定義或評價標準有關。在中國的古典語境中，文明的主要含義是「文教昌明」，是描述與衡量一個社會綜合狀況的整體性概念。從這個角度來說，「日本文明」這個說法自身不存在問題；人們的疑慮似乎在於，日本沒有對這個文明作出自己獨特的貢獻。日本只是模仿、吸收外來文明而沒有自己的「創造」的看法，堪稱根深蒂固。然而，這是對文明的誤解，當然也是對日本的誤解。

事實上，日本是一種自成一體的文明。譬如，英國歷史學家湯因比（Arnold J. Toynbee, 1889–1975）有一部著名的歷史學著作，叫《歷史研究》（*A Study of History*），為他贏得了「近世以來最偉大的歷史學家」的聲譽。湯因比在書中提出了一個非常獨特的觀點，他認為歷史研究的本質就是文明的比較研究。因此，他縱覽全球歷史的演變，從中一共找出了 21 種「文明」來作比較研究，其中之一就是「日本文明」。他有時用「遠東文明」來指稱中國文明和日本文明的整體，有時也會說日本文明是中國文明的一個分支。這意味著，湯因比注意到了日本文明和中國文明的親緣關係，但他將「日本文明」視為自成一體的文明，卻是不折不扣的事實。

有人可能會問，這是不是一個孤例，只是他的一家之言呢？而且，《歷史研究》撰寫於 1930 年代，差不多是一個世紀前的作品，他的觀點是否陳舊了呢？事實並非如此，我們還可以舉出很多論述日本文明的學者。

譬如，美國國際政治學者亨廷頓（Samuel P. Huntington, 1927–2008）在其著作《文明的衝突與世界秩序的重建》（*The Clash of Civilizations and the Remaking of World Order*）中，就將日本視為一種獨自的文明。這本書刊行於 1990 年代末，進入本世紀後，由於他的一些論斷正在為新的現實所佐證，如今已經成為國際政治學領域中的名著。他在書中說，21 世紀國家間的衝突將體現為文明之間的衝突。文明衝突的觀念是否把握了當下國際社會的現實，眾說紛紜，見仁見智，我們暫且存而不論。重要的是，亨廷頓認為當代世界主要由七種文明構成，其中之一就是「日本文明」，它與中華文明、西方文明、印度文明、伊斯蘭文明等並列，是一種具有世界規模的力量。[1]

另外，以色列歷史學家艾森斯塔特（Shmuel N. Eisenstadt, 1923–2010）論述日本的著作的題名就是《日本文明：一個比較的視角》（*Japanese Civilization: A Comparative View*）。在這部書中，他例舉了許多將日本視為一種文明的學者的看法。而且，他還指出了日本文明的獨特性：作為非軸心的文明，日本在發展過程

1　〔美〕亨廷頓著，周琪等譯：《文明的衝突與世界秩序的重建》（北京：新華出版社，2002）。

中「一直保持了自己的歷史，直到現代」；日本「沒有被軸心文明——中國和朝鮮、儒教和佛教——邊緣化，並同它們一直處於不斷的接觸交往中」。[2]

簡言之，把日本看作一個相對獨立的文明，這幾乎是西方學術界的共識。這一點和我們中國略微不同；現代中國人似乎不太願意把日本看成一種獨立的文明。那麼，這種觀念的形成機制是什麼，在認知上又有著怎樣的問題？

———— ⊙ ————

日本人善於模仿，尤其是模仿隋唐中國、模仿近代歐美，這幾乎是全世界的共識。但這並不意味著我們可以由此而得出結論，說日本沒有自己的文明。其實，妨礙我們認知日本文明的要因首先就出現在對「模仿」一詞的理解上。難道「模仿」就不是文明，模仿就無法創新嗎？說日本文明只是模仿而沒有創新，既是對日本「模仿」的誤解，同時也是對日本「創新」的誤解。

實際上，湯因比已經給我們作了準確的解釋。在《歷史研究》中，他專門論述過「文明的成長」的過程和動力，其中就特別提到了「模仿」與「文明」之間的關係。湯因比這樣寫道：

> 運用模仿能力對於要達到的目的是必不可少的……模仿是社會生活的一般特徵，原始社會和文明社會都是如此，但是在兩種社會裏，它運用的方式卻不同。在靜止的原始社會中，模仿行為直接面對活著的老一代人以及死去的人……然而在走向文明的社會裏，模仿行為直接面對的是開拓新天地的創造性人格。本領是一樣的，但是它轉向了相反的方向。[3]

湯因比告訴我們，除了原始社會之外，對於處在文明進程中的社會而言，模仿正是文明成長的一種機制和動力，因為模仿者面對的是「創造性的人格」。

2　〔以〕艾森斯塔特著，王曉山譯：《日本文明：一個比較的視角》（北京：商務印書館，2008），頁23。
3　〔英〕湯因比著，郭小凌等譯：《歷史研究》（上海：上海人民出版社，2010），上卷，頁216。

他所説的「創造性的人格」，其實就是指文明開拓者、文明先行者富有創造的人格。從而，文明的後發者通過模仿，他們最終學到的將是「創造性」自身。這可是非凡的行為，因為模仿者會有意識地將「創造性」當作自己要追求和培養的品格。而創造性自身極為稀缺，是文明演進的根本動力。

湯因比説模仿者最終學到的是「創造性人格」，就是指這種文明動力機制的學習。

不僅如此，對於模仿，湯因比接下來還進一步告訴我們：

> 模仿可以收穫許多社會資產——才智、情感、觀念等等——這些資產不是獲得者創造出來的，而且如果他們沒有遇到過並且沒有模仿那些擁有「資產」的人，他們也不會具備這些「資產」的。事實上，它是一條捷徑。[4]

如果將湯因比的這些洞察運用到日本的事例上，我們就會看到，日本其實一直在走一條「捷徑」，一條通向文明的捷徑。無論古代中華文明，還是近代西方文明，對於當時的日本而言都是壓倒性的、高度原創的文明。這其實意味著日本在世界文明演進史上獲得了相對特殊的位置：日本處在兩大文明的交匯之處。所以，它只需要模仿，並以自己獨特的「編輯」方式將這些成果化為己有，就能保證它始終處在文明的前列。而當這種「模仿」變成日本自己的文化基因和行事邏輯時，一種自成一體的「日本文明」就出現在人類文明進程中了。

當代的很多評論家都注意到，日本目前的文明水準在很多方面超過了一般公認的標準。這種狀況的根本成因就在於，日本對現代世界上的各種文明保持著高度的敏感，並善於運用自己的方法——譬如説「模仿」，譬如説「編輯」——將其據為己有，從而實現了文明的進化和升級。可以説，日本文明的特殊性就在於，它有著一種強烈的文明化的主體意志。

我在這裏提到的這種日本文明觀，也不僅僅是我個人的看法。譬如，近代

---

4 〔英〕湯因比：《歷史研究》，上卷，頁216。

日本啟蒙思想家福澤諭吉（1835–1901）在其著名的《文明論概略》中念茲在茲的，就是如何推進日本的文明化進程。他告訴他的同胞說：

> 文明是一個相對的詞，其範圍之大是無邊無際的，因此只能說它是擺脫野蠻狀態而逐步前進的東西。交際活動本來是人類的天性，如果與世隔絕就不能產生才智。……文明之為物，至大至重，社會上的一切事物，無一不是以文明為目標的。[5]

我們不難看到，福澤諭吉的說法其實與湯因比的說法共享了文明的一個內核，亦即他所說的「交際活動」。各個民族之所以要進行廣泛的交流，是因為交流源於人們的本性。「如果與世隔絕就不能產生才智」，這個判斷更是表明了日本人對文明特徵的理解——這個理解首先是對文明化，亦即走向文明的方法的理解。法無定法，只要能「擺脫野蠻而逐步前進」，就是文明化的過程。對於這個過程自身，日本人有著深刻的認知。

———— ⊙ ————

在福澤諭吉的這幾句話中，其實還潛藏著理解文明的一個要點，那就是「文明」是和「野蠻」相對而言、相對立而存在的。這其實是「文明」的另外一個極其重要的含義，但又是一個過於日常的含義，以致常常被人們所忽視。我們可以看一個例子：多少有過日本體驗——譬如說去過日本旅遊或生活——的人都會說，日本是一個非常非常文明的國家。這句話到底是什麼意思呢？

我們如果反過來理解這句話，就豁然開朗了。它的意思是說，和日本相比，很多國家還「不文明」，或者說不夠文明。這個「不文明」其實還是一個含蓄、委婉、客氣的說法。因為作為「文明」的對立面，還有一個很不客氣的，甚至刻薄的說法，那就是「野蠻」。

---

5 〔日〕福澤諭吉著，北京編譯社譯：《文明論概略》（北京：商務印書館，2007），頁 30。

當然，現在這個世界不能說還有「野蠻」國家，但具體的「野蠻」現象和事件層出不窮，幾乎遍佈於所有的國家，卻也是有目共睹的事實。在我們享受的文明的另一面，還有一個灰色乃至暗黑的世界；譬如，屢禁不絕的婦女與兒童買賣，就是讓很多文明國家感到羞愧的事實。我們平時很願意使用「文明」這個詞，其實潛在的意思就是對「不文明」現象存在的承認和批評，並且表達了一種向好、向善、向文明方向轉化的願望和意志。

　　在我們日常使用的文明的觀念上，我們還常常說英國、德國、法國、瑞士、美國等這些發達工業化國家也是非常文明的國家。所以，單單指出日本是非常文明的國家還顯得不夠精確，因為它尚未注意到日本文明的特殊性；而正是日本文明的特殊性，才保證了它所達成的文明超過了目前一般的文明水準，使得它站到了人類文明發展的前沿。

　　這個文明的特殊性，就是日本在長期的文明演進過程中形成的「模仿」和「編輯」的方法與深層的思考樣式。日本通過強大的模仿、吸收和轉化的能力，藉助著它自身明晰的文明意志，將當代世界文明的長處據為己有，從而在國民的日常生活中呈現出了一種高水準的文明形態。湯因比在討論文明衰落的本質時，曾指出過三點要因：「少數創造性群體喪失了創造力，大多數人不再進行相應的模仿，隨後整個社會出現分裂。」[6] 從這個角度看，日本的「模仿文明」堪稱人類文明的中繼站，是一種人類文明演化的機制。

———— ◉ ————

　　福澤諭吉的《文明論概略》之所以能風靡一時，原因就在於他將日本文明觀念的本質特徵揭示了出來：從本質上說，日本文明是一個向前看、向未來看，而不是向後看、向歷史看的文明。它並不預設一個日本固有的所謂的文明的內核；相反，社會上的一切事物都要「以文明為目標」，都要向最新、最前沿的文明水準看齊。當然，何謂「文明水準」，日本在長期演化中也形成了自己的看法。

6　〔英〕湯因比：《歷史研究》，上卷，頁247。

因此，福澤諭吉的說法並非他個人的發明，而是其來有自，有著歷史的根源。

要言之，日本之所以是一種文明，一種高於一般水準的文明，原因正在於它在長期歷史演進中形成的獨特的文明觀念和方法論。這種文明觀的長處在於，它將日本民族與國家的存在置於世界文明演進的浪潮之中。換句話說，日本的國家理性中存在著一種明確的文明衝動和意志。

日本的這種文明觀和我們通常的觀念迥然有別。我們平時談論的文明，多數情形是「古代四大文明」或「四大文明古國」意義上的文明。這個層面的文明又叫「軸心文明」，是德國哲學家雅斯貝爾斯（Karl T. Jaspers, 1883–1969）的說法。這個說法的大意是指，在公元前 500 年左右，人類在中國、印度和西方這三個地方實現了文明的突破，是歷史「最為深刻的轉折點」。[7] 這種文明突破的主要標誌就是實現了人的自我的覺醒，人們開始反思自身的存在，從而為後世奠定了宗教、哲學、美學、政治學等一系列觀念與知識的基礎。

不過，如果只是停留在這種人類自我意識覺醒的層面上談文明，會妨礙我們對文明的進一步理解，容易讓我們自滿，進而忘記了進取與創新才是文明進步的本質。而且，這種進取與創新並不要求我們與傳統文明一刀兩斷；相反，模仿、繼承傳統曾經孕育的「創造性人格」，正是我們今天得以進取與創新的文化紅利。我們在前面已經指出，今天的日本在文明進步上之所以成績斐然，與它喜新而不厭舊的思維方式息息相關。這種思維方式，其實就是日本文明固有的特徵。

因此，無論是停留在軸心文明的層面上沾沾自喜，或是想要徹底克服自己的傳統文明，這些都是對文明的本質以及文明進程的誤解。

7　〔德〕雅斯貝爾斯著，李雪濤譯：《論歷史的起源與目標》（上海：華東師範大學出版社，2018），頁 8。

第二章

日本的奇異性

清寂 | 日本社會秩序的美學根源

　　前面，我們嘗試建構了一套重新審視日本變異的原理性框架；現在，我們要從一個具體的經驗現象來談日本的「變異」，亦即日本的「非常態」。初次到日本的中國人大多會有這樣的感嘆：「日本真是乾淨啊！日本社會太有秩序了！」這樣的感嘆當然不是憑空而來，而是初次與日本相逢時的第一感受。當然，你如果在日本稍微生活一段時間，還會發現日本社會有一種強烈的秩序特徵，到處都是秩序井然。日本國民在公共場所的安靜、從容、淡然，市容市貌的清潔、整齊等等，都無疑會強化我們對日本社會富有秩序的感受。

　　日本社會的高度秩序性特徵，在危機面前表現得更為鮮明。很多人可能還記得 2011 年 3 月 11 日日本發生的東海大地震。大地震引發的海嘯摧毀了位於福島縣境內的核電站，引發了巨大的核洩漏災難。在巨大的災難現場，當時受災的民眾表現得異常平靜，未出現諸如瘋搶救災食物、盜竊等常見的混亂現象。當時各國媒體對此高度讚譽，認為日本國民的素質高。日本國民在災害面前表現出的那種堅毅、沉著、富有秩序性的態度，其實是它當下文明的一種呈現，有人將其命名為「生存的藝術」，成為現代日本社會文化的一部分。[1]

　　不過，事情還有反常的一面。如果在日本生活時間稍微長一點，你很可能就不只是讚嘆，還會感到一絲困惑：在日本生活，雖說是歲月靜好，但就是過於寂寞、冷清了！如果用一個詞語來描繪這種感受，「清寂」可能是不二的選擇。其實，這些人在日常生活中都有自己的社交圈子，但為什麼還會有那種「清

---

[1]　從這個角度對災後日本重建的一個觀察，可參見〔英〕皮林著，張岩譯：《日本：生存的藝術》（北京：中信出版社，2020），第 16 章。由於地震、火山、洪水等自然災害頻繁爆發，日本社會形成了一種「與災害共生」的文化。這種「生存的藝術」也可以說是日本的「災害文化」的一種表達。關於日本的災害文化，可參見〔日〕大矢根淳等編，蔡騁等譯：《災害與社會 1：災害社會學導論》（北京：商務印書館，2017），第 4 章。

寂」，那種雖然不濃烈但卻如影隨形的孤獨、寂寞、冷清的感受呢？旅日的中國人，在他們的早年歲月可能都會經歷這種日本文化的異質性對他們造成的衝擊。

很多人都注意到了這個現象，但很少人會去分析它到底意味著什麼。在我看來，旅日中國人的這種感受源於中日兩國不同的文化類型的矛盾和衝突。日本社會的清淨秩序是其文化類型的社會呈現，這讓來自不同文化類型的中國人感到一種文化上的不適應。當這種不適應進一步轉化為心理上的感受時，「清寂」就成為人們普遍的觀念。換言之，在人們對歲月靜好的不同感受背後，有著日本文化和社會秩序的特殊原理在發揮著作用。

那麼，日本社會生活整體上呈現的秩序特性，又是怎樣形成的？有人説，這是因為現代日本的國民素質高，2011 年日本東海大地震發生後國民的表現就是現實的例子。從國民素質的角度來解釋日本的社會秩序，固然不錯，但還只是停留在表象上，關鍵的問題依然沒有解決：為什麼日本國民素質高？要回答這個問題，我們不能只停留在現象的羅列上，否則就變成了先有雞還是先有蛋的循環論證。

有人認為可能要從社會的倫理道德角度來談，但這還不足以解釋日本人行為背後的精神原理。社會的倫理與道德本質上還是共同生活的一種約定俗成的規則，是一種習慣。這些規則或者説習慣的形成，源於日本民族共同體自遠古以來的生活實踐。譬如，「集團主義」被認為是日本的文化類型，它雖然可以用來解釋現代日本人的一些行為特徵，然而，這些源於社會行為規範的説法，依然無法觸及「清寂」這種文化類型的精神特徵。

事實上，文化類型揭示的邏輯和原理還只是一種靜態的刻劃和描述，人們的日常行為還受另外一種非邏輯的、感性的原理所支配。現代日本社會秩序的背後，有著尚未被揭示的感性原理。我將這種原理概括為「審美原理」或者説「美學原理」，用來指稱日本國民在長久的生活中形成的一種對事物的深刻感受。從這個審美的角度來説，日本文化可以稱為以審美為導向的「美感文化」。日本文

化類型的精神屬性，因為這個審美原理而獲得了殊異的品性。[2]

—————— ◉ ——————

關於什麼是審美，美學家們已經給出了各種解釋。簡單地說，它就是一種感知、識別和判斷事物的美和醜的能力，是一種從事物的造型、色彩、節奏、韻律、秩序等現象中感受到的精神愉悅。著名美學家李澤厚（1930–2021）曾經引用「有意味的形式」（Significant form）或者說「有意義的樣式」這一說法，來表達審美對象的本質特徵，認為它是人們長期的社會生產與生活實踐在心理上的一種積澱，是一種「社會內容」所孕育的「心理結構」。[3] 這種從生活實踐到心理沉澱的邏輯鏈條，構成了對審美何以形成的一種簡明有力的解釋。

這種「審美」的能力，這種精神層面的能力，又是怎樣轉化成了清寂的社會秩序呢？這個問題不容易回答。按照李澤厚的美學觀，日本國民的審美能力從根本上說與他們的感受性有關，是一種心理與精神層面的事物。道德與社會制度相對容易觀察並能進行邏輯解釋，審美則不同；審美是一個民族心靈中最為敏感的那一部分，是一種心靈上的事物。

因此，旅日中國人最初體驗到的那種「清寂」，那種集孤獨、寂寞、冷清於一身的感受，並不只是來源於對日本社會倫理、道德、習慣、制度以及法律的不適應，更是源於對日本社會的審美原理的直接感受。那是一種對異質性事物的感受，無法用簡單的語言來把握和形容；審美原理雖然流溢於社會生活的方方面面，但它在本質上縹緲不定，只在心靈的層面上才能覺察與捕捉。對於許多旅行者而言，這個審美原理可能是完全陌生的事物。但也正因為陌生，我們才能在東

2　在繼續闡述之前，這裏有必要作一些補充性的說明。顯然，各個民族的文化類型的精神屬性並不相同，主要原因在於主導那個民族的精神生活的機制不同。譬如，人們不難觀察到，基督教社會和佛教社會呈現出的精神品性往往大異其趣。同樣，在基督教內部的不同派別 —— 如英國的清教徒和意大利的天主教徒 —— 之間，我們也不難發現他們的不同。我們同樣可以從宗教的角度來描述現代日本人行為背後的精神原理。我在這裏提出的「審美原理」當然有著特定的歷史的宗教的起源，但在高度現代化的日本社會，這種原理更呈現出一種獨特類型上的特徵。換言之，我們可以單獨從審美的角度，來刻劃日本文化的精神側面。

3　參見李澤厚：《美的歷程》（北京：生活・讀書・新知三聯書店，2012），第 1 章。

洋異域、在不同的日本文化中迅速將它識別出來：日本社會有著濃烈的清寂特徵。

這個「清寂」既然是主觀的感受性，那憑什麼說它代表了日本的一種審美原理呢？其實，這個說法有著特定的理論基礎和經驗依據；在日本美學家的筆下，這種感受性背後的原理有一個更簡潔的表達，它在日文當中被表達為「寂」這個字。

近代日本的美學大家大西克禮（1888–1959）曾撰寫有《日本風雅》、《日本物哀》和《日本幽玄》等探討日本審美原理的書。他通過對幾個關鍵詞的解釋，將日本文化的根本的審美原理呈現了出來。在《日本風雅》這本書中，大西克禮給我們提供了認知日本審美的第一個原理，就是這個「寂」。

按照他的說法，「寂」這個字的含義包括了諸如「寂寥」、「寂寞」、「孤寂」、「閒寂」、「靜寂」、「空虛」、「樸素」、「淡薄」、「清淨」、「幽靜」、「古雅」、「冷清」等多種複雜的含義；一言以蔽之，這個字的首要含義就是不渲染、不熱鬧。[4] 由於這個美學原理的獨特屬性，它並不容易翻譯為恰如其分的現代漢語詞彙；我使用「清寂」二字，目的正是要盡可能涵蓋並凸顯出「寂」的精神意蘊。

值得我們注意的是，大西克禮用這麼多詞語描述「寂」的含義，正說明「寂」已經不再是描繪現象的用語，而是一種原理，是一種需要解釋的本質性的東西。當大西克禮說「寂」只能說是一種審美範疇和一種原理性的存在時，他要表達的就是這個意思。

既然是原理性的存在，我們就可以在一些文化現象上發現它的功效。譬如，日本有一種被認為是世界上最短小的詩歌體裁，叫俳句。俳句的格律很簡潔，一行文字可以斷為三小節，每一節的字數是五、七、五，分別由五個發音、七個發音、五個發音組成，一共只有十七個發音。如果翻譯成漢語，一首俳句就相當於只有十七個漢字，這比中國古典詩歌中的五言絕句還要少三個字。俳句最初用來

4　〔日〕大西克禮著，王向遠譯：《日本風雅》（長春：吉林出版集團，2012），頁 78、98。

表達機智、詼諧、幽默的詩人情感，但到了江戶時代的成熟階段，俳句的最高審美標準就被認為在這個「寂」上。

我們可以舉一首在中國也廣為流傳的俳句來具體看一下。這首俳句題名〈古池〉，作者是生活在江戶時代早期的偉大詩人松尾芭蕉（1644–1694）。這首俳句有多種翻譯，我自己比較喜歡的是十七字的版本：古老一池塘，一蛙跳進水中央，撲通一聲響。那麼，這首俳句到底好在哪裏？大西克禮引述了一位日本評論家的說法：

> 他在江戶深川閒居的地方有一個古池，時至春天，徘徊於池畔的青蛙，從岸上跳入水中，發出清冽的水聲。作者不寫梅、桃、櫻依次開放，不寫柳葉日見其長，不寫厥草、鼓草從雜草中竄出，只寫在悠閒、寂靜的草庵中，聽得青蛙撲通入水的聲響。這簡直難以言喻，寫得春色滿滿，細緻入微，恰如其分。[5]

這就是說，春天本來會給人們一種春花爛漫、草長鶯飛，萬物生機勃勃、鬱鬱蔥蔥、一片欣欣向榮的情境，但芭蕉的俳句僅僅捕捉了青蛙「撲通」一聲跳入池塘的畫面，其餘一概略而不談，都交給了畫面的留白和餘韻。這位評論家進一步總結說，這首詩就是「寂」為體，以「寂」為根本的骨骼和精神。我們由此可以推知，這首詩之所以家喻戶曉，就在於它以最為凝練的藝術形式表達了日本國民精神深處的那種審美感受。後世的人們也公認，俳句到了芭蕉這裏，才具有了「冷峻、孤寂和幽玄的藝術高度」，成為聞名世界的最短詩型。[6]

值得一提的是，這位評論家擔心松尾芭蕉的境界不被理解，接著就舉出了唐代著名山水詩人王維的一些名篇，譬如〈鹿寨〉、〈竹裏館〉、〈辛夷塢〉等作品來進行類比。在〈辛夷塢〉中，詩人這樣詠嘆道：「木末芙蓉花，山中發紅

---

5 〔日〕大西克禮：《日本風雅》，頁 90。
6 〔日〕岡田武彥著，錢明譯：《簡素：日本文化的根本》（北京：社會科學文獻出版社，2016），頁 149。

萼。澗戶寂無人，紛紛開且落。」這是一幅極為清寂、簡素的山水畫面，很容易為我們中國讀者理解。不過，這並不意味著我們可以通過中國的山水詩來簡單地理解「寂」這一美學原理。

在我看來，日本俳句中的「寂」原理，並非中國文化中的普遍原理。我們固然可以説中國文化中有推崇「淡然」、「悠閒」、「高遠」、「寧靜」的山水詩歌和山水畫，它們的確構成了王維所代表的一部分讀書人、士大夫的審美境界和標竿，但這種審美趣味的根源在於儒家學説、道家思想與中國化的佛教文化，它們無法脱離中國固有的美學與藝術精神而存在。[7]用王維的詩歌來類比，可能還無法觸及日本「寂」原理的根本屬性。大西克禮告訴我們，除了俳句外，日本的茶道、花道等傳統文化中都滲透著這種「寂」的原理。「寂」在日本是一種彌漫性的存在，是日本藝術的根本精神。

有評論家指出，日本的這種「寂」是一種「佛心發露」，是一種參禪悟道後的精神狀態。這雖然也是一個類比的説法，卻深刻揭示了這個原理的宗教性內容。進一步説，源於中國的禪宗思想，與日本國民固有的那種追求潔淨、追求清淨的心智結構發生了共振，最終形成了一種普遍性的追求「清寂」的生活習慣和準則。

事實上，「靜寂」精神在受禪宗影響的藝術形式上得到了最高的表現，而茶道就是這種美學原理的典範。日本歷史上的茶道大師都被視為禪宗的弟子；譬如，被譽為日本茶道的集大成者的千利休（1522–1591），他開創的茶道流派就將「靜寂」與日本文化的關係揭示了出來。日本美學思想家岡倉天心在他的《茶之書》（*The Book of Tea*）中這樣寫道：

> 像利休那樣追求無上孤寂的人，主張修建露地的秘訣應如以下的一首古歌：放眼皆寂寥，無花亦無楓，秋深海岸邊，孤廬立暮光。……即使

7　按照徐復觀的看法，中國的藝術精神由兩種系統，即儒家系統與道家系統奠定而成，二者均有「為人生而藝術」的根本關切。中國文化觀念中的這種對「人生」的關切 —— 核心是人生的自由 —— 或許是我們觀察中日山水畫精神異同的一個要點。相關論述，參見徐復觀：《中國藝術精神》（瀋陽：遼寧人民出版社，2019）。

是在白天，茶室的光線也很柔和，因為只有少許陽光進入傾斜屋頂下的低簷。……一切東西都呈現古雅的韻致，除了潔白無染的竹製茶筅和麻布茶巾，與之形成鮮明對比以外，任何令人想起新製品的東西都被禁用。儘管茶室和茶具褪色古舊，但一切都絕對潔淨。連最幽暗的角落也一塵不染，否則主人便不能被稱做茶人。茶人首要具備的條件之一就是打掃、擦拭、洗刷的知識，因為清潔和打掃也有藝術。一件金屬古玩不要讓熱心過分的荷蘭主婦用力擦洗。不用擦掉從花瓶裏溢出的水滴，因為它使人想起露珠而感到清涼。[8]

　　這一段引文體現的正是茶室設計的基本原理。如果沒有這些預備知識而突然進入日本的茶室，我們也會自然感受到那種「清寂」的氛圍。不過，岡倉天心的說法為我們解釋了那種感受性的成因——茶室設計者有意傳達的正是茶道的清寂美學。實際上，日本茶道的始祖村田珠光（1423–1502）認為茶道的精神就是「一味清淨」、「謹敬清寂」，千利休自身也倡導「和敬清寂」的精神。

　　日本茶道的清寂美學固然受到了禪宗的強烈影響，但這種影響之所以能夠發生，還有著日本特有的宗教觀念要素在發揮著作用。譬如，日本文化學者荒木博之就試圖用「清淨志向」來表述日本固有的這個要素，而這個要素的本質是日本共同體——它被表述為「島嶼共同體」、「村落共同體」——生活的本質屬性。[9]這個屬性也被普遍視為日本本土「神道」的屬性：神道對「清淨」的極端追求，本質上是一種對「生命力」的追求，是一種日本固有的生命觀的呈現。[10]

　　因此，無論是從傳統日本的社會結構還是從它的宗教觀念來說，這個「清淨志向」都內在於日本人的日常生活當中，並已然成為一種心理沉澱，從而是一種審美的心理結構。從近代天皇制、從民眾對天皇無條件的忠誠上，我們可以看

8　〔日〕岡倉天心、九鬼周造著，江川瀾等譯：《茶之書・「粹」的構造》（上海：上海人民出版社，2011），頁43–45。
9　參見〔日〕荒木博之：《日本人の心情論理》，頁107–166。
10　這是日本文化論中非常常見的觀點。參見〔日〕本田総一郎：《日本的神道》（東京：日本文芸社，2006），頁88。

到清淨這一美學行動原理，而它的極端形式和「危險力學」，就是二戰末期日本「神風特攻隊」隊員赴死時給人們留下的「純潔」、「潔白」、「清純」的美學印象。

說到這裏，我們還可以順便解釋一個現象，即最近數年日本流行的「佛系文化」。這個「佛系文化」已經傳入中國國內，引發了各種討論。不過，那些討論都沒有觸及日本文化的審美原理，也就是這裏說的「寂」的原理。中日兩國雖然表面上都流行佛系文化，但在審美上卻是大異其趣。佛系文化在日本並不是簡單的「低慾望」，不是「什麼都行」、「都可以」、「沒關係」，而是有著一種美學上的意蘊，有一種審美的意志。決定二者差別的，正是中日兩國社會屬性的不同。

——— ⊙ ———

日本的「寂」這種原理，實際上非常複雜、精微、深刻，我在上面展示的也並非其全貌，但多少會有助於我們理解日本社會清淨秩序的成因。我們所見的秩序，無論是事物的秩序，譬如城市或鄉村的風景，還是人的秩序，譬如在公共場合講究規則，講究低調、內斂的行為方式，都是日本文化中源遠流長的「寂」這一精神和審美標準的外在顯現。「精神還仗精神覓」（汪藻〈贈丹青僧了本〉），我們可能要在這種精神自覺的意義上去認知日本社會的美學原理。

對於這種美感文化，中國的日本論先驅們早有體驗，並且有極為深刻的洞察。譬如，戴季陶（1891–1949）在他的《日本論》中有這樣一個論斷：「在人類當中，美術進步而普及的民族，也就是創造文化能力最大的民族。」對於日本國民的藝術生活，他這樣寫道：

> 然而我想稱讚他一句話，就是「日本人的藝術生活，是真實的。他能夠在藝術裏面，體現出他真實而不虛偽的生命來」。我還想稱讚他們的一句話，就是「日本的審美程度，在諸國民中，算是高尚而普遍」。……一個人如果不好美懂得審美，這一個人的一生，是最可憐的一生。一個民族如果把美的精神丟掉，一切文化，便只有一步一步向後退，而生存能力，

也只有逐漸消失。「美」是生存意義當中最大、最高、最深的一個意義。[11]

因此，戴季陶不是在單純地讚美日本民族「優美而豐富」的審美情緒，而是要論述日本民族力量的一個主要來源，即源自審美的生活的力量。這種審美在生成國民力量上，僅次於信仰。無須說，戴季陶這一番日本美學論述的目的，正是要激發當時中國國民的潛在力量，為國家和民族克服危機尋找道路。

簡言之，日本國民行為的背後有著一套獨特的審美標準和原理。我們最初提到的日本社會呈現出的異樣的「清寂」氛圍與秩序特徵，就是這套審美原理的社會功效。我們還可以更進一步說，人們的精神世界的屬性，會在根本上決定這個社會的呈現方式。日本社會的「清淨秩序」，正是我們觀察者理解這一社會構成原理的絕佳樣本。

當然，從人們的精神秩序、心靈秩序到外在的物質世界的秩序，這個轉換過程非常複雜，也有各種哲學思辨。認為物質世界的狀態決定人們的精神世界秩序，這也是一種很常見的觀念，這裏無暇對這些說法進行辨析。18 世紀德國的偉大思想家席勒（Friedrich Schiller, 1759–1805）在他有名的《審美教育書簡》（*Über die ästhetische Erziehung des Menschen*）中的一段話，值得我們特別留意。他這樣寫道：

> 從審美狀態到邏輯狀態（從美到真理和義務），比從自然狀態到審美狀態（從純粹的盲目到生命形式）的步驟，不知要容易多少。前一個步驟，人通過他的純粹自由就能完成，因為他只需要自己接受而不需要給予……有審美心境的人，只要他願意，他就會普遍有效地判斷，普遍有效地行動。……因此，文化的最重要的任務就在於，使人就是在他純粹的自然生命中也有一定受形式的支配，使人在美的王國能夠達到的範圍內成為審美的人，因為道德狀態只能從審美狀態中發展而來，卻不能從自然狀態中發

---

11 戴季陶：《日本論》（北京：九州出版社，2005），頁 148–154。

展而來。[12]

　　這其實是席勒的一個結論：審美教育才是教育的根本。簡單地說，人的審美能力其實等同於人的自由能力，從這種審美能力到人的道德狀態，是自然而然的，如順水行舟，但相反的過程卻是道阻且長，困難重重；因此，如果道德教化是教育的目標，那麼教育要從審美教育開始。我們從日本事例上看到的，恰恰是精神世界的不同所帶來的社會秩序或道德秩序的不同。日本的審美教育，已經內化為日本國民日常生活的一部分。

　　從這個角度反觀一下中國社會，我們也會獲得有意義的啟發，有助於增進我們理解精神秩序與社會秩序之間的關係。譬如，與日本這種呈現「孤寂」、「冷清」的文化相比，中國文化因其「群居」的社會基礎，可以說是一種彰顯「熱鬧」、「喜慶」的文化。[13] 如果說前者和秩序有著天然的契合關係，那麼後者對於秩序和清淨就不會提出更高的要求。前者的重心在於個體的禁慾與內省，後者的重心在於群體的享樂與達觀。

　　當然，我們的目的並不是對中日兩國的文化類型進行比較，而是要透過奇異的文化與社會表象，揭示日本民族共同體生活的本質特徵。在當代日本社會呈現的高度的秩序性當中，我們看到了日本獨特的美學原理在發揮著功用。

12　〔德〕席勒著，張玉能譯：《審美教育書簡》（南京：譯林出版社，2009），頁 72。

13　對於中國文化的這種源於「群居」或「群」的特徵，錢穆對中國和西方文化的差異進行了仔細的對比與辨析後，這樣指出：「中國人主要在從群中求有孤，西方人主要在從孤中求有群。雙方之心理出發點不同，斯其表顯在外之一切事象亦不同。」這個說法非但指出了中國社會文化的獨特屬性，還揭示了人們不易窺見的心理與社會秩序的隱微關聯。參見錢穆：《晚學盲言》（北京：九州出版社，2011），頁 413–435。

恥感

一個生殺予奪的傳統觀念

　　現代日本人獨自的審美感受，賦予了日本社會一種審美的品性。現在我們要觀察日本國民的另外一種感受，它在日本文化和社會中扮演的角色堪稱與審美不分伯仲，甚至有過之而無不及，那就是「羞恥感」。下面，我們具體從「自殺」這個特定的現象開始討論。

　　現代日本是一個自殺大國，自殺率在世界上一直名列前茅。有名的公眾人物自殺，無名的庶民自殺，大臣級的政治家自殺，普通的官員也自殺，在很多中國人看來，這是一種非常態的奇異現象。譬如，2020 年 2 月 1 日，日本首相官邸的一位官員跳樓身亡。此前因新型冠狀病毒的突然流行，這位官員負責在武漢的撤僑行動。新聞媒體分析說，這位年僅 37 歲的官員可能因撤僑工作中受到日本社會的指責，壓力過大而自殺。這是令當時困在疫情中的中國人感慨甚深的一椿悲劇。

　　提到日本人的自殺，人們還會聯想到日本歷史上有名的自殺方式，那就是武士的切腹自殺。這種自殺方式因其殘酷性而顯得極端反常，人們認為它「野蠻」，甚至就是「變態」。[1]那麼，為什麼日本人容易選擇輕生？這是一個事關日本國民生命觀念的嚴肅問題，我們不能只是滿足於對特異性的觀察與描述，而是要探討現象背後的機制和原理。

———— ◉ ————

　　在日常所見的社會秩序的後面，通常隱藏著一種無形的精神秩序，而這種精神秩序扎根於這個民族深層的心理結構，深刻地影響著人們對外部世界的反

1　關於切腹自殺的描述，可參見〔日〕新渡戶稻造著，張俊彥譯：《武士道》（北京：商務印書館，2006），頁 68–72。

應。那麼，從日本社會的自殺率異常高的現象中，我們又能讀取出日本國民怎樣的精神秩序與心理結構？

我的觀察是：從文化類型上說，日本文化是一種對羞恥高度敏感的文化，堪稱「恥感文化」；造成日本是自殺大國的精神方面的要因，就在於這種文化特徵。由此出現的問題是，恥感文化與日本的高自殺率之間可理解的邏輯關聯又在什麼地方？我們要先看一下事實。

根據日本「厚生勞動省」——主管國民健康福利的政府部門——的調查報告，日本自 1978 年開始詳細統計自殺數據以來，每年自殺人數均超過二萬；從 1998 年開始的十餘年間，每年自殺人數都超過了三萬。這個數據在 2003 年達到了峰值，有 34,427 人自殺。在每年自殺的人當中，男性大概是女性的兩倍。這種傾向讓日本政治家和社會有識之士擔憂不已。在人們的共同努力下，日本政府在 2006 年制定了一部叫《自殺對策基本法》的法律，防止國民自殺成為國家層面的意志和政策。此後，由於政府和社會的積極干預和介入，自殺者的數量開始逐年減少。2017 年，記錄在案的自殺者人數為 21,321，基本恢復到了歷史上的最低水平。[2]

可是，就是這個最低水平的自殺率，在國際上依然名列前茅，基本在前十位以內徘徊，而在工業發達國家中則名列第一。

回到我們要探討的主題：日本經濟高度發達，人民生活富裕，社會生活秩序井井有條，人們為何動輒就用自殺來解決問題呢？根據日本政府的自殺統計報告，自殺的原因主要集中在「健康問題」、「經濟狀況」、「家庭生活」、「工作問題」等幾個方面。我們似乎很容易接受這些導致自殺的原因，它們和我們的日常觀感並無太大出入。

這樣的統計報告似乎已經對自殺的原因做了科學的定論，而且符合一般人對自殺現象背後因果關係的理解。不過，在我看來，政府的統計報告並不是我們認知的終點；事實上，這些關於自殺原因的說法雖然都能成立，卻無助於我們認

2　這些數據均採自日本「厚生勞動省」的官方網頁。

知日本社會的特點，因為它們並沒有觸及日本社會固有的原理，沒有揭示日本社會相對獨特的性格。

　　日本社會的高自殺率現象，其實另有隱情。

————— ◉ —————

　　我們首先要面對這樣一個問題：如何看待自殺才是深刻而有意義的？政府的統計報告將責任清晰地劃給了自殺者個人。誠然，在國家制定的法律體系中，在我們的日常觀感中，自殺的責任最終要歸屬於個體。但對於社會而言，這並不是一種有意義的解釋，更不是對自殺原因的深刻揭示。社會失去了一個成員，國家失去了一個公民，本質上是共同體自身的損失。因此，只有在共同體的層面上、在社會的層面上探明自殺的原因才有意義。事實上，每個社會相對穩定的自殺率，以及自殺者在性別、年齡層上相對穩定的比率，正恰如其分地表明，自殺乃是一種社會現象。

　　法國社會學家涂爾幹（Émile Durkheim, 1858–1917）率先揭示了自殺的社會要因；他撰寫的《自殺論》（Le Suicide）至今還被全世界的文科類大學生們廣泛閱讀，是關於自殺現象研究的經典著作。他通過仔細研究法國、德國、意大利等歐洲國家的自殺數據，發現了一個有趣的現象：各國的自殺率有高有低，但各國的數據基本上保持著不變。高自殺率的國家，一直保持著高自殺率；相反，自殺率低的國家，自殺率也一直在低位上徘徊。這意味著，自殺雖然是人類普遍的現象，但自殺率高低則因社會的不同而有差異。

　　這還不是涂爾幹最重要的發現。他通過反覆研究數據後進一步發現，諸如精神疾患、心理變態、家庭糾紛、經濟損失等通常被認為自殺的動機，並不能解釋各國自殺率相對穩定的現象。這些動機都還只是導致自殺的表面原因。因為，各個社會相對不變的自殺率，其實反映的正是各個社會的特定屬性。

　　所以，涂爾幹接著告訴我們，自殺的真正原因不在於個體，因為「生活中

沒有必然引起自殺的不幸」。[3] 個體選擇輕生的根本原因，在於個體所處的「社會的性質」，或者說社會環境。自殺者個體的生活狀態，是社會力量作用於個體的後果。每一個社會群體都有一種整體的自殺傾向，這是一種外在於個體的力量和事實；這種社會力量對個體的入侵，最終導致了個體的自殺。這就是涂爾幹這位偉大的社會學家的發現。

那麼，社會自殺率居高不下，到底意味著日本社會具有怎樣的特殊性格呢？

涂爾幹已經作出了非常出色的解釋。他把自殺分成了若干種類型，其中的一種他稱其為「利他主義的自殺」。這個說法的意思是，在具有「集體主義」或者說「集團主義」強烈特徵的社會中，人們傾向於抱團生活，於是人和人之間的關係紐帶顯得特別緊密，集團對個體也就獲得了更大的約束力量。當個體和這個具有巨大力量的團體產生難以調和的矛盾時，個體出於對團體的道德感與責任感，就傾向於以暴力的方式毀滅自己。

日本國民的自殺類型就被視為屬於這種「利他主義的自殺」。事實上，「集團主義」或「集體主義」是文化人類學家描述日本社會與文化時極為常用的說法。與這些說法相對的是「個體主義」或「個人主義」，譬如說，英國、法國、美國等西方國家，就被認為是這種個體主義社會的代表。日本社會的「集團主義」性格，亦即日本社會內部的特殊結合方式，導致了它獨自的、整體上偏高的自殺率。

———— ◉ ————

涂爾幹的理論給我們提供了關於日本高自殺率的科學解釋，但新的問題也隨之出現：日本特殊的社會內部的結合方式，又是通過怎樣的路徑或渠道具體作用到個體的身上的？畢竟，在集團主義類型的社會中，個體通常對所屬集團負有高水準的「責任」和「義務」，這是普遍的現象，那日本集團主義的特殊性又表現在哪裏？

3　〔法〕涂爾幹著，馮韵文譯：《自殺論》（北京：商務印書館，2005），頁 329。

這個特殊性主要就體現在日本個體在他者、在集團面前異常敏感的自我意識上，而「羞恥感」就是這種自我意識的一種顯現。換言之，日本集團主義的特殊性表現在它的「恥感文化」的類型上。日本文化是一種把「羞恥」感覺納入道德與行為體系的文化。在規範人們日常行為的各種感覺中，對「羞恥」的感受佔據了核心的位置。在日常生活中，表達自己感到尷尬、羞恥、難為情或者丟臉的名詞與形容詞幾乎是日本人的口頭語，日本人幾乎隨時隨地以此紓緩自己的內在緊張。[4]

　　日本文化的評論家們很早就在用「恥感文化」來刻劃日本的文化特徵。譬如，美國文化人類學家魯斯・本尼迪克特（Ruth F. Benedict, 1887–1948）在有名的《菊與刀》（*The Chrysanthemum and the Sword*）中，就從文化類型的角度，用「恥感文化」刻劃了日本文化的這種獨特屬性。[5]本尼迪克特的這個說法，源於與西方社會的對比。她認為主導西方社會的是「罪感文化」，是一種以「罪」為基本色調的文化。對於這兩種文化的差異，她這樣分析道：

> 　　真正的恥感文化依靠外部的強制力來做善行。真正的罪感文化則依靠罪惡感在內心的反應來做善行。一個人感到羞恥，是因為他或者被公開譏笑、排斥，或者他自己感覺被譏笑，不管是哪一種，羞恥感都是一種有效的強制力。但是，羞恥感要求有外人在場，至少要感覺到有外人在場。罪惡感則不是這樣。[6]

　　無須說，兩種文化對個體都有強制力，都構成了道德體系的內在驅動力；不過，日本以「羞恥感」為驅動力的文化在發生作用時，要有一個前提條件，那就是要有其他人在場。換言之，「羞恥感」的作用要以社會生活、群體生活為前

4　日語中表達羞恥、恥辱的名詞是「恥」或「辱」，形容詞是「恥ずかしい」；尤其是後者，在現代日語當中是與「好吃」、「可愛」等並列的高頻詞。

5　關於對本書的詳細分析，可參見拙著《正眼看世界：歷史、國家與文明新論》（桂林：廣西師範大學出版社，2015）。

6　〔美〕本尼迪克特著，呂萬和等譯：《菊與刀》（北京：商務印書館，2002），頁154。

提，而西方文化中的「罪惡感」僅僅訴諸個體的內心感受。

本尼迪克特繼續論述說，這個「羞恥感」在日本文化中的地位，就如同西方基督教倫理規範中對個體所要求的「良心純潔」、「篤信上帝」，居於倫理規範的核心地位。她接著指出了關鍵的一點：「由此得出的邏輯結論則是，人死之後就不會受懲罰。」[7] 這其中的邏輯關係不難理解：在罪感文化中，當事者可以通過認錯、懺悔、贖罪等方式，從罪惡感中獲得解脫；但在恥感文化中，不良行為只要暴露就無法簡單消除，因為它依賴於外部對他的看法。在後者的情形中，自殺相當於主動解除了自身與他所屬的集團的聯繫，個體的羞恥感也隨之自然消失。

從這個角度，我們還可以對日本傳統的切腹自殺方式略作解釋。有評論家將這種殘酷的方式提升到了自殺方法中的「貴族的地位」，但這只是出於美化武士道的意圖。[8] 實際上，對於自殺者而言，他在切腹過程中顯示出的「冷靜」與忍受長時間痛苦的程度越高，就越能顯示他為自身「雪恥」的意志，進而徹底解除了他對共同體負有的責任和義務。

因此，「人死之後就不會受懲罰」的這種生死觀事實上揭示了自殺和羞恥感之間的一種更為深層的關聯。這種觀念顯然扎根於共同體生活的久遠歷史。我們還未完全揭示出它的精神特徵，但它在社會生活中的一種呈現，就是我們在這裏討論的日本社會的高自殺率現象。在以集團主義為特徵的日本社會生活中，自殺是避免遭受恥笑、挽回名譽的最後手段，因為人死之後，他與集團生活的一切關係都隨之得到了解除，伴隨他的羞恥感、責任感等當然也都隨之消失。

在日本人的日常生活中，這種避免行為給自己帶來羞恥的文化，也進一步強化了個體行為的自律。換言之，作為一種外在於個體的力量，「集團主義」正是通過「恥感文化」這一觀念管道，對日本國民個體發揮著強大的約束作用，甚至扮演了生殺予奪的角色。由於事關生死，如何避免不當行為帶來的羞恥甚至成了個體行為的最高律令。其實，日本社會的秩序之所以井井有條，某種意義上也可以從這個角度加以解釋。

7　〔美〕本尼迪克特：《菊與刀》，頁155。
8　〔日〕新渡戶稻造：《武士道》，頁75。

罪孽

低犯罪率背後的文化與社會

　　自殺是日本社會自身的一個沉重話題，我們已經發現，這一現象背後有日本獨特的文化觀念在發生作用。接下來，我們還可以從相反的現象，即「他殺」的角度繼續觀察日本社會在文化類型上的特徵。

　　自殺是針對自身的暴力，而他殺是針對他人的暴力犯罪。日本社會在犯罪現象上同樣呈現出很多異色。日本小說或影視節目中有著大量題名為「某某殺人事件」的作品，尤其是日本高度發達的偵探和懸疑小說，往往以殺人事件為中心展開。如果將影視和文學作品中的犯罪事件視為日本社會生活的反映，人們會認為日本社會有著很高的兇殺率。

　　但事實正相反，日本社會的犯罪率，尤其是從搶劫、強姦、詐騙、兇殺等惡性犯罪的角度來看非常低。問題由此而來：這種犯罪率低的現象是否同樣意味著日本文化的某種特殊屬性？日本社會的集團主義原理顯然可以用來解釋犯罪率低的原因，因為集團主義將秩序的價值放在了首位，有著維護秩序的內在機制。那麼，這種機制具體是怎樣運作的？在一個被視為高度發達、高度文明的現代社會中，其犯罪具有怎樣的屬性？

———— ◉ ————

　　我們先來看一下實際情況。根據英國一家名叫「列格坦」（Legatum Institute）的智庫在 2017 年發佈的一項調查報告，日本在犯罪的主要指標，即「殺人」這一惡性犯罪率上，名列全球犯罪率最低國家的第三位。這家智庫依據的數據採自 2015 年；這一年，擁有 1.27 億人口的日本的殺人案件是 933 件，僅僅高於新加坡和盧森堡，而要比其他通常被認為是世界上最安全的國家——諸如冰島、丹麥、挪威、瑞士等——還要低，而新加坡等國的人口不過數百萬，同日本相比遠非同一量級。

如果將所有犯罪案件都包括在內，根據另外一項統計，日本的犯罪率在經濟與合作組織（OECD）加盟國家中，也就是在當今主要發達的工業化國家中，幾乎一直居於最低。這個超低的犯罪率，我們可視之為社會健康的一個指標。

　　不過，如果有日本生活的經驗，我們還會注意到，日本的電視新聞中經常報道殺人事件。如果説文學和影視作品描寫的殺人事件是虛構的，這些新聞報道則是完完全全的社會現實。這給我們造成了一種相反的印象：日本兇殺事件頻發，社會很不安全。

　　新聞報道的當然是事實，但我們不能只知其一不知其二。其實，日本幾乎所有的兇殺犯罪事件，甚至公民的所有非正常死亡事件，日本電視新聞與報紙都會報道。豈止是人，就連一隻貓、一條狗的非正常死亡，往往也會被新聞報道一番。在一個高度平和、安寧的國家，新聞媒體不會放過任何具有新聞價值的事件；而殺人作為最極端、最惡劣的犯罪，新聞媒體當然更不會放過。一些讓人聯想到「變態」的殺人事件，更是會給日本社會帶來強烈的衝擊。那麼，這些報道是要滿足國民的獵奇心嗎？其實不然。這些新聞報道，構成了我們觀察日本社會犯罪問題的一個窗口。

——— ◉ ———

　　我先舉兩個例子，然後我們一起思考，這些惡性事件究竟在什麼意義上是非常態或者説「變態」的；更重要的是，我們要弄清楚，造成這些罪孽的機制是什麼。

　　第一個事件，也是在最近十幾年的犯罪事件中首屈一指的事件，發生在2006年年末，地點在東京一個姓武藤的牙科醫生家中。這個武藤醫生有兩個兒子，一個女兒。小兒子叫武藤勇貴，高中畢業後為了考上大學的牙科專業，在家複習了三年。比他小一歲的妹妹叫武藤亞澄，高中畢業後上了兩年制的短期大學。在日本，這可以説是一個典型的中產階級家庭。然而，不幸卻突然降臨了。12月30日這一天，兄妹二人發生了口角，哥哥隨後用木刀反覆毆打妹妹，然後用繩索勒住她的脖頸，將頭部按到浴盆的水中，直至亞澄死亡。這個過程大概花費了兩個半小時。

但事件並未就此結束。在妹妹死亡後,哥哥又花費了兩個小時,用刀和鋸肢解了妹妹的遺體。接著,他又把肢解過的遺體分別裝入了四個塑料袋,然後又從浴室搬到了自己房間的壁櫥內。四天後,這對兄妹的父母發現了遺體。無須說,這種殺害近親的行為會引發人們強烈的罪惡感和厭惡感,人們當然也高度關注事件的真相。

案發兩年後,東京地方法院對武藤勇貴宣佈了有期徒刑七年的判決。在案件審理期間,一些相關事實相繼得到了披露。譬如,被害的這個妹妹是一個不良少女,離家出走、賣春、在色情場所打工,還墮過一次胎等等。這些事實無疑加重了事件的離奇性與殘酷性,引發了日本全社會的關注,並勾起了人們對早先發生的另外一起非但殘酷,而且更為驚悚的殺人分屍案件的回憶。

這個事件發生在 1997 年 5 月,當時被命名為「神戶連續兒童殺傷事件」。這個事件的兇犯是一個 14 歲的初中二年級學生,他先後殺害兩名小學生,重傷三人。由於案犯未成年,此後他一直被稱為「少年 A」。這個少年 A 殺害一個小學生後,將其頭部殘忍地割下來,放到了一個中學的門前。同時,他還以「酒鬼薔薇聖斗」這樣一個奇怪的名字寫了一張聲明文,上面用英文寫有「學校殺手」、「遊戲開始了,愚蠢的警察諸君,來阻止我吧」等字樣。他把這些紙條放到受害者頭上,極具挑釁性。隨後,他還給當地的報社寫了一篇犯罪聲明文。這些行為讓日本國民受到了巨大的衝擊。

人們可能會說,這不就是變態殺人嗎?的確如此,這兩起讓人驚悚的案件,的確顯現了非常強烈的心理變態特徵。不過,我們的認知不能止於事件的定性上;日本社會接下來的對應與舉措非常值得我們仔細思索。簡單地說,如果把事件定性為「偶發事件」、「變態殺人事件」,那麼兇犯所造成的罪孽就變得無意義了,因為責任都甩給了兇犯個體。

我們此前分析日本社會的自殺現象時,曾提出過同樣的問題:如果把自殺統統還原為自殺者個體的遭遇,我們就會錯失深刻理解人類社會和文明發展狀況的契機;只有從社會層面、從共同體生活的層面思考這些悲劇事件,才能找到降低自殺率的有效手段。對於惡性的犯罪同樣如此。譬如,人們傾向於認為貧困會導致犯罪,這就是有意義的一種解釋。關於日本犯罪率低的理由,人們也通常指

出戰後日本非暴力的和平觀念、對禮節的高度重視、羞恥感等社會與文化方面的原因。這些都有意義，因為它們指出了犯罪的根源在於社會，而不是被簡化為那些個體的屬性。

回到剛剛介紹的兩起案件。第一個案件中，武藤勇貴被判處七年徒刑；第二個案件的「少年 A」被少年犯管教所收容。值得關注的是兩位兇手的供詞。隨著案件審理的展開，兩位犯罪嫌疑人的口中都出現了大量諸如「自己身體內有另外一個自我」、「我真的存在嗎」的奇特說法。更重要的事實是，在案件的最終判決書中，法官也採信了案犯有「人格障礙」、「人格分裂」、「多重人格」等說法。這些在我們看來奇特的、變態的說法，被認定為法律事實，其中，「多重人格」等說法因這些案件還成為當年的流行語。

把犯罪的動機歸結為個人的精神與心理狀況，法官的判決書當然只能這麼做。而且人們已經看到，造成這些慘劇的直接原因確實有著強烈的個體性格。那麼，人們又是通過怎樣的操作，將這些個體因素轉化為日本社會的原因呢？

其實，往往被我們當作追蹤熱點問題、進行獵奇報道的日本新聞媒體，還有另外一面，那就是對事件進行深度的專業分析。這些讓人震驚的兇殺案件發生後，日本各方面的有識之士進行了極其廣泛的討論，使得罪孽發生的機制和救贖方法得到了各種分析和呈現。這些分析也都呈現在新聞報道中。譬如，有學者認為，「多重人格」這樣的說法能夠流行起來，說明了它和社會現實的一種高度契合，是一種社會事實。換言之，這個說法之所以會讓很多人由衷地感到認同，原因就在於他們認為自己的生命、自己的人格處於某種程度的分裂狀態。

這麼說來，我們就看到了問題的反常之處：在國民生活高度富裕、高度文明的社會中，出現了這樣一種被稱為「人格分裂」的病理。如果說惡性案件所呈現的病理只是冰山一角，或者說是一種極端現象，那麼我們就有理由推斷，非極端的、還處於不可見的類似病理現象更為廣泛地存在著。這就是所謂的「文明病」。

那麼，這意味著日本社會正在陷入一種病態的狀況當中嗎？

———— ◉ ————

我們在思考這個問題時，首先要注意到一個基本的事實：現代日本社會的

犯罪率非常低。從大的方面説，這反映了社會的健康和文明水準處於較高的狀態；從個體的角度來説，日本國民在日常生活中高度自律，以不給對方添麻煩為道德準則，從而也降低了社會生活中各種犯罪事件的發生。而正是在這個高度安全、平和的社會背景下，偶發的惡性殺人事件，會讓日本國民感到極大的震驚。我們在上面舉的兩個例子，就屬於這個級別的事件。

不過，我們的目的並不是重複低犯罪率的事實，而是要去探尋日本的犯罪率為何低。日本偶發的惡性犯罪事件具有強大的衝擊性，但它們並不是產生於我們常説的貧窮和社會失序。如前所述，我們只能從現代文明的生活方式中去尋找它們產生的原因。這也正是日本國內討論這些犯罪的方法。

在今天的日本社會中，流行著諸如「學校制度崩潰」、「家庭制度崩潰」、「義務教育制度崩潰」等等説法，這些正是從社會的角度分析病理原因的嘗試。由於日本高度的現代化成果，如果將這些病理稱為「文明的病理」，它的經驗教訓所具有的普遍意義就呈現了出來。

從這個文明診斷的視角，有日本學者將問題的根源追溯到明治維新以來文明化的進程自身。他們的診斷大意是説，明治以來整個社會在傳統和現代、日本和西方之間處於高度緊張甚至分裂的狀態，人們被迫要在傳統或現代的價值上作出選擇。這種社會狀態，通過學校、家庭這些個體再生產的機制，最終傳導給了個體。[1]這個説法將日本的病理分析提升到了非常高的水準上。這是文明自身的不滿與病理。

因此，在現代日本社會，人們對於社會病理的反思會通過政策、法律等流暢的渠道，最終反饋到學校教育制度、家庭觀念等社會基本觀念與框架上，從而激發人們去進行社會變革。換言之，人們不是把這些犯罪事件當作奇異的變態現象，或茶餘飯後的談資，而是當作深層的社會病理的症候，並且集思廣益對它們進行會診和治療。人們持續從社會、從共同體生活的角度分析犯罪發生的原因，並在同樣的層面上尋找減少犯罪的方法。這正是現代日本的犯罪率低的根本原

---

1 〔日〕佐藤健志：《バラバラ殺人の文明論：家族崩壊というポップカルチャー》（東京：PHP研究所，2009）。

因。從文化類型上說，這是一種有著高度的自我意識、高度自省的文化。

日本社會的自我學習與自我矯正的機制，同時反映了它的文明水準。對於一個社會而言，犯罪率高低並不是本質問題；這個社會的成員是否有高強度的自我反思能力，是否克服了那種遇到事件就「甩鍋」（即轉嫁、推卸責任）的低級思維方式，才是決定社會能否維持健康的根本。如果諱疾忌醫，不允許人們自由地對社會進行深入的批判，或者把犯罪的責任統統推給個體，那麼這個社會就喪失了自我校正的良機，文明化過程也會變得緩慢。現代日本之所以被譽為最安全的國家，與這種文明化的機制和能力息息相關。

儀式 | 日本文化中的彼岸因素

　　我們在討論現代日本的自殺和犯罪問題時，對現代日本國民自我意識的深奧層面，亦即生死觀，都已經有所涉及。對於現代世界上的絕大多數民族而言，生死觀又都與特定的宗教有著根本的關聯。此前，我們要努力從現象層面下沉到精神層面，藉以分析日本變異的本質原理；現在，我們就直接聚焦於作為精神現象的日本的宗教觀念自身，看一下日本的宗教有著怎樣獨自的屬性。

———— ◉ ————

　　提到日本的宗教，或者日本與宗教相關的事物，神道會首先進入我們的視野。神道通常被視為日本特有的宗教，是日本國民的普遍信仰。不過，通過日本的影視節目或者日本小說，我們還會注意到一個細節：普通日本人的家裏，通常都設有一個專門的場所，裏面擺放著佛教的「佛龕」和神道的「神棚」。這意味著日本國民還普遍信仰佛教。而基督教在日本也非常流行，擁有大量的信徒。所以，日本是一個典型的宗教信仰多元化的社會。對於民族構成非常簡單的日本而言，這首先就是一個特異的現象。

　　問題還有更複雜的一面。首先，我們今天所瞭解的「神道」很難說是日本固有的宗教信仰。「神道」二字最初出現在日本古老的正史《日本書紀》中，是用來表達祭祀諸神的一種習慣做法，而不是一套關於日本固有的神的體系性理論。譬如，古代的日本宮廷神道非常重視「園韓神祭」，而「韓神」被認為是來自朝鮮半島百濟王國的神。所以，這個「神道」更是通過借鑑、吸收大陸傳來的道教、佛教與儒學的一些教義、儀式與學說而逐步形成的體系。[1] 因此，日本的

1　關於日本神道的一種歷史敘述，可參見〔日〕津田左右吉：《日本的神道》。

宗教特徵要與日本文明的形成過程一同觀察。

　　同樣，日本宗教或信仰的多元性也與眾不同，這一點見於一個廣為流傳的説法：日本人出生時是神道，結婚時是基督教，送終時則是佛教。這也是日本國民自身認可的一個説法，因為它和人們的生活經歷高度吻合。這意味著，一般的日本人在一生中會同時信仰三種宗教。問題正出現在這裏。從歷史的經驗來看，宗教信仰具有排他性，一個特定的個體通常只能信仰一種。這種排他性甚至可以説是宗教信仰的本質屬性；「叛教」這個説法之所以有著強烈的批判色彩，原因就在於它破壞了人們對於信仰的純潔性與唯一性的「信仰」。

　　那麼，日本國民在宗教信仰上表現出的這種非常獨特的多樣性，是否意味著他們沒有真正的信仰呢？這是一個很多人都未注意到，或者説未充分思考的問題。其實，日本文化風景在今天所呈現出的殊異之處，都可以從日本獨特的宗教文化的角度來解釋。日本宗教文化的異質性，正體現為日本文化與社會的固有屬性。

———— ⊙ ————

　　首先，我們從一個具體的日常經驗現象來説明日本宗教文化的特殊性。最近幾年，中國社會流行一個非常新穎的説法，叫「儀式感」。它的大意是説，由於禮節、禮儀在日常生活中的相對匱乏，中國人的生活顯得過於平淡與無趣；於是很多人提倡説，生活需要有一點額外的形式上的東西來點綴一下，換言之就是要有適當的儀式感。

　　對於當代中國的這個文化現象或者説文化需求，日本國民可能會感到費解，因為日本國民最不缺乏的就是儀式感——從出生到終老，他們都是在各種儀式中度過的；儀式堪稱日本國民生活中須臾不可離的要素。這正是文化人類學上「過渡禮儀」——也稱為「通過禮儀」——這個經典概念所描述的現象。

　　過渡禮儀，是法國人類學家阿諾爾德·范熱內普（Arnold Van Gennep, 1873–1957）在 1908 年提出的概念，意思是説，從一個群體到另一個群體，從一個世界到另一個世界，人們都需要舉行一些「儀式」來將前後兩個階段進行區隔。譬如，人的一生從一個年齡段過渡到下一個年齡段，意味著與此前身分的分

隔、和此後身分的結合，這個過程伴隨著特定的儀式。女性妊娠、出產的儀式，嬰兒出生和成長中的儀式，各種入學典禮、畢業典禮，成年後的訂婚儀式與婚禮，從此世（生的世界）到彼世（死後的世界）的葬禮等等，是典型的儀式。通過這些儀式，一個人獲得了表明他具體社會身分的標籤。[2] 更重要的是，人們在這些儀式中獲得了各自生活的意義。

我們前面提到的那個説法，即日本人出生時是神道，結婚時是基督教，送終時是佛教，其實説的就是日本人以宗教儀式為他們的主要儀式標籤。這些宗教因素更廣泛地表現在日本形形色色的節日中。

今天日本社會生活中的儀式，主要包括個體婚喪嫁娶的儀式和全國性的傳統儀式；後者又叫作「年中行事」，也就是一年內人們要參加、舉辦或慶祝的節日和儀式。在這些「行事」當中，既有「正月」、「成人日」、「春分日」（又叫「彼岸日」）、「兒童日」、「七夕」、「盂蘭盆會」、「秋分日」等典型的傳統節日，還有「母親節」、「情人節」、「海之日」、「山之日」等相對新的節日，總共有數十種之多。這些節日或來源於傳統和習俗，或源於全新的創制，不一而足；這其中，來源於佛教、神道、基督教的節日構成了節日的主體。通過這些名目繁多的節日，宗教特有的神聖感和神秘感廣泛滲透於日本人的日常生活中，為他們提供了豐富的意義來源。

日本的一部分傳統節日和法定假日與我們中國的非常相似，那麼二者到底哪裏不同呢？這就又回到了前面提出的問題。當代日本社會生活中的儀式如此多，每種儀式又都各有一套基於傳統的做法，以至於我們可以説，「過渡禮儀」這個説法簡直就是專門用來形容現代日本的術語。換言之，中日兩國節日的一個顯著差異，就在於儀式數量的多寡及其呈現方式。

譬如，前面提到的每年 8 月 15 日前後的「盂蘭盆節」，就集宗教感和儀式感於一身。在這一週，日本國民通常要回到老家舉行掃墓、祭拜等活動：首先要在 8 月 13 日點燃燈火，迎接祖先靈魂，即所謂的「迎火」；經過兩日供奉後，

2　〔法〕范熱內普著，張舉文譯：《過渡禮儀》（北京：商務印書館，2012）。

再歡送回去，是為「送火」。京都每年 8 月 16 日舉行的「大文字五山送火」（即用篝火在半山腰描繪出「大」等字樣），就是為亡靈引路的群體儀式。另外，每年這個時候，各地區還會舉行熱鬧的「盂蘭盆舞」，人們穿上傳統的服飾，跳起流傳千年以上的舞蹈，集巫術與宗教氣息於一身，將日本國民日常生活的儀式感與非日常的精神生活推上了巔峰。[3]

由此，我們可以暫時得出一個中間性質的結論：日本一年之中多達數十種的「行事」，實際上反映的正是日本國民的信仰；這種多姿多彩的儀式感的生活，就是日本國民的宗教生活自身。

——— ⊙ ———

現在，我們要經由外在儀式的觀察更進一步，深入觀念層面去探索日本宗教的核心信仰。儀式通常是指人們外在的、可觀察到的有規則的行為，這些行為也通常有著約定俗成的意義。那麼，我們從中能看到人們內心深處的信仰嗎？

社會學有一個分支就是專門從人們行為的「外形」——譬如說各種祈禱、祭祀的做法——去探討「信仰」的實質內容，這就是宗教社會學。從宗教社會學的角度來說，儀式就是信仰，信仰要依憑特定的儀式呈現自身，而不是單純的教義或人們頭腦中的觀念。那麼，日本這種讓人眼花繚亂的儀式背後，到底有怎樣的信仰？

我們還得從具體的經驗現象開始。譬如，前面提到，現代日本的普通家庭大多有一個專門的場所來擺放「佛龕」和「神棚」。「佛龕」又叫「佛壇」，裏面通常擺放有佛像和祖先的牌位，用來禮佛和供奉祖先；而「神棚」，又叫「神龕」，則是指從神社請回來的一個架子，外形類似神社，用來供奉免災招福的護身符。

這種家庭內的儀式的特殊之處在於，它將來源於兩種宗教的神聖之物並排放到了一起。從這種做法中，我們可以發現日本國民宗教生活的本質特徵——這

3　這些宗教與巫術儀式，多數的根源都在中國大陸。參見〔日〕諏訪春雄著，王保田等譯：《日本的祭祀與藝能》（南京：南京大學出版社，2013）。

種做法不僅意味著日本國民既信仰神道，又信仰佛法；在根本的意義上，它還意味著日本國民信仰的是作為整體的「神佛」。日本宗教學者山折哲雄將其稱為「神佛信仰體系」。[4]

這種神佛一體的信仰，是 6 世紀時從中國大陸經由朝鮮半島傳來的佛教與日本古來的宗教觀念相互作用、共同演化的結果，是日本型宗教信仰的核心。

——— ⊙ ———

要理解這個作為整體的「神佛信仰」，我們首先要重新瞭解一下日本的原始信仰——「神道」。在分類學上，日本的神道信仰可歸納為「泛靈論」和「多神教」兩種類型。作為多神教的一種，神道與佛教類似，而與猶太教、基督教、伊斯蘭教等「一神教」形成對照。日本《古事記》中有名的「八百萬神」的說法，形容的就是神祇的數量巨大，有八百萬之多。可以說，古代日本人認為自己就生活在神祇中。

要注意的是，日本語中的「神」讀作 kami，跟中國文化觀念中的「神」有很大的區別；其中最為顯著的一點是，日本的神祇並沒有自己的固定形象和居所，在類型上屬於不可視的神，這一點和其他文化中的神形成了對照。譬如，提到希臘萬神殿的諸神，譬如太陽神阿波羅、智慧女神雅典娜、愛神阿芙洛狄忒、海神波塞冬等，我們會想到他們的雕像或畫像。同樣，提到佛教諸神，譬如如來佛、觀音菩薩、地藏菩薩、不動明王等，我們也會想到寺院或石窟中那些栩栩如生的造像。有形的偶像崇拜是絕大多數宗教共有的儀式。

順便一提的是，被認為生活在日本列島的數百種妖怪，都有著自己的形象。譬如，作為妖怪一種的「鬼」，就有著明確的圖像。如果觀察一下日本的一些「鬼」的圖像或造像，譬如位於奈良的著名的興福寺的「天燈鬼」和「龍燈鬼」，我們會發現，它們的身體大致是裸露的，只是在腰部繫著虎皮兜襠，它們的頭上通常生有犄角獠牙，膚色或紅或青。這些有形的鬼，通常來自從大陸傳來的佛教

4　〔日〕山折哲雄：《神と仏 —— 日本人の宗教観》（東京：講談社，1983）。

第二章　日本的奇異性

81

造型。

除了不可視的性格，日本的神祇還有一個特異之處，就是它們沒有特定的意志。它們既可以給人們帶來福祉和安寧，也可能作祟，破壞人們的現世生活。與此相對，在中國文化中，神祇大致可分為善神和邪神兩種，二者都有各自明確的意志。

在古代日本的泛靈信仰中，有一種信仰非常特別，那就是「祖靈信仰」。它是指古代日本人對已經故去的祖先的神靈，有一種特別的尊奉和信仰。不過，已故的祖先要想成為神靈，需要一個前提條件，那就是逝者子孫的供奉。對於剛剛逝去的死者，子孫們如果不加以供奉，就可能遭受死者之靈的懲罰。所以，這種信仰又稱為「亡靈信仰」。經由死者子孫對死者之靈的供奉，並且經過一定的時間，諸如所謂的「三十三年忌」或「五十年忌」，死者就升格為「祖神」。

根據山折哲雄的解釋，在佛教體系進入日本之後，祖神信仰與佛教的供奉儀式結合，就逐漸演化為「死者為佛」這種特殊的觀念和信仰。在亞洲其他地區的佛教文化中，「佛」是指覺者，即覺醒的人，死者絕無成為佛的可能。因此，這種從「亡靈信仰」到「祖靈信仰」再到「死者為佛」的觀念體系，既是日本「神佛信仰體系」的核心，也是其信仰的殊異之處。

由此我們不難發現，在日本看似雜亂無章的宗教現象的背後，有著這種單一的核心信仰體系。其實這也並不難理解。2017 年年末上映的迪士尼影片《玩轉極樂園》（*Coco*），就非常有助於我們理解日本國民的核心信仰體系。

電影講述的故事發生在墨西哥，一位酷愛音樂的男孩 Miguel 在亡靈節（每年 10 月 31 日起的三日）那一天偶然闖入了亡靈的世界，隨即經歷了奇幻般的冒險和歷險。但電影的真正看點不在這裏，而在於它描述了一種近於永恒性的觀念：家庭。Miguel 在這部電影中的角色，只是要引出真正的主角、他的曾祖母 Coco 和她父親的故事。

Coco 的父親 Héctor 有音樂才華，在一次外出演出之前，他給當時大約三四歲的女兒 Coco 唱了一首自己創作的歌曲，名叫 *Remember Me*，場面溫馨感人。然而不幸很快降臨：Héctor 不幸因才華被同伴謀殺，而不知情的 Coco 家人卻以為遭到了拋棄，從此對 Héctor 產生怨念，閉口不談他。不過，經歷過亡靈世界歷

險的 Miguel 弄清楚了整個過程後，及時返回人間，並在當時已經進入彌留之際的曾祖母 Coco 面前彈起吉他，唱出了 *Remember Me* 這首歌。

奇跡發生了：意識已然模糊的 Coco 最終在歌聲中憶起了父親當年給她唱歌時的情境，對往昔快樂時光的回憶讓她流出了熱淚，口中喃喃發出「爸爸」、「爸爸」的呼喚。她最終原諒了父親，拿出了他留在世上的唯一一張照片，Miguel 隨即將照片擺到了家族的祭壇上。而真正的奇跡其實發生在另外一個世界：Coco 的父親 Héctor 由於在最後一刻獲得了這個世界上唯一一個親人的思念和祝福，避免了因被遺忘而化為金粉徹底消失的命運。

電影的最後一幕之所以讓無數人淚崩，就在於它激起了人們心中的那種祖靈觀念。電影中的一句台詞，即「死亡不是生命的終點，遺忘才是」，之所以讓很多人記住，就是因為這句話觸碰了人們內心深處的生命觀念和最為敏感的心弦。事實上，在有著同型信仰文化的日本，也有「人因被遺忘而死去」的說法。讓我們感到驚奇的是，這種祖靈信仰在生活高度現代化的日本，依然保持著千百年來不變的規矩和做法。

一般說來，宗教是一個社會的政治、經濟、法律、文學和藝術之間的樞紐，深深地滲透於社會的各個部門，塑造、導引著人們的思想觀念和行為方式，是一個社會最為根本的制度。理解了一個社會的宗教特徵，其實也就把握了它的根本原理和精神機制。日本宗教學者鈴木範久在一本介紹日本宗教的小冊子中，有一個非常形象的比喻。他這樣寫道：

> 與宗教無緣的人僅有現世，這種情形就像僅僅居住著一間平房一樣，而宗教家卻擁有來世、天國和地界，就像居住著帶有地下室的二層小樓，或者可以說，在海邊和山上各有一座別墅。因此，思想可以使人擺脫只有一間平房的窮困而獲得某種程度的自由和解放。[5]

---

5 〔日〕鈴木範久著，牛建科譯：《宗教與日本社會》（北京：中華書局，2005），頁 4。

從這個比喻來看，要理解一個民族的精神結構，觀察它的宗教是一條捷徑。反過來說，不理解它的宗教，對一個社會的認知難免會停留在表面。正因如此，很多有名的日本專家在理解日本宗教現象時，頓然失去了思想的銳利和鋒芒。譬如，20 世紀下半葉美國著名的日本專家埃德溫·賴肖爾與另外一位日本研究專家詹森（Marius B. Jansen, 1922–2000）共同撰寫的《當代日本人：傳統與變革》一書是一部出色的日本論。在討論宗教一章的末尾，書中有這樣的說法：

> 日本的宗教向人們展示了一幅色彩斑斕、與眾不同的畫卷。神道的神社和佛教的寺院到處可見。多數日本人的生活與宗教儀式密不可分。⋯⋯日本人的倫理道德基本上源於儒教和基督教，但是今天所有的人都不屬於儒教，基督教徒也不到人口的 2%。日本人的宗教習慣主要起源於傳統的神道教和佛教，但是真正信奉佛教和神道教的人寥寥無幾。多數活躍的宗教界人士信奉名微望低的民間迷信和新宗教。顯而易見，宗教不是當代日本社會和文化的核心。[6]

類似的說法在日本宗教的外部觀察者當中非常常見，但這裏面其實包含著許多矛盾。譬如，一方面他們說神社和佛教寺院在日本隨處可見，日本人的生活與宗教儀式密不可分，這可以說是事實；但另一方面他們又說，真正信奉佛教和神道的人寥寥無幾，這顯然與經驗事實不符，而「宗教不是當代日本社會和文化的核心」的結論，就更顯得草率了。實際上，這樣的矛盾貫穿於他們對日本宗教的整個描述中。兩位作者雖然非常準確地描述了日本宗教多樣性的畫面，但並未深刻洞察日本宗教的特徵，未能給讀者提示日本式的「宗教信仰」的真諦。

當然，這裏面涉及「宗教」的定義問題。社會學家楊慶堃（1911–1999）在其名著《中國社會中的宗教》（*Religion in Chinese Society*）中，提出了一個非常有名的說法，即「彌漫性宗教」（diffused religion），用來表達中國社會的宗教特徵。

6　〔美〕賴肖爾、詹森：《當代日本人》，頁 249。

這個說法的意思是，組成中國宗教的諸如神學、信仰、儀式、組織等各種要素，因為廣泛地與其他社會制度結合在一起，從而失去了西方社會中典型的「制度性宗教」（institutional religion）特徵。[7]日本社會中的宗教，同樣具有這種「彌漫性」特徵，殊異之處在於，它有著明確的核心信仰，即「神佛信仰」。日本社會的核心儀式所流溢的精神，正是這一信仰體系的顯現。

———— ⦿ ————

作為社會的一項基本制度，宗教極其複雜，我們也只是透過現象努力接近它的本質。日本社會的宗教現象所呈現出的多樣性，正是它文化多樣性的根本原因。

進而言之，現代日本文化的創造性活力，可視為遠古時代人們的生命衝動的表達形式——即宗教——在現代社會的呈現。人們的生命衝動雖然在急劇的現代化進程中遭到壓抑或扭曲，但仍然湧動於人們的意識深處。現代日本文化的創造者們，正是藉助各種包含著宗教意蘊的儀式，抵達了人們的內心深處，從而將人們的生命熱情以藝術的手段再次呈現出來。因此，理解了日本宗教的特徵，也就理解了日本文化背後的根本精神；人們所說的「日本文化」，歸根結底就是指日本的宗教文化。

上面的考察還讓我們獲得了一個觀察生活的新視角，那就是從彼岸的角度來觀察我們此世的生活。20世紀著名的宗教學家米爾恰・伊利亞德（Mircea Eliade, 1907–1986）的一個說法，就非常有助於我們理解這個「彼岸」視角的意義。他這樣寫道：

　　人類不管在其他方面多麼自由，卻永遠都是自身原型直觀（archetypal intuitions）的囚徒，在他第一次意識到在宇宙中地位的那一刻，這樣一種原型直觀就形成了。對天堂的渴望甚至在哪怕最平庸的現代人那裏也能找

---

7 楊慶堃著，范麗珠譯：《中國社會中的宗教》（成都：四川人民出版社，2016），頁17。

到些許遺跡。人類關於絕對的概念不能被徹底連根拔除：它只能被削弱。原始人的靈性仍以其自身的方式繼續存在，不是在現實的活動中，也不是作為能夠有效實現的事物，而是作為一種鄉愁，創造著那些本身具有價值的事物：藝術、科學、社會理論以及所有其他賜予全部人類的事物。[8]

當然，這個說法其實是很多宗教思想家共有的觀點。譬如，法國社會學家涂爾幹在更早的時候就曾指出，人們已經意識到他們的「法律、道德甚至科學思想本身都是從宗教中產生的，長期以來，它們始終與宗教混同在一起，始終滲透著宗教的精神」。[9]在他看來，宗教是一種強烈而持久的人類意識，遠不是 18 世紀啟蒙哲學家所說的「僧侶階層意欲欺騙人民」的工具。從神聖—凡俗這種宗教思維固有的認識角度來看，「彼岸」的視角就意味著從「神聖」的視角來重新審視「凡俗」；後者在現代世界中對人的全面支配妨礙了人們對自身及所處的時代和社會的認知與理解。

由此，我們還可以進一步思考我們置身其中的現代中國社會。譬如，中國也是一個宗教多樣性的社會。現代中國人的宗教意識被認為非常淡，但佛教、道教、儒教又被視為中國傳統文化的核心。那麼，我們內心深處蘊藏的生命熱情又有著怎樣的品性？通過和日本的信仰類型進行對比，我們會發現，雖然形式上中國和日本的宗教信仰有類似性，但在深層的精神結構上，二者卻有很多不同。[10]這種異同正是需要我們用力思考的地方，它們在深遠的意義上決定著我們生命的成色。

8　〔美〕伊利亞德著，晏可佳等譯：《神聖的存在：比較宗教的範型》（桂林：廣西師範大學出版社，2019），頁 424。

9　〔法〕涂爾幹著，渠東等譯：《宗教生活的基本形式》（北京：商務印書館，2011），頁 91。

10　茲舉一例。日本學者通常將「儒學」稱為「儒教」，傾向於強調儒學的宗教性格，這一點和中國社會就有較大的不同。譬如，日本學者加地伸行用「沉默的宗教」這個說法來描述「儒教」往往被中國學者忽視或過低評價的宗教屬性。通過理解「儒教」的宗教性，日本學者試圖為理解、應對現代社會的變遷提供一種新的認知與價值體系。參見〔日〕加地伸行：《沈默の宗教 —— 儒教》（東京：筑摩書房，1996）。

色情
日本風月文化的本質

　　傳統宗教元素在當代社會多姿多彩的表達，往往會給生活在現代社會中的人們帶來異常新鮮的體驗。貫穿日本全年的數十種節日及其慶典儀式，正因其濃淡不一的宗教色彩而讓日本文化自成一格，獲得了一種獨特的屬性。不過，當某種現象或習俗超越人們心理與認知上的某個閾值時，人們的評價可能就從最初的「新鮮」、「新奇」上升到讓人費解的「奇異」、「奇怪」，乃至轉變為可能令人感到不愉悅的「變態」了。

　　與宗教文化保留的那種神秘感、儀式感和意義感不同，大眾文化則因其消費主義的導向而主動製造從「新奇」到「變態」的感官屬性，目的是刺激人們的消費慾望。事實上，當代日本大眾文化中涉及艷情的呈現，以及風月場中相關的習俗或做法，在許多外部觀察者的眼中，就是「變態」的大型現場。畢竟，「變態」在日常口語中的首要含義，就是指「性變態」與「心理變態」。

　　現在，我們就專門看一下日本文化與社會呈現出的「色情」或者說「情色」現象，探究一下這種現象背後是否隱藏著日本的獨自原理。

———— ⊙ ————

　　對今天日本的大眾文化略加瀏覽，人們差不多會有這樣一種印象：日本是一個名副其實的色情大國，有著異常發達的色情產業。這個產業的商品有多種形態，譬如，城市中各種被稱為「風俗」的花街柳巷、書店及便利店大量出售的含有色情插頁的雜誌、各種描寫風流韻事和情愛的文學作品以及漫畫、每年大量生產的 AV 電影等，共同構成了日本的風月文化。聞名世界的「女體盛宴」——以女性身體為食物器皿的宴會——可以說是這種風月文化的極致表達。如果說日本的色情文化是「變態」的，那麼「女體盛宴」就是「變態」的「現行犯」。

　　「藝伎」也是日本傳統文化的一個標籤；它是一種在宴會上以高雅的舞蹈、

音樂與歌謠為客人助興的傳統職業。藝伎的另外一個說法是「藝者」，它的讀音早在 19 世紀就成了英語單詞；它在今天的存在更是強化了日本是情色大國的印象。諾貝爾文學獎獲得者川端康成（1899–1972）的名著《雪國》與《伊豆的舞女》，描寫的正是「藝者」的戀情。此外，在今天被視為日本繪畫藝術代表的傳統浮世繪，尤其是其中的「枕繪」（春畫）的誇張、奇異的畫面感，同樣給人造成了日本文化是色情文化的印記。[1]

日本著名的哲學家九鬼周造（1888–1948）更是從藝伎的生活中提煉出一個「粹」字，以刻劃日本風月文化的本質屬性。這個「粹」字，同作為美學原理的「寂」一樣，也被認為是一種原理，含有諸如「媚態」、「嫵媚」、「風流」、「氣魄」、「達觀」、「脫俗」等多重含義。這些含義的根源都可以在日本的藝伎身上發現。[2] 其實，九鬼周造的母親就是京都一位有名的藝伎；在京都大學工作期間，他也經常出入京都著名的藝伎區祇園。

上面介紹的這些現象其實還只是一小部分。那麼，日本文化在類型上可以說是一種色情文化嗎？我們如果只是停留在現象的觀察層面上，就無法回答這個問題，因為很多現象同樣可見於其他社會。同樣，關於日本色情文化的想當然的看法，尤其將其表現形態簡單描述為「變態」，更會妨礙我們對人類事務和自身本性的洞察。要理解這個話題的嚴肅性，我們就要從原理上去分析日本的色情產業為什麼發達。

說日本的「色情產業發達」，其實包括三重含義：第一，日本文化是「色情的」，相當於給日本的社會屬性貼了一個具體的文化標籤；第二，色情成為一種「產業」，變成一種經濟行為；第三，「發達」，也就是說和其他社會相比，日本與色情相關的產業規模巨大、商品品質優良、從業人員數量眾多。從這三個角度來觀察，我們就會發現日本風月文化的本質。

1　浮世繪是指江戶時代盛行的一種風俗畫，版畫是主要的表現手段，主題涉及花街柳巷、戲劇、歷史、花鳥等，其中的一大類是美人、演員、相撲力士等的肖像畫。這些題材與表現本來在日本難登大雅之堂，但在 19 世紀傳入西方後，受到了西方美術界與收藏界的熱烈追捧，成為「日本主義」的代表。通過這種西方的審美視線，日本的評論家也開始注意到浮世繪的美學價值。
2　〔日〕九鬼周造著，彭曦等譯：《九鬼周造著作精粹》（南京：南京大學出版社，2017）。

首先，説日本文化是色情的，這一判斷的前提是其他社會不是色情的。這其實是一種誤認。譬如，大約成書於 16 世紀明朝的小説《金瓶梅》，被認為是人類史上色情文學的代表，裏面有大量的情事描寫，在道德家看來簡直就是「淫書」、「淫穢」的代名詞。但在很多文學批評家的眼中，這部小説與《三國演義》、《西遊記》等並稱明代的「四大奇書」，其思想和藝術成就唯有後世的《紅樓夢》方可比肩，甚至有人説後者脱胎於前者。[3] 這意味著文學或藝術作品中的色情描寫或表現，可能不是重要的問題；我們也無法單純從現象上界定一個社會是否熱衷於色情文化。

　　誠然，現代日本的很多作家在其作品中都以各種極致的筆觸，描繪了人間形形色色的愛慾。當我們初次讀到這些作品中的一些非常奇葩的橋段或露骨的描寫時，很容易驚呼小説中的人物「變態」。這個問題我們稍後再討論，這裏我要説的是，這些作品在中國的人氣卻也一直處於滿格狀態。譬如，日本「官能小説」的代表作，渡邊淳一（1933–2014）的《失樂園》在中國已經出版了多個譯本，人氣長盛不衰。日本的「AV 女優」蒼井空在中國也非常有人氣，粉絲們稱她為「蒼老師」。如果從色情文化的消費市場而不是生產者的角度來看，那麼説哪一個民族的文化是色情的就有點站不住腳了。

　　當然，今天日本社會中各種風月場所的存在，似乎在提醒著日本文化的色情屬性，但這仍然不是本質的問題。我們如果把目光投向西方社會，會發現類似的現象比比皆是。譬如，法國著名思想家傅柯（Michel Foucault, 1926–1984）在《性經驗史》（*Histoire de la sexualité*）中，就詳細介紹了古代西方對快樂、對肉體享樂的追求。其實，色情所指涉的現象內在於所有的民族和社會，認為日本或日本文化是「色情」的這一説法並沒有根據。

　　同樣，日本色情的第二層意思，即認為色情的產業化是日本特有的，這同樣不符合事實。色情的產業化本質是指「性」的商品化，這更是一種人類社會的

3　參見王汝梅：《王汝梅解讀〈金瓶梅〉》（長春：時代文藝出版社，2015）。

普遍現象。在德國、荷蘭等國，性商品化的最古老的方法（亦即「賣春」）還受到法律的保護，是一種合法的職業。在制度史上，這個獲得行政許可、受法律保護的制度叫「公娼制」。現代大多數國家都廢除了「公娼制」，但非合法的「私娼制」卻屢禁不止。這一現象同樣說明了娼妓現象的本質不是文化意義上的色情，而是「賣春」與「買春」二者之間進行的商品交易。如果法律對此加以了禁止，那麼相關行為就成了非法交易。

不過，傳統日本的色情文化非常發達卻也是事實。傳統日本社會實行公娼制，場所稱為「遊廓」或「遊里」；在江戶時代，江戶的吉原、京都的島原等都是有名的風月場。這種文化高度發達的一個標誌，就是「好色」被提高到了「道」的層面上，「色道」——「世人與遊女發生的風流韻事和性愛之事」——由此誕生。藤本箕山（約 1628–1704 年）於 1688 年撰寫的《色道大鏡》被認為是一部劃時代的著作，而稍後出現的柳沢淇園（1703–1758）的《獨寢》，在闡釋上則更上一層樓。據此，有學者感嘆說，「縱觀人類歷史，還從來沒有哪個國家的妓女像江戶時代的藝伎一樣，對本國文化起到如此重大和顯赫的作用」。[4] 日本文化的評論家從中看到了「積極的文化創造」，看到了「性慾美化的道場」或者「惡的美學」——對墮落、邪惡的審美觀照——的誕生。[5] 在今日日本文化呈現的色情表象的背後，有著傳統文化觀念的影響。

第二次世界大戰後，美國佔領軍當局基於自己的理念，在 1946 年 1 月 20 日下令日本廢除公娼制，日本這一古老制度才開始走向終結。其實，在佔領軍進駐日本時，當時的日本政府為了「保護一般女性的貞操」，特意成立了一個名叫「特殊慰安設施協會」的組織，負責給美國士兵尋找娼婦。[6] 在兵荒馬亂的年代，日本政府卻有工夫辦這件事，說明公娼制觀念在日本並未遭到徹底消除。

4　〔荷〕布魯瑪著，倪韜譯：《日本之鏡：日本文化中的英雄與惡人》（上海：上海三聯書店，2018），頁 93。
5　相關的評論可參見〔日〕沖浦和光著，張博譯：《「惡所」民俗志：日本社會的風月演化》（上海：上海三聯書店，2015）；關於「色道」的解釋，參見〔日〕藤本箕山、九鬼周造、阿部次郎著，王向遠譯：《日本意氣》（長春：吉林出版集團，2012）。
6　參見〔日〕小谷野敦：《日本売春史》（東京：新潮社，2007），第 8 章。

如此看來，我們只能在第三個層面，即「發達」的意義上來談日本色情文化的特殊性格。這個產業發達的本質究竟意味著什麼？其實，日本色情產業的本質與發達的邏輯，正是現代日本產業自身發達的本質與邏輯。譬如，日本每年製作的大量 AV 電影，本質上就是性行為的表演與商品化。如同其他日本工業製品因其高品質而博得世界名譽一般，日本的 AV 同樣凝聚了這個行業固有的匠心和思想。不過，這個顯而易見的解釋可能還無法滿足人們的好奇心：日本色情產業與文化呈現出的那種極致的表現，尤其是在觀察者眼中堪稱「變態」的那部分現象，是否還有日本特殊的因素在發揮作用？

回答當然是肯定的。我們還要從前面談到的性的商品化談起。性的商品化雖然和人類的歷史一樣古老，但在今天，它的正當性並非不證自明，甚至可以說岌岌可危。人們通常認為它是男權社會的產物，是男性對女性壓迫的一種手段和表現。當代日本的色情產業非常發達，雖然並不意味著日本沒有法律限制，但問題也出現在這裏。

前面提到，第二次世界大戰後美國佔領軍出於基督教清教徒的禁慾主義理念，要求日本廢除公娼制。日本的政治精英對這個命令並不陌生。實際上，明治維新以來，日本的一部分精英出於「文明開化」的目的就一直在推進廢娼運動。在這個過程中，日本文化中傳統的性觀念發生了巨大的變化，其中最重要的一點就是，在基督教觀念的影響下，謀求文明的精英們開始將肉體關係視為不潔和低劣，將日本傳統文化中作為「神聖的好色」的性從神聖的領域貶低為獸慾的範疇。[7]

7　日本民俗學家、詩人折口信夫（1887–1953）很早就提出了「神聖的好色」觀念。實際上，日本最古的史書《古事記》中就有對伊邪那岐和伊邪那美交媾的直接描寫，很多學者據此認為，在日本傳統的性觀念中，性行為有著接近諸神世界的神聖屬性。同時，受傳入日本的佛教真言密宗等的影響，在日本的佛教文化中有視男女交合為神聖的觀念；室町時代臨濟宗的有名僧人、京都大德寺的住持一休和尚（1394–1481）為後世留下了一部詩集《狂雲集》，其中就有對男女情事極為露骨的描寫。關於日本文化中性愛、戀愛觀念的變遷和文學表現，可參見〔日〕佐伯順子著，韓秋韵譯：《愛慾日本》（北京：新星出版社，2016）；關於一休和尚的行跡，參見〔日〕梅原猛：《梅原猛、日本仏教をゆく》（東京：朝日新聞社，2009）。

由於這種傳統性文化與社會習俗的影響，日本反對廢娼的勢力也一直非常強大。在佔領軍當局發出廢除公娼制的命令後，雙方展開了博弈。1956 年，日本最終通過了《賣春防止法》，在法律上正式對公娼制下了禁令。不過，這個法律是一個多方妥協的結果，留下了大量灰色的空間。結果，在「法不禁止即允許」這一法律觀念下，傳統觀念與習俗中涉及色情的要素得到了繼承和發展。

　　要言之，當代日本色情文化中的一些做法與呈現，實際上繼承甚至是發揚了傳統社會當中的觀念和習俗，它們在其他國家可能已經被現代法律禁止了。從現代人的角度看，日本的大眾文化自然呈現出一種風月上的異色。

　　但這仍然只是事實的一面。法律法規的寬鬆固然可以解釋色情產業生態的多樣性與繁榮，但還未觸及日本文化何以將色情的表現推向極致的原因。實際上，現代的歐美國家在性的商品化、性文化領域的法律規則，很多都比日本還要寬鬆，但在歐美人的眼中，日本的漫畫和影視節目中的情事表現更具有「淫穢」、「色情」、「猥褻」的特徵。日本社會學家上野千鶴子在解釋這種反常現象時，同樣注意到了日本法規的特殊性：日本影視節目的倫理條款對隱私部位表現尺度的規定比歐美更加嚴格，結果在實踐中卻造成了意外的效果。她這樣寫道：

　　　　在日本不僅僅是裸體照片，包括漫畫、成人電影在內的所有涉及性的視覺表現的體裁，由於將性器官及其周邊部分列為禁忌，反而激發了這方面全部的想像力（也被稱為「劣情」），為視覺表現增加了——如果可稱其為「精緻」的話——文化的精緻程度。其中，的確存在著藝術至上主義的作品群，它們將女性身體還原為造型上、審美上的對象。與日本裸體藝術達成的文化成就相比，美國的裸體表現由於「性解放」的原因，反而更呈現出寫實的特徵。[8]

8　關於日本在西方人士眼中的這種色情性格，上野還指出了兩種文化的一個重要差別：日本色情表現的尺度雖然比西方國家嚴格，但包含色情內容的商業雜誌泛濫，在地鐵、寫字間等公共空間中，人們接觸色情刊物的機會要比西方社會高。參見〔日〕上野千鶴子：《発情裝置：エロスのシナリオ》（東京：筑摩書房，1998），頁 42–43。

上述說法並不難理解，它讓我們想到了弗洛伊德（Sigmund Freud, 1856–1939）精神分析學派的「壓抑—昇華」學說，即藝術的本質來源於性的壓抑。不過，從文化表現上看，「壓抑」並未導致更多的民族在情事表現上呈現如此高的水準。正是在這裏，我們可以看到某種日本特有的元素在發揮著作用。上野千鶴子也注意到了法律壓抑說的局限，在一本研究日本內衣文化的著作中，她曾這樣寫道：

> 與現實相比，想像總是更為色情，這方面的事例，就是連環漫畫中交歡場面的留白。在日本生產的黃色刊物中，它是最讓人感到淫穢的事例，應該說是日本文化達成的極致。它所產生的那種讓人怦然心跳的效果，遠遠超過了浮世繪中以精細的線條描繪的春宮圖。……在畫面的留白之處，讀者其實是在看著他自己非分的妄想。於是，就出現了這樣的一種循環：所謂的淫穢，就是讀者感受到了自身的淫穢。對於自我意識而言，沒有比自己正在進行的意淫更為色情的。[9]

在這段話中，我們看到了色情文化在日本發達的心理學機制：日本文化的生產者在使人產生「妄想」這一點上堪稱出類拔萃，遠遠高於世界上其他民族達成的水準。而當這種能力用於色情文化上時，人們就看到了那些反常畫面，也就是人們一般所言的「變態」。這是一種深層的解釋。我們可以看一個具體的事例，即谷崎潤一郎（1886–1965）在小說《瘋癲老人日記》中展現的經典片段。這部小說早已改編成電影，很多人對情節可能都不陌生，但那種涉及主人公「妄想」的部分，則非筆墨而無法形容。

故事的男主人公是一位名叫卯木督助的耄耋老人，疾病纏身，需要靠藥物維持生命。他坦白說，自己依靠對食慾和間接感受到的情慾樂趣活著，後者是指他自己的「戀足癖」。颯子是他的兒媳婦，有著讓他崇拜不已、屢屢陷入意亂情迷的一雙美足。卯木還喜歡心眼壞、刻薄的女人，於是颯子就成了他調教、引誘

9　〔日〕上野千鶴子：《スカートの下の劇場》（東京：河出書房新社，1992），頁131–132。

的對象。他故意挑撥颯子和婆婆之間的關係，而颯子將計就計，讓老人數次在她的腳上得到了慰藉，自己則獲得家庭內的權威以及金錢的回饋。至此，小說的敍事已經超過了很多讀者能夠接受的倫理道德的極限。

這些讓人感到震驚的行為當然還不是終局。在和颯子去京都選擇墓地時，老人做了一件怪異的事：不辭辛苦、不厭其煩地反覆製作颯子的腳掌拓片，颯子不明所以，只是傾情配合老人的各種要求。最後，老人在自己無法忍受秘密的人類本性面前敗下陣來，向颯子坦白了他的慾念：根據颯子的腳印製作佛足石，將她的容貌雕刻其上，自己死後埋骨其下。谷崎潤一郎對老人決定向颯子說出秘密時心理活動的描寫，極盡妄想之能事：

　　我想看到她喜不自禁的滿面笑容。……我生前對她盲目溺愛，如果死後想對她報復一下，沒有比這更好的辦法了。……當她踩著石頭，感受著「我把那個耄耋老頭的骸骨踩在地底下」的時候，我的靈魂也在某處活著，感受著她全身的體重，感受疼痛，感受她腳心細膩肌膚的光滑。我死後有這樣的感覺，不應該沒有感覺。同樣，颯子也感覺到我的靈魂在地下滿心喜悅地承受著她的體重，或許還能聽到骨骸在地下咔嗒咔嗒發響，互相糾纏、歡笑歌唱、互相摩擦的聲音。不僅僅是她踩踏石頭的時候，只要一想到存在著以自己的腳掌為原型的佛足石，就會聽見骨骸在石頭下哭泣的聲音。我一邊哭泣一邊叫喊：「痛、我痛！但是我快樂。無比的快樂，遠比我活著的時候快樂！」我叫喊：「再使勁踩踏，再用力踩踏吧！」[10]

谷崎潤一郎被譽為日本唯美派作家的代表，日本政府還授予其「文化勳章」，以表彰他傑出的藝術創造力。我們從上面的引文中已經看到卯木老人對自己死後情境的登峰造極的幻想與臆想。這其實既是作者爐火純青的文學藝術的呈現，同時也是作者自身驚世駭俗的心理「變態」的現場。

___

10　〔日〕谷崎潤一郎著，鄭民欽等譯：《瘋癲老人日記》（海口：南海出版公司，2016），頁118-119。

當然，這麼説的目的不是要論述谷崎的文學成就，而是因為我們在此捕捉到了日本色情文化「發達」的一個至關重要的因素：文化的創作者們有著突破或者説有意「觸犯」生死與倫理禁忌的傾向與能力，並用高超的藝術技巧將這種觀念展現出來。

其實，日本傳統文藝作品在涉及愛慾時的倫理色彩本來就非常低，甚至付諸闕如。譬如，江戶時代著名的小説家井原西鶴（1642–1693）創作了以《好色一代男》為代表的一系列稱為「好色物」的艷情小説，被視為日本古典小説一座新的高峰。文藝批評家阿部次郎（1883–1959）曾經評論説：「在他的作品中，天生俊美的男女只按照美的衝動而行動，而作者對這種美也抱有充分的理解態度。」作品中的人物對於人生、對於他人沒有嚴格的倫理意義上的責任感，「不僅如此，作者也極其寬容地忽略了這種責任感」。[11] 這種文學觀念無疑會讓習慣於「禮義廉恥」、「文以載道」傳統的中國讀者感到非常不適應。

因此，古代日本社會對男女情事的某種神聖性的崇拜、傳統通俗文學作品中倫理道德説教的缺席、現代法律規制的相對寬鬆，以及文化製作主體擁有的想像力與創造力，共同造就了今日我們所見的日本文化的風月特徵。有人將這種藝術表現稱為「變態」，有人則將其稱為「惡的美學」，視其為日本文化的一種極致。

———— ⊙ ————

上述説法是否意味著日本社會不夠文明？這是一個複雜的問題。讓我們暫時離開日本這個事例，站在理論的層面上審視一下愛慾與文明的問題。眾所周知，性商品化的對象主要是女性，而消費者主要是男性，這有損現代社會男女平等的原則以及女性的尊嚴。因此，對性的商品化進行法律管制就是現代文明的一個重要標誌。但在另一方面，性商品化實際上還涉及「色」在人類文明中的地位，而不僅僅是法律和道德觀念的問題。對此，很多思想家都有過嚴肅的思考。

譬如，恩格斯（Friedrich Engels, 1820–1895）在《家庭、私有制和國家的起

---

11 〔日〕藤本箕山、九鬼周造、阿部次郎：《日本意氣》，頁 182–183。

源》（*Der Ursprung der Familie, des Privateigenthums und des Staats*）這部著名作品中，就花了大量篇幅討論諸如性愛、性自由、娼妓、家庭、婚姻制度等涉及女性地位的問題。他對資產階級的家庭觀念有一個膾炙人口的說法：「妻子和普通的娼妓的不同之處，只在於她不是像僱傭女工做計件工作那樣出租自己的身體，而是把身體一次永遠出賣為奴隸。」[12] 恩格斯的意思是說，只有廢除了資本主義制度，妻子才和娼妓不同，夫妻之間才會有真正的愛情。換言之，他認為只有消滅了意味著私有制的財產關係，男性對女性的壓迫才能消失，慾望才能轉換為愛情。顯然，恩格斯這個富有顛覆性的說法同時也是他的文明論。

人們當然不會完全同意恩格斯的看法。現代人畢竟都生活在一定的經濟關係、特定的財產狀況中，而且，很多人無論如何都選擇相信愛情以及相信愛情並不是虛構的，這也是事實。這個問題比較複雜，這裏無法展開進一步的討論，但我要說的是，在思考日本色情產業的發達與它高度的物質文明之間的關係時，恩格斯的說法至少給我們提供了一種視角——在人類文明的發展進程中對色情的角色加以定位。

再譬如，法國思想家喬治·巴塔耶（Georges Bataille, 1897–1962）在《色情史》（*L'Histoire de L'erotisme*）一書中，討論了色情和人類理智的關係。他將人類的性行為放到一個總體性的框架中去考察，認為人類的色情與理智「互相補充，地位平等」。[13] 在人們的精神世界中，色情這一人類的性慾活動實際上受一套嚴格的觀念上的禁令所制約，人們藉此將自身和動物的性活動區分開來。這套觀念上的禁規就是所謂的「禁忌」，人們因忌諱避而不談；譬如，我們在前面提到的「亂倫」就被視為一種典型的禁忌，「死亡」同樣也是典型的禁忌。禁忌是宗教觀念與宗教儀軌的核心準則。[14] 從這個角度看，所謂的文明就是這些「禁忌」

12　〔德〕恩格斯：《家庭、私有制和國家的起源》，載《馬克思恩格斯選集》（北京：人民出版社，2008），第 4 卷，頁 69。

13　〔法〕巴塔耶著，劉輝譯：《色情史》（北京：商務印書館，2004），頁 13。

14　「禁忌」在宗教社會學當中的含義就是「隔離」和「禁止接觸」，即「凡俗事物絕不能接觸神聖事物」，否則會導致身體的疾病乃至更嚴重的後果。這種觀念的意義在於，作為這種約束的無意後果，「它對於培養個體的宗教性和道德性具有最為重要的積極作用」。參見〔法〕涂爾幹：《宗教生活的基本形式》，頁 413–441。

所劃定的規則以及人們對這些規則的遵守。

當巴塔耶將「色情」視為與理智等同的人類屬性時，意思是說色情是人類的一種普遍的本性，並沒有「淫穢」、「縱慾」等消極的現代含義。實際上，這種色情觀最初在弗洛伊德的精神分析中得到了全面的揭示和呈現。譬如，美國文學評論家莫德爾（Albert Mordell, 1885–1953）就繼承了這種理論，他從大量的文學作品甚至《聖經》中，發現了這種色情慾望的廣泛存在。他認為，人們的心中都有色情的慾望，這是一種無意識的慾望，人們不願意公開承認，但又會以各種方式表達各自的興趣。因此，「說到底，文明只是一種虛飾，許多人只要稍加誘惑，內心的野蠻激情就會被激發起來。這種情緒始終存在於我們的無意識中，所以它為作家提供了一種雖然危險，但很有吸引力的創作素材」。[15]

這些理論家對人類色情現象的精闢分析，無疑會豐富我們對現代日本的風月文化以及現代日本文明的理解。日本風月文化的創作者們無與倫比的「妄想」能力，的確給日本的文化塗抹上了色情甚至「變態」的色彩。其中，他們突破為大多數人所共享的倫理禁忌，在作品中展示出的高度藝術化的「反社會」特徵，正是讓很多人驚呼日本文化「變態」的核心秘密。但就其本質而言，是否將日本色情文化的極致表現稱為「變態」乃至「病態」，其實是在考驗著人們對自身本性以及文明本性的認知。

———— ◉ ————

由於現代日本往往給初訪者造成色情印象，人們很容易認為色情是日本文化的本質現象。但我們的分析表明，日本的色情文化並未表明它背後存在著特殊的原理。我們至多在文化創制者的身上，發現一種出色的想像——包括「空想」、「聯想」、「遐想」、「幻想」、「暢想」、「妄想」、「臆想」——與創造的能力和勇氣。他們帶領日本文化的消費者共同經歷一番超越世間倫理道德禁忌的遊戲，給人們創造一種反觀自身生活本質的契機。日本的文學與影視作品

---

15 〔美〕莫德爾著，劉文榮譯：《文學中的色情動機》（上海：文匯出版社，2006），頁 9。

往往呈現出濃郁的反常態的倫理與心理色彩，根本的原因就在這裏。

因此，思考日本的色情文化與產業現象，也是思考包括我們自身在內的人類社會固有的一大現象。如前文所述，日本外部的觀察者之所以對日本的風月文化持有特別的觀感，是因為他們多數時刻只是為自己的所見而感到「震驚」，裏面夾雜著含混、微妙但又是人類普遍的心理機制。我們的分析只能揭示其中的一部分，但這足以將審視他者的視線導向我們自身。這裏再略作總結。

第一，我們所說的日本外部的觀察者，他們多數時刻還是日本文化的消費者。從色情產品的供給—需求這種市場關係的角度看，日本文化的創制者們處於供給一方，這造成了一種錯覺，也就是在色情問題上「日本特殊」，甚至認為日本「變態」。但日本外部的觀察者，其實同時也是這個生產體系的消費者。因此，從消費者一端來看，我們無法單純地認為生產者是色情的甚至是變態的，而消費者是正常的。生產者與消費者的對等關係恰恰意味著「色情」在本質上是一種人類普遍的本性，因此我們並不能將這種屬性視為日本文化的標籤。

日本生產體制在總體上精益求精的性格，決定了它比其他社會更專注於色情商品的研發和市場開拓，這進一步強化了日本文化的色情形象。當然，這並不是說日本的色情產業完全走的是高端的藝術化路線。在資本與市場邏輯的主導下，日本的市場上並不缺乏顛覆禁忌的產品，它們毫無疑問符合「變態」乃至「病態」字面上的含義；其中，與戀童癖關聯的產業，無疑是這種變態的典型。在批評家看來，宗教、道德禁令和禁忌這些保護人性的要素在資本面前節節後退，這才是「當代真正的猥褻」，或者說是文明的病症。顯然，這是一種指向資本主義和市場體制的批判。[16]

第二，從法律和制度的角度來看，日本對性商品化的規制相對寬鬆，這導致了很多與色情相關的習俗和傳統做法得以大量延續下來，成為現代社會生活的一部分。從現代社會的倫理價值觀念反觀，這些傳統的文化內容自然大幅增加人們的異樣感受。這說明，日本的風月文化並未脫離其他社會的傳統文化與社會的

---

16 參見〔法〕基爾伯著，苣蓓譯：《愛慾的統治》（北京：商務印書館，2014），第 4 章。

運行方式。

　第三，我們在文學作品所見到的對情慾與倫理極端的設定和極致的描寫，實際上是對人類社會「禁忌」的一種挑戰。我們當下的文明觀念，其實正是建立在這些倫理規則與禁忌的基礎之上。按照巴塔耶的說法，禁忌的存在使得人的慾望和獸慾區分開來。因此，對這些規則的挑戰並不能簡單還原為心理上的「變態」，它還有著對文明和人性自身進行反思的功能。

　最後，我們還可以就色情自身來理解日本的文化特徵。我們前面提到的哲學家九鬼周造的一個略顯晦澀的說法，非常有助於我們認識其中的精微之處。針對藝伎身上彰顯的「粹」的風月品性與日本文化深層的關聯，他這樣總結道：

　　「粹」針對武士道的理想主義和佛教的非現實性處於緊密的內在關係之中。「媚態」因為命運而獲得「達觀」，並在「氣魄」中自由生存的，那便是「粹」。不具有看透人類命運的明亮眼睛、面對靈魂的自由不抱有執著憧憬的民族，就無法理解體現「媚態」的「粹」的樣態。「粹」的核心意義在於，當該構造作為我們民族存在的自我展現來被把握時，可以被充分領會和理解。[17]

---

17 〔日〕九鬼周造：《九鬼周造著作精粹》，頁 49–50。

中篇

日本二千年

第三章

傳統東亞世界的競爭者 (57-1868)

倭王受封

決定日本命運的歷史時刻

　　我們在前面的討論已經表明，在紛繁複雜的文化表象背後通常有日本文化與社會的特殊原理在發揮著作用，它們都起源於日本的演化進程當中。接下來，我們將首先考察在傳統的東亞時間與空間當中，日本經歷了怎樣的心靈歷程，從而形成了它特殊的國家與民族的品性。我們要看一下日本與東亞世界共同演化的歷史。

　　在我們熟知的關於日本的街談巷議中，有一個很常見的說法，即日本人是古代中國人的後代。這當然是一種誤認，它的形成可能與歷史流傳下來的「徐福東渡」有關。司馬遷（前 145 年－前 1 世紀）在《史記‧秦始皇本紀》當中記載，齊國方士徐福稱海上有蓬萊、方丈和瀛洲三座神山，神仙居之，有長生不死之藥，於是秦始皇就派遣他率領數千童男童女，入海求仙。這個傳說的真偽以及海上三神山的具體所在，人們今天當然無從查考，但很多人信以為真卻也是事實。譬如，日本的一些地方每年會舉行紀念「徐福東渡」的活動；和歌山縣還有「秦徐福之墓」的墓碑和徐福神社。換句話說，有一些日本人認為自己的祖先來源於中國。

　　這些民間流傳的看法，實質上關係著日本人以及日本文明起源的問題，它們都涉及了古代的中國。因此，在重新認識古代日本的起源時，我們將重新審視一個被命名為「倭王受封」的歷史事件，來看看這個古代日本和中國到底有怎樣的關係。

———— ◉ ————

　　當時中國的史書稱日本列島上的所有國家——其實是一些較大的部落或城市——為「倭國」，稱其中較大者的首領為「倭王」。倭王受封，是這些國王接受皇帝冊封以及授予官職和爵位的一種政治行為。當然，這裏所說的皇帝是指東

亞大陸上的中華王朝的皇帝。倭王受封是我們理解日本演化的第一個關鍵歷史節點，但很多歷史學家尚未注意到它的重要性，他們的歷史敍述對此也通常是寥寥幾筆帶過。很多讀者在讀古代日本這一時期的歷史時，很可能也跟著跳了過去，不會留下什麼特別的印象。那麼，這個事件對日本國家的形成有著怎樣的影響？

如果先說結論，那就是，這一事件意味著日本歷史的起點在中國，意味著在日本歷史意識的深處，有一個擺脫不掉、無法磨滅的影子：「中國」；用一個比喻來說，這個事件為日本自我意識的成長埋下了一粒特殊的種子。這也正是我在前面提出的「中國內在於日本」這個說法的另一層含義。

顯然，說「日本歷史的起點在中國」並非指日本就是從中國產生的，這不符合歷史事實；這個說法的意思是，古代日本最初的歷史記錄，僅僅存在於中國古代的史書當中。在日本最早的史書，即編纂於 8 世紀初的《古事記》和《日本書紀》出現之前，關於日本歷史的文字記錄僅僅存在於中國的歷史文獻當中。這其中極為重要的就是「倭王受封」一事。

我們有必要回憶一下本書在前面提出的「東亞世界體系」這個概念。我們要從歷史起源的角度去理解這個體系的形成過程以及它的獨特屬性，而倭王受封正是這個世界體系形成的標誌性事件。今天的日本史乃至東亞世界史敍事對於倭王受封一事往往一筆帶過，有若干原因，其中之一就是史料闕如，人們不容易看到它的全貌。所以，接下來我們稍微繞一點路，要先介紹一點關於日本的史前史，也就是有文字記載的歷史以前的歷史。

上面提到，認為日本人的祖先來自中國大陸的說法極為常見，依據就是司馬遷在《史記》中記載的徐福東渡的事跡，有人甚至認為徐福就是日本神話傳說中的「神武天皇」。[1] 提到日本皇室的起源，其實還有一種廣為流傳的說法，那就是皇室是「泰伯之後」，也就是殷商時期吳國國君泰伯的後裔。由於現存的歷史文獻多語焉不詳，這些傳說到底是真是假並沒有明確的定論。不過，關於日本

1　神武天皇被認為是日本的第一位天皇，於公元前 660 年即位，但關於天皇本人的情況和即位年代，實際上都沒有確切的文獻記載。參見汪公紀：《日本史話》（北京：中國書籍出版社，2011），頁 3–5。

人的來源，從人類學的角度來看倒是有一個更為科學的說法。

在距今大約 12,000 至 18,000 年前的冰河時期，日本列島並不是像現在這樣孤懸海外，而是和亞洲大陸連在一起的。那時候，它有三處和大陸接壤：北方的庫頁島，中間的位於今天的日本和韓國之間的對馬島，以及南邊的琉球群島。日本列島和大陸是相連的，這使得人們移動到日本列島上非常容易。據說，從遺傳學的證據來看，現代日本男性的 54%、女性的 66% 有來自中國和朝鮮的血統。[2] 在 19 世紀末中日之兩國間流行過一種「同文同種」的說法，今天看來，這並非空穴來風，並不只是當時雙方為了結盟製造的一種意識形態。

歷史在向前發展。在公元前 10,000 年左右，日本進入「繩文時代」；這一說法因出土的陶器上有繩子的條紋而得名。這個時代延續了漫長的一萬多年，這一期間日本的自然地理條件發生了決定性的變化：由於氣候變暖，海平面上升，日本列島與亞洲大陸分離開來，日本從此開始走上獨自的演化道路。

雖說如此，日本的演化道路和大陸還是有著千絲萬縷的關聯。其中最主要的一點就是，來自大陸的移民持續不斷地進入日本列島。譬如，秦朝末年為了躲避戰亂而移居日本列島的大陸人就是所謂的「秦人」；同樣，漢朝時移居日本列島的就是所謂的「漢人」。根據《隋書》記載，609 年出訪倭國的隋朝使者裴清，就途經了一個叫「秦王國」的城邦，當地居民很可能就是來自中國大陸的移民。

有關日本人的來源，在歷史認識上其實並不十分重要。真正重要的是，如同《史記》所記載的，在二千多年前的秦始皇時代，日本列島的存在就已經進入了中國的歷史敍事中。日本國內的徐福遺跡和紀念活動，正意味著日本的歷史記憶中有一種「大陸屬性」。因此，如果要對日本起源進行探究，我們就得從人類學進入歷史學的領域，後者提供了更可信，也更富有啟發性的證據。

徐福的故事之後，關於古代日本的確切文字記載開始出現在中國的史籍中。大約在 82 年左右，中國東漢大歷史學家班固（32-92）所編撰的《漢書》〈地理志·燕地〉條中，第一次出現了關於古代日本的記載——這個時候的日本被稱

2 〔英〕韓歇爾著，李晉忠等譯：《日本小史：從石器時代到超級強權的崛起》（北京：北京聯合出版公司，2016），頁 17。

為「倭國」。書中記載説，倭國由一百多個「國」組成，定期到漢王朝位於朝鮮半島的領地，也就是樂浪郡進行朝貢。這些所謂的「國」，其實就是一些比較大的部落，或者説是城邦。我們的歷史敍述也由此進入「倭王受封」的時代。倭王受封實際上由一系列歷史事件構成，前後持續了數個世紀之久。

第一個事件發生在 57 年。根據南朝宋范曄（398–445）等編撰的《後漢書》記載，這一年，東漢的光武帝劉秀賜給倭奴國使者一枚金印，上面刻有「漢委奴國王」五個字，學者們通常認為這是有名的「漢委奴國王」金印的起源。江戶時代的天明四年，即 1784 年，一位農夫在今天日本福岡縣的志賀島發現了這枚金印。日本學者傾向於視其為真跡，但也有人提出了質疑，雙方都各有證據。金印的真偽我們暫且不論，但《後漢書》中的這條記載是中國史書中關於倭王受封最早的文獻記載，是歷史認識的關鍵事實。這意味著此時的日本——當時的倭國——已經進入了以中國為中心的「東亞世界體系」。

接著，在由西晉陳壽（233–297）編撰的《三國志‧魏書》中，有魏國使臣在 240 年訪問倭國的記錄；書中留下了對一百多個倭國中最大的「邪馬台國」的位置、人民的裝束與習俗等非常詳細的描述。據記載，邪馬台王國由一個叫「卑彌呼」的女王統治，她懂得巫術。這個女王在 238 年時，曾派朝貢使者到魏國，被冊封為「親魏倭王」。隨後，在南朝歷史學家沈約（441–513）撰寫的史書《宋書》中，提到了 5 世紀時「倭國五王」——也就是古代日本的五位國王，即倭王贊、珍、濟、興、武——受到中國王朝冊封一事。這種政治實踐的連續性，意味著古代日本已經全面融入了以大陸王朝為中心的東亞世界秩序中。

日本東洋史學家西嶋定生（1918–1988）曾經指出，「倭國在日本列島的形成過程，並非與大陸絕緣狀態下的獨自演化，而是最初就在與大陸的歷史，尤其以中國王朝為中心的東亞歷史的關聯中得以展開的」。[3] 這是非常富有洞見的説法。

而另一位東洋史家岡田英弘（1931–2017）更進一步指出，中國史書中所

3　〔日〕西嶋定生：《日本歷史の国際環境》（東京：東京大学出版会，1985），頁 3。

謂的「倭人百餘國」，都是從事貿易的華僑建立起來的商業據點，類似於今天世界各地可見的「中華街」；光武帝授予博多奴國酋長的「漢委奴國王」印綬，其實是委託其負責管理日本列島與漢王朝的貿易。從這個角度說，在古代日本的形成過程中，公元前 108 年漢武帝在朝鮮半島設置樂浪、真番、臨屯和玄菟四郡是關鍵的一環，這個舉措直接將日本列島納入了中國大陸的貿易體系當中。他最終的結論是，「日本建國者為華僑」。[4]

——— ⊙ ———

關於倭王受封的歷史事實，我們就說到這裏。若要進一步理解這個事件在日本演化史中扮演的角色，我們就得上升到一個更高的維度，那就是要理解冊封這件事的政治本質與文明意義。

在中國歷史上，朝貢—冊封制度起源於漢王朝，是王朝內部實行的封建制的延長。封建制是指天子為貴族、功臣等分封爵位與采邑，而接受了冊封的朝貢國或藩國，事實上就成為中華王朝天子的外臣，雙方結成了君臣關係。這正是「漢委奴國王」、「親魏倭王」等中華王朝所賜予的印綬稱號的政治含義。從今天的角度來看，它實際上是一種東亞世界秩序的安排。

這種政治安排與實踐的作用非同小可；打個比方，古代東亞的中華世界秩序就相當於今天以聯合國為中心的世界體制。只要想一想 WTO（世界貿易組織）的作用，我們就會明白世界秩序的重要性。我們經常聽到的「貿易戰爭」就是世界體系內部的一種變動。如果沒有 WTO 這個體制，可能就真要發生戰爭了。這個體制在本質上維護的是一種和平的商貿與交流秩序。我們今天享受的和平與物質的繁榮，都與二戰後形成的世界秩序息息相關。

古代日本能夠進入東亞世界體系，當然是當事者政治計算的結果，中華王朝與藩屬國可謂各取所需。中華王朝的皇帝因萬國來朝而獲得了政治上的正當性，同時保證了帝國邊疆的安全；而藩屬國則一方面獲得了政治權威，另一方面

4　〔日〕岡田英弘：《日本史的誕生》，頁 23–25。

獲得了與中華王朝交往的正式渠道。這就是所謂的「中國治下的和平」體制，它創造並維持了東亞世界秩序。在這一體制之下，古代日本開始大量吸收中華文明，從而開啟了快速文明化的過程。

說到這裏，我們必須指出「倭王受封」的另外一個政治結果：正是在這個體制中，日本形成了一種宿命般的自我意識，那就是以日本為中心的「天下」觀念。從後來的歷史進程來看，這是決定日本歷史意識與走向的一個關鍵事件。

根據西嶋定生的研究，大概在 5 世紀末期至 6 世紀時，日本完成了這種思想的內化，日本國內出現了「治天下大王」、「治天下天皇」的觀念和說法。就是說，當時倭國朝廷形成了「天下」、「天皇」等以「天」命名的自我稱呼。但這樣一來，就出現了非常重大的問題，因為「天」、「天命」這些觀念正是大陸的中華王朝政治正當性的終極依據，是中國古典文明普遍主義的最根本的原理。此時的日本用這些說法建構自身的政治意識，意味著一種試圖與大陸王朝分庭抗禮的自我意識已經萌生。這種自我意識的特殊性，可以說深刻影響了此後中日關係千年史的走向。

當然，日本的這種自我意識的形成過程非常複雜。在古代日本史研究當中，由於史料嚴重闕如，3 至 5 世紀也被稱為「謎一般的世紀」。日本東洋史學家宮崎市定（1901–1995）有一本書叫《謎一般的七支刀》，靠著一把被稱為「七支刀」的刀身上殘缺的銘文和極其有限的文獻資料，試圖對這一時期的歷史進行「解謎」，但也有很多推測的成分。[5] 所以，我們也無法深入具體的歷史進程當中，通過詳細的事件和思想分析，來揭示這種自我意識的形成過程。

不過，我們在上面藉助大的歷史脈絡和迄今為止的歷史經驗，已經給出了一個解釋，即歷史上中華王朝主導的朝貢—冊封制度本質上是東亞世界體系的一種政治安排，是中華王朝的世界政策；接受朝貢國的地位意味著同時接受了這個世界政策背後的理念。在後世的日本，人們通常稱其為「中華思想」或「華夷思想」。另外，眾所周知，歷史上越南和朝鮮的王朝都有過「小中華」的自我意識，

5　〔日〕宮崎市定著，馬雲超譯：《謎一般的七支刀：五世紀的東亞與日本》（北京：中信出版社，2018）。

這也是朝貢體系所造成的政治後果的一種例證。

——————— ⊙ ———————

我們在上面通過重構往往湮滅於日本歷史敘事中的「倭王受封」這一歷史事件，對古代日本的起源進行了分析，而分析的重點則是古代日本國家的自我意識的生成機制。

在我們探討日本變異屬性的起源時，這個「倭王受封」之所以重要，正是因為它與日本的童年記憶息息相關。個體的童年記憶會影響人們後來的成長，尤其是心理感受；同樣，國家的童年記憶也是我們理解國家行為時的一個重要視角。對於日本來說，接受外國皇帝的冊封很可能是一種屈辱的體驗，是一種「創傷記憶」。創傷記憶是精神分析領域的術語，而不是簡單的比喻。日本在早期國家形成階段所經歷的特別事件，當然會對其自我意識產生不可磨滅的印記和影響。所以，如果要想在歷史的深層去認識這個國家，想獲得關於日本國家性格的洞察，我們就得去理解它的童年時代。當然，這也是我們重新認知包括我們自身在內的所有社會的方法與視角。[6]

因此，今天的日本國民在自我意識上呈現出的異色，其實有著深厚的歷史與心理根源，它們正是形成於東亞世界史的演變進程中。從根本上說，東亞世界史上的倭王受封意味著中華王朝以非意圖的方式，創制了一個具有同型自我意識的「小中華」，即我們今日所知的「日本」；反過來說，「小中華」這樣的自我意識的種子，已經埋到了日本國家自我意識的土壤中。

那麼，具有這樣一種自我意識的日本，其後與周邊世界究竟發生了怎樣的互動？東亞世界史的帷幕，正在徐徐展開。

6　我在前面曾經談到了我們在認識、理解日本時面臨的困難，其中的一個重要的原因就在於現代中國的童年記憶。現代中國對日本的「創傷記憶」，也就是在日本壓迫和侵略中形成的創傷，使得我們很難冷靜地看待日本。我們在後面會具體討論這個歷史過程。

大化改新

日本自我意識的形成

我們在前面討論的是「倭國」的歷史，但現在我們在説起這個國家的時候，都稱其為「日本」。那麼，「倭國」是什麼時候成為「日本」的？和「倭王受封」一樣，這涉及日本的起源；但從時間順序上來説，追問「倭國」如何轉變為「日本」，實際是要探究日本自我意識的進一步成長。

645 年開始的「大化改新」，構成了我們繼「倭王受封」之後重構日本演化史的第二場歷史事件。

今天的歷史學家通常認為，「日本」這個稱呼是古代日本人首先提出來並要求中國使用的。這個故事發生在唐代女皇武則天（690–705 年在位）統治的時期。唐代歷史學家張守節在其撰寫的《史記正義》中有「武后改倭國為日本國」的記載。那麼，武則天為什麼要改倭國為日本國？一種通行的説法是，此時列島上生活的倭國人已經精通漢語，他們認為「倭」的字面涵義不美，有「矮小」的意思，這讓他們的自尊心受損；而且，和位於他們西面的中華王朝相比，他們認為自己是更接近太陽升起的地方，於是，就給自己取了一個非常文雅的名字：日本。

這個説法簡潔明快，很容易讓人接受，卻也同時遮蔽了問題。

——— ⦿ ———

我們今天不難推斷，最初應該是日本的使節首先向中國提出了稱呼上的要求，武則天才敕命更改，否則我們看不到唐王朝下令更改稱呼的動機。其實，中國史書上的「倭」字源於古代日本民族自稱，是記錄他們自稱發音的漢字。後來，日本民族自稱為「大和」民族，使用諸如「和風」、「和魂」等意味著民族性的説法，其實就是用「和」取代了發音相同但文字不同的「倭」字。

問題的關鍵在於，當時生活在日本列島上的倭國人要求更改國名的事，並

不是簡單的外交行為，而是有著明確的政治意圖。簡單地說，倭國改名這件事是一個標誌，標誌著日本此時已經形成了成熟的自我意識。

那麼，「日本」這個自我命名的意識又是怎麼產生的？根據史書記載，607 年，倭國大和朝廷派遣特使小野妹子來到了隋王朝。他攜帶的國書有這樣一個有名的開頭：「日出處天子致書日沒處天子，無恙。」「無恙」就是「敬頌無恙」、「敬問安康」的意思，自然是外交辭令，所以這句話的玄機並不在這兩個字上。

這條歷史資料最初見於《隋書》當中的〈倭國傳〉，後世的日本歷史學家和政治學者在論及中日關係時，都會拿這條史料說事。日本學者這麼做，其實有十二分的理由。據《隋書》記載，隋煬帝看到這樣的國書後，龍顏不悅，對鴻臚寺卿（主管朝貢事務的官員）說：「蠻夷書有無禮者，勿復以聞。」[1]意思就是說，如果蠻夷國書有違中華禮制，今後不要再拿給我看。

隋煬帝不愧是中華王朝的帝王，很懂政治，講政治正確。他只是瞥了一眼國書，就洞穿了倭國大和朝廷的心思：用「日出處天子」說自己，用「日沒處天子」說中華的天子，這分明是要和隋王朝分庭抗禮、平起平坐！非但如此，這個「日出」對「日沒」的結構，雖然是對太陽東升西落軌跡的客觀描繪，但將自己置於旭日東升的位置，大有後來居上、反客為主的氣概。日本國家在初創時期的自我意識，由此窺見一斑。

事實上，日本歷史學家之所以重視這一記載，就在於它表明了倭國的一種自我意識——一種要求和中華帝國平等、對等的自我意識。而這個自我意識，最終表現在「日本」這一文雅的自我命名上，表現在日本使節要求唐王朝更改名稱這件事上。

——— ◉ ———

日本之所以能夠從「倭國」變成「日本國」，還不只是因為它獲得了「日本」

---

1 〔日〕藤堂明保等譯註：《倭国伝：中国正史に描かれた日本》（東京：講談社，2010），頁 468。

這個國號;「倭國」成為「日本」,這個轉變過程伴隨著實質性的國家建構。上面提到的小野妹子致隋煬帝的「國書事件」和「武后下令改名」事件,其實之間相隔了大約一個世紀。在這個時期,倭國的大和朝廷辦了一件大事,那就是「大化改新」。

大化改新是日本古代史上的著名事件,所有歷史敍述都有記載。歷史學家們都會說,它是日本早期的一種「改革」,促進了日本國家的形成。這個說法當然不錯,但還未給我們提供歷史認識上的增量:「改新」並不同於我們今日語境中的「改革」,它到底意味著什麼?我們知道,19 世紀中後期日本還發生了著名的「明治維新」,那麼,從「改新」到「維新」,這些略顯特異的說法意味著什麼?

其實,大化改新在本質上並不是日本歷史上的一場普通的「改革」。從小的方面說,它是日本的建國行為;從大的方面說,則是一種文明的模仿、吸收、創造和運用。不僅如此,它還是一種方法,是日本追趕大陸中華王朝的方法。這個方法就是後世的人們所言的「開國」,全方位吸收位於它西部的大陸上最先進的「西方」文明,是一種「西化」或者說「中國化」。大化改新就是日本歷史上的第一次開國,需要將其納入日本國家與文明演化史的脈絡中考察它的意義。[2]

大化改新這個事件本身並不複雜。日本第 36 代天皇孝德天皇在 645 年制定國號「大化」,並於翌年發佈了進行改革的詔書。改革的內容,根據史書記載,就是模仿隋唐的律令,亦即法律(具體指刑法)與行政制度,實行中央集權的行政管理制度。這種中央集權的制度主要體現在財政和軍事力量方面。譬如,根據隋唐實行的「均田制」這種土地分配制度,日本實行了「班田制」,將此前各部

2　順便一提的是,這樣的開國在日本歷史上共有三次。第二次開國是指 1868 年的明治維新,它的主旨是吸收近代西方文明,是另外一種「西化」,或者說是「歐化」。而第三次開國,則是指 1945 年日本戰敗後,在聯合國佔領軍司令麥克阿瑟主導下的戰後民主化改革;有人將這次開國稱為「美國化」。當然,人們也有不同的看法,譬如日本政治思想史學者丸山真男在論述「開國」時,認為日本歷史上的第一次開國發生在 16 世紀末至 17 世紀初,其結果就是德川幕府體制的建立。參見〔日〕丸山真男:〈開国〉,載《丸山真男集》(東京:岩波書店,1996),第 8 卷,頁 49–56。

族、豪族私有的土地收歸國有，然後按照戶籍分給民眾。作為配套政策，日本同時劃分了行政區劃，並實行了相應的戶籍制度，進一步為國家統一徵稅、徵兵與徵用勞動力提供了制度基礎。

我們這裏的目的不是重現此時大和朝廷新確立的各項制度的具體內容，而是把這個確定的、既定的歷史事實放到歷史進程中去理解它的意義。進而言之，我們需要在日本被編入東亞世界秩序的歷史過程中去理解它的意義。這個過程非同小可，因為它是日本獨特的童年記憶，很可能還是一個創傷記憶：它意味著日本在早期階段曾經向另外一個國家俯首稱臣，完全為一種外來的文明所壓倒。

如果將大化改新僅僅視為簡單的模仿和制度借鑒，我們可能就忽視了它獨特的意義。事實上，隋唐時代的中國實行的律令制是當時世界上最先進的政治和法律制度。通過全盤吸收、採納這個制度，日本將自己從此前「倭國」時期部落制的落後狀態，陡然拉升到了當時最高水準的文明狀態，也就是中央集權制的國家形態。這意味著日本在制度文明上實現了飛躍。

與制度飛躍相伴的是觀念的變革，它首先體現在年號的制定上。如果簡單地將「大化改新」這四個字理解為後世的人們對歷史事件的命名，我們就錯失了觀察日本自我意識演化的一個重要契機。如前所述，「大化」是孝德天皇在645年確立的一個年號，並在翌年頒佈的《改新詔書》中正式昭告全國，這種行為在本質上就是一個創新——年號的使用不僅僅是形式上對中華王朝的模仿，還意味著日本已經形成了明確的自我意識。

這個年號化用《尚書》（「肆予大化誘我邦君」）、《中庸》（「小德川流，大德敦化」）、《荀子》（「列星隨旋，日月遞照，四時代御，陰陽大化……夫是謂之神」）等中國古典中的相關說法，字面就包含著「深遠、巨大的變化」、「偉大的文明開化」等涵義。日本的為政者使用這兩個字，很可能是要表明此時日本的國家目標。我們熟悉的近代日本的年號，譬如「明治」、「大正」、「昭和」、「平成」無一不是如此，都是國家政治意識的明晰表達。值得一提的是，日本是現在唯一保留了東亞傳統「年號」這一政治制度的國家，日本國內的許多文明論者常常以此為傲。年號的功用絕非僅限於紀年，而是有著明晰的理論上的

考量。中國傳統政治理論當中有「正名」的思想，說的是「名不正，則言不順，言不順，則事不成」（《論語》）。循名責實，從命名上，大化改新就是對於中國政治思想的一次實踐，是一次改革的創舉，其實質內容就是前面提到的效仿隋唐的國家體制，為日本確立新的政治和法律制度。這事實上意味著一場革命，對日本列島過去的政治和經濟關係進行了根本性的重構。

———— ⊙ ————

顯然，7 世紀的大和朝廷展開如此急劇的政治變革，一定有其特定的原因。那麼，為政者們的政治意志以及精神能量又是哪裏來的？一般的歷史學家都會注意到當時大和朝廷內部的權力鬥爭。當時的天皇是皇極天皇，但朝政實質上把持在以蘇我蝦夷和蘇我入鹿父子為核心的「蘇我氏」集團手中。於是，富有政治意識的皇極天皇的弟弟（即孝德天皇）、中大兄皇子（後即位為天智天皇）和中臣鎌足聯手發動政變，剪滅了蘇我氏而重新掌握權力。中大兄皇子即位後，依據唐朝的制度，順勢著手確立了天皇親政的中央集權國家體制。[3]

但這麼說並沒有解決問題，因為它還未回答，為什麼此時日本出現了激烈的權力鬥爭。我們前面講述「大化」這一年號的創制意圖時，已經觸及了這場政治改革的深層動機：這個時候的日本要追趕中華王朝，和中國形成對等國家的自我意識。這是更為深層的歷史推動力。從這個時代前提來看，大化改新在本質上就是日本實現自我意識的方法和手段。

那麼，為何此時日本出現了追趕中國的政治意識？按照我們此前的說法，這個追趕中國的「種子」早已經埋下，而它的生根發芽則要等待條件的成熟。這個條件通常來自外部。所以，我們有必要從日本跳出來，從國際政治——亦即「東亞世界體系」——的層面上來重現審視一下此間的歷史變動。

我們在此前重現倭王受封的歷史進程時，曾經提到 5 世紀「倭國五王」向當時的南朝宋（420–479）派遣使節，獲得冊封一事。冊封的本質是東亞世界體

3　關於此次事變以及隨後政治變革的簡潔描述，可參見〔日〕朧谷壽、仁藤敦史著，韋平和譯：《倒敘日本史 04：平安・奈良・飛鳥》（北京：商務印書館，2018），頁 179–190。

系運作的一個環節，此時的倭國如此熱衷冊封的根本原因，正在於這個體系自身。通過接受冊封，倭王有利於確立自身在日本內部的權威；但更重要的意圖是，日本要藉此獲得對朝鮮半島的控制權，強化倭國在朝鮮半島的地位。

譬如，「倭國五王」中最後一位倭王武（後來被稱為「雄略天皇」）在向南朝宋奏請的封號中，就有「安東大將軍」這樣的稱號。這實質上等同於要求中華王朝授予倭國控制朝鮮半島南部的新羅、百濟和任那等國的權力。事實上，4至5世紀，倭國的大和政權通過軍事行動，在朝鮮半島獲得了一塊領地。通過朝貢—冊封的方式，這一領地的合法性進一步為當時東亞世界秩序的霸權國即中華王朝所承認。這意味著日本的國家形態，即它謀求建立的小冊封體制，最終要依賴於東亞世界體系的承認。

不過，這個體系自身也是變動不居的。隋王朝在這一時期最終統一中國，就是此時東亞世界體系的最大變化。這種變動很快表現為隋王朝針對朝鮮半島北部的高句麗國發動的大規模征討戰爭。另一方面，在隋王朝成立的二十餘年前，即562年，在新羅和百濟的聯合攻擊下，日本已經失去了它在朝鮮半島的屬地。

隋王朝成立後，百濟和新羅先後納表臣服，獲得了宗主國的軍事保護，這導致了日本在朝鮮半島建立小冊封體制的努力以失敗告終。出於自身安全的考慮，時隔一個多世紀，日本再次向中華王朝派遣使者，即「遣隋使」，此時正值日本史上大名鼎鼎的聖德太子擔任女帝推古天皇的攝政時期（594–622）。

聖德太子本名厩戶王，是用明天皇的皇子。他有一半血統來自當時在大和朝廷當政的「蘇我氏」家族，而這個家族被認為是朝鮮人的後裔，非常熱衷於吸收中國文化。據說聖德太子篤敬佛法，在執政期間營造了包括著名的法隆寺、四天王寺等在內的多座寺院，同時還撰有解釋佛教典籍的《三經義疏》，有「倭國教主」與「聖人」之譽。尤其值得一提的是，他在604年制定了有名的《憲法十七條》和《冠位十二階》，在宗教上尊崇儒學和佛法，在政治上取法隋唐，實

際上成為後來「大化改新」的發端，為日本的第一次「文明開化」奠定了基礎。[4]

　　因此，聖德太子推行的包括派遣遣隋使等在內的一系列內政外交政策，正是倭國應對東亞世界體系變動的政治舉措。但此時的倭國正在走向成熟，已經不再滿足於自己的「倭國」地位：向中國皇帝納表稱臣被認為是一種有屈辱感的行為，這就是小野妹子致書隋煬帝國書事件的歷史原因。據説，「日本」二字就是聖德太子的傑作。

　　同樣，645 年中大兄皇子發動的政變以及隨後進行的大化改新，也是倭國應對此間東亞世界體系變動的一環。其中值得一提的是，大和朝廷在 663 年出兵朝鮮半島，隨後與唐王朝和新羅的聯軍發生交戰，結果慘遭失敗。這就是有名的「白村江之戰」。668 年，中大兄皇子在近江（大津宮）重新即位，成為天智天皇，並制定了成文法典《近江律令》，其中規定倭王今後對外自稱「明神御宇日本天皇」，很多學者認為這是國號「日本」和王號「天皇」——此前稱為「大王」——的正式誕生。因此，也有人將這一年視為日本的建國元年。[5]「天皇」這個名稱的命名來自中華世界的「皇帝」稱號，將日本與中華王朝分庭抗禮的自我意識完全顯露了出來。在這一時期，中國的史書記載中首次出現了以「日本」指代「倭國」的説法。

4　這些說法都是關於聖德太子的正統說法，可見於各類日本古代史的教科書，它們構成了日本國民長達一千多年的「聖德太子信仰」的基礎。這裏要補充的是，日本史學者對聖德太子的這些「事跡」一直持懷疑態度。譬如，日本古代史學者大山誠一在 1999 年出版了《「聖德太子」的誕生》一書。在綜合前人研究成果的基礎上，他提出了聖德太子不是歷史上的真實人物，而是在養老四年（720）編纂成書的《日本書紀》當中虛構的人物的說法。根據他的考證，當時大和朝廷的主政者藤原不比等與長屋王為了實現以唐王朝為模板的律令國家的政治意圖，命令《日本書紀》的編纂者故意創造了以中國的皇帝為原型的歷史人物。在這個過程中，702 年入唐、718 年歸國的高僧道慈在具體創作上被認為扮演了關鍵的角色。大山誠一這樣推測道：「日本為了真正成為中國那樣的國家，只採用法律和制度還不夠。位於最頂端的天皇也必須像中國的皇帝一樣，有著絕對的權威，作為儒釋道三教的保護者君臨天下。因此，在新的歷史書中，先描繪一種中國天子的理想模型，然後說日本過去曾經有那樣的天皇，這樣就解決問題了。不比等、長屋王與道慈一定為此絞盡了腦汁，最後創造了『聖德太子』。這樣的『聖德太子』的存在，就足以證明日本絕不是位於東海的未開化的國家。這應該是他們的想法。」參見〔日〕大山誠一：《聖德太子と日本人》（東京：角川書店，2005），頁 94-95。
5　〔日〕岡田英弘：《日本史的誕生》，頁 162-163。

當然，我們這裏對「大化改新」和日本國號成立過程的重新敍述，目的並不是再次呈現相關的歷史事實自身，而是要描述日本成長的具體過程。日本在 7 世紀已經有了相對成熟的自我意識，它在政治上的表現就是倭國謀求與中華王朝對等的地位。這種自我意識實際上又激發了它進行變革的政治意志，這可以説是大化改新這一歷史事件的精神動機與心理機制。

　　無論是對於歷史上的還是當下的中國人而言，這種謀求對等地位的心理機制都顯得非常陌生。但實際上，一個國家和民族在歷史進程中形成的心理能量往往有著巨大作用。這一點我們往往容易從人類個體身上觀察到。那些在歷史上留下名聲的人物，無論是聖人英雄還是奸人惡棍，往往都有著隱蔽的、非同尋常的心理動機。

　　問題的複雜性與特殊性就在於這種謀求對等的自我意識自身：歷史上的中華王朝的政治視野是一種普遍主義的「天下」觀。從倭王受封到大化改新，日本非但吸收了中華王朝的物質文明與制度文明，連「天下」觀念也同時吸收了過去，形成了獨自的「天下」意識。這意味著一個重大的徵兆已經出現：傳統中國的天下思想的核是「天無二日，土無二王，家無二主」，日本「天下」意識的形成，意味著它獲得了逐鹿中原的自我意識和慾望。

　　有著這樣自我意識的「日本」甫一成立，就試圖實現自己的意圖。7 世紀中日之間發生一系列事件，背後都潛藏著這種心理機制。因此，此後千年的中日關係史中暗含著一個大的脈絡，那就是日本的自我意識和慾望謀求自我實現的歷史。日本歷史學家岡田英弘在探討這一時期的日本歷史時，有這樣一種説法：

　　　　高句麗滅亡的 668 年，在近江大津即位的天智天皇成了日本最初的日本天皇，這就是日本建國。與擁有歷史的中國文明絕緣而完全孤立的日本，由於同樣也是擁有歷史的文明，為了主張獨自的自我認同，必須要有自己的歷史。著手編纂國史的是天智天皇的弟弟天武天皇。

　　　　《日本書紀》從公元 681 年開始編纂，經過三十九年，於公元 720 年

完成。其內容宣揚天智、天武兄弟的祖先是從天神手中繼承正統，一直統治著日本列島，而且完全無視中國的影響。這與從中國歷史文獻中看到的事實完全相反。

無論是哪一個文明，最初寫下的歷史框架，限制了人們的意識。《日本書紀》中表現出的「日本與中國對立」、「奉天繼承獨自正統的國家」等封閉思想，永久地決定了日本的性格。[6]

這個說法從歷史編纂的角度，觸及了日本成長的問題：日本自我意識成熟於7世紀。在這一時期，日本以中國史書為模板編纂的《日本書紀》呈現出的「與中國對立」的意識，正是日本自我意識的核心，構成了此後日本國家行動的底層邏輯。岡田英弘說這種思想「永久地決定了日本的性格」時，其實已經洞察到了中日關係的隱微之處，將人們對日本的理解引向了日本民族歷史的深處。因此，日本的這種自我意識是我們理解日本與東亞世界史的一個要點。中日兩國的恩恩怨怨其來有自，並非歷史的偶然。

6　〔日〕岡田英弘：《日本史的誕生》，頁236。

白村江之戰

在東亞世界的啼聲初試

　　初試在重構日本的歷史敍事時，我們所關注的焦點不是被記錄在案的歷史事件，而是日本在這個體系中自我意識的生成與演化。高句麗王國的滅亡與天智天皇即位這兩件事在 668 年同時發生，這是歷史記錄；而進一步注意到這兩件事彼此聯動，它們都是東亞世界體系演化的結果，則是歷史認知的領域。在我們的歷史視域中，這兩起事件的結果在日本自我意識上的表達就是「日本」國號的正式成立。國號成立事件既是我們理解古代日本國家形成的關鍵節點，又是理解其後日本演進的參照點，所以我們有必要繼續在歷史的進程中觀察「日本」這種自我意識的生成過程。

　　今天很多人在提到日本時，仍然會把日本稱為「小日本」。這當然是誤解，我們在前面已經舉過很多當下的例子，說明日本絕非小國；如果回溯歷史，我們還會找到更多的事例。眾所周知，19 世紀末至 20 世紀初，日本先後和清朝中國、沙皇俄國開戰，最後在 1941 年 12 月同時向美國、英國等公開宣戰。從當時的情況來看，日本挑戰的這些國家在當時都是響噹噹的大國，都是龐然大物。有人認為這些戰爭只是日本的賭博，但這種看法有可能會導致我們錯失對日本深層的自我意識的認識。

　　如前文所述，古代日本有著與傳統的中華帝國同型的天下意識。從這一政治意識的角度來看，日本當然不認為自己是小國，不是「小日本」，它有著與中華帝國一爭短長的視野和意志。當然，日本獲得與它表面上的體量似乎不相稱的大國意識，是一個歷史演化過程，是逐步積累的漸變過程，而非源於一朝一夕的偶然變化。

───── ⊙ ─────

　　日本在歷史上發動的第一場對外戰爭，本質上就是一場挑戰大國的戰爭，

是 7 世紀日本在東亞世界的初試啼聲。這場戰爭就是「白村江之戰」，又叫「白江口之戰」。一般的日本史書通常有這樣的記載：663 年，日本派往朝鮮半島的遠征軍與唐王朝—新羅聯軍在朝鮮白江（今韓國錦江）入海口海面上發生正面激戰，結果日本完敗。

這些歷史敍事往往對一個關鍵的問題語焉不詳：當時日本的大和朝廷為何敢和東亞大陸上的新興帝國，亦即強大的唐王朝以武力相抗衡呢？此前日本已經連續三次、分別於 653、654 以及 659 年派遣了遣唐使，意在吸收唐王朝先進的文物制度，對唐王朝的強大應該了然於心。

要回答上述問題，我們必須增加一個被忽視的變量，那就是朝鮮半島的局勢。這也正是我們最初提出東亞世界體系這一認知框架的原因。實際上，對朝鮮半島的忽視，讓我們失去了很多觀察歷史變遷的視角。

譬如，隋王朝走向覆滅的原因之一，就是征討橫跨今天中國的東三省和朝鮮半島北部地區的高句麗王國。這一軍事行動勞民傷財，且以失敗告終，最終造成民怨沸騰，隋王朝統治的正當性也損失殆盡。直到今天，當我們談到日本的對外關係時，也很容易忽略「日朝關係」。最近十餘年間，朝鮮因為發展核武器，一再成為世界輿論的焦點。到 2018 年，朝鮮又突然改變國策，宣佈要廢棄核武器，結束朝鮮半島持續半個多世紀的戰爭狀態。朝鮮半島局勢的每一次變化，都會讓周邊國家為之一動。顯然，朝鮮是對東亞世界秩序造成持續影響的重要變量。

在最關注朝鮮半島局勢的國家中，日本當首屈一指；朝鮮這個變量在當下日本的世界認知中一直有著極高的優先度。從日本演化史的角度看，它這麼做有著十足的合理性——朝鮮半島的政權與政治形式，歷來是東亞世界體系的一部分，深刻地影響了日本的國家形態。尤其是在 19 世紀後的殖民帝國時代，當時的日本戰略家將朝鮮半島視為指向日本腹部的一把利刃，必欲取之而後快。很多人之所以知道「白村江之戰」這一歷史事件而未看清楚它的本質，就是因為忽視了觀察它的地緣政治視角與文明史的視角。

歷史上東亞的地緣政治的核心力量，自然是中華王朝。不過，歷史上的中華王朝分分合合，並不總是處於強大的狀態。從 220 年曹丕篡漢、東漢滅亡到

618 年唐王朝建立，大概四百年間，中國大陸上演著王朝分裂、軍閥混戰、政權更迭的歷史劇目。這一時期的東亞大陸先後經歷了魏蜀吳的三國時代、南北朝時代，是中國歷史上邦國林立、政權更迭最為頻繁的時期。這種政治格局的變動，就像地震一樣，將能量傳輸給了周邊國家。譬如，由於漢王朝的滅亡，中國逐步失去了漢武帝時期在朝鮮半島中北部設置的四個郡縣，即樂浪郡、玄菟郡、真番郡和臨屯郡。

大陸王朝權力從周邊地帶的收縮，引發了朝鮮半島局勢的變化。從 330 年開始到 668 年為止，朝鮮半島也進入了三國時代——南部的百濟、新羅與北部的高句麗形成三國鼎立的局面。高句麗勢力當時很大，通過武力兼併，建立了橫跨今日中國東北、朝鮮與韓國部分區域的王國。隋王朝三次征討，但都鎩羽而歸，並直接導致了自身的崩潰。以文韜武略著稱的唐太宗隨後再次發動征討，但也未取得勝利。在中國家喻戶曉的「薛仁貴征東」，就是對這一段及其後的歷史演義。朝鮮半島的三個國家之間，也上演著打打殺殺的征服戰爭。

這是一個東亞世界秩序重新定義的時代，它正在為自己尋求一個新的平衡與安全體系。在這一歷史進程中，日本並沒有置身事外，事實上，它是重要的當事者。

——— ⊙ ———

事情起因於一個叫任那的小國，它位於百濟和新羅之間，大概在今天朝鮮半島最南端的中間地帶。根據日本史書《日本書紀》的記載，日本的大和政權一直將其視為自己的屬國，向它徵稅。這也為大陸王朝主導的朝貢—冊封體制所承認。也就是說，日本以自身為中心建構了一個小的朝貢—冊封體系。

簡言之，在中國大陸的分裂時代，在朝鮮半島的三國時代，日本在半島上有這麼一塊叫任那的根據地。這塊根據地的價值不可小覷：一方面是商業價值和軍事價值，它是日本接近大陸的前哨陣地；另一方面，它是日本從朝鮮獲得先進文化、技術以及熟練工匠的根據地，是文明的入口。但在 562 年，這個局面被打破了。這一年，新羅和百濟聯合起來攻打任那，日本在半島的勢力被驅逐了出去。日本當然不甘心失去這個極其重要的根據地，分別於 595 和 602 年進行了兩

次遠征，試圖運用軍事力量奪回任那，但結果都未成功。

在這個時期，東亞大陸的政治格局開始發生巨大變換。首先是 581 年，在中國北方出現了隋朝政權；隨後隋王朝南下，在 589 年消滅了陳朝，結束了中國長達數百年的分裂局面。隋王朝的成立在東亞文明史上意義重大，尤其是因為其創立了被後世廣泛稱譽的「三省六部制」的新型行政制度。它是一種新的中央集權國家體制，為隨後直至清王朝的歷代王朝所繼承，並發揚光大。

隋王朝成立後雖與高句麗為敵，但事出有因。根據《舊唐書》記載，642 年，高句麗與百濟聯合起來攻打新羅，攻佔了四十多座城市。新羅由於此前受到欺壓，曾向中華王朝上表稱臣，先後成為隋王朝和其後唐王朝的藩屬國，以求得政權安全。因此，新羅在 643 年再次向宗主國求援，遊說唐王朝直接出兵百濟；第二年，「太宗親征高麗」。這就是唐王朝討伐高句麗的前因。百濟隨即在 645 年、646 年兩度派遣使者赴日，意在獲得日本的支持。新羅同樣不甘落後，於 649 年主動採用唐朝年號，第二年更是採用唐朝衣冠，積極表明自己從屬於唐王朝。面臨壓力的百濟，則分別於 645 和 651 年兩次向唐朝派遣使者，展開積極的外交工作。[1]

經過數年間折衝樽俎之後，唐王朝和新羅聯合用兵百濟，百濟遂於 660 年滅亡。百濟不甘國滅，只好求助大和朝廷。這當然也不是不情之請：百濟在歷史上與日本交流密切，漢字、儒學、佛教等大陸文化和文明，都是經由百濟而傳到日本的。按照《日本書紀》的歷史敍事，百濟向日本「進調獻物」，簡直就是日本的朝貢國。所以，百濟在生死存亡時刻的求救，與日本自身的利益發生了重疊。

日本在 663 年響應百濟國王的請求，決意與唐王朝對決，展開百濟復國運動。《日本書紀》記載，天皇下詔，宣稱此次出兵的大義名分是「扶危繼絕」[2]——這完完全全是正統的儒學王權觀念。這一年，日本派出了一支約八百艘船隻

---

1 這裏的年代關係敍事，參見〔日〕鬼頭清明：〈七世紀後半の国際政治史試論：中国・朝鮮三国・日本の動向〉，載〔日〕上田正昭等編：《古代の日本と朝鮮》（東京：学生社，1974），頁 176-198。

2 〔日〕舍人親王編：《日本書紀》（成都：四川人民出版社，2019），頁 380。

組成的大型艦隊，兵力據估計達三萬餘人。由於要和強大的唐王朝為敵，日本的為政者們進行了歷史上第一次全國戰爭動員，齊明天皇（前稱皇極天皇）更是御駕親征，趕往大軍的出海前線。這個情境在 1894 年甲午戰爭爆發後再次出現：明治天皇到廣島設置行營，以激勵國民與將士的士氣。

戰爭過程詳情今日不得而知，但史書多記載，日本大軍在白江口與唐─新羅聯軍甫一接觸，就遭到了痛擊，全軍覆滅。新羅在唐王朝的協助下，繼續在朝鮮半島鞏固勢力。668 年，高句麗在唐和新羅的聯合征伐下滅亡。而後試圖統一朝鮮的新羅隨即與唐王朝反目，雙方進入戰爭狀態。676 年，新羅最終統一了大同江以南的半島區域，唐王朝的勢力隨之後撤。

之所以說「日朝關係」在理解日本演化上非常重要，從上面講述的白江村之戰前後的歷史來看，主要表現在兩點。

首先，645 年日本開始的「大化改新」是一種急速的中央集權化過程，除了內部的權力鬥爭的原因之外，此時東亞大陸和朝鮮半島的局勢無疑是一種外因。儘管我們今天無法簡單斷定其中的因果關聯，但仍可以合理地推測，日本大幅度導入唐朝的律令制度，有著與時代同步的壓力。隨著它在朝鮮半島的準盟國百濟和高句麗的滅亡，這種壓力可以說陡然增大。668 年天智天皇即位後，隨即制定並實施了《近江律令》，加速中央集權國家的建設，正是這個過程的自然結果。

由於史料匱乏，這段歷史充滿了不解之謎。但值得留意的是，日本歷史學家中村修也綜合各種材料，提出了一種全新的觀點：日本兵敗白村江之後，唐王朝仿照此前在新兼併的土地上設立都護府的制度，意圖直接將日本納入統治秩序當中，而《近江律令》則是唐王朝直接為日本新王朝編制的憲法文件；因此，如果不是新羅隨即與唐王朝為敵，日本的歷史可能要被大大改寫。[3] 歷史的真相可能早已經湮滅，但今日可明確把握的是，戰敗後的日本很快就謀求和唐王朝恢復外交關係。始於 630 年的遣唐使這一日本國家事業在 669 年的重新開啟，就是此間內政變革的一個結果。

3　參見〔日〕中村修也著，吳明浩譯：《天智天皇的日本：白村江之戰後的律令國家與東亞》（北京：社會科學文獻出版社，2019），第 5 章。

其次，朝鮮半島此間局勢的巨變，還給日本帶來了另外一個效果：在這些戰爭和動亂的過程中，尤其是在白村江海戰之後，許多百濟遺民和他們的大和盟友一同撤出朝鮮半島，進入了日本。這些人被統稱為「渡來人」。這些能夠跨海移民的渡來人都是當時的中上層人士，包括許多領域的能工巧匠，他們給日本帶來了大量高度實用的技術和輝煌的藝術。譬如，今日的奈良有一座赫赫有名的寺院，即東大寺，散發著濃郁的古典之美，會一再引發人們對歷史的鄉愁。東大寺等建築的最初營造，據說就有著渡來人的功績。這正是我們前面提到的日本文化多樣性的一個歷史起源。

由於公然與強大的唐王朝為敵，白村江的戰敗讓日本感到驚恐：大和朝廷的統治者們擔心唐王朝跨海進行征討。歷史學家中村修也甚至推斷說，唐王朝的兵力已經在日本登陸，並修建了烽燧。不管怎樣，當時日本的統治者自然認為，只有形成一個堅實的中央集權的國家，才能應對來自強大的唐王朝的威脅。這種來自外部的壓力，這種繼續趕超中國的心理能量，進一步強化了日本中央集權國家的形成。

這正是日本確立國號「日本」，並開始編纂一部強調自身天神建國傳統的《日本書紀》背後的根本精神機制。

———— ◉ ————

白村江之戰不僅僅是一場日本的對外戰爭，也非突如其來，而是東亞世界體系變動的結果。如前所述，朝貢—冊封體制是傳統中華王朝維護自身安全的外交體制，唐王朝取代隋王朝後，同樣遵循著這一制度，以確保帝國邊疆的安全。因此，當藩屬國新羅求援時，唐王朝出兵就是動用實力來維護帝國體制的必然舉措。

從大和朝廷的角度來說，派遠征軍入朝作戰，實際反映了此時日本的一種雖已經萌生，但仍然朦朧的大陸觀念，即獲得通往大陸的立足點的慾望。這一慾望在表層上呈現為對大陸資源、大陸文明的嚮往；而在更深層上，則是日本要趕超中華帝國，建構自己的朝貢—冊封體系以及天下體系。因而，它在根本上無法容忍百濟的滅國以及唐王朝在朝鮮半島取得支配權。日本在出兵朝鮮時高舉的

「扶危繼絕」的儒家口號，將其湧動於意識深處的國家慾望——成為「天下」型國家——呈現了出來。

這種自我意識與心理能量的作用非同小可。在歷史進程中，它逐步演變為國家理性的一部分，進而呈現為日本國家的對外行動的邏輯。從日本自身的演化角度來看，白江村之戰是它在成長過程中對自身力量的首次展示，是它在東亞世界的啼聲初試。

推而廣之，這種心理機制的視角其實給我們提供了一種歷史認識的連續維度。譬如，19 世紀中後期，由於面臨來自英國、法國、美國以及俄國等列強的巨大壓迫，日本迅速拋棄了江戶時代的封建制度，實行「王政復古」，也就是實行天皇親政的中央集權制度。在這個過程中，白村江之戰前後日本在外部壓力下進行政治變革的歷史記憶，則在意識的深層發揮了導引和激勵的作用。就此而言，歷史確實是在重複上演。

最後要再次指出的是，白村江之戰是中日之間圍繞朝鮮問題爆發的第一場戰爭；此後中日關係史的演進，幾乎都和這個「朝鮮半島」有關。

元寇 | 神國日本的誕生

　　663 年爆發的白村江之戰是古代日本大國意識形成的最初的標誌性事件。這種自我意識一旦形成，它就試圖在歷史進程中進行自我實現。如果我們把鏡頭直接拉到 1,200 年後的明治時代，我們看到的是同樣的畫面：在成為大國的慾望和意識的激勵下，日本在殖產興業、富國強兵的道路上高歌猛進，很快就成長為名副其實的大國。

　　對於日本而言，這種大國意識也有悲劇性的一面，它在自身發動的第二次世界大戰中遭受的重創就是這種意識造成的必然結果。1941 年 12 月 8 日，日本突然襲擊美國珍珠港，這種戰略決策的背後有著日本對自身大國定位的認知。日本雖然最終失敗，但它在戰爭末期的一個舉動，卻讓人感受到「日本」意識中的一個異常屬性：日本海軍組建了「神風特攻隊」，以自殺的方式對美國軍事力量進行攻擊。對日本而言，在物質力量上的不足，似乎因這種精神的強大得到了補償。

　　今天看來，日本的這種大國意識有著反常的屬性，但這並不是當時人們的認知。理解日本這種自我意識的關鍵點之一，就在於這個敢死隊「神風」二字的命名上。「神風」，顧名思義，就是「神製造的風」、「具有神力的風」的意思。日本用「神風」二字命名，就是要表明它的軍隊會獲得神佑，從而武運長久，會戰勝強敵。那麼，「神風」二字何以具有如此大的力量？

　　這個「神風」與我們目前討論的日本大國意識的形成，其實有著直接的關係。我們不能把「神風」視為單純的迷信而一笑置之。這種命名的背後，有著日本的「神國」思想，我們在前面討論日本列島的神人關係時，曾經對此有所論及。現在，我們就從歷史演化的角度，通過分析一個具體的歷史事件——中日歷史上的第二場戰爭，來看看這個思想的成長過程。

中日歷史上的第一場戰爭是白村江之戰，它雖然有著極其重要的意義，但後世的歷史敍事往往對其語焉不詳。與此相對，中日之間爆發的第二次戰爭，中國讀者可能不是很熟悉，但在日本的歷史敍述中卻佔據了非常重要的一頁。這一歷史事件在日本被稱為「元寇」或者「蒙古襲來」，按照年號則稱為「文永‧弘安之役」，具體是指日本在鎌倉時代（1185–1333）時，先後兩次成功擊退元朝忽必烈大軍入侵的歷史事實。尤其是第二次戰役，日本取得了輝煌的勝利。

有人可能會認為，和白村江之戰的慘敗相比，只是因為日本取得了大勝，所以「元寇」或「蒙古襲來」在日本歷史敍事中才得到大書特書吧。這麼説當然有道理，因為每個民族都偏愛記錄自己輝煌的往事，彰顯祖先的智慧和武功。

不過，在「元寇」這件事上，這種解釋仍然是流於表面的看法。我們前面提到的「神風特攻隊」中的「神風」二字，其實就源於這兩場與元朝大軍的戰爭。一場發生在中世紀的戰爭，竟然在 20 世紀的現代化戰爭中出現了迴響！這意味著在自我意識的演化上，這場戰爭有著特殊的屬性。

首先，這場「元寇」引發的戰爭是一場中日之間的戰爭，是東亞世界體系變動的結果。問題的蹊蹺之處在於，無論是在日本還是在中國的歷史敍述中，人們通常都不説這是中日戰爭。有一種解釋認為，人們並未將忽必烈的軍隊當成中國的軍隊；或者説，忽必烈建立的這個大元帝國，有人不認為它代表了中國。

這自然只是一種看法。在中國，我們當然把忽必烈建立的元朝視為傳統中華帝國正統的朝代之一，是中國的一個歷史階段；不過，在其他國家的歷史認識中，持有相反看法的歷史學家並非少數，他們更願意用「蒙古帝國」或「蒙元帝國」這樣的説法。那我們究竟該怎麼看待這個問題？

其實，當下的我們以及現代歷史學家如何看這個問題，並不是問題的全部。回到歷史現場，當事者之間的相互認知才更重要，因為它會對隨後的歷史發展造成實質性的影響。相反，我們今天的看法只是對歷史的一種解釋，對已經發生的歷史過程不會產生任何作用。因此，我們首先要看一下處於歷史現場的人們的觀念，因為它直接涉及日本史上這場戰爭的歷史記憶問題。

關於蒙元帝國的興起，今天的人們並不陌生。13 世紀初，居住在蒙古高原的遊牧集團在鐵木真的帶領下走向統一。1206 年，鐵木真在斡難河上游的草原上舉行即位儀式，自稱成吉思汗，創建「大蒙古國」。隨後，這個蒙古帝國迅速對外擴張，很快就成為橫跨歐亞大陸的大帝國，在不到一個世紀內創造了人類迄今為止版圖最大的帝國，獲得了「世界帝國」的稱譽。[1] 不過，在成吉思汗歿後，帝國因王位爭奪而發生分裂。忽必烈繼承了大可汗的王位，是蒙古帝國的第五位元首。在成為大可汗不久後的 1271 年，他根據大臣劉秉忠的建議，將國號改為「大元」，並在第二年定都大都（今北京），成為元朝的開國皇帝。

大元帝國經過數十年的南征之後，在 1276 年最終佔領杭州，征服了南宋王朝。民間流傳的「崖山之後無中國」的說法，說的就是 1279 年宋王朝最終覆滅的故事。但這個很流行的說法顯然誤解了什麼是「中國」。中國歷史學家姚大力曾經總結古代中國人對「什麼是中國」這個問題的看法。根據他的說法，古代中國人的中國認同，並沒有完全局限在王朝的層面上。這是因為：

> 王朝總是有興滅。但它們在時間上前後相連續，於是出現了超越這個或那個具體王朝而始終存在的一個政治共同體的觀念。這個歷時性的政治共同體就叫做「中國」。[2]

從這個「歷時性」的角度來說，生活在元朝時代的中國人，當然認為元朝就代表了中國。另外，按照日本蒙元史專家杉山正明（1952–2022）的說法，如果從「統一」的角度來看，蒙古征服南宋，是自唐玄宗時期出現的藩鎮割據以來，時隔五百三十餘年後中國的首次統一，元朝自然是中國史的一部分。[3] 那麼，忽必烈自己有這種代表「中國」的政治意識嗎？當然有。譬如，忽必烈在討伐日本前，曾先禮後兵，在 1266 年給日本送交了一份國書。由於這個時候朝鮮半島

1　〔日〕杉山正明著，周俊宇譯：《忽必烈的挑戰》（北京：社會科學文獻出版社，2013）。
2　姚大力：《追尋「我們」的根源：中國歷史上的民族與國家意識》（北京：生活・讀書・新知三聯書店，2017），頁 18。
3　〔日〕杉山正明：《忽必烈的挑戰》，頁 188。

的高麗王國已經被征服，國書中就有這樣的説法：

> 大蒙古國皇帝奉書日本國王：……高麗朕之東藩也。日本密邇高麗，開國以來，亦時通中國，至於朕躬，而無一乘之使，以通和好。尚恐王國知之未審，故特遣使持書，佈告朕志，冀自今以往，通問結好，以相親睦。且聖人以四海為家，不相通好，豈一家之理哉。以至用兵，夫孰所好，王其圖之。[4]

國書中的這些言辭的大意就是説，你日本自建國以來就與「中國」通商和好，如今我忽必烈登上了中國皇帝的大位，怎麼不見你們過來「通好」呢？這個「通好」，其實就是要求對方朝貢、要求日本成為臣屬的意思。當然，國書上少不了如果不通好，就「用兵」這樣的威脅字樣。重要的是，在這個對外關係中，這封國書有「時通中國」這樣的文言，體現了忽必烈自認為代表「中國」的政治意識。這是歷史認識的關鍵點。

接到國書後，日本朝野震動。此時日本執政的幕府將軍叫北條時宗（1251–1284），年僅18歲。雖然年輕，但據史書記載，「時宗為人，強毅不撓」；他看到國書後，以「書辭無禮」為由，拒絕了忽必烈的要求。不僅如此，時宗還破壞「兩國交兵不斬來使」的自然法約定，先後斬殺了兩批元朝的使臣。[5] 這表明，政治人物的性格，會在特定時刻決定歷史的走向。元寇來襲，除了忽必烈一統天下的政治意志使然，也可以説是日本挑釁的結果。

北條時宗主政時期的日本，也就是鎌倉時代的日本，和南宋王朝之間有頻繁的貿易往來，日本歷史書中通常稱為「日宋貿易」。不僅如此，宋朝時期佛教文化傳入日本後更是大為流行。日本後世引以為豪的禪宗，就是這個時期傳入日本的。北條時宗就是一位虔誠的佛教信徒，曾創建圓覺寺，並請宋朝的禪師無學祖元（1226–1286）赴日傳道説法。

4　轉引自汪公紀：《日本史話》，頁238。
5　〔日〕賴山陽著，〔日〕久保天隨訂：《日本外史》（北京：北京大學出版社，2015），第95頁。

當時的這些經濟與文化交流，導致時宗自然認為南宋是文明國家，是他心目中的「中國」，新興的蒙古帝國只是軍事實力強大而已，在日本的文明認知中，它處於「胡」或者說「蠻夷」的位置。結果，無論是出於魯莽還是強大的自信，北條時宗的做法相當於邀請忽必烈進攻，這無異於一場賭博。於是，也就有了我們開頭提到的兩場戰役。

———— ◉ ————

第一場發生在 1274 年 10 月 20 日黎明，以駐紮在高麗的蒙古軍和高麗軍為主體的三萬餘人在席捲了對馬和壹歧兩個島嶼後，在九州北部的博多灣上陸。在元軍的新式陣法和鐵炮等新式兵器面前，幕府軍隊很快潰散。但不知為何，或許因為幕府的武士作戰異常驍勇，元軍到了晚上就退回到了艦船上。這是致命的撤退：到了半夜，艦隊突然遭遇暴風雨襲擊，船隻被狂風巨浪吹到岸上，或擱淺或粉碎。日軍乘勢殺出，元軍損失近半，不得不撤回高麗。

如果說第一次征討日本的目的有著在戰略上切斷日宋貿易、配合征服南宋的戰略意圖，而不是想著將日本一舉拿下，那麼，1281 年忽必烈發動的第二次征討可謂是徹底的征服戰爭。這次戰爭幾乎就是第一場戰爭的翻版，只是規模更大。

這一次忽必烈兵分兩路，一路是從朝鮮半島出發的四萬東路軍，由蒙古人、色目人、高麗人組成，另外一路是從慶元（今寧波）出發的十萬江南軍，由南宋降將范文虎率領。前者是這次征討的主力，而後者是南宋降兵當中精銳被抽出後的「弱兵」，他們中的多數人帶在身上的可能不是武器而是農具，所以有歷史學家稱這支大艦隊實際上是一支「移民艦隊」或「江南移民」。[6] 由於幕府在第一次戰爭後精心構建了防禦體系，蒙元大軍這次未能實現登陸。結果，艦隊在海面尋求戰機的過程中再次遭遇突發的暴風雨，船隻被毀。據說，14 萬大軍中至少有一半兵士被斬殺，而南宋出身的兵士多被網開一面，留在了日本。這次暴風雨

6　〔日〕杉山正明著，孫越譯：《蒙古帝國的興亡》（北京：社會科學文獻出版社，2015），下冊，頁 109–110。

發生在公曆 8 月 16 日,是颱風最盛的季節。

這個橫掃了歐亞大陸的蒙元帝國,擋住它征服日本之路的直接原因竟然是偶然發生的暴風雨——這種偶然性構成了真實歷史進程的另外一面。當然,這個偶然性背後,也有日本列島孤懸海外這一天然的地理屏障的要因。我們曾經論述過日本的風土條件在理解其文明特徵上的重要性,這兩次戰役同樣給我們提供了歷史證據。

——— ⊙ ———

偶然性雖然構成了歷史進程的一個真實方面,但人性有一個普遍的弱點,那就是不願意承認自己的命運受偶然性支配。當時的日本人同樣如此。他們想當然地認為,在強大的外敵面前日本之所以得以保全,正是因為神佑的結果。這麼說的證據當然就是兩次出現的暴風。當時的日本人認為它們的出現是源於神的意志,因而是「神風」。

在當時留下的一些記錄中,人們多使用「神戰」來描述這場戰爭。這個「神戰」的大意是說,在地面發生戰鬥的同時,天上世界的諸神也在對陣,而且諸神也會改變形態,直接干預地面的戰爭。據說,第二次與元軍交戰時,海面就出現了諸神化身的青龍,最終水淹元軍。當然,這種「神戰」並不只是事後的想像。在備戰期間,幕府就下令日本各個寺院神社進行布施、祈禱,希望獲得神佛的昭靈默佑。而當日本取得勝利後,鎌倉幕府開始對寺院神社進行論功行賞,這進一步強化了日本國民的「神國」意識。[7] 在隨後由貴族北畠親房(1293–1354)撰寫的《神皇正統記》中,這一神國意識得到了明文的記載。

我們今天當然認為這種對戰爭的看法是一種迷信。從現代人的視角來看,元軍戰敗根本就是人禍。譬如,在第一次征討作戰中,元軍動用的船隻是在朝鮮臨時拼湊而成,當時已經亡國的朝鮮工匠很可能只是應付差事,不會給元軍製造足以能抵禦颱風的船隻;而在第二次戰役中,元軍派遣了大量宋朝的降兵上戰

7　〔日〕梅津一朗:《蒙古襲來:对外战争の社会史》(東京:吉川弘文館,1998),頁 147–149。

場，有歷史學家甚至認為宋兵出征的性質近乎海外移民，自然沒有多少戰鬥力，也不會全力作戰。當時如果是蒙古精銳全力出擊，日本的命運估計就要改寫了。

但在歷史認識上，重要的並不是假設，更不是再次揭露「神風」的迷信本質，因為觀念中的真實同樣也是一種真實。我們現代人會認為日本當時的舉措是迷信，但其實更合適的說法是，這種對精神性因素的追求、信仰以及使用是人類生存的一種本能。孔子不講怪力亂神，但反過來看，這句話的意思是說，怪力亂神這些看似荒誕不經的東西，會迷惑人心，因而它們本身就是一種力量。越是在人心期待變革的時刻，這種力量就越會對人心產生更大的影響。這種力量一旦在歷史變遷中穩定、沉澱下來，形成了人們生活中的一種超自然的常量，人們通常就會稱其為「信仰」。

另一方面，這種「神佑」觀念在隨後的歷史演化中還會引發各種非理性的行為。實際上，通過故事演繹等形式，「神佑」日本的觀念在日本扎下了根。譬如，1894 年中日甲午戰爭前，日本出現了一首廣為流傳的軍歌，叫〈元寇〉，敍述的正是這件往事。事實上，「元寇」這一說法——代表中華王朝的「元」和意味著盜賊的「寇」的結合——便是形成於幕府末期到明治時期，包含著與中華帝國對抗的明確的政治意志。[8] 在上至天皇下至販夫走卒的傳唱中，這種藐視大國、自視優越的神國思想最終深入人心。

我們看歷史劇時經常會聽到「民心可用」這樣的說法，本質其實都是一樣。民心說的就是一種被普遍共有的觀念，至於這種觀念是理性的還是非理性的，並不是主要問題。1941 年 12 月日本對美國開戰，也有著當時的「民心」基礎。事實上，在當時的日本報紙上，就出現了題名為〈果斷的站起來，一億的時宗〉、〈驅逐元寇，神風起兮〉等激發國民士氣的文章，呼籲「國民每一個人化作弘安年間擊退元寇的『時宗』」。[9] 歷史認識的要害在於，在這種戰略決策的無意識深處有著這種「神國」觀念的作用。

8　〔日〕杉山正明：《蒙古帝國的興亡》，下冊，頁 114。
9　〔日〕前阪俊之著，晏英譯：《太平洋戰爭與日本新聞》（北京：新星出版社，2015），頁 263–265。

這麼說並不是要再次批評日本，因為這種非理性的行為並非日本的獨家專利。在很多國家的歷史上，我們都可以輕易找到由非理性的行為所造成的巨大的政治後果。因此，我們有必要從理性與非理性相互交錯的視角，去看待歷史問題，二者不可偏廢。

中國日本論的先驅戴季陶在論述日本時，特別撰寫了關於日本信仰的一章。他觀察到，日本國民是「信仰最熱烈而真切的國民」，又說「信仰的生活，是個人和社會的進步團結最大的機能」；但這種信仰有一個特徵，那就是「信仰是無打算的，一有了打算就不成信仰」，因為「冷靜的理智不化為熱烈的情感時，絕不生力量」。[10] 戴季陶的這些說法為人們指出了日本文化的一個重要特徵。

最後要指出的一點是，我們還要從更大的世界歷史格局看待「元寇」這一歷史事件。元朝皇帝忽必烈試圖將日本納入自己的統治秩序，但遭到了日本雖盲目但激烈的抵抗。這實質是歐亞世界秩序重建的一部分。日本征討固然未取得成功，但無疑擴大了當時人們的世界視野，並將日本納入了更為廣闊的「歐亞大貿易圈」當中，將全球的交流推向了一個高峰。[11]

10　戴季陶：《日本論》，頁 134–136。
11　參見〔日〕杉山正明著，黃美蓉譯：《遊牧民的世界史》（北京：中華工商聯合出版社，2014）。

豐臣秀吉

圖謀北京的戰國梟雄

　　鎌倉時代的日本成功抗擊元朝後，它的自我意識——針對東亞大陸王朝的對等乃至優越的意識——得到了進一步的成長和強化。這一意識誕生於倭王受封的時代，源遠流長，更重要的是，它就像埋藏在土裏不死的種子一樣，每當陽光和雨露豐沛之時，就會破土而出，進入人們可見的現實歷史世界。我們接下來要談的日本歷史上的一位著名的武士和政治家——豐臣秀吉（1536–1598），就是這樣一粒種子。

　　秀吉在日本歷史上地位很特殊，後世的很多歷史學家認為他是一個「戰爭狂人」，患上了「妄想症」。很多人初次聽他的一些事跡時，也的確會感到震驚。譬如，他曾計劃征服大明王朝，定都北京，然後將北京周邊的疆土分封給跟隨他的武士；他還揚言要征服印度。他不只是想想而已，還真將這一計劃付諸實施。1592 年發動侵略朝鮮的戰爭，就是他實施計劃的第一步。所以，有人聲稱他是圖謀侵略中國的始作俑者。

　　這些説法中包含著事實和對事實的部分認知，但還遠遠不是歷史的真相。我們有必要重新理解一下秀吉圖謀北京這一政治意志的來龍去脈，進而確認他在日本的自我意識演化中所扮演的角色和佔據的位置。事實上，我們若想要在歷史的深層上來認識日本的特殊屬性，理解二千年來日本和中國的關係史，那無論如何也無法越過秀吉這個人物。秀吉發動的侵略朝鮮的戰爭是中日之間爆發的第三次戰爭，但同樣是一場很少被提及的戰爭。而且，我們如果注意到「朝鮮」兩個字，就會聯想到我們迄今重構的這個日本成長的故事。

　　如果從日本的角度來說，豐臣秀吉非但不是戰爭狂人，還是一位大英雄，「永遠是日本國的英雄」。他精於韜略，所作所為堪稱日本自古代以來國家慾望——亦即大陸慾望——的反映，或者說，是這個國家精神自我實現的重要一步。下面我們就具體回顧一下，作為日本國家慾望與精神載體的種子，秀吉的出

現究竟怎樣改變了日本和東亞世界體系的形態。

─────── ◉ ───────

從 15 世紀中期開始，作為日本實際中央政權的幕府──此時為足利尊氏於 1336 年創建的「室町幕府」，第 15 代將軍足利義昭（1537-1597）時最終滅亡──大權旁落，各地大名相互割據、彼此征伐不斷，日本進入了歷史上的「戰國時代」。豐臣秀吉活躍的時代，其實已經到了戰國時代的末期，也就是 16 世紀的晚期。這位豐臣秀吉就是結束日本戰國時代的關鍵人物。

我們先略微看一下此時世界的整體狀況。從 15 世紀後期到 16 世紀末，世界正處於巨變時代。我們耳熟能詳的歐洲宗教改革、新航路的開闢、世界貿易的展開、基督教的世界傳教等等，都發生在這個時代。16 世紀後期的中國，大致處於明朝的神宗萬曆年間。這個時期，騷擾帝國東南沿海近兩個世紀的倭寇得到了平定，商品經濟、思想文化都處於高度繁榮和開放的狀態。

而秀吉並非等閒人物，他對於這些世界史級別的事件，可以説都了然於胸。當然，秀吉也不是從天而降，突如其來，而是很多歷史因素共同造就而成。實際上，他出身卑微，身材瘦小，容貌醜陋，綽號「猴子」；他只是憑藉著過人的謀略和異常的勇武，加上風雲際會，才成為改寫歷史的大人物。

在這些條件中，最值得重視的是他跟對了人。他加入了一位名叫織田信長（1534-1582）的大名的部下，從最低微的位置逐步上升為主將。織田信長也是日本戰國時代末期的著名武將，率先提出了「天下布武」，也就是用武力統一天下的口號。織田信長有著雄才大略，但為人兇悍殘忍，得罪了手下一位叫明智光秀的大名。結果，在一次重要的征戰途中，光秀發動叛亂，在京都的本能寺殺害了織田信長，這就是發生在 1582 年的有名的「本能寺之變」。

事變導致了秀吉的上位。秀吉取得了織田信長的繼承權之後，足智多謀的本領得到了全部的發揮，最終在 1590 年結束了日本持續一百餘年的軍閥混戰局面，完成了國家的統一。在日本歷史上，這個時代被稱為「安土桃山時代」（1573-1598 或 1568-1600），又被稱為「織豐時代」。在重建國內秩序過程中，最值得一提的就是他重建了天皇的權威。在此前一個多世紀的內戰中，這個源遠

流長的皇家體系完全不被戰國群雄所重視，與足利家族的幕府同樣處於衰敗、接近崩潰的狀態。秀吉在穩固了自身的霸主地位後，迅速在京都大興土木，重新修繕了皇室破敗不堪的宮殿。另外，他還恢復了被織田信長極力打擊、破壞的佛教體系，表達了他尊重、回歸傳統的政治意識。

在後世的歷史敍事中，有人認為同他的國內統一與海外征討相比，他最重要的功勳就是護衛了皇室的尊嚴。[1] 因為這些表現，天皇賜給了秀吉「豐臣」這一表達尊貴的姓氏，並將最高的「太政大臣」這一頭銜也頒發給了他。中國傳統政治思想與實踐中有「挾天子以令諸侯」的說法。其實，「天子」即便失去了實際統治的權力，依然是「權威」的代表，是一種「軟實力」，意義不容小覷。豐臣秀吉尊皇的做法又為隨後取而代之的德川家康（1542–1616）繼承，日本的皇統得以延續下來。

——— ◉ ———

秀吉實現了一統天下的政治抱負後，並未「刀槍入庫，馬放南山」，因為他說的「天下」並不僅僅指日本。事實上，國內秩序重建甫見成效，豐臣秀吉就表達了投鞭渡海、問鼎中原的宏大志向。這一點和東亞大陸上群雄逐鹿時的情形非常類似，他要進軍大陸。其實，早在為織田信長進行日本西部征討時，他就將自己的志向投向了東亞大陸。譬如，當織田為鼓勵他出征，允諾事成後將贈予他土地時，他留下了這樣的說法：「君欲賞臣功，願以朝鮮為請。臣乃用朝鮮之兵，以入於明，庶幾倚君威靈，席捲明國之兵，合三國為一，是臣之宿志。」[2] 這就是說，他要降服朝鮮和中國。秀吉性格直率，如此表達出的「宿志」，堪稱不是虛言。

當然，孤證不立，只有一條證據說明不了什麼。由於秀吉的「宿志」關乎我們試圖揭示的日本的國家慾望，我們這裏再舉幾個例子。

據記載，秀吉在 1585 年出任「關白」（相當於攝政）後，即表達了征服明

1　〔日〕小林鶯里著，羅安譯：《豐臣秀吉》（北京：中國畫報出版社，2018），頁 295–296。
2　轉引自汪公紀：《日本史話》，頁 358–359。

朝的意願；1586 年，他在給一個軍事盟友的通告中又說：「予將申大志於中國。」同一年，他還向一位耶穌會傳教士傳達了同樣的意向。時隔一年，在接替織田信長的地位後再次西征、完成九州平定時（1587），他在給妻子的信中再次提道：「以快船遣使高麗，命其臣服日本內裏，否則來年以成敗相見。至於唐國，於我等有生之年，當入掌中。」這裏說的「唐國」，指的是明朝中國。其實，在平定九州之前，他就指示部將，要準備「朝鮮渡海，征服大明」。1588 年，秀吉要求琉球王國服屬朝貢；1590 年，他進一步要求琉球充當征服明朝的先鋒。[3]

他的朋友、天主教耶穌會會士路易斯·弗洛伊斯（Luis Frois, 1532–1597）也留下了和秀吉的一次談話記錄，可以旁證秀吉的志向。秀吉的大意是說，當他達成征服整個日本時，就會轉向征服朝鮮和中國，而且，「即便出師未捷身先死，他也不會介意，只要將來會稱他為敢於從事此大業的第一個日本主君」。[4]1590 年，他採取了進一步的行動，致書朝鮮國王，要求朝鮮充當征服明朝的先鋒。國書中有如下聞名後世的說法：

> 秀吉鄙人也，然當其在胎，母夢日入懷。占者曰：「日光所臨，莫不透徹，壯歲必耀武八表。」是故戰必勝，攻必取。今海內既治，民富財足，帝京之盛，前古無比。……吾欲假道貴國，超越山海，直入於明，使其四百州盡化我俗，以施王政於億萬斯年，是秀吉宿志也。凡海外諸番後至者，皆在所不釋。貴國先修使幣，帝甚嘉之。秀吉入明之日，其率士卒會軍營，以為我前導。[5]

從這一系列的言行來看，秀吉欲征服大陸的想法，並不是一時的心血來潮，而是他長久以來就有的志向，也就是他說的「宿志」。那麼，秀吉這樣宏大的「宿志」或曰抱負，究竟是如何形成的？

3　〔日〕北島萬次：《豐臣秀吉の朝鮮侵略》（東京：吉川弘文館，1995），頁 14–15。
4　〔美〕貝里著，趙堅等譯：《豐臣秀吉：為現代日本奠定政治基礎的人》（南京：江蘇人民出版社，2017），頁 299。
5　〔日〕賴山陽：《日本外史》，頁 347–348。

1591 年，秀吉的朝鮮通信使景轍玄蘇曾私下對朝鮮通信副使金誠一說，明朝禁止與日本的朝貢貿易，這使得秀吉懷恨在心，動了征討的念頭。因此，他希望朝鮮能從中斡旋，協助日本重開和明朝中國的貿易之路。這位信使還威脅說，當年高麗帶領元軍攻擊過日本，如果朝鮮能幫助日本「假道入明」，秀吉將不計前嫌，不對朝鮮進行報復。[6] 這些虛虛實實的外交辭令，透露出一些經濟方面的考量。

　　還有歷史學家將秀吉隨後發動的侵略朝鮮的戰爭，解釋為由於出身低微而要獲得名譽的補償心理。此外，也有歷史學家認為，秀吉侵朝行動是出於維護國內秩序的需要，也就是將國內過剩的兵力投向海外。但這些解釋都低估了秀吉的「宿志」，只能說是一種表面觀察。

　　事實上，當秀吉說要「統一天下」、「平定天下」時，他不是在喊口號，而是在有條不紊地實行著自己的計劃；他的「天下」觀念最初就超越了日本一國之內，指向了世界。至於他的設想，諸如「自遼東直襲取北京，奄有其國，多割土壤，以予諸君」等等說法，與其說是戰爭的目的，不如說是戰爭動員的口號。在前面提到的致朝鮮國王的國書當中，他宣稱自己是母親「夢日入懷」而生，正是模仿漢武帝劉徹母親「夢與神遇」而誕生的神話故事。這或許是他更深層的慾望的表達。秀吉意在表明自己是「太陽之子」，為一統東亞世界作觀念上的準備。

　　當物質力量準備就緒後，1592 年 3 月 13 日，秀吉下令渡海征討朝鮮，日本史書中的「文祿‧慶長之役」、朝鮮史書中的「壬辰倭亂」、中國史書中的「萬曆朝鮮戰爭」由此爆發。此時，秀吉總共出動九路大軍，總人數將近 16 萬。這年 5 月，朝鮮王國的首都漢城陷落，秀吉向養子、時任關白的豐臣秀次表達了征服明朝後的構想，其中包括讓後陽成天皇以及秀次移居北京、秀吉自己定居寧波，同時要求琉球、呂宋（菲律賓）等朝貢，並最終征服天竺（即印度）。顯然，這是一個規模宏大的戰略。

6　〔日〕北島萬次：《豐臣秀吉の朝鮮侵略》，頁 26。

由於朝鮮水軍和明朝援軍的奮勇抵抗，秀吉的超大規模軍團雖然佔領了大部分朝鮮的國土，但在軍事上並未取得決定性的勝利。1593 年 7 月，中日雙方開始議和；秀吉提出的主要條款包括迎娶明朝皇女為天皇後妃、將朝鮮半島南部的四道（大約半島的一半）割讓給日本、朝鮮國王永世臣服日本等。這些當然是妄想，自然遭到了明朝中國的拒絕。經過反覆的外交談判之後，明神宗派遣冊封特使於 1596 年（萬曆二十四年）9 月進入大阪城，向秀吉贈送服飾、王冠、金印、誥命等，冊封其為「日本國王」，同時加封日本重臣 40 名。[7]

　　由於入主中原是秀吉的宿志，受封「日本國王」並未讓他獲得實利，他當然不肯善罷甘休。1597 年，秀吉重新組織總數超過 14 萬人的大軍，再次發動侵略戰爭，日軍與中朝聯軍的戰況呈現出膠著的狀況。第二年 8 月，秀吉突然撒手人寰。他的接替者不得不將軍隊全部撤回日本國內。這場實際持續了七年的戰爭正式結束。

———— ⊙ ————

　　關於豐臣秀吉圖謀北京，後世的很多歷史敘事到這裏也就結束了。但我們有必要更進一步，透過這些歷史表象去觀察更深層面的東西。

　　首先，從世界秩序的視角來看，戰爭引發了一系列重大後果。明王朝為維護東亞朝貢—冊封體制，出兵援朝，結果造成了沉重的財政負擔，引發了國內的各種矛盾；不到半個世紀，王朝就在內憂外患中走向了滅亡。我們在前面曾經提到，這一時期正是世界格局發生巨變的時期，東西兩種文明開始發生碰撞和交流。在晚明時期，中國的知識分子與同時代的歐洲知識分子已經有了很多的聯繫。譬如，大名鼎鼎的基督教傳教士利瑪竇（1552–1610）就和明朝的著名學者、政治家徐光啟（1562–1633）、李之藻（1564–1630）、楊廷筠（1557–1627）有緊密的交往，這三人最終也都皈依了基督教。通過這些交流活動，中國的士大夫們接觸到了開普勒（Johannes Kepler, 1571–1630）、伽利略（Galileo Galilei,

7　參見鄭潔西：《跨境人員、情報網絡、封貢危機：萬曆朝鮮戰爭與 16 世紀末的東亞》（上海：上海交通大學出版社，2017），第 10 章。

1564–1642）等當時歐洲著名科學家的學說和理論。很遺憾的是，這個向世界開放的過程因各種原因而走向了沒落，其中之一無疑就是明朝的覆滅。[8]

與此相對，日本出兵朝鮮，挑戰中華王朝，試圖建立以自身為中心的朝貢—冊封體制，這一歷史經驗進一步強化了日本對朝鮮半島及大陸綿延不絕的慾望。事實上，日本在明治維新之後，迅速制定了侵略朝鮮和大陸的政策，可以說就是豐臣秀吉征服中國計劃的翻版。這是一個如此忠實的翻版，以至於我們不能簡單地把它視為偶然，而應認為其中有著一以貫之的邏輯。重要的是，當兩種同型的慾望相遇時，動用硬實力的戰爭就無法避免了。

因此，秀吉圖謀北京這件事與其說是他個人的妄想，不如說是日本國家慾望與民族精神的呈現。我們曾經指出過，日本從古代時就形成了和中華帝國同型的「大國」意識，也就是日本版的天下意識。到了戰國時代，秀吉藉助武力統一日本的東風，試圖一舉實現成為大國的夙願。正因如此，江戶時代的儒者賴山陽（1780–1832）在其著作《日本外史》中對秀吉讚譽有加：「使太閣生於女真、靺鞨間，而假之以年，則烏知覆朱明之國者不待覺羅氏哉！蓋其為人，酷肖秦皇、漢武，而雄才大略遠出其右。」[9]順便一提的是，1829 年刊行的這部《日本外史》在明治維新前後大為流行，正是這些說法與國家慾望發生共鳴的一種表象。

在秀吉的侵朝軍中，日本的「神國意識」也在發揮著潛移默化的作用。譬如，在日軍取得「臨津江之戰」的勝利後，當時的戰記《高麗日記》就將歷史上神功皇后「三韓征伐」的故事——實質是神功皇后動員諸神討伐朝鮮的傳說——與戰場記錄重疊在一起。事實上，在出征朝鮮之前，「日本是神國」這一觀念就在當時的武士、從軍僧侶當中廣為流傳，成為侵略朝鮮的一種意識形態。[10]

8　這個交流在清朝初期的中斷，與羅馬教廷內部針對耶穌會士在中國的傳教策略的爭論有關。不過，中國士大夫因明清交替而喪失了對科學探索的熱情，可以說是一個重要的原因。關於晚明基督教在華傳教的歷史，參見〔美〕鄧恩著，余三石等譯：《從利瑪竇到湯若望：晚明的耶穌會傳教士》（上海：上海古籍出版社，2003）。

9　〔日〕賴山陽：《日本外史》，頁 392。

10　〔日〕北島萬次：《豊臣秀吉の朝鮮侵略》，頁 58–60。

至此，我們獲得了歷史認知的一個更深的維度。那些在歷史上留名的大人物，無論他們的外在言行看起來多麼不可思議，實際上都是民族深層精神的展現，或者說是民族精神的代理者。從這個角度觀察一下當下世界主要國家的政治家的言行，就會發現他們萬變不離其宗，都在忠實地呈現著各自的民族精神。

　　如果把民族精神、民族慾望比喻為地下的流水或地殼下湧動的熔岩，那麼，所謂的英雄人物就是沖出地表的噴泉，就是火山的爆發。如同這些自然現象改變了地表面貌，歷史人物也會深刻地改變人們的生活。

江戶時代 | 「華夷變態」後的東亞世界

　　豐臣秀吉在 16 世紀末完成日本統一後，隨即大規模發兵朝鮮，欲借道半島，進一步雄霸九州。但他出師未捷身先死，據說留下了這樣的辭世詩：「昔如朝露來，今如朝露去。紅塵夢中事，浪靜了無痕。」在他歿後不久，他打下的大好江山旋即易主，子嗣被斬盡殺絕，可謂千古悲涼。但天下大勢，浩浩湯湯，東亞世界史的歷史劇目仍在上演：秀吉逐鹿中原的雄心大略自是失敗，但明王朝卻也因秀吉的侵朝戰爭而遭致嚴重削弱。幾乎與此同時，建州女真部落在首領努爾哈赤的率領下割據遼東，建立後金國，意欲問鼎中原。1644 年，順治定都北京，東亞大陸迎來了一個全新的中華王朝──大清王朝。

　　秀吉歿後，身為五位「託孤大臣」之一的德川家康正式上位。1603 年，這位有著雄才偉略、老謀深算的大名在擊敗其他競爭對手後，從天皇那裏取得「征夷大將軍」這一最高封號，並隨即在江戶（今東京）開設幕府，正式建立了新政府。家康在戰國亂世中笑到了最後；由他開創的這個時代持續了二百六十餘年，史稱「江戶時代」或者「德川時代」。1867 年，第 15 代將軍德川慶喜（1837–1913）實行「大政奉還」，將最高統治權返還天皇，江戶時代落幕。

　　承繼江戶時代的「明治時代」是全世界公認的輝煌時代；在這個時代，日本蒸蒸日上，先是打敗了清朝中國，接著還打敗了沙皇俄國。所以，有人可能會產生疑問：同這個高光時代相比，江戶時代不就是封建、落後、黑暗的時代嗎？若非如此，明治維新又何以發生？

———— ◎ ————

　　其實，上述疑問涉及歷史認識的問題，它依賴於一個人們常有的預設，那就是革命爆發前的時代一定是黑暗、沒落的時代。然而，這一點不適用於江戶

日本。江戶時代是日本史上的一個高度和平、繁榮的時代；在明治維新前的19世紀上半葉，儘管也發生了諸如「天保大饑饉」（1833–1838）以及因之而起的「大鹽平八郎之亂」（1837）等自然災害與農民暴動，但整體上我們也很難說它黑暗和沒落。在今天的日本，我們幾乎隨處都會遇到這個時代創造的文化遺產，位於東京中心的皇家宮廷就是最著名的代表。再譬如，位於京都的著名的「清水寺」以及「二條城」，也都是這個時代重修或新建的作品。

它不但是日本歷史上的高光時代，在同一時期的世界史上，它的許多指標也名列前茅。美國歷史學家蘇珊·韓利（Susan B. Hanley）曾經對江戶時代的日本和歐洲進行比較，結果發現，在人們的健康水準上，日本並不亞於工業化已經開始了一個世紀的英國。[1] 江戶是當時世界上最大的城市之一；它的教育水準，如兒童的識字率等，也都不遜色於同時代的西歐國家。我們甚至可以說，正是因為江戶時代是一個高度繁榮、文明的時代，它才在19世紀中後期獲得了有效應對西方列強的各種條件。[2]

我們現在並不是要重現江戶時代日本的文明狀態，而是要探討如下幾個問題：江戶時代的日本如何實現了穩定與繁榮？從東亞世界體系的角度來看，此時的日本與中國有著怎樣的關係？它的自我意識，又獲得了怎樣的新內容和形態？

重新審視江戶早期出現的一個新觀念，即「華夷變態」，有助於我們回答上述問題。在當時日本的政治精英看來，處於清朝統治下的中國是由被稱為「胡人」的北方少數民族，即女真族建立的國家；按照中國傳統的「華夷」觀念來看，中國已經不再是文明的典範，而是由「夷狄」統治的國家。這就是「華夷變態」的涵義，它最初源於德川幕府的儒家學者編撰的中國形勢報告書。但另一方面，這個說法中還有一個隱微但極為重要的含義：既然中國已經胡化或者說夷狄化，

---

1 〔美〕韓利著，張鍵譯：《近世日本的日常生活》（北京：生活·讀書·新知三聯書店，2010）。
2 〔美〕麥克萊恩著，王翔等譯：《日本史（1600–2000）》（海口：海南出版社，2014），第2章。

那麼日本就成了「中華」的代表，成了東亞古典文明的繼承人。[3]

顯然，「華夷變態」賦予了「日本」一種新的自我意識與政治意志。這種自我意識的演變同樣是一個歷史過程，我們需要從德川家康來談起。家康是江戶時代的第一代將軍，相當於中國皇帝中「太祖」、「太宗」級別的人物。

這個德川家康老謀深算，善於隱忍，富於韜略，頗有中國三國時代的魏國大將司馬懿的風範。由於目睹了織田信長和豐臣秀吉的悲劇，所以他在取得天下後，就開始了一個中國式的政治哲學思考：「馬上得天下，安能馬上治之？」這個説法來自中國的《史記》，是一個叫陸賈的謀士説服劉邦轉換腦筋的有名説法，意思是不能依靠武力治國。而德川家康熟讀中國古典，對於陸賈和劉邦之間的這一對話，應該説早就爛熟於胸。據説，家康喜好讀書，「素留意學術」，「以修禮文為志」，對《論語》、《中庸》、《史記》、《漢書》、《六韜》、《三略》、《貞觀政要》等中國古典尤其熟識。[4]

於是，家康在治國方面自然採取了「文武兩道」並行的舉措：一方面，刀劍入庫，馬放南山，家康繼續秀吉時代管束暴力工具、禁止一般百姓攜帶武器的禁令；另一方面，他要為新時代確立一套新的政治體制以及與其配套的意識形態。最終，幕藩體制在他手中完成：這是一種以將軍和大名為頂點的家臣集團身分結構，武士對於農、工、商三個階層保有絕對的優越地位和權威。家康在他精讀的儒學經典當中找到了這個制度所必需的「名分」意識。簡言之，為了收拾戰國時代擾亂的秩序和人心，家康導入了中華帝國最新的政治思想。[5]

這一導入儒家政治思想的行為，堪比大化改新時代日本對隋唐律令制度的吸收，對後世日本的精神結構造成了深遠的影響。日本政治思想史學者丸山真男

3　這個「華夷變態」同樣出現在此時朝鮮士人的眼中：一個是歷史上曾經輝煌的「大明」，一個是現實中已然墮落的「大清」。18世紀朝鮮出現的「明朝後無中國」説法，是這種觀念的直接表達。中國思想史學者葛兆光在討論到17世紀東亞世界史變遷時特別指出，這種觀念「構成了東亞思想史和文化史上的一道奇特的風景，並在觀念的世界中一直延續至今」。參見葛兆光：《想像異域：讀李朝朝鮮漢文燕行文獻札記》（北京：中華書局，2014），頁60。關於體現日本「華夷變態」觀念的具體事例，可參見葛兆光：《宅茲中國：重建有關「中國」的歷史論述》（北京：中華書局，2011），頁157–168。

4　〔日〕賴山陽：《日本外史》，頁484。

5　參見〔日〕北島正元著，米彥軍譯：《江戶時代》（北京：新星出版社，2019），第3章。

（1914–1996）將其視為日本史上的一次「開國」，而「開國」的本質正是一種文明化的方法。就此而言，日本在江戶時代達成的繁榮與安定，有著儒家政治思想所作出的獨特的貢獻。

實際上，江戶幕府創建不久，家康就聘用了藤原惺窩（1561–1619）當法律和歷史顧問。藤原惺窩是當時的一位著名的儒學家，一位朱子學的信奉者。在此之前，中國宋朝時代形成的新儒學——亦即「宋明理學」，在日本多稱「朱子學」——已經傳入日本，不過大都依託於佛教。藤原獲得將軍重用後，使得儒學研究從佛教寺院的教學體系中獨立了出來，逐步成為時代的主流思想和學問。1607 年，另一位著名的朱子學者林羅山（1583–1657）成為幕府的最高政治顧問。

經過幾代人的發展，到了江戶時代中後期，日本儒學研究已經高度發達，出現了一批赫赫有名的大儒，諸如山崎闇齋（1618–1682）、山鹿素行（1622–1685）、伊藤仁齋（1627–1705）、荻生徂徠（1666–1728）等人都成為一代宗師。

這些大師一方面醉心於孔孟之道的深刻和普遍，產生了對古典中國的尊崇之意，另一方面，又認為現實中國的政治和社會已偏離孔孟之道，因而產生了一種蔑視中國的心情。譬如，山鹿素行就有一本對後世有廣泛影響的書，叫《中朝事實》，他在書裏就直接宣稱日本「以本朝為中華」或「中國」，也就是說，他直接用「中國」來稱呼他置身其中的江戶日本。

當然，日本以「中國」自居並不是空穴來風。除了大力吸收儒學的思想觀念外，日本還確立了以朝鮮、琉球、荷蘭為異國，以生活於北海道的阿依努為「夷」的「日本型華夷秩序」[6]——江戶時代的日本試圖成為名副其實的「中華」。

——————— ⊙ ———————

日本成了「中華」，那現實的「中華」又到哪裏去了？在德川幕府成立初期，中國的明王朝雖然正處於急速衰落時期，但畢竟還是作為大帝國屹立在那

————————

6　〔日〕藤井讓治著，劉晨譯：《江戶開幕》（北京：社會科學文獻出版社，2018），頁 346。

裏。然而，在內憂外患的雙重打擊下，這個大帝國在數十年後終於轟然倒塌，取而代之的是女真族建立的清王朝。

這意味著東亞的世界秩序發生了根本變動。在當時已經掌握了儒家思想精髓的日本儒者看來，這是「野蠻」戰勝「文明」的過程。日本儒者自認是「中華」、「中國」，首先源於這一秩序轉換帶來的衝擊。在東亞世界體系這個框架內，「中華」意味著文明，意味著霸權體系的核心。因此，日本儒者以「中華」自任實際表明了一種政治意識與現狀認識：日本已經自認為東亞古典文明的繼承人。

不過，日本在明朝中國覆亡後以「中華」自居並非只是它的一廂情願。除了它在政治思想上向中華世界的朱子學靠近外，明朝的一些遺民在日本的活動，同樣給日本造成了「中國已經滅亡」的印象。如果沒有明朝遺民的影響，日本「華夷變態」思想的演化可能會欠缺火候，不會那麼順當。這一點見諸兩位著名的歷史人物的事跡上。

第一位歷史人物是鄭成功（1624–1662），他的一些故事可以說家喻戶曉。譬如，他從荷蘭殖民者手中收復台灣，就是我們的歷史敍事中特別強調的一筆。不過，在中日關係史上，他還有另外不為我們熟悉的一面。鄭成功出生於日本長崎的平戶，是一個中日混血兒；他的母親是日本人，在清軍征討福建時自殺身亡。由於這些關係，鄭成功往來於中國大陸、日本和荷蘭殖民下的台灣之間，進行抗清復明的活動。這段歷史被江戶中期一個叫近松門左衛門（1653–1724）的著名劇作家，編成了戲劇《國姓爺合戰》，當時極受日本國民的歡迎。所以，通過觀賞戲曲，通過大眾娛樂的傳播方式，中華王朝已經滅亡的觀念就在一般國民當中也流行開來。

第二個歷史人物朱舜水（1600–1682）的影響則更為深遠。他才華橫溢，同明末清初的著名學者黃宗羲（1610–1695）、顧炎武（1613–1682）、王夫之（1619–1692）等人並稱，堪稱一代宗師。明朝覆亡後，他追隨鄭成功，同樣在東南沿海投身於抗清活動當中，其間數次到日本乞求援兵，但都未成功。

1659年，深感反清復明無望的朱舜水經過深思熟慮後，在友人陳明德和弟子安東守約的幫助下來到日本長崎，並決定終老異域。朱舜水定居長崎後，他的忠義節烈與道德學問的名聲在日本傳開，引起了身在江戶的水戶上公藩主德川光

圀（1628–1700）的注意。1665 年 7 月，在光圀的盛情邀請下，朱舜水來到江戶；同年 8 月，光圀出任水戶藩藩主，並聘任朱舜水為「賓師」（相當於水戶藩的「國師」），這成為他在日本留下巨大功業的開端。其中，最大的一項事業就是指導光圀進行修史——按照司馬遷《史記》的方式，編撰一部日本的歷史，即《大日本史》；該史書最終於 1906 年完成。

我們剛剛說的朱舜水的影響，正在於這部史書的編撰思想。朱舜水將儒學的核心政治觀念，即政治的「正統性」的觀念，注入日本的歷史敍述當中。這個觀念，就是「尊王」的思想，尊崇天皇的思想。提到「尊王」，很多人會立刻想到明治維新時期的「尊王攘夷」的口號。倒幕運動的爆發和改革的成功，都與這個「尊王」思想有直接的關係。

朱舜水還依照中國古代禮制和工藝製法，「將中國的工程設計、農藝知識、衣冠製裁以及書版束式分別繪圖製型」，向日本弟子傳授。今天位於東京的湯島聖堂，就是按照他撰寫的《學宮圖說》建造而成。[7]另外，他還會集自己的弟子，親自傳授中國的禮儀，「使得經歷了三百多年殺伐風氣的日本，化成極講禮儀的國家」。日本成為「禮儀之邦」，朱舜水厥功至偉。[8]中國儒學有「禮失求諸野」的說法，我們今天在日本能看到大量古代中國的「遺跡」，倒是印證了這句話。朱舜水在日本留下的遺言中有「我自非中國恢復不歸」一句，他在日本的儒學傳授，其實有著對故國和文明的深切思念。

日本的學者和政治精英對朱舜水的功績也念念不忘。在今天的東京大學的校園中，我們依然可以看到紀念他的石碑。大思想家梁啟超（1873–1929）對此曾評價說，「舜水以極光明俊偉的人格，極平實淹貫的學問，極肫摯和藹的感情，給日本全國人以莫大感化」，因此，「舜水之學不行於中國，是中國的不幸，然而行於日本，也算是人類之幸了」。[9]就思想觀念來看，江戶時代其實和中國已經走得很近了。

7　覃啟勳：《朱舜水東瀛授業研究》（北京：人民出版社，2005），頁 291-294。
8　汪公紀：《日本史話》，頁 441。
9　梁啟超：《中國近三百年學術史》（北京：東方出版社，2003），頁 94-96。

江戶時代是一個高度發達、穩定的前現代的日本社會，這一點得益於它成功建立了一套穩定的國內政治秩序。這套政治秩序的理論根據，就是中國在宋代形成的新儒學。宋代的新儒學是回應唐朝末年天下大亂、武人當政的局面而提出的一套文治思想，是中國傳統政治思想與政治文明的一種巔峰表達。德川家康在江戶開設幕府後，大量參照新儒學的治國觀念，制定了諸如《武家諸法度》、《禁中並公家諸法度》等規範武士、朝廷貴族乃至天皇行為的典章制度，為江戶時代的持久和平奠定了基礎。

因此，從日本自我意識演變的角度來看，江戶時代的日本在精神發展上的最大特徵就是吸收了中國的新儒學，吸收了儒學最高水準的文明論和世界觀。這一點體現在「華夷變態」論上面，而這種論述最終凝聚為「日本即中華」這種自我意識的成形。這是日本精神史上的巔峰時刻。考慮到江戶時代為明治維新準備了各種條件，我們還可以認為，傳統中華古典文明的種子，即將在日本這塊土地上結出全新的果實。

就此而言，我們對江戶時代日本的重述，其實還提供了一個反思中國古典文明的新視角。如果從日本、從東亞整體的角度看，我們看到的正是中國古典文明的輝煌的歷史；上面引述的梁啟超對朱舜水江戶傳教為「人類之幸」的評語，正可以從東亞文明的角度來理解。所以，如何避免以非黑即白的態度看待東亞古典政治文明，是歷史認識的基本課題。當然，東亞古典文明在日本結出來的這顆果實，已經發生了變異。我們今天回顧歷史，不難發現這些變異所帶來的各種後果。

第四章

傳統東亞世界的競爭者 (1868-1945)

甲午戰爭 | 傳統東亞世界秩序的終結

　　江戶時代是日本進入近代以前的最後一個歷史階段。江戶時代的開創者德川家康，決意將自己的統治秩序建立在儒學的政治思想體系上。日本自「倭王受封」時代埋下的那顆自我意識的種子——源於儒家「天下」的觀念——在江戶時代終於成長為參天大樹。江戶儒者「日本即中華」的說法，正是這個民族最新的自我意識的呈現。這個自我意識在政治實踐中有多種表達，並從 19 世紀後期開始，深刻地影響了日本與東亞世界的近代化歷程。

　　我們尋源日本的歷史之旅，由此就進入了近代。說到近代，我們會立刻想到這是中國急劇衰落、日本快速崛起的時代。這種一起一落的分水嶺和標誌，就是我們現在要探討的主題：爆發於 1894 至 1895 年間的中日甲午戰爭。我們對於甲午戰爭似乎並不陌生，諸如「甲午戰爭是日本軍國主義發動的針對中國的侵略戰爭」、「甲午戰爭是一場喪權辱國的戰爭」等等說法時常出現在我們的歷史敍事當中。

　　那麼，我們今天該怎麼看待這些說法？從我們重構的日本演化史的脈絡來看，甲午戰爭又意味著什麼？

———— ⊙ ————

　　首先要指出的是，認為甲午戰爭就是中日兩國之間的戰爭，其實是一種狹義上的看法，會限制我們的歷史認識。如果想要瞭解甲午戰爭爆發的深層原因和它造成的深遠影響，我們得換一個角度看問題。這個新的角度就是我們一再提及的「東亞世界體系」，及其與同時代新出現的「西方世界體系」之間的關係。

　　我們從一個基本問題開始談起：這場戰爭爆發的原因是什麼？或者說中日兩國究竟為何而開戰？一般的歷史敍述會說，中日甲午戰爭因朝鮮問題而爆發；日本圖謀侵略朝鮮，中國出兵襄助，於是戰爭就爆發了。但日本為何要侵略朝

鮮，以及清朝中國為何要出兵抵抗日本的侵略，這個問題仍有待於我們去進一步探索和解釋。

從中日關係的角度來說，甲午戰爭實際上是中日之間爆發的第四次戰爭。這麼說，我們就意識到了問題的關鍵：如果說前三次戰爭都是因為朝鮮問題而發生，那麼這一次也是因為朝鮮問題而爆發，這當然不是純然的巧合。我們在重述中日第一次戰爭，即白村江之戰時就指出過，在古代日本國家的精神當中，有一種面向大陸的慾望。從歷史連續性的角度來看，甲午戰爭可以看作日本的這種大陸慾望和國家精神的再次表達。而從近代地緣政治的角度來說，明治時代的日本戰略家一直視朝鮮半島為指向其帝國腹部的匕首，為此深感不安。

不過，這些還是大尺度的說法。我們要具體探討的問題是，在 19 世紀末這一特定的時代和歷史情境當中，日本圖謀大陸這件事發生的經緯，以及這場戰爭產生了哪些後果和影響。這些問題將導引我們去關注那些不容易為人們識別的、歷史深層的問題。為了回答這些問題，我們要再次回到歷史現場。

面對 19 世紀中期以後來自西方列強的壓力，日本進行了史稱「明治維新」的改革。1868 年，明治新政府成立，新政府軍對幕府守舊勢力發動的戰爭也基本結束，明治維新可以說成功了一半。但故事也發生在這裏：就在這一年的 12 月，維新運動的主要領導人、被譽為「維新三傑」之一的木戶孝允（1833–1877），提出了遠征朝鮮的意見，隨後還擬定了具體的征討計劃。1873 年，明治政府內再次出現出兵朝鮮的意見，史稱「征韓論」。這次的主角是「維新三傑」中的另外一位，即赫赫有名的西鄉隆盛（1827–1877）。新政府的主政者們在反覆權衡利弊得失後，決定不採納出兵朝鮮的意見。這直接導致了西鄉隆盛的出走和 1877 年的叛亂，史稱「西南戰爭」；西鄉隆盛因戰敗而殞命，明治新政府由此進入了安穩的時期。

這裏之所以要簡述這個歷史過程，目的是要指出如下一點：「遠征朝鮮」或者說「征討韓國」並非當時日本政治家的臨時起意，而是最初就是明治維新的一個重要組成部分，或者說是明治維新的主要政治議程之一。出兵朝鮮沒有在維新成功後即刻實施，只是時機的問題。事實上，到了 1875 年，日本就動用軍艦襲擊了朝鮮的江華島炮台，隨後強迫朝鮮簽訂了《江華條約》，朝鮮被迫向日本

開放港口。所以，我們要注意朝鮮問題在明治維新中的地位，很多關於明治維新的歷史著作都忽視了這一點。

當然，很多歷史學家在敍述明治維新這段歷史時，都會提出這樣一種解釋，即新政府為了轉移內部的矛盾，才試圖挑起征討朝鮮的對外戰爭。這種矛盾轉嫁說很常見。譬如，一部分歷史學家談到三百年前戰國時代的豐臣秀吉時，也會說他是為了轉移內部軍隊的壓力才出兵朝鮮的。但我們的歷史敍事已經揭示了豐臣秀吉侵朝戰爭的另外一面：征討朝鮮，進而征討明王朝、定都北京是豐臣秀吉一貫的志向，而非權宜之計。所以，明治新政府擬定出兵朝鮮的計劃，並不能用通常的「轉移國內矛盾」的說法來打發掉。這種轉嫁矛盾的說法雖然有其表面上的道理，卻實質性地遮蔽了人們對政治事務和人類歷史的洞察。

明治政府成立之後，立刻謀求和當時的清朝中國建立以「友好」為基調的外交關係，雙方最終在 1870 年簽訂了《清日修好條規》。不過，日本積極和清朝建立外交關係的背後，有著一種特殊的意識：日本的目的首先是獲得和中國平等的地位。此前日本尋求和朝鮮建立外交關係時，就因為日本的外交文書在稱呼上強調自己和中國的平等，朝鮮認為不符合東亞世界傳統的中華禮制，拒絕了日本的要求。事實上，在儒學思想的影響下，尤其是因為 16 世紀末豐臣秀吉侵朝行動給朝鮮帶來的巨大災難，朝鮮一直視日本為「夷狄」。[1]

中日兩國建交後不久，雙方隨即圍繞琉球歸屬問題、朝鮮地位問題，進行了堪稱激烈的外交博弈。這個過程事實上意味著東亞世界體系的演化陡然加速——從結果上說，這是日本謀求取代中國，成為東亞世界盟主的過程。

時間到了 1894 年 2 月，也就是中國傳統農曆的甲午年，朝鮮爆發了史稱「東學黨起義」的農民起義。依據朝鮮政府請求，清王朝出兵代為鎮壓。日本得知中國出兵朝鮮，知道機會終於來了。根據 1885 年中日兩國簽訂的關於朝鮮事務的條約，即《天津專條》的約定，日本隨即派軍登陸朝鮮，這就造成了中日雙方的對峙。

---

1 〔日〕桂島宣弘著，殷曉星譯：《從德川到明治：自他認識的思想史》（北京：中國社會科學出版社，2019），頁 28–30。

中日雙方對峙朝鮮後，日本刻意製造事端，意圖點燃戰爭的導火線。關於日本執意開戰的理由，很多歷史學家注意到當時日本國內權力鬥爭的要素，再次提出了為「轉移國內矛盾」而發動對外戰爭的說法。但另一方面，如同當時的外務大臣、開戰的主謀者之一陸奧宗光（1844–1897）在回憶錄《蹇蹇錄》中表明的，日本決定開戰的背後有著對中華世界秩序長久的不滿。結果，在這一年的 7 月 25 日，日本海軍未經宣戰，突然在豐島海灣偷襲中國的一艘運兵船，致使千餘名中國士兵喪命。隨後，日本陸軍發動進攻，甲午戰爭全面打響。

值得一提的是，陸奧宗光的《蹇蹇錄》詳細再現了日本如何點燃戰爭的過程。這本書早在 1960 年代就作為「帝國主義者的自供」，在國內翻譯出版。我們今天重讀這本書，會清晰地看到日本發動戰爭的表面激情背後隱藏著的深層慾望，它涉及日本自身的安全感、榮譽感以及日本自古以來的國家的自我意識，這些要因都突出地呈現在如下的說法上：

> 無論是朝鮮內政的改革還是清、朝宗屬問題，歸根結底還是日清兩國在朝鮮權利之爭的結果……日清兩國原本作為友鄰之邦互通往來，交往年代甚為久遠，但凡政治、典例、文學、技藝、道義、宗教等文明元素幾乎同根同源，並且我國受惠於彼國文明之引導良多，呈彼國佔據先進之國地位，我國為後進之國之態勢。然近來歐洲各國將其勢力發展至東洋，所謂西方文明元素向遠東地區湧入。特別是我國，自明治維新以來已二十七年有餘，不管政府還是國民都努力汲取西方文明，由此完成各項改革，迅速取得長足進步，舊日本面目一新……然清國依舊墨守成規，絲毫未見順應內外形勢改變舊習之處。一衣帶水之隔的兩個國家，一個代表西方的文明，另一個則呈現固守東亞積習之異象。曾幾何時，也有過我國的漢儒之輩常稱彼國為中華或大國，不顧本國屈辱而崇慕彼國的時代，而今我蔑稱彼國為頑迷愚昧的一大保守之邦……爭論無論以何種形式表現出來，爭論

之因必定是西方的新文明與東亞舊文明間的碰撞……[2]

　　日本藉著西方文明的力量，試圖一舉扭轉此前一千餘年間形成的「先進—後進」的中日關係以及由此帶來的心理上的「屈辱」。這是日本執意挑起甲午戰爭的隱秘的心理動機。

———— ⊙ ————

　　我們再換一個角度看問題：當時的清朝中國為何捲入朝鮮事務當中？難道沒有其他迴避的方式嗎？現在回過頭來看，結論當然是沒有；如果回到歷史現場，同樣也沒有。我們可以轉換一下情境，思考一下今天的朝鮮半島問題。自1990年代以來，朝鮮半島出現了核武器問題，有可能大幅度改變東北亞地區的安全體制。在這些問題上，中國當然無法置身事外；因為地緣政治的關係，朝鮮半島的事務自然關係到中國自身的安全問題。19世紀後期出現的琉球、朝鮮、越南等清朝藩屬國問題，同樣關涉到當時中國的核心利益，中國當然也無法置身事外。

　　事實上，傳統中國是東亞世界體系的核心，維護東亞世界的和平安全與通商貿易關係是其核心利益所在。因此，在19世紀中後期西方勢力到達東亞世界後，侵蝕並瓦解這個體系就成了列強的首要目標。事關國運，中國當然不可能束手待斃，為此進行了艱難的抗爭。譬如，1883年12月爆發的中法戰爭，本質上正是中國維護東亞世界體系、抵抗法國殖民主義侵略的戰爭。

　　說到這裏，中日甲午戰爭的性質就水落石出了。簡單地說，清朝中國為了維護自身的安全，維護傳統的東亞世界秩序就是不二選擇，這樣一來就必然會和挑戰者發生衝突。三百年前的明朝中國在朝鮮抵抗豐臣秀吉大軍的戰爭，背後有著同樣的邏輯。不過，甲午戰爭既然發生在近代，它的爆發還有著近代世界格局的特殊理由。

2　〔日〕陸奧宗光著，趙戈非等譯：《蹇蹇錄》（北京：生活‧讀書‧新知三聯書店，2018），頁24–25。

日本主張説，為了抵抗西方勢力對它的壓迫、維持自身的獨立，它要參與到當時列強的殖民競爭當中，要獲得殖民地。當然，它沒有説得這麼直白，而是用了一個叫「利益線」的説法，大意是説為了維護「主權線」，維護國家主權，維護自己的生存空間，日本要將自己的周邊控制在自己的手中。時任首相山縣有朋（1838–1922）在 1890 年日本召開的第一屆帝國議會上，正式提出了這個説法。日本的政治家們認為，朝鮮以及所謂的「滿蒙地區」都處於日本的「利益線」範圍內；為了維護自己的國家利益，它有必要確保對朝鮮的控制。

當日本的政治家們這麼主張時，除了當時流行的種族主義、生存空間、殖民主義等理論之外，它還有一種更深層的動機：這個「利益線」説法所預設的東亞世界圖景，其實正是東亞傳統世界秩序的一個縮小的翻版，日本要成為這個體系的核心。甲午戰爭爆發前十餘年間，日本一直試圖加強對朝鮮的控制。

中日兩國對東亞世界主導權的爭奪，還有著西方殖民勢力衝擊這一大的背景。具體而言，這場戰爭的背後其實還有著歐洲列強在全球爭奪霸權的影子，尤其以英國和俄國的爭鬥最為激烈。英國試圖以日本的力量牽制俄國的南下，因此積極支持日本意圖控制朝鮮的政策。1894 年英國同日本簽訂了以廢除領事裁判權、最惠國待遇等為主要內容的《日英通商航海條約》，背後正是這種政治謀略。日本獲得了英國的支持，進一步堅定了它對中國開戰的意志。

基於同樣的戰略考慮，當日本在戰爭中取勝，逼迫清政府簽訂了《馬關條約》後，俄國就迅速聯合法國和德國，迫使日本放棄已經割讓給它的遼東半島——日本獨霸朝鮮半島和遼東半島，將直接損害俄國在遠東地區的利益。這就是歷史上有名的「三國干涉還遼」的世界史背景。當時的日本無力抗衡俄國，國民對俄國的敵意陡然上升，從而為後來日俄關係的發展埋下了極為重要的伏筆。

———— ◉ ————

1895 年 4 月 17 日上午 11 點 40 分，中日雙方全權代表簽署了《馬關條約》，其中第一條規定：「中國認明朝鮮國為完全無缺之獨立自主國。故凡有虧損其獨立自主體制，即如該國向中國所修貢獻典禮等，嗣後全行廢絕。」我們中國人多看重條約中接下來涉及巨額割地賠款的幾條條款，其實這一條才更為致命，因為

它直接宣告了一個持續了近二千年的世界體制，即以中國為中心的東亞世界秩序的終結。相反，對於日本而言，這是一個新時代的開始，為日本侵略朝鮮鋪就了道路。

因此，近代中國的衰落和日本的崛起同時發生並不是歷史的偶然，而是同一事件的兩個面相。這個事件就是傳統東亞世界秩序的解體。在 19 世紀中後期的西力東漸的過程中，清朝中國為維護自身安全，先後與英國、法國、俄國等當時世界上最強大的國家進行了一系列的外交抗爭和軍事鬥爭。在這個過程中，中國雖然跌跌撞撞，但以洋務運動為代表的內政外交還算是可圈可點，形式上也保住了亞洲大國的地位。但日本的異軍突起，最終從內部給了這個東亞世界體系致命的一擊。中國在開戰後一敗塗地，這裏面固然有著許多當時政治的、軍事的原因，但當時中國的主政者沒有深刻認識到日本的國家意志和慾望，亦即取中華而代之的慾望，可以說也是難辭其咎。

甲午戰爭結束後，傳統的東亞世界體系已經徹底解體；中國本土由此完全暴露在列強的面前，成為殖民列強競相爭奪的目標。與此相對，日本獲得了進一步的激勵，它要成為亞洲的霸主，成為亞洲新秩序的核心。在這個意義上，甲午戰爭正是日本政治意識的一次呈現和自我實現的過程。那麼，為了確保目標實現，日本將採取怎樣的策略？這是我們接下來的話題。

中日同盟

東亞新秩序的構想

中日兩國在 1894 年 7 月因朝鮮問題再次兵戎相見，這是中日關係史上的第四次戰爭。我們在前面對這一歷史事件的再現，目的不是重提中日歷史上的恩怨往事，而是要藉此觀察日本歷史演進的精神軌跡和現實邏輯。中日兩國的這一次短兵相接，事實上極大促進了兩國此後協同演化的歷史進程，其中雙方在自我意識以及相互認知上發生的劇變，深刻地影響了隨後的歷史展開。譬如，在我們今天的歷史認知當中，「喪權辱國」、「百年國殤」這樣的說法可以說是甲午戰爭的標配，我們至今會感到一種屈辱。這種觀念上的感受，自然會影響著我們此刻對自身、對日本以及對世界的認識。

若要尋找克服這種悲情的方法，我們就要去尋找問題的起源。我們就有必要轉換一下視角，回到歷史的現場去看問題：如果說「喪權辱國」是戰爭留給後世的一種結果，那麼當時的人們也是這麼認為的嗎？中日兩國是從這場戰爭開始結下了樑子，成為彼此的敵人的嗎？對於這些問題，我們都無法給出簡單的肯定回答，因為在當時清朝中國人的眼中，這場戰爭並不是我們今天歷史認識當中的那場戰爭。換言之，當時的人們對這場戰爭有著與我們不同的另外一種感受和認知。

———— ◉ ————

當然，「清朝中國人」是一個整體的說法，我們用這個說法來表明主流的對日認知。在當時的政治精英當中，當然會有不少感到屈辱的人。康有為在北京聯名近千名舉人上萬言書拒和的「公車上書」事件，就是典型；而以兩江總督張之洞（1837–1909）為首的一批重臣以「不勝焦灼痛憤」的心情上奏拒和，同樣表達的是屈辱感。這種感受更可見於 4 月 17 日和約簽訂後清廷明發的敕諭當中：帝國的皇帝經過了「宵旰旁皇」、「臨朝痛哭」後，才「幡然定計」，也就是決

心在合約上簽字。[1]

但這並不意味著，當時中國的士大夫們已然將日本視為不共戴天的敵國；與其說是敵意，莫若說他們更是帶著驚異，甚至有些「敬意」的目光，開始重新打量起這個歷史上一直被自己視為「蕞爾小邦」的日本。同樣，日本在打敗了清朝這個它眼中的老大帝國，取得了對朝鮮的支配權，並獲得了高達 2.315 億兩白銀的巨額賠款後，也放棄了此前的敵意，要重建雙方的關係。

結果，中日關係史出現了驚人的一幕：雙方很快重新確立了以友好為基調、以「同盟」為目標的關係。事實上，我們可以用「同盟」這個說法概括甲午戰爭結束後直到 1912 年清帝宣佈退位、王朝終結這一段時間內的中日關係。當然，這個中日之間的「同盟」關係並不見諸正史記載，因為國際法上一般的同盟關係，都要求當事國簽訂實質性的國際條約來加以確認。但從世界史的範圍來看此間的中日關係，我們可以說雙方在觀念上已經締結了這個同盟條約。而且，雙方在實踐中確實展開了實質性的互助合作。

按照我們當下的理解，1895 年的中日和約既然充滿了屈辱，中國上下應該對日本充滿敵意，並以雪恥為奮鬥目標。這不難讓我們想起第一次世界大戰後，戰敗的德國不得不在 1919 年的巴黎和會上被迫接受《凡爾賽和約》的情形。這個由戰勝國制定的過於苛刻的條款，實際上構成了第二次世界大戰在歐洲爆發的根本原因。[2] 但 1895 年的和約引發的卻是相反的局面：雙方從你死我活的戰爭中迅速轉身，迅速完成了從敵國到友邦的轉換。這是近代東亞世界史上非常奇異的一幕。

我們先看一個例子，即中國近代史上著名的「戊戌變法」。提到戊戌變法，人們一般會想到光緒皇帝、慈禧太后、康有為、梁啟超、榮祿（1836–1903）、袁世凱（1859–1916）等這些重量級的人物，會想到「戊戌六君子」血灑菜市口的悲壯。但如果從更大的角度來看，我們會發現明治日本的一些政治家，譬如大

1　王芸生編著：《六十年來中國與日本》（北京：生活・讀書・新知三聯書店，2005），第 2 卷，頁 321–335。
2　參見〔英〕凱恩斯著，張軍等譯：《和約的經濟後果》（北京：華夏出版社，2008）。

名鼎鼎的伊藤博文（1841-1909）同樣是這場變革的參與者。而且，這場變革有個現成的模板，是一種仿效行為：戊戌變法是效仿明治日本進行的政治改革。

上面的説法是幾乎眾所周知的事實，但我們要由此進一步去探索一個問題：為什麼清朝政府在戰敗後的第二年，即 1896 年，就主動要求日本派遣專家到中國協助進行改革？同樣讓我們好奇的是，日本何以就慷慨應允，在其後十餘年間除了向中國派遣專家外，還接受了大量的中國留學生？

理解這些問題的關鍵是東亞世界體系。簡單地説，中日這兩個互為敵國的國家之所以能夠迅速和解，原因在於雙方共享了同一個世界觀。這個世界觀就是「同文同種」：作為東亞世界的兩個成員，中日兩國「文字相同、人種相同」。中國的士大夫尤其愛用這個説法。中日兩國從「同文同種」到進一步的聯合乃至結盟，有著來自當時世界秩序變遷所釋放的動力。

這個時期日本出現的「亞洲主義」（或稱「亞細亞主義」）理論，事實上構成了日本方面試圖建構同盟關係的理由。這種理論的大意是説：亞洲人、亞洲的黃種人正在遭受歐美白人種族的壓迫與殖民統治；為了反抗這種壓迫，黃種人就要聯合起來，要建立同盟。這個同盟的核心，當然是當時的日本和中國了。明治維新之後，日本的這種亞洲主義論述逐漸成為日本外交的指導思想，也是近代日本戰略家提出的第一個東亞世界秩序構想。無須説，日本要謀求獲得這個新秩序的主導權。[3]

在西方殖民勢力的壓迫面前，日本當時的處境同樣是中國自身的處境，只是日本朝野上下有著更強烈的危機意識。這種意識激發了他們為了國家合縱連橫、奔走呼號的熱情。這種反西方殖民主義、反抗壓迫的呼聲和構想，因其充沛的家國天下意識，自然引起了當時中國知識分子和士大夫的注意。結果，1894年爆發的甲午戰爭就獲得了非常複雜的政治含義。

清王朝在 1895 年 4 月被迫簽訂《馬關條約》後，迅速開啟了變法自強的運動，這是危機固有的政治效果。而對於日本而言，一個強大的中國有助於幫助它

3　關於亞洲主義的詳細分析，參見拙著《分身：新日本論》，第 2 章。

抵消來自西方列強的壓力。「唇亡齒寒」、「輔車相依」，當時中日兩國的政治家與學者頻頻使用這樣的詞匯來表明他們的國際認識。因此，當中國效法明治維新進行變法時，日本朝野上下顯示出了高度的熱情。

簡言之，中日兩國在 1895 年和約簽訂後之所以能迅速化解彼此敵對的認知，形成一種非正式的同盟關係，原因正在於東亞世界秩序的重建。西方殖民主義勢力的壓迫與中日兩國「同文同種」的歷史記憶，共同催生了中日「同盟」的構想與實踐。

———— ⊙ ————

我們有必要再次指出，歷史上中日間的「同盟」關係沒有正式建立起來。[4] 所以，為了理解這個非正式的「同盟」關係，我們還要再次回到歷史現場，具體看一下中日兩國面臨的特殊困境。

前面已經指出，1894 年爆發的甲午戰爭有著同時代世界史的背景。一方面，當時英俄兩國正在展開激烈的霸權之爭，英國積極支持日本軍事行動的目的是遏制俄國勢力的南下；中國在 1895 年戰敗後，俄國聯合法德兩國逼迫日本放棄它攫取的遼東半島的土地，同樣是出於擴大殖民勢力的目的。另一方面，甲午戰爭導致清王朝進一步衰落，歐洲列強見獵心喜，1898 年後開啟了所謂的「帝國主義瓜分中國的狂潮」。西方列強的行為隨即引發了 1900 年的「義和團運動」，並進一步導致了清朝中國對列強的宣戰以及隨後八國聯軍的入侵。

日本雖然也參與了這種瓜分，但它發現自己處於一種兩難的境地：如果中國被徹底瓜分，被西方列強徹底控制，日本就要單獨面對來自列強的壓力。出於對這種世界秩序及其壓力的感受，日本國內出現了兩種相反的論調，即「中國亡

4　我們這裏通過中日兩國的互動，試圖勾勒出堪稱「同盟」的實際關係。值得注意的是，以慈禧太后為首的保守勢力在 1898 年 9 月戊戌政變後，出於懲辦流亡日本的康有為、梁啟超等的目的，向日本派出了秘密外交使節，意欲和日本建立同盟關係。不過，日本擔心兩國如果正式確立同盟關係，將引發西方列強，尤其是俄國的反對，因而未積極回應。關於這段歷史的詳細敘述，參見孔祥吉、〔日〕村田雄二郎：《罕為人知的中日結盟及其他：晚清中日關係史新探》（成都：巴蜀書社，2004），頁 123–209。

國論」和「中國保全論」。

在實際的政治進程中，日本事實上採取了支持「中國保全論」的政策——日本的主政者意識到，一個統一、安定的中國，有助於日本維護自身的獨立和利益。在這一觀念的影響下，日本國內表現出高度的熱情，積極推動中國進行政治、軍事、司法等改革。在歷史的現場，中日兩國的關係被描述為「同茲休戚」，出現了「共保東亞大局」的共同政治意志。當時英國一份報紙刊發的評論，準確指出了中日「同盟」關係的可能性和重要性。我們這裏引用如下：

> 若潛立相輔之約，以華為體，以日為用，異時合東黃而拒西白，其險固不可思議！且西方之商務、工務目前已將受其害，不禁頻喚奈何！或曰兩國實有此約；果爾，則豈特東土之權盤歸日本為可慮哉！鄙意：歐洲各國急宜同心合意以撓之，庶白人不致永失遠東之權，亦不致頓減通商之利也。[5]

事實上，1901 年《辛丑條約》簽訂之後，清政府迅速重新開啟改革，日本對此展開了全方位的支持。有歷史學家宣稱，隨後的十年間是中日關係史上的「黃金十年」。[6] 在這十年中，日本除了向中國派遣專家，協助中國在教育、警察、監獄、司法等領域的改革外，還接受了大批中國留學生，為中國留學生特設了各種政法、軍事等速成學校。

值得一提的是，從 1896 年首批 13 人赴日留學開始，留日學生的數量急劇增多；到了 1906 年，據統計有八千名（或一至二萬）中國學生在日本學習。留學生的激增，也與日本 1905 年在日俄戰爭中取勝有關：日本的勝利再次被視為文明的勝利。在這場戰爭中，清王朝雖然宣稱保持局外中立，但事實上為日本提供了種種便利。簡言之，中日雙方的準同盟關係至此達到了巔峰。

5　轉引自廣西師範大學出版社編：《馬關議和中之伊李問答》（桂林：廣西師範大學出版社，2008），頁 152。

6　參見〔美〕任達著，李仲賢譯：《新政革命與日本：中國，1898-1912》（南京：江蘇人民出版社，2006）。

雙方的這種非正式的「同盟」關係給中國帶來了巨大的影響。譬如，從著名的「黃花崗起義」到「武昌起義」，再到「北伐戰爭」，這些軍事鬥爭中湧現出的著名人物，諸如林覺民（1887–1911）、蔣介石（1882–1975）、蔡鍔（1882–1916）、周恩來（1898–1976）等人，多數都有著日本留學經驗。甚至到了 1937 年後的抗日戰爭時期，中日兩國在戰場上對壘的將領，彼此可能也是同學關係，都出自有名的「日本陸軍士官學校」。在教育、文學、學術研究等其他領域，留日學生也扮演了時代先知先覺的角色。[7]

不過，這種非正式的關係若要進一步轉化為正式的同盟關係，就將面臨非常特殊的困難。前面說過，中國在歷史上一直是東亞世界秩序的主導國家；這個東亞世界秩序或者說「中華世界秩序」，一直存在一個挑戰者，那就是日本。近代日本倡導「亞洲主義」的意圖就是取代中國，成為新的主導國家。這意味著，中日雙方將為這個新亞洲秩序的主導權展開激烈的競爭，而「同盟」所必需的合作精神則大打折扣。

日本為獲得這個主導權，對自己進行了重新的定位。甲午戰爭爆發後，福澤諭吉等當時有名的知識分子在輿論界搖旗吶喊，激勵國民支持戰爭；其中最為有名的說法就是，這場戰爭是「文明對野蠻」的戰爭。這意味著日本已經以「文明」國家自居，而將中國置於「野蠻」的地位。早在 17 世紀，日本因中國大陸的明清更替而出現了所謂的「華夷變態」論；此時，日本戰勝中國意味著一次全新的「華夷變態」，即日本取代中國，成為東亞新晉的文明國家。尤其重要的是，這種文明是吸收了近代西洋文明後的日本文明。因此，日本帶著新文明的勢能，試圖建立一個以它為中心的同盟關係。我們在這裏看到了日本自我意識的再次顯現。

———— ⊙ ————

歷史和現實總是相互映照著對方。19 世紀末出現中日準同盟關係，是否如

7　參見〔日〕實藤惠秀著，譚汝謙等譯：《中國人留學日本史》（北京：北京大學出版社，2012）。

曇花一現，永遠消失在了歷史的時空當中？我們要就此再作一些探索。無須說，我們的目的並不是重現這個準同盟關係自身的歷史事實，而是要對當下涉及中日關係的各種問題進行歷史溯源。我們已經看到，當下流行的許多關於甲午戰爭的看法，因過於簡化而忽視了當時中日兩國關係的特殊性。我們在這裏重構了一個未正式成立的中日「同盟」關係，目的正是為了揭示未被注意到的歷史真相。

第一，中日兩國在近代交流與碰撞中出現了一個共有的「同文同種」觀念，它產生的直接原因就是西方殖民列強的壓迫。這個說法代表了那個時代東亞世界秩序當中一種強烈的觀念性因素，成為此後中日兩國，尤其是日本內政外交政策的一種驅動力。近代日本大為流行的各種「亞洲主義」論述，可視為「同文同種」觀念在國際關係上的表達。甚至到了 1937 年 7 月 7 日日本發動全面侵華戰爭後，它依然訴諸這個「同文同種」觀念，企圖為它的侵略行為進行正當化。

從日本精神史演變的角度來看，「亞洲主義」就是它此時的自我意識；日本由此進一步獲得了重新建構東亞世界秩序的動機。對於日本而言，它要通過構建同盟的方式，獲得東亞世界秩序的主導權，成為東亞世界秩序的核心，進而成為「天下」的主宰者。

此時中日「同盟」面臨的根本困難也就完全呈現了出來：由於雙方在成為東亞世界核心這一點上的根本對立，這種「同盟」很難成為兩國的最高的政治意志。只有在外部壓力足夠大的條件下，中日兩國才能適當擯棄彼此根本的競爭乃至敵對意識。在這個意義上，「中日同盟」又的確代表了一種潛在的可能。

明白了這一點，其實我們也就明白了當下以及未來中日關係的基本走向。進入 21 世紀以來，由於中國國力的增長突飛猛進，日本國內再次出現了「中日同盟」的論述。我們如果對一個世紀前的「中日同盟」關係有所瞭解，自然就會冷靜地看待這些言論。意味深長的是，當下的這個「中日同盟」論一出，同樣引發了歐美各國的擔憂。我們這裏彷彿聽到了歷史的回音。

第二，這個中日準同盟的關係帶來的影響，超出了當時人們的預料。甲午戰爭除了導致中國割地賠款外，還帶來了另外一個極其重要的後果，那就是，日本事實上成了此後中國改革、中國革命和中國現代化的一個策源地；或者說，日本是引發中國此後一系列歷史大地震的震源。它為當時的中國改革和革命提供了

人才、觀念以及活動空間。我們提到的戊戌變法、清末法律和行政改革，尤其是辛亥革命，都有著來自日本的精神能量。

　　同樣，在 1980 年代以來中國的改革開放過程中，日本因素也發揮了獨特的作用。在這個意義上，我們可以說，日本的元素已經內化於現代中國的建國歷史過程當中。在未來的某個時刻，「中日同盟」或許會再次回到我們的歷史認知和世界秩序構想當中。

二十一條
東亞內戰的開啟

甲午戰爭是中日關係史上的第四次戰爭，它的本質仍然是日本對中國主導的東亞世界秩序的挑戰。這一次日本取得了非凡的成功，進一步激發了它潛意識中的大陸慾望。不過，此時的日本羽翼尚未豐滿，不得不在世界政治的現實主義面前遏制住自己的步伐。在西方列強的壓力面前，中日兩國出於各自的目的，創建了一種有著某種同盟屬性的關係。值得注意的是，「國恥」、「敵國」等觀念並不是時人認知日本的唯一方式，甚至不是主要方式。不過，隨著這種準同盟關係的解體，人們對日本的認知發生了急劇變化。

1915 年 1 月，日本強迫中華民國簽訂「二十一條」，意圖從中國攫取大量經濟和政治特權。與 20 年前簽訂的《馬關條約》不同，「二十一條」在當時就被視為「亡國滅種」的條約；中國被迫簽訂條約，當時就被視為「國恥」。這是中國人將日本真正視為敵國的開始，但這個條約的意義還不僅僅限於此。理解這個事件之特殊意義的關鍵點正在於「國恥」二字：心理上的恥辱感受會通過特定的政治與社會過程轉化為歷史變遷的動力，它的一個主要表現就是中國民族主義的生成。

譬如，1919 年爆發的「五四運動」，在當下的歷史認識當中，人們多將其視為一場偉大的愛國主義運動，視為現代中國的開端。事件的導火索是中國在巴黎和會上的外交失敗：中國雖然是第一次世界大戰的戰勝國，卻未能收回自己的權益，未能將戰敗國德國在山東半島的特權收回。5 月 4 日，青年學生出於抗議政府軟弱外交的目的走上街頭，五四運動爆發。很多歷史敘事未注意到的是，這場運動發生的背後還有一種觀念上的原因，那就是此時已經成為心理事實的「國恥」觀念。日本對中國的壓迫，成為激發中國人民走上歷史舞台的一個關鍵因素。

現在，我們要討論的問題是，甲午戰爭之後雙方形成的準同盟關係為何如

此脆弱，以至於「二十一條」剛一出現就被視為「國恥」？這個問題之所以重要，是因為五四運動和「二十一條」之間的這種心理上的關聯，意味著日本已經深深捲入現代中國精神史的演進當中，在我們意識的深處影響著我們對自身、對日本以及對世界的看法。

　　事實上，在現代中國的自我意識與精神結構的形成過程中，1915 年日本的強力介入是一個性命攸關的轉折點。由於五四運動正是這一事件引發的政治後果，我們可以說在「中華民族意識的普遍覺醒」中，「二十一條」的簽訂起了催化劑的作用。中日兩國由此走向全面對抗，古典的統一的東亞世界就此終結，取而代之的是隨後的東亞內戰以及世界大戰。在理解日本以及我們自身的演化史時，「二十一條」的簽訂是不可跨越的歷史事件。

───── ⊙ ─────

　　這個歷史事件的遠因正是甲午戰爭。我們在前面的敍述中已經指出，戰爭失敗後，中國朝野上下出現了強烈的學習日本的熱情；今天被視為屈辱的《馬關條約》固然引發了當時部分士大夫的恥辱感，但當時並未出現全體國民意義上的「國恥」。那麼，為何 1915 年的一紙條約就引發了群情激憤，「國恥」至少在北京、上海、廣州這樣的大城市成為流行觀念？其實，「二十一條」成為「國恥」，根本原因在於「國恥」當中的這個「國」字，也就是「國家」觀念的出現。

　　事實上，此前的清朝中國人並沒有明晰的近代意義上的「國」或「國家」的觀念。當時國民中固然有樸素的「大清」或「中國」這樣的共同體意識，但無論是「大清」還是「中國」，都還只是人們對「國家」的表層感受。只有廁身於統治階層的士大夫們才會將國家與王朝重合在一起，會從至高的「王權」聯想到國家至高的「主權」。所以，1895 年《馬關條約》初定時，雖然群臣交章論議，康有為等士人還發動了拒簽和約的「公車上書」行動，但這些還只是王朝傳統政治實踐的延長，而不是新型的現代國家的建國運動。

　　現代中國「國家」觀念的誕生與甲午戰爭戰敗後發生的一個具有歷史意義的事件相關：1911 年 11 月 11 日爆發的辛亥革命以及 1912 年 3 月 1 日清帝宣佈遜位。這是迄今為止中國歷史上最大量級的事件。清王朝的解體和隨後中華民國

的創建，在根本的原理上意味著一個全新的「國家」的誕生，意味著此前傳統王朝國家的終結。我們日常使用的「清王朝」、「清朝中國」或者當時人們使用的「大清」、「大清國」等等說法，實質上意味著當時的中國是一個王朝國家，是帝制國家；國家的一切，尤其是最高主權屬於皇帝，與他人無關。這也就是所謂的「皇權專制」。而 1912 年創建的「中華民國」則是一個「共和制國家」。它是全體「國民」的「國家」，也即現代意義上的「國民國家」或者說「民族國家」——主權原則上屬於國民，而國民通過或直接或間接選舉的方式參與國家的運營。

打個比方，這種新型的「國民國家」在形式上類似現代的股份公司；不同的是，我們每一個人都是這家公司的天然股東，是利益的直接相關者。這個新型的國家就是「我們國民」、「人民」、我們每一個人的國家。雖說在實際情形中，國民並不總是有機會參與國家政權的運營，但作為原理，作為原則，「國民」或者說「人民」才是這個國家的真正所有者。

由此，我們上面說的「國恥」意識形成的精神或曰心理機制就水落石出了。在傳統的王朝國家時代，對外戰爭的失敗並非沒有造成恥辱感，但這個恥辱主要停留在帝王和他周圍的小圈子，也就是朝臣和士大夫中間，因為當時的「國家」主要是屬於他們的。對於 1895 年多數的「臣民」或者說平民百姓而言，甲午戰爭的失敗只是皇帝和異族打了一場敗仗而已，歷史上這種一家一姓的興亡屢見不鮮，和他們自己沒有多少關係。對於士大夫而言，「天下興亡，匹夫有責」表達的更是面向文明的意志，而不是民族主義的激情。[1]

但到了 1915 年，情勢就已經變得完全不同。中華民國的創建已滿三年，「主權在民」這一現代民主思想已獲得了相當廣泛的流傳，在城市中也獲得了真實的

1　美國歷史學家孔飛力（Philip A. Kuhn, 1933–2016）認為，當時的政治精英表達的屈辱感以及隨後發動的變法行動，體現了現代國家民族主義的觀念，同時在客觀結果上也促進了國民對政治權力的參與過程，因此是現代中國國家「建制進程」的一環。參見〔美〕孔飛力著，陳兼等譯：《現代中國國家的起源》（北京：生活·讀書·新知三聯書店，2013），第 4 章。這些說法固然不錯，但要注意的是，這些觀念和政治行動局限於極少數政治精英，他們並未認識到「國民」在這個「建制議程」中最終要扮演的角色。

社會基礎，即這種觀念創造了相應的「國民」。只有到了這個時候，我們才能說現代的「國家」觀念得以出現。與這個國家的觀念相輔相成，「中華民族」的觀念也應運而生。在這個現代的「國家」和「中華民族」的觀念之下，日本對中華民國政府的壓迫，很快就被轉換為對中國國民的壓迫，轉換為對獲得了民族意識覺醒的每一個個體的壓迫。由於這個恥辱感得到了國民廣泛的共享，「國恥」就名副其實了。

———— ◉ ————

　　如果要深刻揭示這種「國恥」觀念的意義，我們還要進一步進入中日兩國演化的精神深處。將這種「國恥」觀念放到中日二千年的關係史中，我們就會注意到它的新奇之處——對於形成中的現代中國和中華民族而言，1915 年的「二十一條」事件構成了一種創傷性事件，日本因素已經深刻影響了我們對現代國家、現代世界秩序的感受和認知。中國歷史上的改朝換代，固然也會對人們的生活造成一定衝擊，但其範圍還主要局限於士大夫階層。

　　這是一個全新的現象。在傳統的以中國為中心的東亞世界秩序中，我們可以說中國內在於日本；傳統中華王朝的存在塑造了前現代日本國家的自我意識和原理。這一點我們從「倭王受封」、「大化改新」等一系列事件當中已經得到了確認。如今情況發生了逆轉。甲午戰爭對於當時的中國人而言還只是王朝戰爭，但在共和制的國家觀念中，1915 年的一紙條約的威力已經不亞於一場戰敗，它所引發的屈辱感在原理上是屬於每一個國民個體的。在這個新的「國家」及其主體「中華民族」的形成過程中，日本給我們留下了深刻的烙印。當然，說到日本對中國施加的影響，1915 年的「二十一條」還只是開始；1937 年爆發的全面侵華戰爭，對於現代中國而言更是性命攸關的考驗。我們在前面提到過「日本內在於中國」的說法，它的歷史根源正在於現代中國的肇建過程。

　　近代日本對中國的影響之所以至深至巨，與同期的世界體系還有著密不可分的關聯。我們有必要從更寬闊的世界史的視角與格局重新審視一下中日兩國的互動過程。這個大格局就是 1914 年 7 月 28 日爆發的第一次世界大戰，當時在中國又被稱為「歐戰」。這個「歐戰」並不僅僅是歐洲國家間的戰爭，它和東亞國

家、日本以及我們中國有著直接的關係，因為中國也是這場大戰的當事國。問題就出現在這裏。

中日甲午戰爭以後，中國的虛弱暴露在西方殖民列強的面前；列強競相爭奪在中國的勢力範圍和殖民地，傳統的東亞世界體系就此瓦解。與此同時，日本已逐漸走出了被西方列強壓迫的地位，但作為一個有著強烈的文明慾求和富於進攻性的大陸政策的國家，它並不滿足於現狀；它要成為「東亞世界體系」的中心。

然而，受制於英國、俄國、美國等列強的制約，日本無法在大陸自由行動。譬如，1899 年美國國務卿海約翰（John Hay, 1838–1905）向英、法、俄、德、日、意六國提出了有名的「門戶開放」政策，要求六國向美國開放大門，美國要在它們各自的勢力範圍內享受同等的商業機會。1900 年，美國進一步提出了「領土保全」的對華政策。美國的這一政策得到了六國的認同，因為該政策的實質是保障列強相互協調、相互制衡，從而實現各自的商業利益。日本在大陸的行動受到了列強對華政策的制約。

日本一直試圖擺脫這種對它不利的狀況，因為它有著更大的野心。1905 年日本戰勝沙皇俄國之後，雙方簽署媾和條約，即《樸茨茅斯條約》，規定日本「繼承」俄國此前在所謂的「南滿洲以及東部內蒙古」的特殊權益。這個權益具體是指 1898 年 3 月 27 日俄國和中國簽訂的條約所規定的內容。俄國通過該條約獲得了租借旅順港、大連灣的特權，租期為 25 年。這意味著日本名義上「繼承」的特權，前後也只有 25 年。因此，日本一直盤算著如何在條約期滿後，繼續獨佔這些權益。

1914 年 7 月歐戰的爆發對於日本而言可謂天賜良機。趁著列強無暇東顧，日本要實質性地攫取在華優勢地位——作為傳統東亞世界體系的一員，日本認為自身在華有特殊的利益。當然，這種自我意識的深處還潛藏著淵源更為久遠的大陸慾望。於是，歐戰爆發還不到一個月，日本就以這一時期的「英日同盟」關係（1902 年締結）和英國的要求為口實，迅速對德國宣戰，出兵此前被德國強行租借的山東膠州灣。與此同時，它還阻撓中國參戰，目的就是防止中國藉機與它抗衡。

日本出兵的直接目的，就是上面提到的它在中國東北的權益問題，因為日

本的租約即將在 1923 年期滿。在日本政治史中，日本圍繞中國東北展開的戰略被稱為「滿蒙政策」；日本出兵山東並強迫中國簽訂「二十一條」，這些都是其實現「滿蒙政策」的一環。

這並不只是我們後世觀察者的分析。對於日本出兵山東的目的，當時的中國以及保持局外中立的美國非常清楚：日本這是要趁機佔領中國領土。果不其然，日本在擊敗德國、佔領了青島後，拒絕從中國撤兵。非但如此，1915 年 1 月 18 日，日本駐華公使日置益（1861–1926）面會袁世凱總統，提交了臭名昭著的「二十一條」，其中最致命的條款，就是要求中國中央政府聘用日本人為顧問。這實際上是 1904 年日俄戰爭開始後日本強迫朝鮮簽訂的三次條約（分別簽訂於 1904、1905 和 1907 年）的翻版。這三個條約是 1910 年日本最終強迫朝鮮簽訂《日韓合併條約》的前奏。

1915 年 5 月 7 日午後 3 時，日本大隈重信（1838–1922）內閣向中華民國政府下達最後通牒，竟然宣稱中國政府「不諒帝國之苦心」，「帝國政府將執行必要之手段」。這顯然是赤裸裸的武力威脅。5 月 9 日，中國忍辱接受條件。5 月 25 日，雙方在北京舉行了簽約及換文儀式；雙方共簽署條約 2 件，換文 13 件，因為 1915 年為民國四年，該系列條約被稱為「民四條約」，而人們習慣稱其為「二十一條」。值得注意的是，在《關於南滿洲及東部內蒙古條約》當中，日本實現了其隱秘的慾望：它成功延長了租借旅順、大連以及南滿鐵路的租期，租期為 99 年，而中國政府將分別於 1997 和 2002 年收回上述權益。另外，日本還攫取了在「南滿洲」的開礦權利。[2]

這可謂圖窮匕見；日本藉助歐戰與自身軍事勝利之勢，鯨吞虎嚥，試圖畢其功於一役，一舉實現其明治開國以來的大陸政策。關於日本的「二十一條」要求，時任外交次長曹汝霖（1877–1966）、參事顧維鈞（1888–1985）等人擬定的呈給大總統的說貼中，有「以我領土為殖民地」、「主權亦將日喪」、「搶奪財產」、「以朝鮮埃及待我」等語，足見時人非常清楚條款之分量。

2　參見王芸生編著：《六十年來中國與日本》，第 6 卷，頁 263–275。

當然，中國政府在談判桌上進行了艱難的抵抗，雙方共進行了 24 次談判。值得一提的是，在中國政府決定接受日本的條件後，5 月 13 日，中國外交部發表白皮書，公佈中日交涉始末，表明被脅迫的屈辱感；第二天，大總統袁世凱密諭全國「凡百職司」，其中寫道：

> 彼遂以最後通牒迫我承認。……疾首痛心，憤慚交集。往者已矣，來日方長。日本既有極大政略，謀定已久，此後但有進行，斷無中止。兼弱攻昧，古有良訓。我豈可以弱昧自居，甘為亡韓之續。處此競爭世界，公理強權，勢相對待。人有強權之可逞，我無公理之可言。長此終古，何以為國？經此次交涉解決之後，凡百官職司，痛定思痛，應如何劌鉥心神，力圖振作。……我國官吏，積習太深。不肖者竟敢假公濟私，庸謹者亦多玩物喪志。敵國外患，漠不動心……[3]

袁世凱申言此次交涉令他「疾首痛心，憤慚交集」，以「奇痛」、「奇恥」等語吐露心情，並號召文武百官「力圖振作」。這實際上就是一份動員令，除了訴諸當時「強權即公理」的世界政治的現實之外，還表達了濃烈的屈辱意識。這次密諭也讓我們想到 1895 年清王朝在簽訂《馬關條約》後下的「罪己詔」，但它們產生的政治後果卻大異其趣，這是因為王朝國家與現代民族國家在構成原理上截然不同。

這裏我們要注意一個細節：在談判期間，「二十一條」的內容就被中國政府有意泄露給新聞媒體，從而引發了舉國震動。譬如，這一年的 3 月 18 日，上海就爆發了有四萬人參加的反對簽署條約的國民大會。當時的「中華全國教育會」更是決定將 5 月 9 日定為「國恥日」。這就是有名的「五九國恥」（或稱「五七國恥」）這個說法的起源。

無須說，大規模民眾示威運動的出現是中國歷史上的新生事物。它亦直接

3　參見王芸生編著：《六十年來中國與日本》，第 6 卷，頁 260–263。

表明，日本既定的大陸政策促發了中國民眾的國家意識覺醒和現代民族意識的形成。在這個新的國家與民族意識下，日本的「敵國」角色得到了全新的呈現、認知和建構。

——— ⊙ ———

我們已經看到，1915 年日本的大陸政策給中國帶來了強烈的「國恥」觀念；這個觀念名副其實，因而不同於更早的一起「國恥」事件，即甲午戰爭的戰敗以及隨後簽訂的媾和條約。簡單地說，當我們說甲午戰爭的戰敗是一種國恥時，某種意義上這屬於後世歷史敍事的建構；也就是說，後世的人們將一種國恥的觀念投射到歷史事件當中，從而賦予了它一種新的意義。

與此相對，1915 年「二十一條」所引發的「國恥」，首先是一個被同時代人感受並共有的事實。儘管這種「國恥」觀主要是心理與觀念上的事實，但它在歷史現場往往會扮演至關重要的角色。這一年開始爆發的民眾示威運動表明，國恥觀念已經被社會各階層廣泛共有，成為一種社會動員力量。「二十一條」就如同化學反應中的催化劑，使得中國的現代國家和民族意識迅速成長、成熟起來。

從國家意識演化的角度來看，「二十一條」構成了現代中國早期的創傷體驗，日本因素也由此深刻地滲透到現代中國國民的精神世界當中，並最終成為 1919 年五四運動爆發的社會土壤；而五四運動，又被稱為現代中國的「青春記憶」，是現代中國以及中華民族形成史上的高光時刻，它的影響一直持續到當下。我們熟知的五四運動的主將，諸如魯迅、胡適、李大釗、陳獨秀等人，他們的精神和人格就一直為當下的中國人所推崇。

當然，中日關係也由此進入直接對抗時期。在此後的歷史進程中，日本對中華民族的壓迫日甚一日，給中華民族的精神造成了深刻且深遠的負面影響。今天，人們常說中日兩國缺乏政治上的相互信任，這實際上正是中日雙方在近代演進的結果，是東亞世界史演進的結果。中日雙邊關係中的這種精神性的因素，並不會簡單地消失。

「滿洲建國」

石原莞爾的世界戰略

在考察 1915 年之後中日關係的演變時，有一個人物斷不可忽略，那就是石原莞爾（1889–1949）。石原是策劃 1931 年「九一八事變」以及隨後創建偽滿洲國的罪魁禍首；從世界範圍來看，他還是在東亞挑起世界大戰的首謀，是第二次世界大戰的始作俑者之一。但我們現在要關注的還不僅僅是這一點，因為我們此時已經看到了一個更長的歷史脈絡：從豐臣秀吉到石原莞爾，他們的大陸政策正是日本淵源久遠的大陸慾望的顯現。

這個慾望既有著侵略性的一面，還有著政治學與思想史方面的意涵。當中國現代民族主義意識在 20 世紀初覺醒之後，日本對中國的壓迫被感知為針對每一個國民個體的壓迫行為；結果，日本從歷史上中華世界邊緣的「蕞爾小邦」轉變為中國的「敵國」。而從日本的角度來說，1915 年日本試圖全面控制中國的冒險政策，卻有著深層的慾望和意識動機；這種對抗不是偶然，而是東亞世界史演進的必然。

明治維新後，這個慾望逐步凝結為所謂的「大陸政策」或者說「滿蒙政策」。人們一般認為這些說法出自明治維新的功臣山縣有朋，他有著「日本陸軍之父」、「日本陸軍太上皇」之譽，是近代日本有名的政治家。他在 1890 年發表的〈外交政略論〉中提出了富有侵略性的「利益線」一說，即在「主權線」之外，日本給自己額外劃定了一個維護它自身利益的範圍。朝鮮半島、「滿蒙」（中國東北地區）於是成了日本帝國的利益線，成了它隨後執拗要攫取的殖民地。在 1895 年的〈軍備擴充意見書〉中，他進一步提出：「欲進而成為東洋之盟主，必先考慮拓展利益線。」

事實上，中日甲午戰爭、日俄戰爭，都服務於這個戰略的實施。因此，1895 年以後，日本陸軍就逐漸構建了一個從中國到印度以及包括整個東南亞的大陸國家構想。由於中國的衰弱，這個政策的首要假想敵就是沙皇俄國。1906

年，備受山縣賞識的田中義一（1864–1928）發表了數萬字的〈隨感雜錄〉，它隨即成為日本制定的《帝國國防方針》的基礎，因而這個《帝國國防方針》又被稱為「田中私案」。山縣有朋在此基礎上又提出了自己的戰略，即所謂的「山縣私案」。在這些構想當中，日本的政治精英表達了讓日本「脫離島國境遇、構建大陸國家以伸張國運之戰略」。[1] 後世的歷史學家將其命名為「大陸國家日本」論。

從這個歷史與精神脈絡來看，1932 年偽滿洲國的建立不是孤立的偶然事件。我們要回到歷史的現場，重新審視一下這個性命攸關的歷史事件的發生過程。

——————— ◉ ———————

事實上，1915 年日本逼迫中國簽訂「二十一條」的行為，正是日本實施「大陸政策」的一環。第一次世界大戰結束後，在 1919 年 1 月開始召開的凡爾賽講和會議上，中國試圖收回山東主權，但遭到日本的強力抵制，而日本此時已經通過秘密條約，獲得了英國、法國等列強的支持。美國時任總統威爾遜（Thomas Wilson, 1856–1924）雖然支持中國的正當訴求，但因急於獲得英法等大國的合作，以便實現創建國際聯盟的構想，不得不對日本作出讓步。最終《凡爾賽條約》沒有支持中國的訴求，中國代表團拒絕在和約上簽字。

不過，美國也非常清楚日本在東亞大陸進行擴張的目標，於是在 1921 年底召集英、法等大國，召開了華盛頓會議。這個會議的一個主要議題就是重建東亞的國際秩序。在 1922 年最終簽署的《五國海軍條約》中，日本的海軍規模遭到了限制；而同時簽訂的《九國公約》，目標則是列強在美國「門戶開放」的原則下維護中國主權和領土完整，進而實現各自在中國的商業利益。另外，在英美兩國的斡旋下，中日兩國重啟談判，日本原則上放棄了它在《中日民四條約》中攫取的山東特權，山東問題告一段落。第一次世界大戰後的東亞世界秩序得到了重建，但其基礎非常脆弱。

1　〔日〕纐纈厚著，顧令儀譯：《田中義一：日本總體戰爭體制的始作俑者》（北京：社會科學文獻出版社，2017），頁 50。

首先，日本國內軍國主義者對這個史稱「凡爾賽—華盛頓體系」的安排進行了激烈的批評，認為它對日本的手腳造成了束縛。同時，中國政府也一直要求全面廢除 1915 年簽訂的《中日民四條約》，因為該系列條約是日本以武力強迫簽訂的，在國際法上無效。其次，從 1916 年獲得奉天軍政大權開始，張作霖（1875–1928）為掌控整個東北，不得不取得日本的信任與支持，但這種合作多出於權術考慮。關鍵的一點是，他始終不承認「二十一條」中關於東北的條款，當然也就拒絕執行。結果，實踐中先後衍生出數百件所謂的「滿蒙懸案」，這使得「二十一條」中關於東北權益的規定形同廢紙。[2] 東北地方勢力的崛起，使得中日關係增加了更多的變數。

中國革命形勢的發展變化，進一步刺激了日本的危機意識和潛在的慾望。隨著 1926 年 7 月國民革命軍發動的北伐戰爭的進行，廣州革命政府提出了革命外交的方針，要求廢除一切與帝國主義國家簽訂的「不平等條約」。由於擔心失去在東北已經獲得的「核心利益」，日本關東軍決意動用武力。1927 年 4 月 20 日，日本陸軍出身的田中義一出任首相，主張對華實施強硬外交，東亞世界又增添了一個火種。從 1927 年 5 月開始，他先後三次下令出兵山東。尤其是 1928 年 5 月 1 日，日軍悍然進佔濟南，隨後數日殘殺中國軍民達萬餘人，國民革命軍總司令蔣介石也「僅以身免」。這就是中日關係史上駭人聽聞的「濟南慘案」；中日矛盾進一步激化。

國民革命軍節節勝利，控制北京政府的奉系軍閥無力支撐下去。1928 年 6 月 4 日，被迫從北京撤退的張作霖乘坐的列車途中遭到爆破，張作霖本人也很快身亡，這就是有名的「皇姑屯事件」。這起暗殺事件的主謀正是關東軍高級參謀河本大作大佐（1883–1955）。此前，日本政要儘管知道張作霖一直在與日方虛與委蛇，卻仍設想以張作霖為核心，將「滿洲」從中國本土分割出來，以維護它的特殊權益。但形勢急劇變化，關東軍於是直接密謀了這次暗殺事件。事變發生後，東北軍的上層力主抗日，關東軍意欲藉此全面佔領東北的計劃未能實現。

2　唐啟華：《被「廢除不同等條約」遮蔽的北洋修約史》（北京：社會科學文獻出版社，2020），頁 171。

事件發生後，主謀河本大佐遭到日本政府的撤換，降為預備役，隨後板垣征四郎（1885–1948）出任高級參謀。但東亞世界大戰的禍種已經埋下——中下級軍官擅自實施的陰謀行動未遭到日本政府的嚴厲制裁，這無形中助長了關東軍隨後一意孤行的意志。

隨著奉系軍閥的撤退，中國的革命局勢也迎來了新的變化。6月8日，北伐軍進駐北京，北洋政府覆滅；12月29日，接替張作霖的張學良（1901–2001）宣佈東北全境懸掛中國國民黨的青天白日旗，表示忠誠於新的中央政府，中國由此結束了持續十餘年的分裂局面，再次實現了統一。同時，張學良還通過大規模鋪設鐵路、修建葫蘆島港口等形式，展開了積極的對日「經濟攻勢」。[3]

我們要重現的歷史主角石原莞爾，正是在這樣的形勢下登上了歷史舞台。1928年10月，中佐軍銜的石原莞爾出任關東軍作戰主任參謀，東亞歷史的列車陡然加速。此前到任的板垣征四郎和奉天特務機關長土肥原賢二大佐（1883–1948），這兩位野心勃勃、心狠手辣，並以陰謀詭計見長的少壯派下級軍官，迎來了比他們更敏捷、更堅定、更有魄力的戰略頭腦。[4]

此時，石原莞爾已經形成了自己的世界戰略：日本的最終敵人將是美國，但在此之前日本要與蘇聯一戰。1931年5月，他撰寫了〈滿蒙問題私見〉一文，開頭就宣稱：「解決滿蒙問題的唯一方策，就在於將滿洲的領土據為己有。」而理由正是他一貫的認知：「世界最終戰爭將在代表西洋的美國和代表東洋的日本之間進行。日本要成為東洋的代表，就必須打贏對蘇戰爭，而滿蒙正是日本打贏戰爭不可或缺的根據地。」這就是他有名的「世界最終戰爭論」的主要觀點。另一方面，他妄稱「中國人沒有建設現代國家的能力，所以為了拯救因此而受苦的滿洲三千萬民眾，在滿洲建立新的國家，這就是日本的使命」。[5] 日本原本如同地下水一般潛流的大陸慾望，開始噴湧出地表，因為地質條件已經具備。

其中的一部分條件，來自當時的世界秩序。1929年10月美國爆發的經濟危

3　〔日〕緒方貞子著，李佩譯：《滿洲事變》（北京：社會科學文獻出版社，2015），頁24。
4　關於日本此間在中國東北展開的密謀、政治行動以及所犯下的罪行，可參見〔意〕范士白著，趙京華整理：《日本的間諜》（北京：中國青年出版社，2012）。
5　轉引自〔日〕田原總一郎：《日本の戰爭》（東京：小学館，2000），頁351–352。

機，逐步演變為世界性的經濟恐慌，英美等大國紛紛施行貿易保護政策，日本的國內經濟大受打擊。這就是近代日本經濟史上的「昭和恐慌」。1930 年，日本參加英國提案的限制軍備會議，締結了《倫敦海軍條約》。由於未能滿足海軍在大型巡洋艦總噸位上的要求，海軍軍令部對政府進行了激烈的批判。隨後，時任首相濱口雄幸（1870–1931）遭到右翼勢力的暗殺，身負重傷，不久即死去。在政治上，日本進入了動蕩時期。與此同時，中國再次爆發內戰，中國共產黨開始了武裝革命的策略，中央政府陷入了「攘外」還是「安內」的政策困局當中。在這個危機此起彼伏的時代，人們並沒有多少餘力去關心關東軍的意圖。

決定命運的時刻到來了。1931 年 9 月 18 日夜，日本關東軍虎石台駐屯獨立守備步兵第二大隊第三中隊的隊長川島正大尉、河本末守中尉等藉夜間演習的名義，在距離柳條湖約三公里處製造了鐵路爆破事件，時間為晚上 10 點 20 分左右。柳條湖臨近中國駐軍營地，選擇這個地點正是便於栽贓中國軍隊。炸藥爆炸後，日軍隨即向中國軍隊駐守的北大營進攻。同時，獨立守備部隊營內安置的「四五式」24 厘米大口徑榴彈按照事先測繪好的方位猛烈開火，北大營的中國守軍很快潰敗。這就是石原莞爾謀劃的「滿洲建國」最初的一幕；此時，包括關東軍司令本莊繁中將（1876–1945）在內的多數人都被蒙在鼓裏。

從日本的角度來看，這次謀略堪稱完美；我們在前面說石原莞爾是第二次世界大戰的罪魁禍首之一，原因也在這裏。首先，在中國領土上公然創建一個新的國家，自然會遭到中國以及西方列強的反對。從軍事上來說，當時關東軍約 1.4 萬人，而東北軍的正規軍超過 20 萬人。另一方面，自從 1898 年俄國獲得它覬覦甚久的旅順軍港後，「滿蒙」也一直被視為它的國家利益所在。1905 年，俄國在日俄戰爭中敗退以後，依然在「北滿」（長春以北）保持著鐵路的經營權，並駐有守備部隊。石原莞爾的冒險行動自然要面臨來自蘇俄的壓力。同時，日本的軍事行動還公然違反了美國主導的「凡爾賽—華盛頓體系」，違反了《國際聯盟盟約》等一系列國際法條款，必然會遭到美國的反對。

但這些還不是核心因素。位於東京的日本陸軍中央部門會同意他的計劃嗎？日本政府以及天皇又將扮演怎樣的角色？9 月 19 日，日本內閣召開緊急會議。時任外相幣原喜重郎（1872–1951）以執行國際協調路線聞名，他根據外務省獲

得的情報，強烈質疑了關東軍採取軍事行動是出於「自衛」的說法。結果，陸軍省以及參謀本部不得不贊同「不擴大方針」，要求關東軍收拾局面。

問題的關鍵是，日本陸軍省和參謀本部對這一事件的爆發持歡迎的態度。早在這一年的 6 月中旬，在參謀本部作戰部長的主持下，陸軍省與參謀本部的五位課長就聯合制定了《解決滿洲問題方策大綱》，提出了一個採取軍事行動的解決方案，並決定一年後實行。[6] 因此，石原莞爾只是按照自己的謀略，搶先實施了日本軍事首腦部門的既定計劃而已。

至此，局勢的發展並未脫離石原莞爾預想的劇本，他隨即打出了第二張牌。9 月 20 日，處在關東軍勢力範圍之外的吉林省的日本移民以保護自身的名義，請求關東軍出兵。這當然是石原莞爾的自導自演。在石原和板垣的要求下，本莊繁同意出兵。同時，石原事先約定好的朝鮮駐軍司令官也下令出兵吉林，事變急速走向擴大化。對於這些違抗上級命令、構成重罪的「統帥權侵害」事件，日本政府竟然無人提出異議，局勢逐漸變得不可收拾。

10 月 8 日，關東軍 11 架飛機組成的飛行聯隊從奉天機場起飛，目標是對錦州進行轟炸。此時，錦州是張學良的置身之地，可以說是東北政權的所在。在偵察機上擔任空中指揮的正是石原莞爾。這實際上是他謀略的又一重大舉措。轟炸回來後，一位參謀詢問「張學良是否被幹掉了」，石原莞爾回答道：「我進行轟炸的目標根本不是張學良那些人。我要摧毀的是日本政府的不擴大方針和國際聯盟理事會。」此前中國政府向國際聯盟進行控告，要求聯盟出面制止日本的侵略戰爭行為。

錦州轟炸之後，國際聯盟對日本的態度強硬起來。24 日，聯盟理事會通過決議，要求日本立即撤軍。這一決定事實上支持了中國主張的「日本侵略說」。日本政府隨即作出激烈反應，發表宣言稱，在事關帝國國民生存的權益上，日本絕對不會讓步。這種局面正中石原莞爾的下懷。11 月 27 日，關東軍進一步攻擊錦州；日本政府依照慣例，繼續採取事前反對、事後默認的態度。1932 年 1 月，

6　解學詩：《偽滿洲國史》（北京：人民出版社，2008），頁 45。

關東軍最終佔領了錦州；2月，進一步佔領了哈爾濱。關東軍幾乎佔領了東北全境。3月1日，關東軍宣佈「滿洲建國」。針對這一重大的政策，日本的政治家們或半推半就，或樂見其成。他們未意識到，這是日本脫離國際體制，走上與英美等大國對抗的開始。

———— ◉ ————

石原莞爾一舉成名，在日本國內被視為「英雄」。在外人看來，石原莞爾違背軍令、擅自發動的軍事行動早已經觸犯了軍法，有被拘捕並判決死刑的危險，但他並未在意。在抵抗日本中央政府不擴大方針的關鍵時刻，他甚至宣稱全體關東軍可以放棄日本國籍，一同加入「滿洲國」。當然，他最後取得了成功。日本政府很快追認了石原莞爾領導的這起非法的建國事件，宣佈承認「滿洲國」，還對石原及其盟友委以了重任。這種將生米煮成熟飯的策略，此後數年間竟成為日本實施「大陸政策」、蠶食鯨吞中國領土的不二法門，直至中日戰爭全面爆發。

1935年10月，石原莞爾升任參謀本部作戰課課長，一舉進入日本帝國參謀本部的中樞部分，由此也可見日本政要對其行為的高度肯定：石原莞爾其實就是他們自身「大陸慾望」的執行人。他的搭檔板垣征四郎也一路升遷，最終升任陸軍大臣。1936年，石原莞爾主持制定了《國防國策大綱》；在這部由他個人操刀撰寫的大綱中，他將自己關於世界戰爭，尤其是對美戰爭的構想轉化為了國策。他宣稱：「皇國日本的國策，首先在於確立自身為東亞保護者、指導者的地位。要達成這一目的，日本要具有將白人的壓迫排除出東亞的實力。」為此，他要求日本盡力維持和美國的關係，並克制「進入」中國的慾望。與陸軍呈競爭態勢的日本海軍，激烈反對石原的構想；這倒不是因為海軍沒有大陸慾望，而是因為日本海軍一直垂涎於東南亞的石油和橡膠資源，一直在「南進」的方向上制定戰略方案。

1937年3月，石原被授予少將軍銜，並升任作戰部部長。7月7日盧溝橋事變爆發後，他堅持自己制定的國防政策，堅持實施「滿洲產業五年開發計劃」，要優先開發「滿洲」產業，不擴大對華戰爭。他的長遠戰略是把偽滿洲國

建成日本的戰略基地和大後方，為必然到來的對美戰爭作好準備。這種戰略實在讓人不寒而慄。但形勢比人強，這一次他成為少數派，很快遭到排擠，並最終離開了決策圈。

此刻，他或許已經意識到了問題的嚴重性，但為時已晚，潘多拉的盒子已經打開，他已無力控制由他開創的局面——這個幾乎由他一手炮製的偽滿洲國的出現，徹底打破了東亞世界脆弱的地表物理結構，此前在地下湧動的激流噴薄而出，不出數年就成了洪水滔天之勢。

日本戰敗後，聯合國於 1946 年設置的遠東國際軍事法庭——即通稱的「東京審判」——最終判決當年參與「滿洲建國」的主要人物板垣征四郎、土肥原賢二死刑；當時的關東軍司令本莊繁在戰敗時即自殺身亡。法庭的判決表明，當時包括中國在內的同盟國一致認為，1931 年日本發動的「九一八事變」是日本有計劃侵略中國、破壞世界和平的開始。如今中國有「十四年抗戰」、日本有「十五年戰爭」的說法，二者都將這場戰爭的開始設定為這場事變。不過，罪魁禍首石原莞爾卻因為在日本全面侵華戰爭後持反對日本國策的立場，竟然逃脫了軍事法庭的制裁。在後世的歷史反省中，日本學者多會注意到身為下級軍官的石原莞爾竟然以一己之力牽引了日本的世界政策。這個說法自然不錯，但如果將罪責都推給石原莞爾，那就錯失了對近代日本國策的更深刻的認知。石原莞爾當時軍銜固然不高，然而作為日本帝國軍校畢業生和「戰略家」的才華卻早已鋒芒畢露；更關鍵的是，他所制定的世界戰略正是對近代日本國家慾望的一種呈現和實現。

石原莞爾扮演的角色，實際上就是將日本當時從庶民到為政者身上的那種混沌的慾望提升到理性的戰略層面，並最終由他付諸實施。所以，我們可以說石原莞爾是當時日本國家慾望的代理，是從慾望到行動的催化劑。偽滿洲國建立後，日本民間興起了「去滿洲！到滿洲去！」的移民熱潮，正是庶民慾望樸素而忠實的表達。

因此，從後世的角度來說，石原莞爾固然是日本發動世界大戰的首謀，但從近代日本精神演化固有的軌跡，尤其是從近代世界秩序的演進自身來看，石原莞爾只是加速了帝國主義之間戰爭的步伐。他將這場必然到來的戰爭理解為「世界最終戰爭」，而這場戰爭之後，世界將迎來永久和平的黃金時代。從結果來

説，他的設想可謂對錯參半。

　　譬如，日本帝國在 1941 年 12 月針對英美發動的戰爭，不管動機如何，事實上都動搖了西方殖民帝國體系在亞洲的統治秩序。這同樣是近代日本國民的意志和慾望。近代日本的悲劇在於，它在試圖摧毀世界舊秩序時，拿出的替代品只是舊秩序的翻版，而且還是更為拙劣的、野蠻的模仿。包括石原莞爾在內的日本戰略家和空想家未能突破時代大勢和自身慾望的束縛，但他們的存在，讓我們獲得了觀察歷史、觀察人類文明進程的一個必不可少的棱鏡。

　　最後還要一提的是，石原莞爾的勝利與當時東北軍最高首腦張學良的失敗形成了尖銳的對比。1936 年 12 月 12 日，張學良發動著名的「西安事變」，極大影響了此後中國的政治和軍事格局，其中最重要的一點就是國共兩黨抗日統一戰線的結成。這種大陸局勢的變化，又反過來作用於日本的大陸政策。這是東亞世界體系的必然結果，而這種相互作用的隱秘通道，正是我們一再提及的日本的「大陸慾望」。從豐臣秀吉到石原莞爾，我們看到了雖然時斷時續，但並不模糊的一條線索，那就是這一慾望謀求自我實現的「大陸政策」。

盧溝橋事變

東亞世界史的悲劇

　　日本在 1932 年創建偽滿洲國的行為，事實上將其深層的慾望呈現了出來。如果從漢王朝時代最初的倭王受封算起，日本經過二千年的演化之後，終於全面登上了東亞大陸，成為逐鹿中原的最新力量。日本的演進之路在 1930 年代的全球性大動盪當中陡然加速，不出數年就轉化為象徵中日兩國二千年恩怨巔峰的事件：1937 年 7 月 7 日日本發動的全面侵華戰爭。中國史書稱這場戰爭為「抗日戰爭」，日本則稱為「日中戰爭」，而當時的日本多稱為「支那事變」。這是中日兩國歷史上的第五次戰爭。

　　在重現這場戰爭時，我們面臨著一些特殊的挑戰。這是距離我們最近的一場大規模外敵入侵事件，我們的身邊可能還有戰爭的親歷者、受害者；加上影視節目的影響，可以說很多人心中都有一部自己的「抗戰史」，對當時遭受的苦難依然有著刻骨銘心的記憶。所以，我們的討論僅限於這樣一種宏觀認知，或者說是結論：這場戰爭是東亞世界演進的一種必然，當然它首先是一場悲劇。

　　其實，提到日本的侵華戰爭時，我們都會想到一個說法：這是一場「日本帝國主義發動的蓄謀已久的侵略戰爭」。與此相對，日本國內有很多人持有不同的看法，認為這場戰爭更有偶然的屬性。由於這些說法都涉及戰爭認識問題，現在我們就聚焦於這個中日認知上的差異，重新審視一下日本究竟是怎樣發動了這場最終導致自身毀滅的戰爭。歷史認識差異是中日關係面臨的一個非常複雜的問題，我們重構東亞世界史的目的，就是要尋求一種新的認知方法。

───── ◉ ─────

　　我們有必要再次回顧一下近代以來中日關係的基本演化脈絡。這個過程發端於 1894 年 7 月爆發的甲午戰爭，中國因戰敗而最終失去了對傳統東亞世界秩序的主導權。1915 年 1 月，日本趁著第一次世界大戰的時機強迫中國簽訂

「二十一條」，這是東亞近代史上的第二個轉折點。在新興的民族主義觀念中，日本成為「中國」的「敵國」，而不再是東亞世界體系中的「蕞爾小邦」。隨後30年間的中日關係的走向，至此已經被牢固地鎖定。1931年「九一八事變」的發生以及1932年偽滿洲國的創立，則將兩國推向了直接全面對抗的局面。

沿著上述脈絡來看，我們自然會說，1937年中日之間全面戰爭的爆發不是源於偶然，而是無可迴避的一種必然。但在歷史認識上，我們不應滿足於這個結論自身，而是要探究這個「必然」是怎樣在一系列具體的歷史事件上呈現出來的，否則歷史事件就成了機械運動，和我們自身無關了。對於渴求意義的人們而言，將歷史看作「機械運動」無疑是一種難以忍受的虛無主義。所以，我們要從歷史認識的深層邏輯層面，來重新看看這場戰爭究竟是怎麼發生的。

我們再回到前面的結論：對日本來說，1937年發動全面侵華戰爭是一種必然。那麼，這是不是一種事後結論？它和這場戰爭是「日本帝國主義發動的蓄謀已久的侵略戰爭」這個標準說法又有什麼不同？

這是涉及歷史認識的根本問題。我們先介紹一種對立的觀點，即認為日本發動全面侵華戰爭是「偶然」的說法。在今天日本的歷史敘述中，日本學者一般關注兩個節點。一個是1931年的「九一八事變」，日本稱為「柳條湖事件」或者「滿洲事變」；日本蓄意製造事端，並很快佔領了中國東北全境，日本學者對這一事實坦然承認，並無異議。另一個就是1937年的「七七事變」，日本史書多稱為「盧溝橋事件」。日本學者對這兩個節點進行反省，當然是為了探討隨後的歷史走向，尋找能讓日本迴避最終走向與中國的全面戰爭，尤其是迴避與美國的「太平洋戰爭」的可能性。但從更大的歷史脈絡來看，這種努力自然是徒勞的。[1]

---

1   由於歷史事件在形式上具有先後繼起的關係，將孰視為因孰視為果，其實有賴於學者自身的設定。如果進入歷史事件展開的鏈條的細部，人們當然可以說，1941年12月1日天皇在御前會議上正式批准日本發動對美戰爭以前，總存在著迴避最終災難的可能；很多歷史學家受這種「可能」的誘惑，一再尋找可能有利於日美達成妥協的因素。然而，這些因素根本無法撼動「征服中國」的慾望、意志以及1937年7月開始的既成事實。關於日美談判的過程，可參見〔美〕入江昭著，李響譯：《第二次世界大戰在亞洲及太平洋的起源》（北京：社會科學文獻出版社，2016）。本書關於日美太平洋戰爭的敘述，請參見下一章。

首先，這兩個事件單純從命名上看似乎暗示著某種「偶然性」——它們被稱為「事件」或「事變」。在這種認知中，當事者不採取某種偶然的行動，那麼「事件」或「事變」就不會出現，此後日本與中國、與世界的全面戰爭也就會得到避免。「九一八事變」是日本軍國主義者出於嚴密的謀略發動的侵略行動，但對於接下來的「盧溝橋事變」，日本學者中出現了不同的解釋。

　　1937 年 7 月 7 日夜，當地日本駐軍藉口士兵失蹤，要求進入宛平縣內搜查。這一無理的要求遭到中國守軍的拒絕，於是中日雙方軍隊之間爆發了槍擊戰。這裏出現了一個爭議點：到底是誰先開的槍？日本的歷史敍事中存在幾種說法，其實也就是羅列了各種可能，但都沒有可靠的證據。於是，學者們只能將因果鏈條往前推，追溯到「滿洲事變」，即「九一八事變」。如果當時駐紮在中國東北的「關東軍」不蠻幹，能夠遵從日本政府的命令，那麼就不會有中日雙方軍隊在北京（時稱北平）的對峙，自然也就不會有隨後的全面戰爭的爆發。這在日本是非常主流的認知。

　　這種歷史認識意味著，如果中日戰爭的起點設為 1937 年的「盧溝橋事變」，那麼日本發動的這場全面侵華戰爭的必然性似乎就弱化了許多。事實上，當時無論是日本中央政府還是日本在中國的駐軍，在事變發生的時刻都沒有制定全面的戰爭計劃。可是換一個角度看，如果戰爭的起點設為 1931 年的「九一八事變」，那麼它的計劃性、謀略性就凸顯了出來。

　　如此前所述，事變的主謀石原莞爾早在 1929 年就提出了「世界最終戰爭」理論。石原不惜以下犯上，以即便遭受軍法處置也在所不辭的毅然決然態度，執意要奪取「滿洲」最高主權的目的，就是要為最終的世界戰爭作準備。這其實是這一時期日本帝國精英共有的戰略意識。從事變到第二年建立偽滿洲國，隨後將軍隊推進至長城沿線，再到 1935 年開始所謂的「華北自治運動」，這些事件都從屬於同一種日本帝國的大陸政策及世界政策。如果從這個線索繼續解釋，那麼 1937 年的「事變」就是必然的了。

我們都聽說過一個非常有名的說法，即歷史不能假設，不能用「如果」來展開敍事。誠然如此，但這種假設並非沒有意義；歷史學家經過「假設」出來的歷史結果，很多時候表達的恰恰是歷史學家本人的價值觀所在。歷史學家進行「假設」，是一種有特定目的和意義的活動——人們通過「假設」歷史發生的方式，來對現實的歷史走向和結果進行批判。當然，歷史學家們的「假設」實際上就是將切斷的歷史展開，讓歷史的進程在某一個有標誌性的偶然的「事件」面前停下腳步，重新尋找其前進的方向。所以，如果我們要想洞察歷史演進的方向，那就要去進一步思考根本的問題：歷史進程中的那些偶然因素到底意味著什麼。

這種對偶然性作用的追問，如果我們不想進入抽象的觀念領域的討論，那它就迫使我們直接討論如下問題：處在歷史現場的那些人，或者說那些發動戰爭的人，他們是怎麼看待這場戰爭的？他們也是將歷史的命運交給那些不可預期的偶然因素嗎？或者相反，他們基於事先嚴格的計劃，對所有偶然因素進行了高效的管控，從而使得這場戰爭成為一種必然？

其實，這些問題並不是我們在這裏才提出來的。這些具有性命攸關的政治和法律意義的大問題，正是在二戰結束後的「東京審判」上被激烈討論的問題。當時聯合國一方有一個針對日本起訴的罪名，叫「共謀罪」，意思是說，日本發動的一系列戰爭都是事先共同謀劃的結果。聯合國一側的推定並不難理解：在事關生死的戰爭問題上，人們通常會高度理性、冷靜、客觀，謀定後動，以便在戰爭中取勝。中國經典《孫子兵法》有云：「兵者，國之大事，死生之地，存亡之道，不可不察也。」這一句膾炙人口的話，說的就是這個意思。人們無法想像日本政治家會不明白其中的道理。

正因如此，有意思的事情發生了：針對檢方的這個指控，審判席上的被告們矢口否認，都不承認自己有故意發動戰爭的意圖。辯護方據此提出了「非策劃性」的觀點，也就是說，日本的當政者事前並沒有統一的開戰理念和方案，戰爭的爆發只是各種事件的連鎖反應，因此日本只是逐步陷入了戰爭的邏輯和事實中。

譬如，一位叫布列尼克的美國辯護律師列舉了日本和美國在飛機製造能力

上的懸殊的差距後，進一步指出：「在來自年產五萬多架飛機的美國的辯護人看來，在關係到許多公職人員生死的場合中，上述數字表示的並非戲劇，而是一個真正的悲劇。像今日這種時代，以如此少數的飛機欲征服全世界，大概非堂吉訶德莫能實行的行為吧。」[2] 從這個角度來說，日本提出的「大東亞共榮圈」、「八紘一宇」、「向世界宣佈皇道」等說法，只是堂吉訶德式的夢想和蠻幹，不是謀劃和計劃，不值得認真對待。那麼，我們究竟該怎麼看待這些問題？我們要從這裏繼續深入下去。

顯然，如果從眼前發生的一起起孤立的事件來看，1937 年爆發的中日全面戰爭，似乎是一些偶然因素相互作用的結果。譬如，我們可以在任何一個時點，找出日本政治家結束戰爭的理由，戰爭規模也就得到了人為的控制。但如果我們不是孤立地，而是以相互關聯的角度看待這些事件呢？畢竟，後者也是人們看待歷史的一種方式。法國著名歷史學家布羅代爾（Fernand Braudel, 1902–1985）提出的「長時段」這一強調整體、大歷史的研究方法，有助於我們觀察日本的國家邏輯。

簡單地說，這個「長時段」是指一種在長時間內不易變化、不易察覺的深層結構，決定著表面可見的事物形態。它就彷彿陽光也照射不到的大海深處，決定著海洋表面的波浪。事實上，我們迄今為止的歷史敘事採用的就是「長時段」的歷史視角。從這個視角來看，1937 年爆發的中日全面戰爭，是近代以來中日關係演變的必然歸結，是中日關係史上的第五次戰爭，也是前四次戰爭的延續。

所以，這場戰爭爆發的原因，還可以說是日本對自身遠古以來就一以貫之的慾望的回應。我們在讀歷史書時，偶爾會碰到這樣的說法：近代日本在大陸利益上，得寸進尺，慾壑難填。實際上，日本國家行為背後的根本動力，就在於國家意識深處的大陸慾望的衝動，它在明治維新之後，表達為日本向大陸擴張勢力的「大陸政策」。與之相輔相成，民間精英中流行的則是「大陸雄飛」的觀念。它驅使著日本最終走向了全面侵華戰爭的境地。

2　轉引自〔日〕丸山真男著，陳力衛譯：《現代政治的思想與行動》（北京：商務印書館，2018），頁 85。

1937 年 7 月 7 日晚「盧溝橋事變」爆發後，日本內閣迅速作出向華北派兵的決定，而且是多達六個師團的重兵。實際上，接到事變報告後，在日本陸軍省內的課長會議上，幾乎全員都表達了歡迎事變爆發的態度；第二課課長河邊虎四郎大佐（1890–1960）宣稱：「愉快的事情發生了。」關於內閣決定出兵的意圖，人們一般認為它和「滿洲國」息息相關：為了維護這個傀儡國家的安全，日本要製造一個軍事緩衝地帶。這正是日本在戰爭爆發前積極推進「華北自治」的意圖。從這個事件自身的邏輯來說，戰爭的擴大是一種必然。

　　衝突爆發後，以石原莞爾為首的參謀本部極力反對戰爭擴大化。這當然不意味著石原是和平主義者。當時參謀本部的首要假想敵是蘇聯，而最終日本則要面對與美國的世界大戰，因此在戰略上日本要儘可能迴避在中國本土與中國進行決戰。在石原看來，「如果日本採取擴大戰爭的策略，就會發展為日中全面戰爭，而那將又是一場看不到結局的持久戰爭，日本將不得不消耗無限的能量，而且看不到獲勝的希望」。不過，這個富於謀略的看法在迅速佔領中國的巨大誘惑面前並不具有說服力。在主戰的陸軍省看來，以強大的軍事力量迅速拿下中國，正好可以為對蘇作戰作準備。日本的軍國主義者們已經被慾望沖昏了頭腦。

　　有意思的是，石原莞爾在極力阻止戰爭擴大時，遭到了這樣的反駁：戰爭擴大化，不正是繼承了你石原當年在滿洲的做法嗎？石原遭遇到的是歷史與觀念合二為一的力量：近代日本的歷史演化與國民內心深處的觀念已經發生共振，石原打開了潘多拉的盒子，已經完成了歷史賦予他的角色。此時，日本軍政首腦當中只有石原等極少數人預測到了日本將陷入「持久戰」的問題，但為時已晚。早在甲午戰爭後，日本國內就形成了「對華蔑視」的觀念；如今，這一觀念表達為出身皇族的參謀總長閑院宮載仁親王（1865–1945）的說法：三個月擊垮中國。不過，日本此時尚未制定出詳細的作戰計劃，也是事實。在極端孤立當中，石原莞爾於這一年 9 月掛靴而去。

　　但另一方面，在盧溝橋事件爆發後，「華北自治」就不是日本政府的主要考量了。根據留下來的歷史資料，我們不難發現，日本迅速決定派兵的目的有兩

個：一是確保處於衝突現場的日本大約五千人「駐屯軍」的安全；二是藉此向中國「顯示威力」，迫使中國讓步。其實，事件爆發後，當事雙方在現場曾很快達成了停火協議，不過旋即就被日本的派兵決定破壞。值得注意的是，8月13日淞滬會戰爆發後，日本以同樣的理由，決定向上海方面派兵。

這一年8月15日，日本政府發佈了一項聲明，稱日本出兵的目的是「通過膺懲支那軍的暴戾，來促使南京政府進行反省」。這顯然是一個非常奇特的說法。在9月4日天皇發佈的詔書中，還有如下的說法：

> 日本帝國通過與中華民國的提攜合作，來確保東亞的安定，以實現共榮。這是朕夙夜幹念之所在。中華民國未深刻理解帝國的真意，隨意滋事，造成此次事變。現在朕之軍人正排除萬難，致力忠勇，促進中華民國的反省，以儘快確立東亞的和平……[3]

日本出兵中國的意圖，依舊被日本冠冕堂皇地表述為「促進中華民國的反省」。根據日本的這些官方文件，表面看來，日本似乎在開戰當初並沒有明晰的戰爭理由和目標；換言之，「侵略中國」這樣關乎日本國運的認識，竟然沒有上升到日本政治家的主要考量中。

這是很多歷史學家未注意到的要害所在。因為即便依據日本官方文件所言，「九一八事變」之後日本並沒有形成明晰的侵略中國的計劃，但這非但無法為它的罪行開脫，反而正是可怕的地方——它說明日本此時的國家行為，正在受它無意識的慾望的導引，甚至未意識到自己正在侵略一個國家。後世的歷史學家通常認為石原莞爾是日本少見的具有戰略眼光的軍事理論家，就在於他用理智降服了自己的慾望。他很清楚地意識到，全面侵略中國將使得日本陷入泥潭之中，而日本真正的敵人乃是英美帝國主義。但即使是這位石原也未意識到，1931年他在中國東北的冒險正是這場全面侵華戰爭的開端。

3　〔日〕藤原彰：《日中全面戦争》（東京：小学館，1982），頁91。

我們這麼說當然不是在貶低慾望、抬高理性。事實上，前者往往更會形成推動歷史的力量。如果將國家慾望納入歷史認識的視野，我們就會發現另外一條解釋日本行為的線索。中日全面戰爭持續了一年多後，日本發現它根本無法征服中國，它的慾望遭到了挫折。於是，它逐漸清醒了過來，開始為自己在中國的侵略行動尋找理由，雖然理由是極其虛妄的。1938 年 11 月，日本政府發表了關於建設「東亞新秩序」的聲明，提出要和中國進行和平談判，這當然是自欺欺人之舉。此時，日本又進一步明確了自己發動戰爭的「終極目的」，那就是「建設能夠確保東亞永久安定的新秩序」。日本試圖一勞永逸地實現它的「大陸慾望」。日本最終走完了從尊崇古代中國到蔑視近代中國的全部道路。

———— ⊙ ————

今天我們回頭來看，在日本發動全面侵華戰爭的初期，戰爭的爆發的確有一定的偶然因素。隨著全面戰爭的爆發，日本逐步擬定了全面征服中國的計劃。於是，歷史的偶然變成了必然的一部分。所以，「偶然」和「必然」這樣的說法只有在歷史的真實情境中使用才有意義。我們不能簡單停留在偶然或必然的結論上，而是要從中讀出一種富有啟發的關係，進而讀出一種歷史的意義來。

日本與大陸互動的歷史表明，日本在潛意識中一直將中國視為一個主要的對象——既是它學習的對象，又是它競爭的對象。這種關係的起點就是「倭王受封」，古代日本由此進入中國主導的東亞世界體系。它此後的演化都是在這個體系內部的演化。在這個意義上，就日本而言，1937 年日本發動全面侵華戰爭可以說是一種必然，因為它正是日本自身慾望的呈現——從根本上是對代表文明秩序的「中華」慾望的最終呈現。這是一種決戰，是日本的「小中華」對中華自身的決戰。

一般的歷史敘事關注的永遠是現實的政治、經濟和軍事過程。這種做法不難理解。不過，這些現實的歷史事件，諸如 1930 年代日本的經濟危機、軍國主義的登場等等，在歷史的表層上都是以偶然的形式出現的。我們的歷史認知之所以不滿足於停留在偶然的層面，是因為碎片化的歷史事實並不能提供有意義的關聯，從而無法讓我們獲得面向未來的智慧和啟示。

我們可以再看一下1938年11月日本政府提出的「建立東亞新秩序」的觀念。孤立地看，這當然也是偶然事件。不過，這個戰爭意圖一旦確定，它就開始發揮觀念特有的力量。1941年12月日本對美國、英國與荷蘭開戰，在所有現實考量之上，就有著建設這個「東亞新秩序」的意圖和邏輯；這一意圖最終表現為「大東亞共榮圈」這個臭名昭著的口號。1943年11月，日本召開了所謂的「大東亞會議」。後世的評論家會認為它是軍國主義者的自我欺瞞，這種看法可能依然流於表面；從日本自我意識嬗遞的角度來看，說它是日本自倭王受封時代就已然形成的「天下」意識的最高表達，或許更恰如其分。

在這場世界大戰的過程中，我們今日所見的東亞世界秩序逐漸得到了定型。美籍日裔歷史學家入江昭在分析戰後亞洲的產生過程時指出，如果1945年初日本內部出現的和平運動能夠成功，非但日本本土不會遭受破壞，中國問題也不會變得那麼複雜，因為「如果在德國投降前，對日戰爭就已結束，蘇軍就不用深入中國東北了」。[4] 歷史學家看似輕描淡寫的一句話，暗含著隨後東亞世界秩序驚心動魄的巨大轉折點。根據這一年2月美英蘇三國在克里米亞半島雅爾塔召開的會議上達成的秘密協定，蘇聯將參加對日作戰，而回報則是確保其在中國東北的特權以及「收回」它在日俄戰爭中輸給日本的領土。1945年8月6日美國向日本投下第一枚原子彈後，蘇聯隨即於8月8日出兵東北，宣佈對日作戰。東亞世界秩序隨之定型，日本在古典東亞時間與空間中的演化，至此戛然而止。

今天回頭來看，明治維新後近代日本現實的物質力量和精神高度，都不足以匹配「天下」這個古代中華帝國的政治和文明觀念；它隨後的失敗，也就更是歷史與文明的必然了。值得留意的是，東亞世界史的動能並未就此消失；傳統東亞時間與空間中孕育的力量，依然在世界史的舞台上時而波瀾壯闊，時而無聲無息地湧動著。

4　〔美〕入江昭著，吳焉譯：《權力與文化：日美戰爭（1941–1945）》（北京：中信出版社，2019），頁209。

第五章

近代西方世界的挑戰者 (1853–1945)

黑船來航
從鎖國到開國

　　在前面，我們將日本置於「東亞世界體系」的框架內，重新回顧了它演化的歷史。我們已經看到，由於長期處於以中國為核心的東亞世界體系的周邊，日本獲得了非常獨特的歷史意識和文明意識，我們可將其概括為日本的「中華屬性」。接下來，我們要將日本置於「近代西方世界體系」當中，通過重新審視它與近代西方國家的互動過程，探索它在這個過程中獲得的新屬性；我們這裏姑且稱其為「西洋屬性」。

　　當然，這兩種屬性的形成過程中有重合的地方。19世紀中葉以後，東西兩種文明開啟了碰撞與融合的過程。在這個過程中，日本每每以東亞——日本史上稱為「東洋」——國家的代表自居；它和主要西方國家的每一次互動，都牽涉到它與東亞國家的互動。所以，我們只能在方法上單獨討論日本和西方世界體系的互動過程。

　　在日本近代的演化史上，人們一般認為，發生在1868年的明治維新是日本融入近代西方世界的開端。而引發這個開端的事件或者說導火索，更有著非同尋常的意義，這就是日本史中的「黑船來航」或曰「佩里來航」，具體是指19世紀中葉美國使節、時任美國東印度艦隊海軍准將的馬休‧佩里（Matthew Perry, 1794–1858）率領艦隊訪問日本，並與日本簽署《日美和親條約》的歷史事件。

　　在一般的歷史敍述中，黑船來航被認為是一起促使日本由「鎖國」轉向「開國」，也就是轉向與西方列強通商的事件，是日本史上的一場大事件。人類史上的西方殖民帝國掀起的歷史巨浪，終於拍向了日本這個處於歐亞大陸最東端的島國身上。一個包含日本在內的世界史，開始展開它全新的巨幅畫面。此時的日本人可能未意識到，等待他們的這個西方世界雖然生機勃勃、文明進步日新月異，但同時又充滿了危險和不義，是一個弱肉強食的叢林世界。我們首先要注意到一

個基本事實：佩里艦隊事實上未發一槍一炮，但歷來心高氣傲的日本武士集團卻乖乖舉起了白旗。這是為什麼？

———— ⊙ ————

問題的根源要從東亞世界的歷史變遷中去尋找。從這個角度來看，黑船來航事件是一起改變東亞世界史進程的大事，而不僅僅是美國迫使日本開國的、日本自身的事件。在東亞世界史上，這起事件的地位幾乎可以和中國被迫打開國門的「鴉片戰爭」相提並論。事實上，黑船來航正是鴉片戰爭的繼續。

有人可能會產生這樣的疑問：鴉片戰爭是真刀實槍的戰爭，從 1840 年 7 月 5 日英軍炮擊定海開始，清王朝從全國調兵遣將，軍民上下奮勇抗戰，很多將軍英勇殉國，但結果失利，影響當然巨大；尤其是 1842 年 8 月 29 日簽訂的城下之盟《南京條約》，被視為近代中國的第一個不平等條約，意義顯著，影響深遠。與此相對，佩里將軍只是將艦隊開進了東京灣，怎麼會有那麼大的影響？其實，這並不是一個形式上簡單比較的問題，簡單的比較只能獲得簡單的回答；我們要在歷史進程中觀察這兩起事件的關聯。

1853 年 7 月 8 日，佩里艦隊到達位於東京灣浦賀港外的海面上，隨即要求向「日本國王」遞交美國總統的國書。德川幕府的官員接到消息後，緊急商議對策。佩里的這次率軍艦來航，實際上打破了幕府對外國船隻的管理規定。幕府此前要求涉及外國船隻的相關事宜，一律到長崎去辦理。這種應對方法非常類似當時的清朝政府，將涉外事務放到廣州、上海、天津等通商口岸處理，而堅決拒絕西方使節進入中央政府所在的北京。

顯然，這種規定的背後有著中華帝國的「華夷秩序」原理。在此時中國的對外認識中，西方的商人和外交官員被視為「夷狄」，在文明秩序上處於「野蠻」的位置，因而不准許他們進入國都。實際上，第二次鴉片戰爭期間簽訂的中英、中法《天津條約》，其中有四款專門規定「公使駐京」的問題。[1] 雙方圍繞這個

1　茅海建：《近代的尺度：兩次鴉片戰爭軍事與外交》（北京：生活・讀書・新知三聯書店，2011）。

問題展開的政治乃至軍事鬥爭，背後有著政治原理、文明觀念的競爭。出於同樣的理由，日本拒絕西方使節進入東京。在「小中華」觀念和與之匹配的小型朝貢體制當中，日本同樣認為自己處於文明的中心。

或許因為有了此前中英交涉的前車之鑒，佩里決意要打破幕府的這個規定，採取了強硬的交涉態度，直接率領軍隊造訪東京。那是一個靠硬實力說話的時代。佩里艦隊的主體由四艘裝有鐵甲的蒸汽船組成，船上共裝有數十門大炮。即便從遠處望去，也可看到它們是黑魆魆的龐然大物；而且，它們在海面上還移動迅捷，用當時的說法是「出沒神速」，日本的小型巡邏船難以靠近，這更增加了黑船的神秘感。這就是黑船來航時的歷史情境。

此時，日本已經隱約感受到了另外一種文明的到來。實際上，佩里艦隊的目的之一就是給日本造成強烈的衝擊，以便讓日本接受美國的主張。同時，美國海軍還有與英國海軍一較高下，從而顯示它所代表的「新世界」的力量的動機。因此，美國海軍決定將其最精銳的蒸汽動力軍艦開往日本，由此登上與它眼中的歐洲「舊世界」爭霸的歷史大舞台。

經過一番交涉後，幕府一方接受了美國要求開港通商的國書。這個過程是以佩里要求的雙方「對等」或者說「平等」的方式進行的，但對日本而言卻是一種伴隨著巨大恥辱感的屈服。第二年的 2 月，佩里如約再次來航，而且這次艦隊更加強大，由七艘軍艦組成。這一次，佩里對幕府官員明言，如果雙方無法達成協議就將動用武力，也就是下了最後通牒。

佩里已經準備好了條約草案，它由純漢語寫成。同時，佩里還將 1844 年 7 月 3 日與中國簽訂的中美《望廈條約》的漢文條約文本交給了幕府。《望廈條約》承襲中英《南京條約》而來，裏面有著涉及關稅、治外法權等被後世視為不平等的各種條款。幕府人員都精通漢文，他們很快發現，佩里交給日方的條約草案，實際上就是《望廈條約》的刪節版。這自然讓幕府無法接受。經過多輪談判後，1854 年 3 月 31 日，幕府最終被迫簽署《日美和親條約》，決定下田和箱館開港通商；隨後，英國、俄國以及荷蘭與日本簽署了同樣內容的條約。日本的鎖國體制走向了終結。

一般的歷史敍事會說，日本被迫一改此前的外交政策，是因為佩里艦隊在

當時的日本人看來過於強大。這麼說當然不錯。不過，美國此時展現的硬實力要轉化為改變日本政府國策的力量，還欠缺一個必不可少的中間環節。這是因為，硬實力自身和對硬實力的認知並不是一回事。在對硬實力的認知當中，只有從中感受到的「威脅」強度的大小，才是關鍵。換言之，幕府從黑船來航中感受到的威脅，是驅動或者說迫使它改變國策的要因。

對於看重名譽的日本武士統治集團來說，一種致命的屈辱感出現了。為了理解這種感受性具有的心理能量，我們有必要繼續思考如下的問題：此時幕府官員對美國硬實力的感知框架和模式具有怎樣的特徵？究竟是怎樣的感知和認知，讓幕府一改此前「驅逐外國船隻」的強硬政策？

———— ◉ ————

要回答這些問題，我們要把目光從日本移開，去觀察東亞世界的局勢變化。幕府此時已經認識到了世界格局的巨變，而這個認知直接來源於它自身所處的體系的變動，也就是「東亞世界體系」的變動。這個體系變動的最大指標，正是清朝中國在內憂外患中的急劇衰弱。中國在鴉片戰爭中的失敗，意味著傳統的以中國為中心的東亞安全保障體制鬆動與解體的開始。

這種情況對於日本而言，有利有弊。因為，當中國這個東亞世界體系的核心國家衰弱後，由中國所主要承受的來自西方的壓力，必然會轉向或者說傳導到這個體系的周邊部分。而在此前，這個體系的周邊國家由中國提供安全保護，由中國為它們撐腰，分享了東亞世界和平秩序的安全紅利。對日本而言，在承受壓力的意義上，中國的衰弱是弊；但反過來說，中國的衰弱也給日本藉機上位、實現其大陸慾望創造了條件。

這些利弊關係未必明晰地表現在政治意識和政治行動中。不過，由於日本在東亞世界體系中的邊緣位置，以及它與這個體系的關係相對疏遠，它對體系的變化尤其敏感。因此，還在中英兩國就鴉片走私貿易進行談判時，它就通過往來於長崎的貿易商船，也就是荷蘭和清朝中國的商船，收集這方面的信息。這種來自海外的信息，當時有個特定的說法，叫「風說書」。日本通過這種「風說書」，源源不斷地獲得了當時中國和英國交涉的最新情況。

譬如，早在 1839 年，日本就獲悉了欽差大臣林則徐（1785–1850）督辦的禁煙運動。1840 年，「風說書」又將英國為了實施報復，已經分別在英國本土、非洲和印度進行戰爭動員的消息報告給了幕府。而且，為了保證獲得信息的準確性，幕府分別在長崎和江戶兩處進行翻譯，然後將兩種翻譯文本對照閱讀。

由此，我們看到了日本此時國家行為的一些特徵。第一，日本對外部世界的變化，始終保持著高度敏感；這種特徵除了源於日本特有的危機意識外，還有著更為底層的邏輯，即它對大陸局勢的特別關心。第二，「風說書」的做法顯示了日本收集情報的強大能力。上面提到日本政府在 1840 年即獲得了英國準備對華開戰的訊息，可能比中國政府還早。戰爭結束後，日本同樣持續跟蹤事態的變化。1845 年，一位日本儒學者編輯了一本題名為《鴉片始末》的書，對戰爭的因果和經過進行了敘述和分析。這本書雖然未正式出版，手抄本卻廣為流傳。另外，有近代中國「睜眼看世界第一人」之譽的魏源（1794–1857）編輯的《海國圖志》一傳到日本，就引發了巨大關注，出現了多種手抄本和刻印本。這部介紹世界的巨著，無疑進一步讓日本把握了世界的最新情況。

所以，正是在比較迅速、準確地把握了東亞世界乃至世界自身的巨變之後，日本才正確地應對了黑船來航所帶來的危機。另外，我們還要注意黑船來航事件在精神層面對日本的意義，那就是我們在前面提到的「屈辱感」。由於佩里艦隊的威嚇以及當時西方外交官員的蠻橫，日本上下感受到了一種強烈的心理上和精神上的衝擊：當時日本人的首要感受就是「屈辱」，或者說是「恥辱」。

對於這種感受的形成原因，我們容易想到武士道對名譽的尊重、日本人生性的敏感。這些都不錯，但在東亞世界體系的認知框架下，我們還可發現更深一層的原因。在中日關係史上，日本對中華王朝一直保持著一種不馴的態度；特別是在江戶時代，由於儒學思想觀念的普及，日本是文明中心的自我意識已經孕育而成。但這個文明中心的日本，此刻竟然遭到了西方蠻夷的威脅和欺凌，真可謂是可忍孰不可忍！對於此時的日本人而言，這相當於「文明」遭到了「野蠻」的征服。考慮到這一事實，我們不難想像日本在「黑船」威嚇下締結城下之盟時的那種屈辱感的強度。換言之，日本此時固有的文明意識所孕育的自尊，強化或者說放大了黑船來航事件中形成的屈辱感。這種屈辱感會在內心轉化為一種動力。

黑船來航對日本造成的深遠影響，根源正在這裏。

　　當然，上述説法並不意味著心理事實就是最終的決定力量。事實上，黑船來航之所以成為瓦解德川幕府體制的轉折點，還在於當時幕府的最高行政長官老中阿部正弘（1819–1857）的一個決定。1853 年 7 月 31 日，在接受了佩里轉交的美國國書大約半個月後，阿部決定將美國國書分發傳閱，徵求各個大名和幕臣的意見。據説這是江戶幕府建立以來從未有過的措施。[2] 這事實上意味著權力的下放，專制體制開始走向瓦解。黑船來航帶來的巨大衝擊力，最終給德川幕府的政治體制造成了致命的裂痕。隨著裂痕的逐漸擴大，革命的機運逐步高漲起來。1868 年的明治維新，正是這一歷史過程的必然結果。

———— ⊙ ————

　　黑船來航本質上是東亞世界史中的一個事件，要判斷它的影響，不能離開我們一貫關注的「東亞世界體系」這個框架。同時我們更要關注的是，黑船來航對此時日本人的精神結構造成了衝擊；這個精神上、心理上的因素雖然隱微，卻性命攸關。

　　這種影響最主要表現在日本自身的文明意識遭到了挑戰這一點上。佩里艦隊的蒸汽動力船讓日本逐漸意識到，另外一種類型的文明已經到來。這種意識與它一貫的面向文明、向文明看齊的歷史意識發生了共振，激發了日本學習新文明的意志。日本的演化獲得了新的動力。

　　但問題並非如此簡單。這種突如其來的「文明」夾雜著或者説攜帶著巨大的暴力，也讓日本感受到了「野蠻」的一面；在具體交涉過程中，日本更是感受到了西方堅船利炮施加的巨大壓力。這種複雜的心理感受，尤其是其中的「屈辱感」——這種我們曾經提到過的「恥感文化」——事實上成為激發日本此後國內變革的心理動力。於是，黑船來航事件就成了近代日本和西方恩恩怨怨的起點。這一事件造成的心理影響，深遠而長久地影響了此後日本內政外交上的決策。由

2　〔日〕加藤祐三著，蔣豐譯：《黑船異變：日本開國小史》（北京：東方出版社，2014），頁49。

於這種現象並不容易在其他民族身上看到，說它是日本獨特的自我意識也不為過。

對於近代日本迅速轉向西方的事實，有一個很常見的說法：與中華帝國相比，日本不那麼墨守成規、故步自封，比較靈活，所以成功地應對了西方列強的壓迫。但根據我們上面的分析，不得不說這種看法有些表面。

從東亞世界秩序的角度來看，佩里來航帶來的衝擊使得日本在世界認知和價值體系上開始脫離傳統的東亞文明，轉向西方。由於日本的這個轉向相當迅捷，它解決的問題可能與它遮蔽，甚至造成的問題同樣多。日本歷史學家加藤祐三在討論黑船來航的影響時，這樣寫道：

> 日本不可能把長期從中華世界攝取文化、文明的歷史輕而易舉地拋捨揚棄。這就猶如覆蓋了新的火山灰的山峰一樣，表面上其似乎完全改觀，實際上卻保持著傳統的積澱。許多人看不見地下豐富的礦藏，單純地主張走歐化主義的道路。任何時代都會有這樣的人，他們認識不到重疊積累的傳統所具有的真正價值。[3]

上述說法以「火山」這一形象的比喻說明了傳統的作用。火山爆發造成的火山灰固然改變了地表的面貌，但長期積累的地質條件，包括積蓄的能量與各種礦藏，並不會在短時間內發生變化。傳統的真正價值，就如同火山內部的地質條件，正在於它以某種不可視的屬性發揮著作用。這種「重疊積累的傳統」在新的自我與世界認知下即將爆發出驚人的能量。日本即將迎來它近代史上的第一個高光時刻，即明治維新。

---

3 〔日〕加藤祐三：《黑船異變》，頁158。

明治維新 | 觀念的歷史力量

　　黑船來航徹底打破了德川幕府的歲月靜好，日本統治精英因應對危機的方案而發生了分裂，這進一步導致了社會的動蕩。於是，明治維新就爆發了。關於明治維新的歷史敍述和研究，目前的文獻可以說是汗牛充棟。但不管我們此前有多少關於這一事件的知識，都會認為它在日本演化史上佔據著至關重要的位置，這是一個事實。那麼，這個事實意味著什麼？

　　理由似乎可以這樣表述：我們之所以覺得它重要，是因為日本從此成為一個新型的現代國家，成為一個蒸蒸日上、迅速崛起的國家。更重要的是，日本已經不再是傳統中華世界、中華文化圈中的小兄弟，而是由此走出了中華世界體系，混出了江湖地位，試圖成為東亞世界新的帶頭大哥。不僅如此，日本還自認為它的本質發生了變化：它自認為變成了西方國家的一個成員！

　　這些說法顯然不僅僅來源於一種錯愕和震驚的心理體驗，還有著特定的事實根據：中國從此刻開始逐漸被日本甩在了身後；日本也從此給中國帶來了無窮的困擾和苦難。日本已經變成了一個陌生的他者，一種異質性的存在。簡言之，明治維新是日本全面擁抱西方文明的開始，是日本現代化的起點。

　　儘管如此，這些說法在很多地方仍是模稜兩可，夾雜著我們自身的想像和誤解。我們要努力從這些關於明治維新的一般認知當中走出來，獲得新的認知和啟發。我們從一個基本問題開始：明治維新，到底是復古，還是維新？

———— ⊙ ————

　　從表面上看，「明治維新」這四個字似乎已經說得很清楚了，當然是維新了。但我們如果關注一下明治維新的英文念法，就會發現事情沒那麼簡單。明治維新的英文是 Meiji Restoration，而 restoration 這個名詞和它的動詞形式 restore，本意卻是「復原」、「恢復」，在人類觀念和制度上就是「復古」。關於社會的

改革或變革，在日語中有很多詞語可以使用，日本人為何使用了具有復古含義的「維新」這個說法？

當然，一般的學者在談到明治維新的「復古」因素時，往往都會提到在統治方法上，當時的政治家重新樹立起了天皇的權威，恢復了自 12 世紀末因鎌倉幕府的成立而斷絕了六百餘年的政治傳統，讓天皇親政。但這些還只是表象。明治維新真正的「復古」，在我看來，首先體現在東亞古典儒學精神在這場大變革中所扮演的特殊角色。

從技術層面上說，明治維新是一場面向西方的現代化運動，但倘若我們不理解它在精神上的「復古」，就不會理解它何以會成功。我們即將再次遭遇觀念的歷史力量。

要獲得對撬動歷史的觀念力量的認知，我們需要將明治維新從日本史中抽離出來，看看明治維新和傳統的東亞世界有怎樣的關係。從這個角度來觀察，我們會發現，明治維新這個被視為日本現代化開端的事件，其實和中華世界的古典文明有著更為緊密的關聯。

這個古典文明的世界就是東亞古典儒學的世界。我們以前講過，江戶時代日本的正統觀念就是東亞的傳統儒學——日本語境中多稱為「儒教」——思想，尤其是宋朝時代出現的朱子學。通過學習和吸收儒學，日本形成了高度發達的自我意識。從這個觀念層面來看，明治維新除了那些具體的政治鬥爭、軍事鬥爭等歷史過程，也是一個精神事件：它扎根於古典精神，為東亞古典精神世界所孕育。我們甚至可以說，明治維新首先是一個精神事件。

要注意的是，我們從精神的維度觀察這個事件，並不是說它僅僅發生在精神世界中，那顯然是荒謬的；我們說它是一個精神事件是要表明，在明治維新各種具體的政治、軍事、社會互動當中，我們可以發現一種濃烈的精神要素。

提到精神同歷史變遷的關聯，人們大都會想到德國社會理論家馬克斯·韋伯。他在極負盛名的《新教倫理與資本主義精神》（*Die protestantische Ethik und der Geist des Kapitalismus*）中，提出了一個有名的說法：精神氣質（ethos）。在研究近代西歐資本主義社會的成立過程時，韋伯發現，基督教新教徒在日常生活中呈現出的那種精神風貌，譬如說勤奮、節儉、自律、禁慾、守信用等精神層面的屬性，

特別有助於資本主義的發展。

從韋伯設定的這種歷史解釋的角度來看，我們可以説推動明治維新的那些青年武士同樣共有了一種「精神氣質」，那就是在江戶時代日本儒學的薰陶中形成的精神世界——在儒學天下國家的思想和語境中，他們關心國家天下大事，關心文明，以民族和文明的守護者自任。[1] 日本的儒學精神構成了明治維新不可或缺的一種精神動力。

上述説法自然會激發我們去思考一個關於我們自身的問題：在 19 世紀末中國展開的變法維新自強的過程中，儒學精神是否也發揮了關鍵作用？事實正是如此，但人們一般不願意去提儒學在近代中國轉變中的積極作用。相反，支配我們中國人歷史認識的，是儒學對中國歷史進程的阻礙。但我們只要想一想，1898年因「戊戌變法」而不幸殉命的「戊戌六君子」，想一想辛亥革命前那些為推翻帝制而不幸殉命的青年，他們的精神世界不正是「先天下之憂而憂，後天下之樂而樂」的傳統儒學精神嗎？

這就涉及中日儒學比較的大問題了。我們在這裏無暇對此展開討論，但有必要指出其中的一個要點：與中國的儒生、書生或者士人相比，明治維新時期的日本青年人有著獨自的身分意識，那就是「武士」的身分意識。與注重知識和教養的儒生不同，佩刀的武士更富有行動能力。真正的儒家精神強調「知行合一」，強調主體的實踐，這種「知行合一」的精神之所以能在近代日本得到更為徹底的實踐，只能説它得益於日本青年獨有的「武士」身分。

因此，儒家「知行合一」的精神與日本武士階層特有的行動能力的結合，最終孕育出一種超強的行動能力；他們用儒學典籍中的「志士」一語來表明自身的身分。據統計，僅在 1862 到 1864 年的兩年間，志士們就發動了七十多次暗殺

1　仿照韋伯對新教倫理與資本主義精神關係的探討，美國著名社會學家貝拉（Robert N. Bellah, 1927–2013）提出了一種類似的學説，即江戶時代日本以儒教為核心的宗教倫理，構成了日本現代文化、現代化的精神基礎。貝拉的著眼點是為近代日本的發展找到一種基督教倫理的功能上的等價物，即儒教精神。參見〔美〕貝拉著，王曉山、戴茸譯：《德川宗教：現代日本的文化淵源》（北京：生活・讀書・新知三聯書店，1998）。顯然，我在這裏關注的是儒教精神與此時日本政治變遷的關聯。

行動。1863 年，尊王攘夷派的志士們甚至策劃將天皇從幕府的控制中奪取過來。

再譬如，長州藩和薩摩藩之所以在倒幕運動中扮演了關鍵的角色，與這兩個藩的志士勇於將下層武士、富農、豪農等組織起來，直接採取軍事行動有關。其中最為著名的就是長州藩的高杉晉作（1839–1867）在 1863 年創建的「騎兵隊」，主旨當然是尊王攘夷。這是一種獨立的地方武裝，在隨後和中央幕府的衝突中登上了歷史的舞台：在幕府於 1864 年發動的第一次對長州藩的征討中，長州被迫投降；但 1866 年發動的第二次征討的失敗，直接導致幕府權威的徹底掃地。而在 1868 年開始的維新政府與幕府的決戰（史稱「戊辰戰爭」）中，這兩個藩的武裝力量更是扮演了核心的角色。

打個比方，這就像是一台智能手機，只有強大的操作系統和硬件設備相互匹配，手機才會有出色的表現。東亞世界的古典儒學精神就是明治維新的操作系統，而政治行動的基礎邏輯，就是建立在這一套政治思想體系之上。在迄今為止的歷史敘事中，這套操作系統遭到了嚴重的低估，甚至是刻意的忽視。

——— ◉ ———

日本史上有一位豪傑級別的人物，名叫吉田松陰（1830–1859），是德川幕府末期一位著名的「志士」和思想家。伊藤博文、木戶孝允、山縣有朋、井上馨（1836–1915）這些大名鼎鼎的明治維新功臣，都出於吉田松陰門下。[2]

吉田松陰早年就讀於長州藩的藩校，而藩校正是各藩的大名為了武士修習儒學而設置的。他在那裏和同時代所有年輕武士一樣，修習了儒家經典「四書五經」。松陰嶄露頭角，登上歷史舞台，正是發生在「黑船來航」的時代。反過來說，如果沒有「黑船來航」這一時勢，松陰可能同此前多數武士一樣終老於戶牖之下，一生默默無聞。所謂「時勢造英雄」，說的就是這樣的事。

這個故事並不複雜。1853 年 7 月佩里第一次來航時，松陰就與志同道合者一起，趕往浦賀港口，實地探測敵情和日本的守備情況。在目睹了佩里船隊的堅

2　關於吉田松陰的角色，更為詳盡的敘述和分析請參見拙著《分身：新日本論》，第 7 章。

船利炮之後，他受到了極大的震動，產生了強烈的奮發圖強、一雪恥辱的意志。知行合一，他立刻採取了行動：他計劃搭乘在長崎停留的俄國軍艦，偷渡出洋留學，可惜沒有成功。這一期間他還寫了多種關於時局的政治建言。

第二年佩里再次來航時，松陰再次行動。他只靠著手搖木槳，劃著小船來到美軍軍艦旁邊，要求登艦出洋，但遭到了拒絕。返回陸地後，他向幕府自首，旋即遭到逮捕。出獄後，他開始到叔父創辦的「松下村塾」講學。不久，這個村塾就名聲大噪，前面提到的高杉晉作、伊藤博文等人，都在這裏受教過。他除了論述世界大事外，同時還講授《孟子》等儒家經典。

到了 1858 年 7 月 29 日，德川幕府大老井伊直弼（1815–1860）批准了「黑船來航」時日本與美國、俄國等簽署的所謂不平等條約，這引發了日本青年武士的憤慨。吉田松陰正是在這個時候有了打倒幕府的想法，並策劃了具體的暗殺行動。在隨後幕府的鎮壓中，松陰被捕入獄；1859 年 10 月，他引頸就戮，成為明治維新時代倒下的第一批志士。第二年 3 月 3 日，井伊直弼在櫻田門外遭暗殺身亡，松陰的構想在其身後逐步成為現實。

當然，我們這裏的目的不是講關於松陰的歷史故事，而是要從松陰的身上讀取出時代的精神和氛圍。我們不難看到，日本青年武士的精神氣質與幕府末期日本面臨內憂外患的狀況發生了共振。儒學的天下國家觀念，為此時青年武士提供了認知、感受時局的觀念框架，並且激發了他們行動的熱情。

據統計，在明治政府後來進行的授勳加爵中，出自松陰門下的多達 37 位。伊藤博文曾經對此賦詩讚嘆：「如今廊廟棟樑器，多是松門受教人。」說的就是這個意思。松陰被後人視為明治維新的精神之父，當不是虛言。

———— ◉ ————

如上文所述，明治維新首先是爆發於傳統東亞世界內部的一個事件，是古典儒學精神的一次強力爆發。如果將明治維新僅僅視為效法近代西方的政治變革，我們就有可能看不到其文明演化的特殊機理。

後世的人們由於與這種古典精神漸行漸遠，養成了輕視乃至蔑視古典思想的心智結構，也就逐漸喪失了對這一事件精神屬性的洞察。「天行健，君子以自

強不息。」（《周易》）儒家的這種積極向上的剛健精神，在 19 世紀中後期的日本表達得淋漓盡致。明治日本的國家建設蒸蒸日上，正是一種追趕新時代、新文明的自強不息精神的表現。時刻向世界上最先進的文明學習，正是日本演化的深層心理機制和精神秘密。

在迄今為止的歷史敍事中，我之所以強調國家「精神」、民族「慾望」等心理層面的因素所扮演的角色，就在於它們給我們提供了認知一個國家和民族演化的新視角。缺乏這種精神視角，我們還不能説認清了歷史，更不能説從中汲取了經驗教訓。

上述説法當然不意味著明治維新僅僅靠古典精神就取得了成功，更不是説古典思想和古典文明可以包打天下。我要説的是，正如「維新」這兩個字的儒家古典來源──「周雖舊邦，其命維新」（《詩經・大雅・文王》）所表明的，古典思想是先人集體智慧的精華，對我們思想和行為產生的影響可能超乎我們自己的想像。日本天皇的年號迄今堅持依據東亞的古典著作命名，其實是為現代日本人打開了一扇通向古典精神的窗戶。在重新審視近代日本的演化時，這個容易被忽視乃至無視的古典視角，會幫助我們穿透歷史與現在的迷霧，接近人類生活的本質。

最後還要指出的一點是，明治維新是在近代西方殖民勢力對東亞世界的衝擊進程中爆發的，西力東漸是我們探討儒學精神在近代日本轉型中扮演的角色的背景。因此，東亞儒學文明在近代日本的迭代升級源於它與新文明的撞擊和融合。沒有明治維新的「承上」，即對傳統精神的繼承，我們很難想像會有隨後的「啟下」，即對近代西方文明的廣泛吸收。

日俄戰爭

東風壓倒西風

　　明治維新甫定，日本就馬不停蹄，立刻走上了對外擴張的道路。1894 年爆發的中日甲午戰爭就是它以國家的名義發動的第一場對外戰爭。發生在 1904 至 1905 年間的「日俄戰爭」，則是它發動的第二場對外戰爭。這場戰爭是日本對西方殖民列強的直接挑戰，因而也是我們在理解近現代日本歷史進程時無法繞開的節點。

　　關於這場戰爭，有一個很常見的說法：這是日俄兩個帝國主義國家在中國領土上展開的一場爭奪勢力範圍的非正義戰爭，雙方傷亡慘重，日本最終取得了勝利。從中國的角度來看，這在事實認定和歷史認知上都不存在問題。不過，在日本的歷史認識中，這場戰爭究竟是日本發動的侵略戰爭，還是針對俄國的侵略而發動的衛國戰爭，人們的認識並不一致。與此相對，在俄國的歷史敍事中，由於日本不宣而戰，這場戰爭一直被視為日本背信棄義而發動的侵略戰爭，俄國人當然認為自己是正義的一方。

　　那麼，在日本演化史中，日俄戰爭究竟佔據著怎樣的位置？

———— ⊙ ————

　　其實，上面提到的觀點都是戰爭當事者關於這場戰爭的標準説法，還無法滿足我們此刻的歷史關心。原因倒不在於它們是錯的，而在於它們都過於正確了，以至過早地終止了我們的認識和反思。譬如，提到「帝國主義」或「帝國主義戰爭」，今天的人們自然覺得這些都是不正義的，甚至是邪惡的；日俄雙方既然是帝國主義國家，當然不可能例外。不過，這個道德判斷並未提供關於此時日本以及東亞世界史演變的更多的信息和分析。

　　只要稍微離開這些定論，自然會發現新問題。譬如，誰是這場戰爭的真正勝者？勝者真的是日本嗎？或者，這場戰爭有勝者嗎？

在回答之前，我們不妨繼續提出一些問題：日俄這兩個帝國主義國家究竟為什麼發動了一場傷亡慘重的戰爭？戰爭的結果究竟對雙方產生了怎樣的影響？最後雙方都如願以償了嗎？當時的中國宣佈「局外中立」，那麼，中國的角色到底是怎樣的？戰爭爆發在中國領土上，中國誠然是一個受害國，那戰爭的結局對中國又產生了怎樣的影響？

這裏提出這些問題並不是說它們都是新的，也不是說我們要一一回答，而是要表明，這些問題都不能簡單地用各種「標準答案」來概括。我們有必要把這場戰爭的當事者的意圖，以及戰爭帶來的非意圖的、出乎當事者意料的結果說清楚。

我們首先從這個「當事者」說起。交戰的日俄兩國當然是當事者，但還有第三個當事者，那就是成為戰場、宣佈「局外中立」的中國。日俄戰爭不是簡單的「兩個帝國主義國家」之間的戰爭，在本質上，它是日本、俄國與中國三個國家之間的「戰爭」。某種意義上，我們也可以把它理解為一種現代版的「三國演義」。故事還得從朝鮮問題談起。

我們前面講過，日本自古以來，甚至從神話傳說時代以來，就認為自己在朝鮮半島有特殊的利益，因此，日朝關係是觀察日本國家行為的一個極為重要的視角。明治日本發動的第一場對外戰爭，即中日「甲午戰爭」，目的正是控制朝鮮。甲午戰爭結束後，中日兩國簽訂的《馬關條約》第一條，就規定了解除中國對朝鮮的宗主權：「中國認明朝鮮國確為完全無缺之獨立自主國。」

歷史事件往往環環相扣，種瓜得瓜，有因必有果。朝鮮局勢的變化首先意味著東亞世界體系的變化，而這正是十年後日俄戰爭的開始。從東亞世界體系的角度來看，中日甲午戰爭必然會引發日俄戰爭。事實上，中國在甲午戰爭中慘敗，割地賠款，將這個老大帝國的虛弱體制瞬間暴露了出來。在弱肉強食的叢林法則盛行的時代，這立刻引來了群雄覬覦。我們前面已經指出，俄國在 1895 年中日《馬關條約》簽訂後隨即主導了「三國干涉還遼」事件，目的正是要「借路」東三省，修建西伯利亞大鐵路，並趁勢南侵。1896 年 6 月 3 日，中國全權代表李鴻章（1823–1901）與俄國代表簽訂秘密條約，即所謂的《中俄密約》，其中的第四款允許俄國建造一條穿越黑、吉兩省直達海參崴的鐵路；在後世的歷史學

家看來，「數十年東亞大局之禍胎」，自此成矣。[1] 在殖民帝國時代，修建鐵路是帝國商業和軍事競爭的一大利器。

1897 年 11 月 1 日，山東省曹州府巨野縣發生了「教案」：因為各種矛盾和衝突，兩名德國傳教士被中國民眾殺害。德國皇帝威廉二世（Wilhelm II, 1859–1941）以此為藉口，強行租借了垂涎已久的膠州灣，租期為 99 年。德國皇帝的這一行為，立刻引發了俄國沙皇尼古拉二世（Nicholas II, 1868–1918）的羨慕和嫉妒。此前，俄國一直夢想著為其太平洋艦隊找到一處不凍港；這是這個帝國最熱切的慾望。德國強佔膠州灣，這讓俄國沙皇眼睛一亮。這一年年底，俄國以協防中國對付德國的名義，派軍艦佔領了旅順港和大連灣。日俄戰爭的當事者俄國就此登上了隨後大戰的戰場。

經過一番同德國以及中國的交涉之後，1898 年 3 月 27 日，中俄兩國簽訂《旅大租地條約》，俄國以租借的方式將旅順和大連收入囊中，租期為 25 年。在 1898 年 4 月俄國政府的公告中，有著將「通過使用西伯利亞鐵路，將大連打造成全世界工商業在太平洋地區的商業中心」這樣的說法，由此可見俄國堪稱宏偉的戰略構想。隨後數年間，在當時沙俄著名的政治家、財政大臣謝爾蓋·維特（Sergei Witte, 1949–1915）的直接指揮下，西伯利亞鐵路到大連的聯絡支線的鋪設，旅順軍港、大連商港以及城市建設等突飛猛進，到 1903 年，歐洲的商品已經可以直達大連港口。這是殖民帝國時代全球化的一個生動畫面。

值得注意的是，俄國從中國攫取了旅順和大連的控制權，這當然是俄國威逼利誘的結果，但也有當時中國的政治家們出於平衡列強——主要是德國——勢力的考慮，也就是歷史上所謂的「以夷制夷」策略的運用。不管怎樣，在後世的歷史敘事中，由德國引發的西方列強強行租借中國土地的運動，被視為「帝國主義瓜分中國」的狂潮。

列強的入侵進一步激發了中國的社會矛盾，很快引發了中國近代史上著名的「義和團運動」。最終，打著「扶清滅洋」口號的義和團獲得了政府的承認和

1　王芸生編著：《六十年來中國與日本》，第 3 卷，頁 86。

支持，於 1900 年 6 月進入北京；在這個過程中，很多傳教士、傳教士家屬以及一般的中國信徒遭到了殺害。結果，以保護僑民為藉口，英美法俄日意諸國決定進軍北京，這進一步激化了統治集團內部的矛盾。經過四次御前會議，中國政府於 21 日向列強發佈宣戰佈告，即《對萬國宣戰詔書》，其中歷數列強「侵凌我國家，侵犯我土地，蹂躪我人民，勒索我財物」。[2] 戰爭的結果是中國慘敗。1901 年 9 月 7 日，中國被迫與英美德日等 11 國簽訂包括懲處「肇禍諸臣」（即主戰官員）、巨額賠款、容許北京到山海關鐵路沿線駐軍等主要內容的《辛丑條約》。

值得注意的是，「義和團運動」引發的最深遠結果，並不是我們所熟知的 4.5 億兩、本息總計 9.8 億兩白銀的巨額賠款（條約第六款）。當時有六位主戰大臣被視為戰犯而遭受戰勝國的處罰，被處以極刑，這對老大帝國來說也不是事兒（條約第二款）。它此前就完全憑藉自己的意志先後處死了包括吏部左侍郎許景澄、兵部尚書徐用儀在內的五位大臣，史稱「庚子死節之五大臣」，但理由正好相反：那些大臣主和，反對支持義和團向列國開戰。事後看來，列強攫取的山海關到京師沿線駐兵權（條約第九款）危害極大；譬如，1937 年 7 月 7 日引發盧溝橋事變、最終導致世界大戰的日本當地駐軍，其駐兵權的法律根據就是《辛丑條約》。不過，在當時的國家利益感受中，這一駐兵條款並未構成實質性的問題。

當時真正的大事是，1900 年 7 月，俄國藉保護僑民和鐵路的口實，背信棄義，出兵中國東北，中俄戰爭爆發。到了這一年的秋天，俄國總計達 17.3 萬人的軍隊佔領了中國東北全境。說其是大事，是因為在當時的列強當中，俄國攫取中國領土的慾望最為旺盛。所以《辛丑條約》簽訂後，列強按約定退兵，俄國卻因其領土野心而賴著不走。於是，中國就想著怎麼把這個俄國請出去。1902 年 4 月 8 日，中俄兩國最終簽署了撤兵條約，俄國將於半年後分兩次撤軍。不過，在這個過程中，俄國一再提出各種特殊權益要求，這自然遭到了中國的拒絕。於是，俄國決定佔領長春以北的所謂「北滿洲」地區。

2　王芸生編著：《六十年來中國與日本》，第 4 卷，頁 6。

長話短說，中國費盡周折，這件事兒也沒辦成。沒辦成的原因，還與這個「三國演義」的第三國，也就是日本有直接關係，因為日本不願意看到俄國出現在中國的東北，所以一直阻攔中國對俄國作出妥協，而日本出手的直接原因就是朝鮮問題。甲午戰爭後，中國失去了對朝鮮的宗主權，俄國則藉機強化了它在朝鮮的影響力，這使得日本在朝鮮半島的野心遭到了挫折。所以，這一時期的日本一直在努力和俄國交涉，以謀求其對朝鮮的控制權，但雙方始終也沒有達成利益平衡。

　　俄國以鎮壓義和團的名義佔領東北，並且想賴著不走，對日本而言，這意味著甲午戰爭這一仗白打了：俄國如果佔領了東北，或者維持在「北滿洲」的影響力，接下來它隨時可能南下，完全控制朝鮮。危機感深重的日本自認這不啻為新的國家危機。事實上，早在 1895 年「三國干涉還遼」事件發生後，日本就已經對俄國產生了巨大的怨念，將俄國視為頭號假想敵。

　　面對俄國在中國的大肆行動，日本展開了積極的外交行動。伊藤博文先是提出了一種顯得奇妙的「滿韓交換」論，試圖與俄國分割在東北亞的利益，劃清彼此的勢力範圍。但日本提出這一策略的本質是自己獨佔朝鮮，同時卻不直接表明將「滿洲」讓予俄國，這自然無法實現。在這一期間，日本數次要求中國不要向俄國妥協，並且與中國的強硬派政治家劉坤一（1830–1902）、張之洞等取得聯絡；與此同時，它與英國、德國等列強協調，向俄國施加壓力。1902 年 1 月 30 日，日本與當時世界上的頭號強國英國簽訂《英日同盟協約》，以對付共同的敵人俄國。另外，美國基於 1899 年國務卿海約翰的「門戶開放」政策宣言，宣稱該政策適用於「滿洲」，從而美俄兩國在「滿洲」問題上也出現了對抗的形勢。[3] 由於面臨巨大的壓力，俄國最終選擇了與中國簽署協議，同意撤軍。當然，日本的這些行動並未能在根本上撼動俄國的戰略意圖和領土慾望。

3　日本有歷史學家主張說，美國在中國東北謀求商業利益的意圖，最終將日本拉下了水，成為日俄戰爭爆發的「決定性要因」。參見〔日〕小路田泰直：《日本史の思想：アジア主義と日本主義との相克》（東京：柏書房，1997），頁 120–127。認為美國因素是日俄戰爭的決定性因素，雖然誇大了美國的角色，但也將美國對其在「滿洲」的勢力範圍與權益的感知，揭示了出來。

值得留意的是，在這一期間，日本國內出現了強大的要求對俄開戰的輿論，皆以「保全中國」、「維護東洋和平」等為口號，將俄國視為入侵者。日本的參謀本部，已經同時做好了對俄作戰計劃。[4] 1904 年 2 月 6 日，日本公使向俄國宣佈了斷絕外交關係的通告。8 日，日本偷襲旅順軍港，不宣而戰。在付出傷亡十餘萬人（其中戰死 84,435 人），幾乎彈盡糧絕、兵員枯竭的巨大代價下，日本最終迫使俄國與其媾和。其中，日本取得的決定性勝利是 1905 年 5 月 27 日至 28 日發生在對馬海峽的海軍決戰：日本聯合艦隊在司令官東鄉平八郎（1847–1934）的率領下全殲俄國波羅的海艦隊（又稱「太平洋第二艦隊」）。

　　由於雙方都傷亡慘重，無心戀戰，1905 年 9 月，在美國的斡旋下，雙方簽訂了《樸茨茅斯條約》，其中第一條就規定了俄國放棄在朝鮮的一切影響力，承認日本在朝鮮行動的完全自由。當然，日本的收穫可並不只是這一點；它事實上順勢「繼承」了俄國此前在中國東北已經獲得或者要求的大部分權益。中國無法在日俄戰爭後拿回屬於自己的權利；對於中國而言，這只是一個帝國取代另外一個帝國而已。

　　對於俄國而言，戰爭失利動搖了沙皇的專制體制，引發了革命浪潮；而沙皇尼古拉二世決定與日本媾和，跟國內動亂的壓力有著直接關係。此時這位沙皇當然沒料到，這次革命後不過十年，他的王朝就在 1917 年的革命中瓦解；他更未料到，第二年蘇聯領導人會下達處決令，將自己一家七口全部殺害。此時距 1898 年他為帝國贏得《旅大租地條約》不過 20 年；據說條約簽訂那日，他曾為此興奮了一整天。

　　我們再看一下日本。日俄戰爭的結果使得日本在大陸獲得了根據地，這是日本帝國成長、慾望自我實現的關鍵一步，日本由此成為徹頭徹尾的帝國主義國家。另外，由於失去了中國東北這個緩衝地帶，日本要持續面臨來自俄國的壓力，而這種壓力進一步導致了它的軍事擴張策略。1931 年的「九一八事變」和 1932 年的「滿洲建國」，最終成了引爆日本帝國崩潰的導火索。

4　〔日〕和田春樹著，易愛華等譯：《日俄戰爭：起源和開戰》（北京：生活・讀書・新知三聯書店，2018），頁 430–433。

因此，誰是這場戰爭的勝者並不是重要的問題。從東亞世界體系演變的角度看，日俄戰爭是中日甲午戰爭之後的一種必然結局。這裏的主角正是日本。甲午戰爭因日本與中國爭奪朝鮮的控制權而爆發；同樣，日俄戰爭也是因日本與俄國爭奪朝鮮的控制權而爆發。表面上看，日本並沒有必須控制朝鮮的理由；但如果我們將視線拉長，向歷史事件背後的精神深處延伸，就會發現，近代東亞世界史上的事件必然是同時與中日兩國有關的事件。這些事件就像人們熟悉的俄羅斯套娃，本質一樣，彼此只是大小不同，但都可套在一起。

　　當然，在歷史現場，當事者容易為自身找到開戰的理由。日本著名作家司馬遼太郎（1923–1996）在其名作《坂上之雲》中，對日本在朝鮮問題上必須與俄國一戰的理由進行了説明。他這樣寫道：

　　　　日本在朝鮮問題上如此固執，在沒有經歷過那個歷史階段的今天的人們看來，無論如何都有點不可思議，甚至有些滑稽。但是，從十九世紀到那個時代，世界上的國家和地區只有兩條道路可以選擇，要麼淪為他國殖民地，要麼振興產業、增強軍事力量，進入帝國主義國家行列。

　　　　日本選擇了通過維新而自立的道路，從那個時候起，即便是給他國（朝鮮）造成麻煩，也必須保持本國的自立。日本在那個歷史階段必須對朝鮮如此執著。因為如果放棄了這一點，不僅是朝鮮，恐怕就連日本自身也會被俄羅斯吞併。[5]

　　這是一種具有歷史感的評論。司馬遼太郎的歷史小説對日本國民的歷史認識有非常大的影響，甚至形成了一種所謂的「司馬史觀」。這種現象之所以能夠出現，原因正在於那些作品事實上刻劃了日本國民真實的意志和慾望。在歷史現

5　轉引自〔日〕和田春樹：《日俄戰爭》，頁 5-6。

場，與俄國一戰被視為決定日本命運的一戰。當時俄國人口為日本的三倍，常備兵力為日本的十倍；從這個角度來說，這場戰爭也的確關乎日本今後的命運。

不過，真正的問題是，這種特殊命運觀的形成要因，我們要到更長遠的歷史時空中去尋找。日本歷史學家和田春樹認為，「這場戰爭的根源在於日本對朝鮮的野心」。[6] 這個說法當然也不錯。但同樣未解決的問題是，這個「野心」在日本演化史當中的真實含義具體是什麼。

如前所述，日俄戰爭使得日本最終獲得了夢寐以求的在大陸的根據地。不僅如此，這場戰爭促進了它的「大陸政策」的成熟，並進一步製造了所謂的「滿蒙問題」。在隨後的歷史進程中，日本因為它在日俄戰爭中的巨大付出，始終認為自己在中國東北具有特殊的利益。1932 年日本炮製的「滿洲建國」事件，背後有著這場戰爭遺留的精神能量。

與此相對，中國最終未能解決甲午戰爭以及其後義和團運動帶來的困局。不過，由於日本的戰勝有著「東風壓倒西風」的意義，清朝中國的政治家們再次開啟了立憲改革。因此，這場戰爭也是我們理解中國歷史演進過程中必不可少的大事。當中國在 1920 年代進入革命時代，要求收回東北權益時，這一要求必然和近代日本國家的根本慾望發生衝突。在這個意義上，我們所熟知的後來的歷史，也可以說是日俄戰爭的延續。當然，隨著日本進入大陸，它與列強的衝突也必然隨之而來，這同樣是它意料不及的。

6　〔日〕和田春樹：《日俄戰爭》，頁 901。

帝國戰略

作為黃種人的代表

日俄戰爭雖以日本勉強的勝利告終，引發的結果卻極為驚人。這場戰爭標誌著明治日本的大國崛起，意味著其大陸政策向前邁出了一大步；正因如此，對中國而言，日本的勝利是一個致命時刻。如果只從「日俄兩個帝國主義國家」之間的戰爭的角度看問題，我們有可能錯失認識東亞世界史變遷的一個重要契機。

關於這場戰爭，還有一個非常流行的説法：日俄戰爭是世界史上第一場「黃種人戰勝白種人」的戰爭。這個説法在當時就很流行；而戰後，日本人也以黃種人的代表自居。這意味著，日本在這場戰爭中的勝利還有一種堪稱「世界史」級別的意義：源於近代歐洲的「種族主義」觀念終於為歐洲自身創造出了一個強大的對手，日本走上了東西對抗的前線地帶。也正因此，日俄戰爭有著遠遠超過普通的「帝國主義戰爭」的影響和意義。

這兩個國家雖然在後世都被稱為帝國主義國家，但在時人的認知中，它們尚有重大的差別。與它們的「帝國」屬性相比，歷史現場中的人們更關注它們各自所代表的種族與文明意義。那是人類史上的帝國時代，人們已經將帝國的行為當成一種無須質疑的前提而接受下來。這一點被很多後世的歷史敍事忽視或者説無視了。為了追蹤近代日本的演化過程，我們現在有必要從「種族主義」與帝國關係的視角，進一步審視近代日本的國家戰略。

我們可以把問題凝練為：日本人為何要當黃種人的代表？這個問題為何重要以及重要到什麼程度，以至於我們必須瞭解它？

————— ◉ —————

首先，「黃種人戰勝白種人」的説法並不是日本人自己給自己唱頌歌、往自己臉上貼金。這種説法在當時就廣為流行，激發和鼓舞了很多被壓迫民族的政治改革與反抗殖民主義壓迫的鬥爭。清王朝在最後的數年間迅速重啟「君主立

憲」改革，就有著對這場戰爭的評估：在「黃種人戰勝白種人」之外，這場戰爭還被視為君主立憲制的勝利。1904 年《東方雜誌》上發表的一篇文章，將上述觀念表達了出來，這裏引述如下：

> 蓋專制立憲，中國之一大問題也。若俄勝日敗，則我政府之意，必以為中國所以貧弱者，非憲政之不立，乃專制之未工。此意一決，則凡官與民所交涉之事，無一不受其影響，而其累眾矣。黃種白種，中國之一大問題也。若俄勝日敗，則我國國人之意，必以為白與黃蹶天之定理，即發憤愛國之，日本亦不足與天演之公理相抗，而何論中國？此意一決，則遠大之圖一切滅絕而敬白人之意將更甚於今日，而天下之心死矣。[1]

與這個很勵志的敍事相反，當時的人們對「黃種人戰勝白種人」這個事實還有另外一種解讀，那就是「黃禍論」。這是 19 世紀末歐洲與美國流行的一種極端的種族主義觀念，認為中國人、日本人等「黃色人種」是歐洲白人的威脅；德國皇帝威廉二世是當時鼓噪「黃禍論」的主要政治家，宣稱自己是「黃禍」這個字眼兒的創造者。[2] 1905 年，戰敗的沙皇俄國出於掩飾、轉移恥辱的目的，更是大肆宣傳「黃禍」這一說法，將戰爭描述為基督教與異教徒的戰爭。這種觀念與此前支配世界的文明—野蠻觀念相輔相成，非西歐的有色人種被進一步妖魔化。

這裏的目的並不僅僅是要指出關於日俄戰爭的意義有兩種完全不同的解讀，更是要指出如下事實：從「人種」或曰「種族主義」——本質是按人種的不同來劃分文明高下的觀念與實踐——出發看問題，是當時西方世界的普遍認識，是支配當時殖民列強行事的深層觀念。事實上，早在日俄戰爭前，美國西部各州就出現了排斥日本人的運動；而當日本戰勝俄國之後，這種排斥運動蔓延至整個美

1　轉引自嚴安生著，陳言譯：《靈台無計逃神矢：近代中國人留日精神史》（北京：生活・讀書・新知三聯書店，2018），頁 155。

2　羅福惠：《非常的東西文化碰撞：近代中國人對「黃禍論」及人種學的回應》（北京：北京大學出版社，2018），頁 11。

國，達到高潮。

因此，在日本戰勝俄國、成功加入「列強」的俱樂部後，它獲得了一種新的自我意識，或者說強化了它此前已經具有的自我意識——它要當黃種人甚至全體有色人種的代表，來向西方列強交涉，希望獲得列強的平等對待。當黃種人的代表，事實上構成了日本帝國的一種最新的意識形態，從而為其世界政策服務。

顯然，這種戰略必然會引發日本這個新晉帝國和西方老牌帝國之間的衝突。此時的日本甚至成了美國海軍的頭號假想敵，美國的戰略家們開始公然討論日美戰爭的可能。[3]

——— ⊙ ———

西方殖民帝國之間的內部矛盾，壓倒了它們和非西方人種之間的種族矛盾。1914 年 7 月 28 日，第一次世界大戰爆發；按照當時的觀念，這是不折不扣的「白種人」之間的廝殺，堪稱「白禍」。值得留意的是日本在此間所扮演的角色。

日本出於既定的大陸政策，在大戰爆發後迅速出兵山東，將德國在中國的殖民地據為己有。第一次世界大戰結束後，日本再次成為戰勝國。在 1919 年 1 月 18 日至 6 月 28 日召開的巴黎和會上，它一躍成為制定戰後秩序的五大國之一，獲得與英法美意同等的地位。值得特別一提的是，日本將「廢除種族歧視」列入它在和會上試圖達成的三項主要政治目標，與另外兩項目標，即獲得德國在中國山東的權益、瓜分德國在亞太地區的其他殖民地並列。

1919 年 2 月 13 日，在國際聯盟委員會討論《國際聯盟盟約》草案時，日本代表建議在規定宗教自由的條款內增加「禁止人種歧視」條款。不過，這個建議僅僅獲得了巴西、羅馬尼亞等四個國家的支持，而遭到了英國、法國等主要大國的反對，整個條款被廢棄。在委員會於 4 月 11 日召開的最後一次會議上，日本再次努力，提議在《國際聯盟盟約》的前言中，增加這樣的說法，即「承認各國人民平等，同意採取公正原則對待其所屬的每一個人」。這次提案雖然獲得了多數國

3　〔美〕麻田貞雄著，朱任東譯：《宿命對決：馬漢的幽靈與日美海軍大碰撞》（北京：新華出版社，2018），頁 19–23。

家的支持，但在美國和英國的反對下，會議主席、美國總統威爾遜宣佈不予採納。

這在日本國內引發了輿論的強烈不滿。譬如，在日本全權代表團回國時，當時的《東京朝日新聞》有這樣的評論：

> 倘若日本始終堅持自己的主張（廢除種族歧視方案），任何國家都不可能有公然反對的理由。高喊正義的人道大國如果藉助權勢反對此等體現世界公道之根本大義的提案，和平就並非世界的和平，而只是兩三個大國的和平。聯盟就並非國際聯盟而是各大國的聯盟。我國全權代表須順應國內民意拂袖而去。[4]

這些評論就其自身而言非常犀利，在道義上也是無可挑剔。美國之所以反對日本提案，正是由於美國國內有著強大的排斥日本移民的社會基礎，有著「黃禍論」所煽動的社會輿論。事實上，1924 年美國國會還通過了一項新的移民法案，禁止接受亞洲的移民，這在日本被視為「排日法案」。法案通過後，日本國民舉行盛大的抗議活動，高喊著「對美開戰」；與此同時，各種預測、描述日美戰爭的文章也開始出現。這也可以說是日本在 1941 年 12 月對美國開戰的遠因了。

———— ⊙ ————

此刻，我們或許會產生這樣的疑問：日本國民反對種族歧視的主張是不是顯得過於偏激、過於激烈了？日本國民的這種認知和感受，究竟是怎麼形成的？

其實，前面的歷史敘述已經隱含了對這些問題的回答。譬如，我曾經提過，在傳統的東亞世界秩序當中，日本形成了高度發達的自我意識，也就是所謂的「中華」意識，而「中華」事實上是「文明」的同義詞。問題就出現在這裏：在西方列強的眼中，日本被視為「半文明」或者說「半開化」，甚至「野蠻」的國家；而在日本的潛意識中，西方列強才屬於未開化的「夷狄」世界，才是野

4　〔日〕鳥海靖編，歐文東等譯：《近代日本的機運》（北京：社會科學文獻出版社，2014），頁228。

蠻國家。

這並不是我們的事後分析。在明治時代的啟蒙思想家看來，西方列強將「文明」局限於基督教國家的做法，其實就是一種虛偽，是文明的缺陷。啟蒙思想家福澤諭吉在其著名的《文明論概略》中，就曾反覆指出這一事實。他在回顧了北美印第安人、澳大利亞土著、印度及波斯等國家和人民的悲慘遭遇後，以激烈的口吻指出：

> 西洋人所到之處，彷彿要使土地喪失生機，草木也不能生長，甚至連人種也被消滅掉。看到了這些事實，並想想我們日本也是東洋的一個國家，儘管到今天為止在對外關係上還沒有遭受到嚴重危害，但對日後的禍患，卻不可不令人憂慮。[5]

當然，這些説法有誇張不實之處。但我們現在要關注的並不是這一點，而是要看這些説法背後流露出來的危機意識。這種被啟蒙思想家反覆訴諸的危機意識，通過媒體宣傳、國民教育等各種社會機制，很快就轉變成日本進行自我變革的心理動力。在福澤諭吉看來，「文明」首先就是獲得「獨立」，就是「救亡」。

但在另外一方面，這種過於強烈的自我意識，這種強烈指責西方「文明」虛偽的做法，也妨礙了日本對世界秩序以及文明進程進行客觀、冷靜的判斷。譬如，日本在巴黎和會上提出種族平等的要求後，就遭到了美國輿論的怒懟。美國輿論的大意是説，你們日本人在國內歧視中國人、朝鮮人，根本就沒有資格提出廢除種族歧視的提案。

當然，美國的反駁是一種低水準的思考方式，本質上是一種「比爛」。但美國的輿論也反映了一個事實：當時的世界秩序和文明水準還不高，還有待進化。或者按照明治思想家的説法，當時的文明和野蠻並行：在基督教國家內部，文明正在馴服野蠻，而在基督教國家外部，野蠻正在以其蠻力改變著世界的面貌。

5　〔日〕福澤諭吉：《文明論概略》，頁186。

問題在於，當日本一再指責西方文明的虛偽，認為自己更文明時，它忘記了自己已經身為「列強」的事實；這一事實意味著，它在文明化的同時，也獲得了野蠻的力量。它為自己在亞洲的強權行徑找到了一個冠冕堂皇的藉口，即反對種族主義，實現種族平等。這種扭曲的自我意識，實際上最終把日本引向歧途，背離了世界與文明發展的大勢。

　　我們還可再舉一個例子，那就是 1931 年日本策劃的「九一八事變」。事變發生後，日本佔領中國東北，並很快建立了傀儡政權。當時的中國要求國際聯盟主持公道；最後，以英國人李頓（Victor Bulwer-Lytton, 1876–1947）為首的調查團提交了《國聯調查團報告書》。這個報告書雖然沒有滿足中國的要求，但也沒有滿足日本人的要求，沒有承認他們一手炮製的「滿洲國」。日本國內輿論對此憤怒異常。

　　此時被日本政府任命為國聯全權代表的松岡洋右（1880–1946）作了一個極其高調的即興演講，叫〈十字架上的日本〉，長達 80 分鐘。演講裏面有這樣的說法：

　　　　我們日本人已經作好接受考驗的準備。歐洲和美國的某些人不是想把二十世紀的日本釘在十字架上嗎？各位，日本眼看就要被釘到十字架上。但是，我們相信，並且確信，過不了幾年，世界的輿論就會因為日本而改變，就像拿撒勒的耶穌被世界理解一樣，我們最終也被世界所理解。[6]

　　十字架，這是基督教當中耶穌為救贖人類而受難的象徵。松岡洋右曾留學美國，對當時殖民帝國爾虞我詐的外交政策極為熟稔，他自己也是身體力行，欲以三寸不爛之舌為帝國效命。因此，他拿出這個經典的隱喻來說自己，這當然是日本帝國主義的自我欺瞞，但其中也表達了日本對歐美主導的世界秩序的怨恨，有著遭受人種歧視的真實原因。

6　〔日〕鳥海靖編：《近代日本的機運》，頁 299。

日本這一次真做到了「拂袖而去」，很快退出了國際聯盟。這是日本近代史的一個重要轉換點，因為它放棄了與西方大國的協調路線，開始一意孤行，全面挑戰西方世界。

———— ◉ ————

日本崛起後試圖改變世界不公正的狀況，建立新的世界秩序，這種做法本也無可厚非；而且，它所訴諸的「廢除種族歧視」更是佔據了道義的制高點。事實上，這個主張最終成為二戰後新世界秩序的主導原則，成了《聯合國憲章》的基本條款。不過，在當時的情境中，日本並沒有認清楚文明秩序的現狀和發展的大勢，僅僅把「廢除種族歧視」視為挑戰西方世界秩序的手段，而並沒有將它視為自我奮鬥的原則和目標，所以，儘管日本是最初提出這一動議的國家，但從一開始它的做法就是背道而馳。

日本在種族主義問題上的立場，其實與它在 19 世紀後期提出的強調亞洲團結的「亞細亞主義」在精神上一脈相承。第一次世界大戰後，日本成為世界公認的列強，站到了與列強互動的歷史舞台中央。日本非常聰明地抓住了「反對種族歧視」這一普遍的文明原則，在道義上站到了高處。這種策略非常有利於它對內進行政治和軍事動員，而這又為它隨後向英美開戰，最終走向敗局埋下了伏筆。

因此，近代日本的大國崛起之所以伴隨著光榮與屈辱，問題的根源正在於它此時的自我與世界認識。在危機叢生的 1930 年代，日本強力推行了近代以來一以貫之的大陸政策，策劃並實行了分裂中國領土的方案，最終導致它不得不放棄與英美等大國的協調。事實上，只有在協調和互動中，近代文明所具有的野蠻一面，才能逐步得到消除。但在危機四伏的年代，日本放棄了與其他國家共同克服危機的方案，選擇了與世界為敵的政策。

最後要再次強調的是，上述討論還有著探尋「廢除種族歧視」、「當黃種人的代表」這些冠冕堂皇的理由背後更深層的意識的目的。如果以極簡的方式說，那就是它要為實現帝國慾望、實現自古以來就有的「天下」野心尋找最新銳的理論武器。只是，如同我一再指出的，這種持續發揮作用的慾望，並不總能為人們的理性意識所捕捉，因而也無法簡單獲得認知和控制。

太平洋戰爭 | 「歷史被創造出來了！」

在自然界中，某種氣候一旦形成，就會有風霜雪雨各種表現；而在人們的生活世界中，特定觀念氣候的形成，同樣會表達在現實的歷史進程中。人們頭腦中的觀念和他們所體驗到的事實，從來都是相互建構、相互激盪而成。日本在 1905 年戰勝俄國後，一種特殊的自我意識蔚然成風，那就是「日本是黃種人的代表」。我們在前面的分析表明，日本國民逆向使用了這種當時世界上流行的種族主義理論——通過將自身設定為被壓迫、受歧視的黃種人乃至有色人種的代表，日本成功獲得了與歐美列強競爭、爭奪世界霸權的道義感與正當性。這既是當時日本對世界和文明的認知自身，又是日本帝國的理論武器。

現在，我們具體看一下種族主義這種理論武器，最終怎樣影響了日本和世界的文明進程。要討論的歷史事件就是 1941 年的日本對美英開戰，其核心是「對美開戰」；近代日本和西方世界的互動，終於迎來了宿命顯現的時刻。

——— ◉ ———

早在 1929 年，日本帝國的軍事頭腦石原莞爾就已經為「世界最終戰爭」進行了理論思考，並同時進行了戰略準備。但他未意識到的是，他的「縝密」的奪取中國滿蒙地區的計劃，在日本國家慾望的湧動中開始荒腔走板。在他策劃的「九一八事變」即將滿十年之際，日美戰爭就到來了，這比他所預計的要早了數十年。社會學中有「預言的自我實現」的說法，說的就是觀念與實際歷史相互作用的過程。簡言之，日本為了準備日美決戰，悍然佔領了中國的東北，而這種做法進一步促發了日美之間的矛盾。1937 年日本展開全面侵華戰爭後，美國對日本的制裁逐步升級，而日本最終也放出了勝負手。

1941 年 12 月 8 日（美國時間為 12 月 7 日）凌晨 3 點 20 分，日本對美國珍珠港海軍基地發動突襲；而此前 1 點 30 分，日軍已經登陸英屬馬來西亞，戰爭

已經開始。12 月 10 日，英國皇家海軍巨艦「威爾士親王」號和「卻敵」號被日本炸沉；這一年聖誕節當日，日軍佔領香港；第二年 1 月 2 日，日軍攻佔馬尼拉；2 月 15 日，新加坡淪陷。3 月 9 日，駐紮在菲律賓的美國遠東軍司令麥克阿瑟（Douglas MacArthur, 1880–1964）擔心被俘，逃亡澳大利亞，大批美國士兵成為日本帝國的俘虜。在東南亞戰場，日軍勢如破竹，將整個西方列強的殖民地納入囊中。

這些都是在目前的歷史敍述和影視節目中經常出現的主題，人們對事件的來龍去脈並不陌生。那麼，日本為什麼發動了這場戰爭？為了打破美國對它進行的制裁？或是日本帝國的一場根本沒有勝算的賭博？還是如日本人所認為的，這是一場創造歷史的戰爭，有著日本徹底的物質和精神準備？

寬泛地説，這些説法似乎都沒錯。但把當時日本發動對美戰爭這樣級別的決策歸結為「賭博」，並不符合一般的常識。日本的決策過程，應該是經過了極其周密的計算與推演。從軍事的角度來説，日本採用「南進」策略，即攻擊英國、荷蘭、美國在東南亞的殖民地，目的正是獲取石油、橡膠等至關重要的戰略資源，從而維持它對中國發動的全面侵略戰爭。1940 年 9 月 27 日，日本與德國、意大利簽訂同盟條約，「軸心國同盟」成立，此後，日本便將東南亞劃入自己的勢力範圍。

另一方面，從當時的戰局來看，日本認為它在歐洲的盟國，即德國和意大利會取勝；它之所以要對英美開戰，就是要兩面夾擊，拿下英美。退一步説，它希望通過消滅美國太平洋艦隊的力量，迫使美國回到談判桌與它進行談判，從而達成獨霸亞洲的戰略目的。而在此前的日美談判中，美國堅決要求日本從中國撤軍，恢復「九一八事變」以前的狀態。在對美開戰前及開戰後，時任美國駐日大使格魯（Joseph Grew, 1880–1965）曾數次使用「民族切腹」來形容日本軍國主義者的蠻幹，這當然也表達了美國的觀察和敵意。[1] 顯然，我們不能因為日本慘敗，就用「賭博」這樣的非理性、非謀略的字眼來概括這段歷史。

---

1 〔美〕格魯著，沙青青譯：《使日十年》（北京：社會科學文獻出版社，2020），頁 527。

同樣，還有一個問題值得我們思考。從中國和亞洲其他被壓迫、被殖民的國家和民族來說，日本的侵略性與不正義性不言自明；日本的失敗可以說是罪有應得。但從當時日本的角度看，這場戰爭意味著什麼？或者說，它認為自己開戰的「正義性」在哪裏？日本對發動戰爭的認識，正是我們要關注的問題。

戰爭爆發後，日本天皇正式向國民發佈了《宣戰詔書》。詔書中有這樣的說法：

> 確保東亞安定以利世界之和平……與英美兩國開啟釁端，洵非得已……中華民國政府不解帝國之真意，妄自滋事，擾亂東亞之和平，卒使帝國操戈而起……然重慶殘存政權，恃美英之庇蔭。兄弟鬩牆，罔知悔改。美英兩國支援殘存政權，助長東亞之禍亂，假和平之美名，逞稱霸東洋之野心，並進而勾結與國，於帝國周圍增強武備，向我挑戰……對帝國生存予以重大威脅。……帝國今為生存與自衛計，唯有毅然奮起，粉碎一切障礙。皇祖皇宗神靈在上，朕深信爾等眾庶之忠勇，必將恢弘祖宗之遺業，迅速剷除禍根，確立東亞永久之和平，以期確保帝國之光榮。[2]

這個說法就是日本帝國的意識形態自身，它流露出了日本帝國此時的部分真實慾望。因此，對於日美開戰這樣世界史級別的大事件，我們要找一個與其級別相匹配的視角，來重新看一下這場戰爭。這個視角是我們歷史敍事的一個主線，即文明的進程。我們要具體思考的問題是：這場戰爭同其後的歷史與文明演進的方向有什麼關係？我們今天反思這場戰爭，究竟能獲得怎樣的關於歷史和文明進程的經驗和教訓？

———— ⊙ ————

我們這裏先引述一段竹內好（1910–1977）的說法，看看當時日本人對

2　〔日〕服部卓四郎著，張玉祥等譯：《大東亞戰爭全史》（北京：世界知識出版社，2016），頁289。

事件的感知情況。竹內好在戰前就是有名的中國文學的研究者；中國作家魯迅（1881–1936）在今天的日本之所以獲得一種接近崇高的地位，與竹內好的翻譯、研究和解釋可以說有緊密的關聯。戰後，他對日本的軍國主義歷史與日本的國民性進行了極其嚴厲的批判與反省，是一位著名的左翼思想家。

現在我們進入正題。1941 年 12 月 8 日上午 11 點 40 分，日本天皇向國民發佈了宣戰詔書。聽到這一消息，竹內好立刻撰寫了〈大東亞戰爭與吾等的決意〉一文。在文章一開頭，他這樣寫道：

> 歷史被創造出來了！世界在一夜之間改變了面貌！我們親睹了這一切。我們因感動而戰慄著，我們在戰慄中用目光追隨著那如同彩虹般劃破天空的光芒，追隨著那光芒的走向，我們感覺到從自己的內心深處湧出某種難以名狀的、攝人心魄的震撼之力。[3]

我們今天看到這樣的說法，很容易認為這是當時日本軍國主義分子的典型言論。但如前所述，竹內好非但不是軍國主義者，反而是一位堅定的反戰主義者與軍國主義的批評者。譬如，他在這篇文章中就高調宣稱自己熱愛中國：「我們熱愛支那，熱愛支那的感情又反過來支撐著我們自身的生命。」他認為日本自 1937 年開始的軍事行動本質上是對中國的侵略，是在建設東亞美名下的「欺凌弱小」。但此番日本對英美開戰卻改變了竹內好的一些看法：開戰表明了「日本不是畏懼強者的儒夫」。

竹內好的意思是說，日本既然敢於向強者挑戰，至少說明它此前提出的「建設東亞新秩序」的目標，不再純然是欺騙人的謊言。他接著說，「在東亞建立新秩序、民族解放的真正意義，在今天已經轉換成我們刻骨銘心的決意」。然後，他斬釘截鐵地宣佈：「從東亞驅逐侵略者，對此我們沒有一絲一毫進行道德反省的必要。」

3　〔日〕竹內好：《竹內好全集》（東京：筑摩書房，1981），第 14 卷，頁 294–298。

因此，當他宣稱「歷史被創造出來了」的時候，他是由衷地相信，日本正在驅逐東亞的侵略者，正在驅趕英國、美國、法國、荷蘭等帝國主義列強，為亞洲被殖民的國家謀求解放。這個被創造出來的歷史，也可以說是一種新的文明；在日本帝國主義者創建「東亞新秩序」的謊言中，竹內好認為自己從天皇的宣戰詔書中看到了歷史真實的一面。

　　當竹內好高調宣稱「歷史被創造出來了」的時候，事實上表明了當時日本國民的最大共識：近代以來日本努力的目的，就是創造一種新的「歷史」。日本對英美宣戰，是將國民的意圖和慾望付諸行動的必然結果，是被國民普遍認識到的新事實。正因為如此，這場戰爭對於那些因日本侵略中國而感到羞愧的人而言，是一種精神上的拯救。

———— ⊙ ————

　　那麼，日本要創造歷史這一觀念究竟是從哪兒來的？我們當然不能將其簡化為近代日本軍國主義者狂妄自大、不自量力的結果；同樣，將此時日本帝國的對外政策簡化為「狂熱」、「賭博」這樣的一般認知，也不符合事實。我們要在日本的歷史和民族心靈的深處去尋找那種力量。

　　從「文明」的視角來看，自從明治維新以來，日本在世界秩序與文明秩序的演變過程中一直扮演著雙重的角色：日本既是近代西方文明的追隨者與崇拜者，又是近代西方文明的挑戰者與叛逆者。日本最終發動對西方帝國主義國家的戰爭，可以說是它走向近代文明的必然結果。

　　重要的是，日本之所以能扮演這樣的角色，正是內在於它自身的東亞屬性發生作用的結果。西方殖民主義勢力在 19 世紀中期擴張到東亞之後，東亞世界的各民族就被捲入這一世界史的運動當中。如何擺脫被征服、被殖民的命運，對於有歷史、有文明意識的國家和民族而言，是一個異常緊迫的問題。在這個過程中，日本是一個特例，一個與眾不同的變量。它極其迅速地吸收了西方文明的成果，實現了富國強兵，從而擺脫了危機。而它擺脫危機的最主要的手段，卻是與列強抗爭，參與列強的殖民地競爭並發動殖民戰爭。

　　所以，近代日本在演化上的殊異性格已經不言自明了。一方面，它發動的

針對中國、俄國、美國以及英國等的戰爭，有著帝國主義的現實考慮，那就是要成為強權、爭奪殖民地，這是它非常惡劣的一面；另一方面，它抓住了當時西方文明的缺陷——當時殖民帝國普遍的虛偽與野蠻——把自己塑造成了挑戰者和解放者的角色，並受到了國民的廣泛認可。在軍國主義的教育下，日本國民把自己的不如意統統歸因於西方「野蠻」國家對它的歧視、壓迫和封鎖。在這樣的認知環境中，日本當時決定對美開戰，可以說並沒有碰到實質性的阻礙和困難。

更重要的是，此時日本國民呈現出的慾望和認知也讓決策者感受到民心可用。如前所述，竹內好雖然對日本軍國主義持批評態度，但他對日本挑戰美國的事實，卻表達了一種讚賞的激情。竹內好表達的正是日本國民的共識。近代以來日本努力的目的就是創造一種新的「歷史」，創造一種全新的「文明」。日本京都大學的一些哲學家迅速地拿出了一套「世界史」理論，認為這是日本文明、東洋文明戰勝並超克西方文明的東西大決戰。因此，對美國的開戰消弭了日本國民對日本發動侵略戰爭的最後一重疑慮，甚至可以說起到了一針強心劑的作用。

在戰後的批判反思過程中，竹內好提出了一個有名的說法，叫「優等生文化」：在致力於學習外部世界方面，日本人從來都是非常熱心。他這樣寫道：「趕上，超過，這就是日本文化的代表選手們的標語。不能輸給別人，哪怕只是一步，也要爭取領先。他們像優等生那樣掙得分數。」也就是說，近代日本就像學校裏的好學生一樣，只要拿第一，其他就不聞不問了。

竹內好的這個比喻，其實是他進行的自我批評：「優等生」畢竟只是學生，尚未產生真正成熟的自我意識與文明意識。「優等生文化」容易產生兩種結果：一是完全按照老師的規則行事；二是優越意識，一種指導落後者與落後的人民的「使命感」。日美開戰後，竹內好說「歷史被創造出來了」，其實就是優等生意識的流露。當然，那時候日本國民上下真誠地認為，日本正在為創造世界新文明與新秩序奮鬥。

在這種「優等生文化」潛移默化的影響下，當日本精英看到西方列強壓迫、殖民其他國家與民族的事實時，自然會感受到近代西方文明不義、野蠻的一面。我們前面曾提到的松岡洋右在國際聯盟的演說，就是這種優等生意識的代表：日本極其「聰明」地效仿西方殖民帝國的種族歧視與民族壓迫行為，儘管它早已

「聰明」地認識到這種秩序的不義和無法持久。於是,它開始構想更為文明的世界新秩序。但在日本進行殖民擴張的過程中,它自身的野蠻力量與「優等生」的偏執意識相互激盪,結果便是將自己的文明意識丟得一乾二淨。日本雖然在國土上成功避免了淪為西方的殖民地,但在思想觀念上近乎全面淪陷。

——— ◉ ———

關於 1941 年的日美開戰,多數的歷史敍述和分析都集中在當時的政治和軍事分析層面上。但如上文所述,我們若想要理解這個事件在其演化進程中的作用,必須從世界秩序與世界文明的層面上看問題,否則容易被歷史事實的一些細枝末節所左右。這個「文明」視角並非後世觀察者強加給歷史的,而是當事者自身實實在在的自我意識。

在傳統的東亞世界體系中,由於接受儒家思想的長期薰陶,日本形成了自身就是文明的意識;但當日本在近代與歐美列強發生互動時,面對完全異質的近代西方文明,它的「文明」意識產生了分裂。日本針對亞洲國家同樣採用了「野蠻」的殖民壓迫與掠奪,這意味著它喪失了對真正「文明」的歷史記憶和感受。

關於日美開戰這一歷史事件的前因後果,我們最後再略作總結。第一,從東亞世界體系變動的角度,日美戰爭是近代西方殖民主義世界秩序的必然結果。日本越是一個學習西方文明的「優等生」,這種戰爭越無法避免。日美對決是殖民帝國主導的近代世界秩序矛盾的總爆發,從而事實上也是近代文明自我更新的手段。第二次世界大戰後形成的以聯合國為中心的新世界秩序,正是新文明的誕生:這個文明的主旨是將國家行為納入國際法的管控之下,在世界範圍內實現法律的正義。

第二,1941 年開始的日美對決,還有著「文明衝突」的強烈意味,某種意義上也是傳統東亞文明與近代西方文明的衝突。竹內好的「歷史被創造出來了」,並非軍國主義時代日本國民的幻想,而是一個日本知識分子對人類文明的呼籲和渴求。事實上,日本通過軍事行動打破了西方殖民帝國在東南亞的統治秩序,客觀上為二戰後東南亞各國的獨立創造了一定的條件;在這個意義上,日本對英美的挑戰帶來了複雜的歷史結果。

美國歷史學家道爾（John W. Dower）在分析太平戰爭的種族主義側面時，曾這樣寫道：「真正改變許多非白人世界觀的是日本的行動，而不是它的語言。日本人敢於向白人的支配地位發起直接挑戰，他們最初的勝利以令人難忘的方式羞辱了歐洲人和美國人，並永遠地摧毀了『白人萬能』甚至『白人效能』的神話。」[4] 在終結起源於西方殖民帝國的種族主義觀念和實踐的歷史進程中，日本誠然扮演了挑戰者的角色。

第三，隨著日本在 1945 年 8 月 15 日宣佈無條件投降，東亞世界秩序再次發生巨變：日本的戰敗意味著日本作為大國地位的喪失，而中國則因其艱苦卓絕的抗戰，在戰爭末期上升為與美國、蘇聯和英國並列的世界「四大國」，並在 1945 年 6 月 26 日簽署的《聯合國憲章》中，成為維持新世界秩序的五大國之一。中國雖然無法恢復歷史上在東亞世界的地位，但最終走出了此前持續了大約一個世紀的困境。

---

4 〔美〕道爾著，韓華譯：《無情之戰：太平洋戰爭中的種族與強權》（北京：中信出版社，2019），頁 188。

東京大空襲 ｜ 從重慶開始的因果鏈條

　　1941 年日本與美國對決的失敗，對此後日本的國家存在方式有著決定性的影響。這是歷史上日本國土第一次遭到毀滅性的打擊，國民的內心受到了強大的衝擊。日本國民將被迫帶著特定的戰爭記憶——從「萬世一系」、「八紘一宇」、「金甌無缺」的近代軍國主義「神國」到戰敗亡國的現實——開始國家重建的過程。這種影響如此深刻，以至於在今天依然可見這場戰爭對日本國民的家國意識的塑造。

　　其實，今天的多數日本國民在提到「戰爭」時，首先想到的就是「日美戰爭」；由於它會引發創傷記憶，很多人甚至不願直呼其名，而更願意用「那場戰爭」來代替。「那場戰爭」當然是日本走向慘敗的過程。人們通過歷史閱讀和影像資料，對戰爭過程都會有所瞭解；其中日美雙方在中途島、塞班島、硫磺島、沖繩島等地的激戰，更是各種歷史講解與影視節目再現的內容。

　　但要說到日本國民的戰爭記憶，這些戰役還不是主要的，因為它們畢竟與多數國民的直接體驗無關。今天日本國民提到「那場戰爭」時，首先想到的是他們自身在戰爭末期的悲慘遭遇，那就是日本遭到了盟軍的毀滅性轟炸，其中的一個具體環節就是「東京大空襲」，尤其是 1945 年 3 月 9 日和 10 日美國對東京的空中轟炸。

　　空襲是一種常見的戰爭行為，為什麼東京大空襲會在日本國民的戰爭記憶中佔據特殊的位置？它在整個日本演化進程中扮演了怎樣的角色？

———— ◉ ————

　　首先，這場空襲非同尋常，它是日本歷史上第一次遭受毀滅性的打擊。此前，日本本土遭受攻擊，還是發生在鎌倉時代的兩次「蒙古襲來」（分別是 1274 和 1281 年），但都以日本的勝利告終。東京大空襲是第一次發生在日本民

眾身邊的戰火，而且結果非常慘烈：在兩日的空襲中，東京街區的大約四分之一被夷為平地，近十萬人殞命，日本國民感到了強烈的震撼。

如果聯想一下 2001 年美國紐約遭到攻擊的「九一一事件」，我們就可以明白這種震撼的強度。美國自建國以來，除了 1812 年它向英國宣戰而引發攻擊外，本土再未遭到過外敵的打擊。這一安全記錄終結於 2001 年。美國的這種安全狀況，當然也得益於它的地理位置。但也正因如此，這場襲擊對美國的衝擊顯得越發強大，深刻影響了此後美國的國家安全政策和對外政策。

而對於多數普通的日本國民來說，東京大空襲或許才是戰爭的真正開始。1937 年 7 月 7 日發動全面侵華戰爭之後，日本士兵固然有傷亡，日本國內固然從 1938 年 4 月就制定了《國家總動員法》，開始進入戰時總動員體制，但戰爭的悲慘似乎永遠是別人的事情。非但如此，在軍國主義的教育下，人們還形成了支持侵略戰爭的狂熱觀念。甚至，日本侵華戰爭開始後，日本國內經濟出現了所謂的「戰爭景氣」，經濟變得更為繁榮，國民生活水準也隨之上升。[1] 對大多數日本國民而言，在歌舞昇平中，戰爭只是停留在報紙上的新聞或統計數字，而不是真實的生死體驗。

正是這種從主動放火到隔岸觀火再到引火燒身的戲劇性過程，讓深陷軍國主義泥潭的日本國民猛然警醒。準確地說，以「東京大空襲」為代表的二戰末期美國空軍對日本本土的毀滅性打擊，徹底顛覆了近代以來日本國民的戰爭意識，也讓其切身感受到了戰火的可怕與戰爭的悲慘。第二次世界大戰後，日本普通國民基於自己的戰爭體驗，開始致力於和平主義的思想，對日本政府的很多內外政策——譬如試圖修改《日本憲法》而向海外派遣軍事力量——形成了有力的制約。

但另一方面，日本的一些政治家和學者還經常發表一些否認戰爭責任的言論，這自然意味著他們對戰爭和歷史認識的不徹底。那麼，他們的這些認識與普通民眾又有怎樣的關係？日本國民究竟記住或遺忘了怎樣的歷史事實？

---

1 〔日〕井上壽一：《日中戦争下の日本》（東京：講談社，2007），頁 24–25。

由此，我們會發現一個獨特的「事實」：今天的日本國民記住的首先是東京大空襲的悲慘結果，而不是它的起源。這種對起源的忽視或遺忘，不管是有意還是無意，都會扭曲人們的歷史認知與戰爭記憶。

———— ⊙ ————

　　我們首先從「九一八事變」談起，因為在這一年的 10 月 8 日，日本空軍出動 11 架飛機對錦州進行了轟炸。這是一次不折不扣的戰略轟炸，事變首謀石原莞爾親自升空視察轟炸結果。這是人類歷史上的第一次「無差別轟炸」，它不再區分軍事與民用設施，不再區分士兵與平民，統統將其納入轟炸的目標當中。

　　無差別戰略轟炸是一種新型的戰爭形態與手段，日本是這個戰爭手段的始作俑者，而錦州則是第一個犧牲的城市。日本軍國主義者從中嘗到了甜頭，找到了一種以最小代價進行最恐怖的殺戮的形式。因此，儘管從轟炸錦州開始，日本就一直因這種非人道的恐怖行徑而遭受來自美國、英國等國際社會的強烈批評，但它一意孤行，走上了不回頭的路。悲慘的是，中國成了無差別轟炸這種新型戰略思想與戰術的最初的犧牲者。有日本學者指出，石原莞爾就是無差別戰略轟炸的創始人。而這次轟炸實際上鋪設了一條後來通向重慶，然後通向廣島、長崎的岔道，成為「終點的起點」。[2] 在走向東京大空襲的因果鏈條中，中國戰時首都重慶構成關鍵的一環。正是在圍攻重慶的過程中，日本把無差別轟炸的恐怖主義行徑發揮到了極致。常言道：天作孽，猶可恕；自作孽，不可活。這是對戰時日本帝國主義的預言。我們可以看幾個細節，以佐證其中的因果關聯。

　　1937 年 7 月 7 日日本發動全面侵華戰爭後，數月間先後攻陷了上海、南京等大城市，意欲迫使中國投降。到了第二年，日本更是集結重兵，最終在 10 月奪取了武漢。不過，中國政府隨即遷都重慶，採取了「以空間換時間」的持久戰

2　〔日〕前田哲男著，王希亮譯：《從重慶通往倫敦、東京、廣島的道路 —— 二戰時期的戰略大轟炸》（重慶：重慶出版社，2015），頁 28。下文對日本戰略轟炸若干歷史細節的重現也參照了此書，不再一一列舉頁碼。關於重慶轟炸的詳細記錄和分析，還可參見〔日〕伊香俊哉著，韓毅飛譯：《戰爭的記憶：中日兩國的共鳴和爭執》（北京：社會科學文獻出版社，2016），第 6 章。

戰略。此時，日本已經用盡除「近衛師團」，也就是皇宮的禁衛軍之外的所有陸軍兵力，可謂強弩之末。

面對重慶的險要地勢，日本認為出動空軍進行轟炸，是迫使中國屈服的唯一辦法。1938年2月18日，日軍對重慶郊區的機場實施了首次轟炸；10月4日，進一步對重慶市區實施了轟炸，從此拉開了殺戮重慶市民的序幕。第一次大規模空襲發生在1939年的5月3日和4日，日本連續兩天對重慶市區的鬧市地帶進行地毯式轟炸，結果造成五千多平民殞命。造成如此大傷亡的一個原因，是日本使用了新型的炸彈：一種特製的燃燒彈。

我們這裏先說第一個細節，一個決定了此後東京命運的細節。

1939年的5月3日和4日，在重慶遭受轟炸時，一位特殊的外國人拿著照相機和筆記本，對整個過程進行了詳細的觀察。這個人就是後來赫赫有名的美國援華空軍「飛虎隊」隊長、美國陸軍航空隊少將陳納德（Claire Lee Chennault, 1893–1958）。在這次轟炸後，陳納德給美國空軍參謀長寫了一封信，內容就是建議開發專門針對日本城市使用的燃燒彈。東京大空襲中的主要武器燃燒彈，其起源正是重慶大轟炸中日軍率先使用的這種殘酷且致命的武器。

重慶的受難和犧牲還剛剛開始，日本隨後發動了代號為「百一號作戰」和「百二號作戰」的兩場大型轟炸。當時，日軍集中了海軍和陸軍的所有航空兵和飛機，組成了龐大的轟炸機群。在1940年5月到8月間發動的「百一號作戰」期間，日軍動用二千餘架飛機實施了數十次大規模轟炸，總共向重慶市區投放了一千四百餘噸炸彈，包括最新型的燃燒彈。而且，為了徹底掌握制空權，日本將幾乎還處在實驗階段的一款新式戰鬥機投入了戰鬥，這就是後來很有名的「零式」戰鬥機。

在戰術上，日軍還發明了一種新方法，故意採用不間斷轟炸的方式，藉以剝奪重慶市民的喘息機會，目的是造成最大的恐怖效果。日軍為此專門起了個名字，叫「重慶定期」，意思是空襲就像是定期航班，嚴格按照計劃、按照時間表進行。重慶人將其稱為「疲勞轟炸」；而1941年6月5日較場口防空洞發生的造成一千多人瞬間殞命的慘案，就是這種「疲勞轟炸」的結果。

值得留意的是，當時的日本國民對日軍的殺戮與中國平民遭受的苦難置若

罔聞。譬如，1940 年 8 月 21 日的《朝日新聞》就報道了「連續攻入敵都（重慶）三十次的輝煌紀錄」以及「第三十一次重慶猛襲，市區化為火海」的戰況；對此，有日本學者這樣指出：「報紙中對日軍實施空戰和空襲的描述，體現了戰爭的輝煌和爽快感，卻沒有體現悲慘和殘酷性。」[3]

我們再說第二個細節，這次出場的是美國總統羅斯福（Franklin D. Roosevelt, 1882–1945）。

據記載，早在 1941 年 1 月，羅斯福就命令美國海軍考慮對日本城市進行轟炸的可能性。大家要注意這個時間節點，它處在日軍對重慶大轟炸的間歇期，距離這一年年底的日美開戰還有將近一年的時間。羅斯福這一命令的動機正是源於日軍對重慶進行無差別、無間斷轟炸的事實。對重慶平民的無差別殺戮激怒了這位理想主義者和人道主義者。1942 年 4 月，美國空軍首次實施了東京空襲；空襲使用了位於浙江省省內的機場，導致日軍隨後對中國進行了猛烈的報復，屠殺沿線民眾達 25 萬人。[4]

其實，早在 1937 年 7 月 7 日發動全面侵華戰爭不久，日軍就對南京、蘇州、杭州等城市進行了無差別轟炸。當時美國總統羅斯福、國務卿史汀生（Lewis Stimson, 1867–1950）以及隨後出任國務卿的赫爾（Cordell Hull, 1871–1955）等人，均一致譴責日本違反國際法。這一年的 8 月 29 日，駐南京的美、英、德、法、意五國代表向日本提出抗議書，譴責日本的無差別轟炸「直接導致了普通百姓的死傷甚至充滿痛苦的死亡」。10 月 5 日，羅斯福發表著名的「隔離演說」，反對「世界上恐怖和無法無天行為的流行症」，要對侵略國實施「防疫隔離」，這就如同「在生理上的流行症開始蔓延時，社會就會認可並參與把病人隔離開來，以保障社會健康和防止疾病傳染」。[5] 這是對日本野蠻侵略行徑的譴責。國際聯盟還專門就日本無差別轟炸中國城市召開全體會議，譴責日本隨意殺傷無辜

3　〔日〕伊香俊哉：《戰爭的記憶》，頁 158。
4　關於這次空襲的歷史敘述，參見王國林：《1942：轟炸東京》（北京：生活・讀書・新知三聯書店，2016）。
5　轉引自〔美〕麥克萊恩：《日本史（1600–2000）》，頁 450。

平民的行徑。針對這些抗議，日本軍國主義者進行了百般的狡辯。[6]這一時期，美國出於對國際法的尊重和它固有的人道主義考慮，逐步升級了針對日本的經濟制裁。

後人在探討日美開戰的原因時，通常會歸結於美國在 1941 年 8 月對日本最終實施的戰略物資，尤其是石油的禁運。不過，從上述兩個細節中我們可以看到，美國最終針對日本採取決定性的禁運措施的背後，也有著此前對日本不正義行為感到憤怒的漫長積累。重慶市民遭受的巨大苦難，以及日本對珍珠港的突然襲擊，最終解除了美國針對日本城市進行無差別轟炸的道德顧忌。

1944 年 6 月 15 日，美國的「超級堡壘」B29 型重型轟炸機從中國的成都基地起飛，開始對日本九州的工業中心進行轟炸，拉開了對日戰略轟炸的序幕。11月 24 日，東京首次遭到了轟炸，由日本軍國主義者發明並率先發動的這種無差別轟炸的狂飆，發生了轉向，開始刮向自身。高潮發生在 1945 年 3 月 9 日夜，美軍 334 架 B29 轟炸機從關島出發，攜帶 1,665 噸凝固燃燒彈空襲了東京。東京瞬間被火焰吞噬，繁華的現代大都市頓時變成人間的修羅場，上百萬人無家可歸。

到戰爭結束時，日本全國共有 98 個城市遭到不同程度的轟炸。8 月 15 日上午，美國出動八百多架轟炸機對東京進行了最後一次大規模空襲。這一日的正午 12 點，天皇通過廣播發佈《終戰詔書》；隨後，美國總統杜魯門（Harry S. Truman, 1884–1972）宣佈停止軍事行動。東亞乃至世界史上的最大一場浩劫，終於結束。而日本則在較短的時間走完了從重慶到東京的道路。

———— ⊙ ————

20 世紀戰爭的殘酷性在於，人們發明了從天上到地下的各種全方位的殺傷性武器；各種生物、化學武器不但被投向戰場，還被隨意投向了平民居住的城市與村落。從重慶到東京的無差別轟炸，就是這種殘酷性的典型。

---

6 〔日〕伊香俊哉：《戰爭的記憶》，頁 143–146。

以東京大空襲為代表的盟軍對日本本土的轟炸，是日本普通國民對戰爭感受的首要來源。這一苦難歷程的起源，正是侵華日軍在中國大陸實施的各種暴虐行為。日本最先實施了無差別轟炸的戰略，結果引火燒身，重創了自身。日本本土遭受的毀滅性打擊，從根本上促進了國民的驚醒，使得他們放棄了軍國主義的道路。不僅如此，戰後日本國民當中甚至形成了否認任何戰爭正義屬性的「絕對和平主義」思想。

但另一方面，戰後日本對於戰爭的反思並不徹底。在戰後日本的歷史記憶中，重慶這一因果鏈條中最關鍵的一環，遭到了忽略和遺忘。日本國民一再回憶起自身傷亡的慘痛經歷，而缺少了對無辜受難的重慶市民的哀悼，日本歷史認識的不徹底由此也可見一斑。就此而言，「那場戰爭」對日本國民的影響還將持續下去。

還要指出的是，我們這裏談到的日本的戰爭記憶以及戰後日本的和平思想，還有著另外一種起源，那就是廣島和長崎遭受的原子彈轟炸。如果説東京大空襲最終造成了近代日本軍國主義極力鼓吹的「神國意識」的破滅，那麼，廣島和長崎的原子彈轟炸，則被賦予了更為複雜的含義，其中最重要的一點就與這個「神國意識」有關。

廣島和長崎

兩個「神國」的對決

　　1945 年 8 月 6 日和 9 日，日本的廣島和長崎先後遭受了原子彈轟炸。這兩次轟炸屬於盟軍對日本本土打擊的一部分，但與盟軍對其他城市的空襲相比，卻有實質的不同，超過了一般戰爭意義上的因果鏈條，因為人類第一次使用了一種終極性的致命武器——核武器，並以其巨大的殺傷性能改變了軍事戰略的本質。結果，廣島和長崎永遠和這種終極武器聯繫到了一起，日本也成為唯一一個遭受核武器打擊的國家。

　　歷史當中沒有假設，但對於這種終極武器的使用的是與非，後世的人們提出了各種不同的看法。譬如，假設美國不使用原子彈，日本會投降嗎？假設日本率先研發出原子彈，結果又會怎樣？圍繞這些假設進行思考並非沒有意義，它們會讓我們進一步理解人類事務的本質。

———— ◉ ————

　　美國的原子彈研製成功之後，此前一直被蒙在鼓裏的新任總統杜魯門在 7 月 25 日的日記中這樣寫道：「我們找到了世界歷史上最可怕的武器，它可能是諾亞和他的大方舟之後，幼發拉底河谷時代預言的大火毀滅……希特勒團夥或斯大林沒有發現這個原子彈，對世界來說確實是件好事。」在對日本是否使用原子彈上，杜魯門沒有顯示半點猶豫，而陸軍部長史汀生則表達了遲疑。他對杜魯門說，他支持使用這一武器結束對日戰爭，但他也不想看到美國「比希特勒還殘暴」。除了主要的軍事考慮之外，針對日本的報復慾望以及與蘇聯的競爭，構成了當時美國政治家思考的主要問題。[1]

1　〔美〕內伯格著，宋世鋒譯：《1945：大國博弈下的世界秩序新格局》（北京：民主與建設出版社，2019），頁 259–267。

為了認知廣島和長崎的遭遇在日本演化史中的地位，我們在這裏選取第一個問題進行思考實驗：戰爭末期日本遭受的這種毀滅性打擊，是否可以避免。這也是今天的很多人一再反思的問題。有人可能會說，廣島和長崎遭受的打擊的本質是無差別轟炸，而日本又是這一戰略戰術的始作俑者，這種結局自然無法避免。

　　但這種回答仍然會讓很多人無法滿意。人們依然會追問：這種在瞬間就會將一座城市夷為平地的終極武器，它的使用真是不可避免嗎？難道沒有替代性的方案嗎？美國政治家和軍方很早就對使用這種武器的意圖進行了說明：動用原子彈的目的就是為了拯救美國士兵和日本平民的生命。美國方面當然有證據支持這一主張。空襲日本城市已經使得數十萬平民喪生，如果美軍採用常規的登陸作戰，結果可能與此前的沖繩戰役類似——這場戰役導致多達 12 萬名沖繩平民傷亡。

　　美國的政治家和軍事將領在 1945 年面臨的選擇難題——選擇常規作戰還是動用原子彈——似乎只能用傷亡數字比較的方式加以解決。不過，時過境遷，這種兩害相比取其輕的權宜之計再次成了人們爭論的問題。人們再次追問：是否有其他方式迫使日本無條件投降？美國使用原子彈是否有其他意圖？這些問題一直在刺激著人們的神經，很多人為此展開了激烈的爭論。

　　我們今天重提這些問題，目的當然不是要給出明確的回答，而是要將塑造日本歷史認識的一個極為重要的契機，一個讓很多日本國民在內心深處感到疑惑、不解、悲哀，甚至憤懣的歷史事件再次提出來，並藉此思考那些在歷史上深刻影響著日本國民精神的要素。[2] 因此，我們有必要從戰爭的因果鏈條中抽身出來，進入對戰爭與和平、文明與人類命運這些大問題的思考中。

2　譬如，當代日本有名的左翼學者高橋哲哉對日本的戰爭責任進行了全方位追究，認為日本對中國的「侵略戰爭」、對美國的「開戰」都要負戰爭責任；但在談到美國對廣島和長崎進行的原子彈轟炸時，他認為美國投放原子彈是進行無差別轟炸的「戰爭犯罪」，認為應該追究美軍以及美國的戰爭責任。這就是說，即便是對日本軍國主義持嚴厲批判的左翼學者，也無法簡單接受日本遭受原子彈轟炸一事。參見〔日〕高橋哲哉著，徐曼譯：《國家與犧牲》（北京：社會科學文獻出版社，2008），頁 55。

當然，對於這些大問題，憑空議論可能不得要領；我們要通過不斷調用歷史事實的方式，尋找正確的歷史認知的路徑。

———— ⊙ ————

回到歷史現場，我們首先要注意一個事實：美國在決定動用原子彈之前，曾經與中國、英國一起，於 1945 年 7 月 26 日向日本發佈最後通牒，也就是著名的《波茨坦公告》，要求日本無條件投降。如果日本宣佈接受公告，那麼它當然就可以避免這兩場致命的打擊。

歷史當然沒有「如果」；我們這裏之所以進行假設，是因為後世的人們看不到日本繼續抵抗，進行所謂的本土決戰的理由。此時美國針對日本城市的轟炸已經進行了幾個月，日本的大多數軍事工業已被毀滅；同時，美軍也攻佔了沖繩島。從這種趨勢來看，美軍似乎並不需要進行必然要付出巨大傷亡代價的本土登陸作戰，只需要持續進行常規轟炸即可迫使日本投降。這意味著美國沒有必要動用作為終極武器的原子彈。當然，也有相反的證據，即日本在中國大陸尚有上百萬的大軍，日本國內戰鬥到底的意志也極其頑強，盟軍很難在不付出巨大代價下迫使日本無條件投降。

不管怎樣，歷史的事實是日本拒絕了最後通牒，美國也沒有採用常規轟炸的方式，於是也就有了廣島和長崎的悲劇。現在，我們進一步接近了問題的核心：日本何以拒絕接受無條件投降的要求？美國何以最終決定使用原子彈來結束戰爭？其實，我們前面提到的各種「如果」，背後都是軍事邏輯的考慮。但只是這麼看，實際上就把問題看淺了。德國軍事理論家克勞塞維茨（Carl von Clausewitz, 1780–1831）在《戰爭論》（*Vom Kriege*）中有一個膾炙人口的說法，即「戰爭是政治的延續」。就此而言，日本決定不妥協，應該是有著深層的政治原因，而非表面的軍事原因。事實正是如此。

我們先看日本方面的理由。日本拒絕無條件投降的理由就在於兩個字：天皇。在當時日本的決策中樞看來，接受公告意味著「天皇」以及「天皇制」的命運將成為盟軍的掌中之物，這對日本而言不是屈辱與否，而是亡國與否的問題。《波茨坦公告》第六條和第十條有著這樣的規定：

（六）欺騙及錯誤領導日本人民使其妄欲征服世界者之威權及勢力，必須永久剔除。蓋吾人堅持非將負責之窮兵黷武主義驅出世界，則和平安全及正義之新秩序勢不可能。

（十）吾人無意奴役日本民族或消滅其國家，但對於戰罪人犯，包括虐待吾人俘虜在內，將處以法律之裁判，日本政府必將阻止日本人民民主趨勢之復興及增強之所有障礙予以消除，言論、宗教及思想自由以及對於基本人權之重視必須成立。

很明顯，這兩條都涉及戰犯處理的問題。另外，第十條明顯意味著戰後日本必須進行民主化改革，這同樣是變更「國體」的大問題。在當時的日本語境中，維護天皇的目標被稱為「維護國體」或「國體護持」。這裏面的關鍵詞是「國體」：在近代日本，它不僅是集偉大、光榮和正確於一身的政治觀念，更因天皇是「國體」的核心，還獲得了神聖性——日本的「國體」是由「萬世一系」的天皇統治的「神國」。在二戰結束前，很多日本學者因為對「國體」有不同的理解而遭到了來自政府和右翼勢力的打壓。所以，「國體」還是獨裁者用來鉗制人口的手段。

結果，維護國家體制的安全成了天皇及其重臣的最高目標所在；至於平民百姓的傷亡，根本就未曾進入統治者的法眼。實際上，8月6日美軍向廣島投下的第一顆原子彈已經造成了巨大的傷亡；《波茨坦公告》第十三條所明言的日本若不無條件投降「即將迅速完全毀滅」的現實證據，已經擺在了包括天皇在內的日本最高統治者面前。

這次打擊依然未能促使日本下定投降的決心。相反，為了維護這個天皇統治的「國體」，徹底失去了理性的帝國統治者們，一再叫囂著「一億玉碎」、「本土決戰」的口號。這裏的「玉碎」來自「寧為玉碎，不為瓦全」這一說法，當時被用來美化為天皇犧牲的士兵；「一億玉碎」意思是說即便日本的一億人口全部戰死，也不會向盟軍投降。這是一個極為恐怖的說法。

但在當時負責進攻日本的美軍看來，這個說法可不是虛張聲勢。實際上，

在太平洋島嶼的爭奪戰中，日軍極其頑強，絕大多數都是力戰至死。為此，美軍吃盡苦頭，付出了沉重的傷亡代價。譬如，在 1945 年 2 月 19 日發起的硫磺島戰役中，美軍當日就陣亡 2,400 人；到 3 月 26 日最終拿下該島時，美軍已經付出了陣亡 2.6 萬人的代價。同樣，在這一年 4 月發起的沖繩戰役中，美軍有 2 萬士兵殞命，總傷亡人數達到 7 萬。美軍在這一次戰役中的損失，超過了此前在太平洋戰爭中歷次戰役的總和。而日本方面，除了有 9 萬士兵陣亡外，還有 12 萬沖繩平民因此喪生。另外，此間「神風特攻隊」的自殺式攻擊也給美軍士兵造成了極大的心理衝擊。美軍根據這次沖繩戰役對戰爭結果進行了重新的估算，結果是，如果進攻日本本土，美國將要付出一百萬士兵傷亡的代價。

到這裏，美國政治家們決定使用原子彈的理由就凸顯了出來——軍事理由顯然壓倒了其他的考量。美國的政治家們認為，日本將遭受的致命打擊完全是咎由自取。這也是第二次世界大戰後美軍為自己的行為進行正當化時一貫的依據。

當代日本有名的左翼學者小森陽一在《天皇的玉音放送》一書中就主張說，正是這種「國體護持」的觀念造成了二戰末期日本平民的大量傷亡。[3] 這種看法將戰後日本的歷史認識推向了深層。當然，這麼說並不意味著小森陽一的說法就純然正確無誤。我們這裏的目的不是評價，而只是要指出一個人們觀念中的事實——「天皇」與「原子彈」之間有著千絲萬縷的關聯。

其實，當代日本有名的右翼歷史學家西尾幹二，專門寫了一本探討二者關係的書，書名就叫《天皇和原子彈》。他這樣寫道：

> 美國在潛意識當中有著強烈的不安；事實上，這種不安一直在影響著戰後的日美關係和國際政治。美國在實驗當中已經知道了原子彈是大規模殺傷武器，但還是把它投下了。對於美國而言，日本乃是反抗「神國」的撒旦，是惡魔。請記住美國很早就有這種看法了。日本雖然也是「神國」，但從美國看來卻是惡魔。當然，美國能輕易就完成了原子彈的投放，

3　〔日〕小森陽一著，陳多友譯：《天皇的玉音放送》（北京：生活·讀書·新知三聯書店，2004）。

這背後也有人種歧視的觀念因素。不過，這種歧視觀念，有著根本的宗教根源。[4]

這個說法有非常奇異的地方。日本是「神國」，這是近代以來日本軍國主義者竭力宣傳的說法；但在當代的日本右翼學者看來，美國也是不折不扣的「神國」，是自認為代表上帝正義的「神國」。因此，美國決定動用原子彈轟炸日本，從這個角度來說就不僅僅是出於軍事與政治的目的了，而是有著深層的宗教因素：動用原子彈是美國對異教徒發動宗教戰爭的必然結果。

依據日本右翼學者的這個說法，人們可以組織起一個連貫的歷史敍事和歷史認知。從日本的角度，二戰末期的「國體護持」，目的就是為了維護「神國」這一根本的國家體制和國民意識深處的最高信仰，是一種宗教行為。相反，從美國的角度，日本在二戰期間的所作所為與惡魔並無二致。這些行為包括「重慶大轟炸」，更包括「南京大屠殺」、「新加坡大屠殺」、「馬尼拉大屠殺」、「巴丹死亡行軍」等一系列殘暴事件。

從雙方意識深處都有的天使—惡魔的角度來看，美日之間在 1941 年的衝突和對決，就上升到了兩個「神國」之間的戰爭。這裏面還夾雜著種族主義的仇恨：一方面是「白種人」對「黃種人」長達半個世紀以上的「黃禍」認識，另一方面是日本自視「神聖」的種族意識。[5] 不管怎樣，諸神之間的戰爭超越了人間的倫理約束，原子彈的使用自然也就不可避免了。在這個意義上，原子彈的本質就是一種滅神武器，或者說除魔武器。

——— ⊙ ———

1945 年美國之所以決定對日本實施原子彈打擊，原因非常複雜，我們上面還只是突出了觀念上的原因。但如後世學者一再指出的，除了軍事考慮之外，美國當時還有國際政治方面的考慮。當然，政治和軍事本來就無法截然分開，指出

4　〔日〕西尾幹二：《天皇と原爆》（東京：新潮社，2014），頁 245。
5　參見〔美〕道爾：《無情之戰》。

美國有政治考量並不意味著對其決策的正當性提出實質性的質疑。我們這裏思考的，毋寧說是這一事件的結果，因為核武器的出現極大改變了人們對戰爭與和平的認知。有一個說法叫「恐怖的共同體」，是說全體人類都生活在核戰爭的恐怖之下；人們享受的和平，也是一種極為脆弱的和平。

後世的人們能從廣島和長崎的歷史中看到什麼，取決於他們對歷史和文明的理解。人們對廣島和長崎的解釋以及意義賦予，本質是爭奪關於歷史、關於正義的話語權。在這個意義上，我們甚至可以說這種爭論也是戰爭的延續。

當然，日本國民在遭受原子彈打擊這件事上，有著非常複雜的體驗和認知，上面也只是介紹了一個大概；這裏的目的只是要將這些深刻影響著日本歷史認識的精神要素揭示出來，而不是要得出一個唯一無二的結論。我們前文引述的右翼或者說保守主義歷史學家西尾幹二的說法，或許表達了日本庶民內心深處的歷史和文明觀念。

從日本精神史演進的角度來看，原子彈也確實起到了「滅神」的效果。日本的「神國」思想之所以如此強烈，原因之一就在於日本國土此前未遭受過外敵的侵佔，日本人認為自己是被神庇護的民族。但面對這兩枚原子彈所造成的如此慘烈的破壞與傷害，這個幻覺自然就消失了。而隨後天皇的無條件投降，更是證明了作為「現人神」的天皇，非但沒有能力保佑自己的國土，而且自己的生死也將由「敵人」決定，這對於日本的神國思想而言可謂一種毀滅性的打擊。

日本的無條件投降，意味著支撐近代日本國家與國民的意義體系的解體，日本國民的精神世界陷入了真空。日本再次站到了十字路口。不過，歷史從來是由所謂的英雄和時勢相互激蕩而成；此時也不例外，有一個堪稱英雄的人物站了出來，他開始為日本人空白的精神世界注入新的內容。這個人就是第二次世界大戰期間的美國名將麥克阿瑟。

第六章

近代西方世界的挑戰者 (1945-2010)

麥克阿瑟

上帝派往日本的使者

　　1945 年 8 月 15 日日本宣佈戰敗，還只是日本與近代西方世界恩恩怨怨的一個環節。這場恩怨的起點是 1853 年美國海軍佩里將軍的「黑船來航」，美國迫使日本簽署開國條約；1945 年日本最終被美國佔領，則是一個新的節點，而不是終點。

　　這一次站在這場恩怨新節點上的同樣是一位美國將軍：道格拉斯・麥克阿瑟。1941 年 12 月太平洋戰爭爆發後，麥克阿瑟被任命為美國遠東軍司令；但在日軍的猛烈攻擊下，他不得不屈辱地逃亡到澳大利亞。1943 年，他被任命為盟軍西南太平洋戰區總司令；隨後，他採用有名的「跳島戰術」，在太平洋戰場上與日軍展開浴血奮戰。1945 年 8 月 12 日，他又被任命為駐日盟軍總司令，負責處理軍事佔領和戰後日本重建的工作。人們通常認為，這位五星上將是戰後日本進行民主化改革的主要操盤手。

　　我們今天重新談麥克阿瑟和日本的關係，當然不是要重複他主導的日本民主化改革的故事。麥克阿瑟的角色並不僅僅是領導了日本的民主化改革這麼簡單。在戰後日本的歷史敍事中，還流傳著這樣一種說法：麥克阿瑟是日本的太上皇，是可以操控天皇的人物。這意味著麥克阿瑟在近代日本演進過程中的作用可能超乎人們的想像，畢竟天皇是近代日本國家屬性的全部象徵，是此前軍國主義者們叫囂著寧可「一億玉碎」也要守護的「國體」。從這個角度來看，麥克阿瑟或許是將日美兩國恩怨推向一個新高度的歷史人物。

　　現在，我們就通過聚焦麥克阿瑟這個人物，來重新認識現代日本的國家屬性和精神結構。不僅如此，我們還要藉此看一下現代世界秩序的本質特徵，因為日本的重建正是建構新秩序的極為重要的一環。

故事發生在 1945 年 9 月 2 日上午日本與同盟國舉行的投降簽字儀式的現場，即美國海軍「密蘇里」號軍艦上。整個簽字儀式不過十幾分鐘，除了日本投降得到了法律文本的確認外，似乎沒有什麼特別之處。但人類是一種追求象徵和意義的動物，而儀式的首要功用就是提供象徵和意義。

我們這裏要説的細節，就體現在美國官員在「密蘇里」號升起的兩面美國國旗上：一面是 1941 年 12 月 7 日（美國時間）珍珠港遭遇襲擊時，美國白宮當天早晨升起的國旗；而另一面大有來頭，有將近一百年的歷史，日本人對此也不陌生。不錯，那就是 1853 年美國海軍佩里將軍率領艦隊駛入東京灣時懸掛的有著 31 顆星的星條旗。這面國旗是專門從美國馬里蘭州首府緊急空運而來的。

這顯然是兩面精心挑選的國旗。第一面是美國「國恥日」升起的國旗，在日本投降儀式上展示，意味著「雪恥」，意味著「光榮」。那麼第二面國旗呢？對於美國來説，它當然同樣意味著「光榮」，而且是古老的「光榮」。

日美兩國的恩恩怨怨，在這兩面國旗上可以説是一覽無遺。從日本的角度來看，兩面國旗代表的「光榮」含義顯然不同。對於第一面國旗，日本敗於戰爭，只能説心服口服；日本承認美國的「光榮」，並不涉及自己的「恥辱」。但第二面旗幟就大不同了，它讓日本國民聯想到的是「黑船來航」，是屈辱的記憶，也是隨後奮發雪恥的記憶。對於日本而言，佩里艦隊的這面國旗就是屈辱的象徵。

但歷史過程顯然更為複雜。「黑船來航」是拉開日本近代帷幕的事件，日本由此登上了近代世界的舞台。日本先是被迫捲入，但隨後又主動投入時代的激流和漩渦當中。「黑船來航」之後不到半個世紀，日本就成長為殖民帝國時代的一個大國，而且是唯一一個能與英、美、俄等老牌帝國分庭抗禮的非基督教國家。在日本看來，此時此刻簽訂投降條約的處境就是「黑船來航」的結果。

事實上，石原莞爾在面對「東京審判」檢察官的質詢時，就曾將日本的戰爭責任問題回溯到「黑船來航」。他的理由是：佩里將軍逼迫日本加入了這個西方世界體系，教會了日本按照霸道方式行事。這種看法當然不是石原的首創；岡倉天心在 1906 年出版的英文著作《茶之書》當中，就有如下一段有名的説法：

在日本沉迷於和平的藝術年代，西洋人將日本看成野蠻國。然而當日本開始在滿洲戰場上開始大肆殺戮後，西洋人開始將其稱為文明國。……如果我們為了成為文明國而必須依靠充滿血腥的戰爭的名譽，那我們毋寧永遠安於野蠻國的地位。我們樂於等待著我們的藝術和理想獲得尊敬的時代的到來。[1]

石原莞爾的説法流露著狡辯的意圖，而岡倉天心的説法則更多體現的是一種委屈與悲情，但它們都反映了日本國民針對西方、針對美國長久以來抱有的鬱憤之情。換言之，日本的近代西方認識是一種心理意識與現狀認知的混合產物。

作為日本軍國主義精英的石原莞爾可以用冷峻、果決的語氣表達自己的不滿，但一般的國民此刻則可能充滿了不安、疑惑和緊張。首先，戰爭末期美國對日本城市的無差別轟炸，尤其是原子彈製造的巨大破壞，徹底粉碎了此前的「神國」觀念和信仰；「八紘一宇」、「萬世一系」與「金甌無缺」，這些原本支撐庶民生活的意義體系迅速瓦解、崩塌。其次，日本作為戰敗國，戰勝國究竟會施加怎樣的懲罰，人們自然惶惶不安。歷史學家普遍觀察到，當時日本國民的精神陷入了一種虛脱無力的狀況當中。

現在，這兩面國旗同時展現在了日本的面前，日本人的心靈將怎樣為之震動？美國通過這兩面國旗所展示的「光榮」的故事，除了表面的寓意外，還有怎樣不為人知，甚至連它自己也沒有形成清晰意識的慾望和動機？顯然，這是涉及日本乃至世界歷史變遷的精深、幽微之處的問題。

我們先回到剛剛提到的「密蘇里」號軍艦上。此時，日本國民已經站到了命運的十字路口。他們並未意識到，與兩面飄揚的星條旗同時出現的，還有一位巨人的身影，那就是麥克阿瑟。在簽字儀式開始前，他發表了簡短的演說，其中有這樣的説法：

1　〔日〕岡倉覚三：《茶の本》（東京：岩波書店，1991），頁 23。

我們，各主要參戰國的代表們，今天聚集於此，來簽署一項莊嚴的協定，以使和平得以恢復。我們勝敗雙方的責任是實現更崇高的尊嚴，只有這種尊嚴才有利於我們行將為之奮鬥的目標……在這個莊嚴的時刻，我們將告別充滿血腥屠殺的舊世界，迎來十分美好的新世界。在這個新世界中，我們將致力於維護人類的尊嚴，實現人類追求自由、寬容和正義的最美好願望。這是我的真誠希望，實際上也是全人類的希望。[2]

可以説，這個演説措辭優美，精神崇高。那麼，它是否只是一種外交辭令，一種矯揉造作、華而不實的空洞言辭？我們前面講過，歷史進程的演變中有許多偶然因素，但它們往往具有命運般的決定性力量。對於日本的歷史進程而言，麥克阿瑟就是這樣一種因素。換言之，這個致辭之所以不是外交辭令，不是特定意識形態的自我美化與掩飾，正與麥克阿瑟這個具體的歷史人物的人格有著內在不可分的關係。

我們長話短説。麥克阿瑟在第二次世界大戰末期走上世界政治舞台的中心，並不僅僅因為他在太平洋戰場上取得的赫赫軍功。根據傳記記載，麥克阿瑟從身為軍人的父親那裏繼了剛毅、勇敢和倔強的性格，從母親那裏則繼承了貴族血統和文學教養，在少年時代就形成了對於國家的責任感和榮譽感。1903 年，麥克阿瑟從西點軍校畢業時，獲得了雙料第一，是那個時代美國最為出類拔萃的精英。在他被任命為盟軍駐日本最高統帥時，戰敗的日本國民無論如何也想像不到，他們即將臣服的不僅僅是一位美國最傑出的軍事家，更是美國精神的一個具體化身。

———— ⊙ ————

如果説他在「密蘇里」號上的演講，已經讓日本人驚訝於他胸懷的寬廣和崇高，那麼他接下來針對美國人民的廣播，則是一次偉大的精神教育和政治啟

2　〔美〕惠特尼著，王泳生編譯：《麥克阿瑟：1880-1964》（北京：京華出版社，2008），頁245。

蒙。當美國民眾聽到麥克阿瑟從遙遠的太平洋彼岸傳來的演說時，他們已經知道，美國精神中最尊貴的那一部分，正在創造一個新的世界。有人說麥克阿瑟是1945年盛夏之時美國人心中最為崇拜的一位英雄，可謂恰如其分。

這篇演說被認為是麥克阿瑟「最偉大的演講」，「穿越了世紀，又高於民族」。我們有必要停下追蹤歷史進程的腳步，傾聽一下新時代開幕時刻的宣言。麥克阿瑟這樣論述說：

> 人類在誕生之初就在追求和平，但軍事同盟、權力制衡和「國際聯盟」卻先後失敗，只留下了一條途徑——戰爭熔爐的小徑。如今，這將是我們擁有的最後一次機會。如果我們不能現在就設計出更偉大、更公正的體系，導致人類徹底毀滅的大決戰就會向我們逼近。問題從根本上說是神學的……如果我們要使肉體得救，就必須拯救自己的精神。

在進行演講時，麥克阿瑟不由自主地想到了佩里將軍：

> 近一個世紀前，馬休·佩里曾在這裏登陸，給日本帶來了一個啟蒙和進步的時代，掀起了隔離友誼、交易和世界貿易的薄紗。可嘆的是，那時的西方科技卻被人用作了壓迫和奴役人類的手段。言論自由、行動自由甚至思想自由都被訴諸迷信和武力，從而遭到了摒棄。……我們致力於把日本人民從被奴役的狀態下解救出來。我相信如果能夠得到正確的指導，日本民族的力量就能在縱向而不是橫向上得到延伸。只要將民族的智慧扭轉到建設的軌道上來，這個國家就能從目前淒慘的境遇中自行站起來，找回尊嚴的地位。一個解放了的嶄新世界即將展現在太平洋地區的前方。今天，自由正處於攻勢，而民主正在前進。今天，在亞洲，在歐洲，擺脫了束縛和恐懼的人們正在品嘗自由那充滿甜蜜的釋然滋味。[3]

---

3 〔美〕曼徹斯特著，黃瑤譯：《美國的凱撒大帝：麥克阿瑟》（北京：中信出版社，2017），下冊，頁109–110。

這篇演講實際上是麥克阿瑟的就職演說，是他即將統治日本的宣言。不僅如此，這篇演講更是對二戰後世界新秩序原理的一次闡述。

　　麥克阿瑟在演說後不久，就展開了以經濟的非軍事化、土地改革、政治的民主化等為核心的日本重建工作。群眾的眼睛是雪亮的，日本民眾自然也不例外。麥克阿瑟開始施政幾個回合之後，日本民眾就品嘗到了自由和民主的美妙滋味。

　　這裏我們舉一個例子。在第二次世界大戰期間，一些傑出的日本國民，尤其是一些日本共產黨員，因為反戰、反天皇的言論，被關進了監獄。在日本宣佈戰敗後，他們也一直被關押著。1945 年 10 月 3 日，這些正直的日本人仍被囚禁一事被新聞媒體報道。麥克阿瑟得知消息後，第二天發出了著名的「人權指令」，要求日本政府立刻釋放政治犯，實行言論自由。被思想警察、特務壓抑很久的國民，馬上發出了歡呼聲。一個專制的時代就這樣悄然無息地翻篇了。

　　當然，謀求重建自由日本的目標會遭遇各種阻力。譬如，當時美國財政部長摩根索（Henry Morgenthau, Jr., 1891–1967）針對日本制定了一份嚴厲的懲罰性計劃，並希望獲得麥克阿瑟的支持。麥克阿瑟再次說出了他的原則：

　　　　如果未來的歷史學家能從我的貢獻中找到一些值得參考的地方，我希望他提起的不是一位征戰沙場的指揮官（即便得勝的是美國軍隊），而是一個在槍炮停歇後把安慰、希望與基督教道德信仰帶到屈服的敵人的國土上，並把此舉當做自己神聖使命的人。[4]

　　這實際是麥克阿瑟內心信仰的告白。正是這種堪稱偉大的精神，最終克服了日本帝國的暴戾性格，同時抵制住了勝利者一方復仇的誘惑和慾望，將身心都處於廢墟狀態的日本國民帶入了文明的世界。麥克阿瑟由此獲得了無數的稱號，諸如「美國的凱撒大帝」、「第二個耶穌基督」、「日本的征服者」、「菲律賓

4　〔美〕曼徹斯特：《美國的凱撒大帝》，下冊，頁127。

的解放者」、「最偉大的美國人」等等。

1950 年 6 月朝鮮戰爭爆發後，麥克阿瑟與總統杜魯門發生了嚴重衝突，「公然攻擊作為美國最高司令官的總統的政策」；1951 年 4 月 11 日，忍無可忍的杜魯門模仿美國內戰期間林肯總統（Abraham Lincoln, 1809–1865）將不服從命令的北方司令官革職的先例，下令將麥克阿瑟免職。由於麥克阿瑟在美國國內有極高的人氣，杜魯門在下決定時頗為躊躇。16 日，麥克阿瑟返回了闊別十餘年的美國，據說當日獲得了五十餘萬人的夾道迎接。

日本時任首相向全國發表了熱情洋溢的廣播講話，其中有這樣的說法：「麥克阿瑟將軍為我國利益所作的貢獻是歷史上的一個奇跡。是他把我國從投降後的混亂凋敝的境地中拯救了出來，並把它引上了恢復和重建的道路，是他使民主精神在我國社會的各個方面牢牢扎根。」[5] 吉田茂（1878–1967）說這番話顯然並不只是出於客套，也是基於實情。1945 年天皇制精神形態瓦解後，民主主義事實上成了日本國民重建國家和自我認同的首要價值。在這個意義上，麥克阿瑟成了這個時期日本「隱性的天皇」，深刻地影響了此後日本國民的精神形態。

「民主」是一個好東西，它讓人民自由，讓人民獲得尊嚴，但如何實現從傳統的專制制度走向現代民主制度，這才是根本的問題。對於多數國家而言，這個過程多是驚心動魄，往往伴隨著血雨腥風，日本自然不是例外。正因如此，日本的戰敗為其民主化改革提供了極為特殊的歷史機遇；我們甚至可以說，「戰敗」就是日本走向民主化的必然代價。

麥克阿瑟抓住了這個千載難逢的歷史機遇。此時的日本已經交出了全部主權，而麥克阿瑟則彷彿是一位創造共同體的大立法者，基於自己的理想和對政治現實的認知，一舉為日本奠定了標誌著現代政治文明的民主制度。

1951 年 4 月 19 日，他在美國國會作了一次演講，歷時 34 分鐘。據說，在這個過程中，「有三十次被那些如痴如醉的議員長時間的熱烈鼓掌聲和歡呼聲所打斷」。一位叫肖特的眾議員聽完後說道：「今天，我們在這裏聽到了上帝在說

---

5 〔美〕惠特尼：《麥克阿瑟》，頁 265。

話。那是上帝的肉身，上帝的聲音！」⁶顯然，麥克阿瑟此時已經成了美國的象徵。

––––––– ⊙ –––––––

用肖特的話，說麥克阿瑟是「上帝派往日本的使者」，或許並不過分。他將「自由」帶給了一個內心曾經充滿了不安、困惑和緊張的民族，讓這個民族獲得了巨大的精神解放。二戰後日本取得的奇跡般的復興，便是由他所開創的日本史上的「麥克阿瑟時代」的必然結果。

當然，這麼說並不意味著麥克阿瑟真的是「上帝的使者」，或者是一個道德上毫無瑕疵的「聖人」。美國歷史學家道爾在敍述麥克阿瑟主政日本這一段歷史時，用看似輕描淡寫的幾句話，將麥克阿瑟個人的屬性、美國的世界觀念、當時的世界政治格局等要素關聯在一起，提供了一種讓人們可以客觀理解麥克阿瑟角色的分析。我們這裏略作引用：

> 麥克阿瑟和那些聚集在他麾下的改革骨幹分子們，表現出一種救世主式的激情，這也是在佔領德國時所不具備的。……種族和文化因素也使得日本變得特殊。與德國不同，這個被擊敗的敵人對勝利者來說，代表著一種異國情調的、格格不入的社會：非白人、非西方、非基督徒。黃種的、亞洲的、異教徒的日本，慵懶淡漠而又敏感脆弱，喚起了一種在面對德國時不可想像的帶有種族優越感的傳教士般的激情。……勝利者明白無誤的救世軍氣味，混合了高度的敬畏、希望和理想主義，具有一種創建新的國際行為準則的清晰的自覺意識。……在這樣強烈的意識形態和情緒化的環境中，戰敗的日本，被種族優越感、功利心以及後來被冷戰吞噬殆盡的理想主義精神的大膽實驗當成了史無前例的實驗對象。⁷

––––––––––––––

6　〔美〕惠特尼：《麥克阿瑟》，頁 332。
7　〔美〕道爾著，胡博譯：《擁抱戰敗：第二次世界大戰後的日本》（北京：生活・讀書・新知三聯書店，2008），頁 48–49。

在上面的說法中，這位歷史學家尤其強調了宗教和種族的要素。它們正是日本自「黑船來航」被迫開國後所進入的世界體系的兩種支配性觀念。第二次世界大戰後，基於宗教和人種觀念的舊秩序被以《聯合國憲章》為基礎的新秩序所取代，最終退出了歷史舞台。但我們不要忘記，它們此前曾發揮了驚人的觀念性力量，深度影響了歷史的進程。

正因為如此，我們還可以說，麥克阿瑟成功的根本原因在於他把握了戰後世界秩序與新文明的精神，並通過具體的政治過程，將新時代的理念付諸實踐。如果我們過於糾結於麥克阿瑟及其盟友們的傳教士情結和種族優越感，不恰當地強調這些舊秩序的角色，可能會誤解推動歷史與文明演進的關鍵要素。第二次世界大戰後世界新秩序的建立，與這些特殊歷史人物的心智結構、與世界秩序向著文明方向迭代升級的大勢，息息相關。

麥克阿瑟當然不是上帝，他無法在人間創造上帝之城。在他離開後，人們圍繞他留下的遺產發生了爭論，且一直延續到今天。

東京審判

對舊世界的審判

　　麥克阿瑟主導的戰後日本民主化改革的核心任務就是拔出軍國主義的毒瘤，從根本上消除日本的侵略性格。這其中有一個關鍵環節，就是東京審判。我們已多次提及這一歷史事件，所謂東京的正式說法是「遠東國際軍事法庭」，根據聯合國戰犯委員會以及美國國務院和軍方的指示成立，任務是審理日本的戰犯嫌疑人；而法庭的具體操作與執行則由麥克阿瑟主導的聯合國佔領軍司令部來實施。

　　不過，這遠遠不是東京審判歷史敘事的全部。從日本自身的演化脈絡來看，東京審判是塑造現代日本國民歷史認識的起點。一方面，通過東京審判，戰前日本的軍國主義者遭到了法律制裁，日本國民由此認清了日本帝國主義的實質；從這個角度看，人們多認為東京審判是正義的。但另一方面，戰後日本一直有一種質疑東京審判正當性的觀點，認為它只是「勝利者的正義」；換言之，審判僅是戰勝者對戰敗者施加的懲罰，並沒有什麼「正義」可談。

　　那麼，東京審判是正義的嗎，或者究竟是誰的正義？這是戰後日本歷史認識的核心問題；我們若要深刻認知現代日本國民的歷史觀，「東京審判」就不可繞過。我們先迅速地回顧一下史實。

――――― ◉ ―――――

　　1945 年 9 月 11 日，美軍人員接到麥克阿瑟發佈的逮捕令，前去逮捕日本對美開戰時的首相東條英機（1884–1948）；東條英機看到美軍人員和記者的身影後，迅速返回房間，開槍自殺。但在慌亂中，他未能擊中要害，很快被收監。接著，麥克阿瑟又相繼發佈了四次逮捕令，先後有一百多名戰爭嫌疑犯遭到了逮捕。1946 年 1 月 16 日，盟軍司令部發佈命令，正式頒佈了《遠東軍事法庭憲章》，並依據這個最高法規組建了審判法庭。5 月 3 日，法庭開庭，正式對 28 名甲級戰犯嫌疑人進行審理。這場審判大約持續了兩年半，在 1948 年 11 月進行

了終審判決。

判決的結果是全體被告有罪（其中兩名在押期間死亡，另外一名出現精神疾患，免予起訴），其中七位罪魁禍首被判處死刑。在這七人中，東條英機的名字估計無人不曉，其餘六位是：廣田弘毅（1878–1948）、土肥原賢二、板垣征四郎、松井石根（1878–1948）、木村兵太郎（1888–1948）、武藤章（1888–1948）。在此期間，盟軍在橫濱、馬尼拉等地設置的軍事法庭也進行了戰犯審理。最終，大約有 5,700 人遭到起訴，其中 987 人被處以死刑（包括囚禁中死亡）。

這裏之所以要提供這些歷史細節，是因為它們構成了後世歷史記憶的關鍵事實。譬如上面例舉的七位甲級戰犯，他們要為日軍犯下的三種重罪——即「破壞和平罪」、「戰爭罪」和「反人道罪」——承擔最終責任，要為日軍在中國大陸、在亞洲其他地區犯下的各種殘酷野蠻的屠殺和罪行負責。

在長達 14 年的抗日戰爭期間，中國付出了三千餘萬人傷亡的代價。日本的這些軍國主義者被處以極刑，為受難者挽回了一部分遲到的正義。所以，出於紀念遇難者的目的，我們有必要知道這些罪魁禍首的責任。一個好的歷史認識，一個符合正義的歷史認識，必須建立在對人類苦難的認知、同情和記憶的基礎之上。

回到東京審判的故事。無須說，我們這裏的目的並不僅僅是為了紀念受難者，還要通過這場審判，來重新認識一下戰後日本的歷史認識的形成過程，以及歷史認識當中至今被激烈爭論的問題。

從日本軍國主義發動的侵略戰爭的受害者角度來看，我們剛剛提到的七位甲級戰犯被處以極刑，可謂罪有應得，正義得到了伸張。但換一個角度，從日本國內的認知來看，問題就變得十分複雜。最近數十年間一再成為外交爭議的日本政治家參拜靖國神社的問題，就是這種複雜性的直接反映，因為那七位甲級戰犯的靈位正供奉於這個神社，繼續接受著特殊的祭祀。

這當然並不意味著現代日本人不承認侵略戰爭，也不意味著日本不承認東京審判的結果，否則問題也就稱不上複雜了。我們這裏之所以重提東京審判，就是要將問題的「複雜」之處呈現出來。這些問題涉及什麼是「正義」的根本問題。

首先，日本國內有一些歷史學家和政治家，否認日本發動的對外戰爭是「侵

略戰爭」。他們的論證中非常重要的一環，就是對東京審判的正義性進行質疑。這樣的質疑當然是出於為日本辯護，但對我們而言，重要的是究竟應該怎樣理解東京審判的屬性。

在第二次世界大戰末期，包括中國、英國、澳大利亞、蘇聯等盟國一方存在著非常廣泛的呼聲，要求戰後追究日本天皇裕仁（昭和天皇）的戰爭責任。美國國內也存在著同樣的呼聲。這意味著，在當時人們的觀念中，為了替受難者謀求屬於他們的正義，天皇必須接受軍事法庭的審判。然而結果卻是，天皇最終被免於起訴，免除了戰爭責任的追究。這究竟是為何？

實際上，這個以聯合國名義召開、實質上由佔領軍司令部主導的審判，除了追求基於法律的正義外，更有著美國重建戰後世界秩序這一政治意圖的考量。其中，麥克阿瑟領導的佔領軍當局為了有效實施佔領管理和改革政策，決定免除對天皇戰爭責任的追究，可以說是最大的政治交換。

也有歷史學家指出，免除天皇的戰爭責任，還有麥克阿瑟個人基於自身理想與信念的裁量。1945 年 9 月 7 日，日本天皇來到駐日盟軍司令部拜訪麥克阿瑟。在會談中，裕仁天皇曾說：「我來到你的面前，作為日本所做的每個政治和軍事決定的唯一責任人，願意受到你所代表的大國之判決。」麥克阿瑟本人後來在日記中有這樣的評價：「我深受震撼。這樣勇敢地承擔可能致死的責任，而這個責任命名不符合我所清楚知道的事實，這使我全身心地感動了。」這段插曲之所以在後來的歷史敘事中一再被提及，就是因為它觸及了歷史人物自身的心智結構與客觀現實之間的複雜關係。有評論家甚至認為，這是天皇「亞伯拉罕式的無條件」犧牲，打動了麥克阿瑟這位「基督徒將軍」，從而使得天皇獲得了免罪。[1] 這是一種美妙動聽的解釋，但當時遭受侵略的各國人們所追求的正義，事實上卻遭到了無視。

天皇戰爭責任的豁免是政治交換的象徵；但它只是這種政治交換的一部分，而不是全部。譬如，裕仁天皇有一位叔父，叫朝香宮（1887–1981），在侵華戰

1　〔日〕田中利幸等著，梅小侃譯：《超越勝利者之正義：東京戰罪審判再檢討》（上海：上海交通大學出版社，2014），頁 84–85。

爭期間曾接替松井石根出任上海派遣軍司令；在日軍佔領南京後，他下令屠殺俘虜，是南京大屠殺的主要元兇。不過，因為他的皇室成員身分，為了保證天皇不被牽涉進來，麥克阿瑟有意將他排除在戰犯範圍之外，結果使其逃脫了審判。天皇的另一位叔父梨本宮（1874–1951），也以同樣的原因逃脫了審判。另外，由於冷戰秩序的開啟，美英兩國與蘇聯的對抗日趨激烈，因此美國在東京審判之後加速了扶植日本的政策，這也導致了前述 28 名被告之外的大約 60 名甲級戰犯嫌疑人未得到起訴。

關於日本軍國主義者的戰爭責任問題，還有一個典型的事例，那就是臭名昭著的「731 細菌部隊」的成員被免除了起訴。他們逃脫審判的原因，完全出於美國為獲取實驗數據的目的。這顯然也是一樁極其醜惡的交易。[2]

所以，從戰爭受害者角度來看，東京審判有很多要質疑的部分；受害者的正義並未完全獲得挽回。但從總體來說，儘管有著眾多瑕疵，但它的法律基礎和正義性格並未遭受本質性的傷害。

———— ◉ ————

那麼，日本國內現在出現的質疑審判正義性的聲音，是在否認歷史、否認侵略戰爭嗎？問題的複雜之處，首先就表現在這裏，因為東京審判所審判的是日本自 1928 年暗殺張作霖以來的「國策」自身。這個政策，是它在更早時期形成的「大陸政策」或「滿蒙政策」的一部分。在日本看來，這個「國策」是它追求自保、自強，與西方列強爭奪殖民地的國策，本身不應該遭受勝利者的審判。

日本一部分人的核心主張是，當時的美國、英國與法國等列強都是殖民主義者，都是帝國主義者，它們沒有資格審判同樣是帝國主義者的日本。持這種觀點的人認為，日本可以承認侵略亞洲國家的事實，但不能說日本侵略了美國、英國、荷蘭等國家，因為它們之間的戰爭是帝國主義之間爭奪殖民地的戰爭，並無善惡高下之分。

2　關於日本軍國主義的暴行和戰爭責任問題，還可參見拙著《分身：新日本論》，第 5 章。

這個觀點得到了東京審判的 11 位法官之一的印度籍法官帕爾（Radhabinod Pal, 1886–1967）的全面支持。帕爾來自印度的孟加拉省，他的祖國為英帝國主義所殖民，當時正在尋求民族解放和自由。帕爾認為，日本通過陰謀和軍事活動佔據「滿洲」，進而圖謀中國乃至世界的行為，只是對西方帝國主義國家行為的模仿；因此，由老牌帝國主義國家來審判日本這個新來者有失公平。

帕爾回國後，自費出版了對東京審判的不同意見書，即《帕爾法官的異議判決書》（*Dissenting Opinion of Justice Pal*），其中包含了他對法律以及事實的不同見解。與這些法律解釋與適用上的不同意見相比，這份意見書的核心在於它的另外一種控訴：在列舉印度支那戰爭、英國重新佔領印尼等事實後，他嚴厲批評列強在引入一項新的國際法罪名（「破壞和平罪」）的同時，繼續殖民統治和侵略行為。[3] 他這樣寫道：

> 難道不正是西方帝國主義造出新詞「被保護國」作為「兼併」的委婉語嗎？難道不正是這種政體上的虛構給它的西方發明者幫了大忙嗎？難道不正是靠這種方法，法蘭西共和國政府接替了摩洛哥蘇丹，大英帝國王室將東非大片土地的所有權從非洲本地人轉入外來的歐洲人手中的嗎？……雖然日本人沒有儘量利用西方先例來陳述自己上演「滿洲國」鬧劇的理由，但其實可以合法地推測，西方及日本的先例實際上向日本人心目中暗示並建議了這種政策方向。[4]

這種對西方殖民主義批判的聲音與日本自近代以來連綿不絕的西方批判產生了共振，成為今天日本右翼進行自我正當化的一個根據。早在 1952 年 4 月，曾擔任松井石根秘書的作家田中正明（1911–2006）就出版了《日本無罪論：真理的審判》一書，其中就引述了帕爾法官的論述。1963 年，他又出版了《帕爾

3　〔日〕中里成章著，陳衛平譯：《帕爾法官：印度民族主義與東京審判》（北京：法律出版社，2014），頁 69。

4　轉引自〔日〕田中利幸等：《超越勝利者之正義》，頁 169。

法官的日本無罪論》，並成為當年的暢銷書。1964 年，作家林房雄（1903–1975）出版《大東亞戰爭肯定論》，將整個日本的近代史解釋為針對西方帝國主義的「抵抗」史，這就是所謂的「大東亞戰爭史觀」。與此相對，東京審判導入的歷史觀，則被日本右翼稱為「自虐史觀」。

日本國內的這種解釋已經嚴重扭曲了帕爾法官最初的意圖。帕爾法官異議判決書的力量，在於對近代殖民帝國秩序虛偽、殘酷以及不義性格的批判。但這種批判並不能對日本同樣的行為進行正當化，帕爾法官有意忽視了這一點。從受害者的角度而言，日本當然要為它的不義行為付出法律和道義上的代價。而在所謂的「大東亞戰爭史觀」中，日本則被塑造為一個西方殖民帝國的受害者，一個歷史的無辜者。這顯然是錯誤的歷史認知。

——— ⊙ ———

東京審判之所以複雜，正因為它不但涉及法律，更涉及法律背後的世界秩序與歷史觀念。提到東京審判，人們一般會認為它是盟國對戰敗國日本的審判。其實，這只是一個最基本的事實，還只是一個初級的判斷；我們前面提到的日本關於這場審判「正義」性格的討論，論爭者的認識也只是停留在事實的層面上。

如果換一個角度看問題，我們則有可能獲得一種超越性的認識。這個角度就是 20 世紀文明演進的視角。從這個視角來看，東京審判的本質就不再是戰勝者對戰敗者的審判，而是二戰後世界新秩序對舊秩序的審判：從新秩序謀求的正義的角度，這場審判的正義屬性更是有著普遍的基礎。

當然，我們已經看到了各種基於法律、事實、觀念的抗辯，這意味著人們對新秩序的贊同並不能直接轉化為新秩序對舊秩序審判的正當性。帕爾法官的異議，正是這樣一種挑戰。不過，「法的統治」的原則要在歷史語境中加以實現，不可避免地會受到政治因素的影響，因此，如果只抽象地理解一些法律原則，譬如「法不溯及既往」，或者只抓住諸如「日本只是西方帝國主義的模仿者」之類的說法，就會錯失對東京審判在人類文明史上的意義的理解。因此，重新認識東京審判的關鍵點是：東京審判中包括來自中國、印度和菲律賓的三位法官在內的所有法官，都在期待著一個更為文明的秩序的到來，因而他們都

有意為新文明立法。

　　與東京審判的時期相比，今天的人們享受了更好的新秩序和新文明，而日本正是這一新秩序和新文明的最大受益者。因此，為了使自己的悲劇有意義，日本有必要持續推進新文明和新秩序的落實與發展。如果無法認識到這一點，那麼日本終將無法獲得與歷史的和解。當然，在尋求和解的道路上，日本也面臨著獨自的苦惱，這就是我們接下來要談的「日美同盟」所帶來的問題。

日美同盟

東亞世界秩序的重構

東京審判的實質是新秩序對舊秩序的審判，與同期對德國納粹進行的紐倫堡審判一樣，是奠定戰後世界新秩序的文明審判。不過，這種文明史的意義並非不言自明，日本一部分右翼保守主義學者和政治家一直在質疑東京審判的正義屬性。造成這種狀況的原因，有一個來自新秩序自身，那就是在 1951 年 9 月聯合國與日本締結《舊金山和約》時，美國與日本同時確立的「同盟」關係。這一關係在今天的東亞世界體系中仍然發揮著極其重要的作用。

提到日美同盟，今天的人們並不陌生。我們只要稍微留意一下東亞的國際新聞，就會聽到或看到諸如「沖繩駐日美軍基地」、「嘉手納駐日美軍基地」、「橫須賀駐日美軍基地」等等說法，它們意味著這個「日美同盟」有著實實在在的軍事合作的內容。這一軍事同盟是日美關係最重要的一部分。

一般的看法認為，既然是同盟，那麼它就一定是雙方出於共同利益和目標進行的合作，因而同盟當事者應該是最大的受益者。這個說法在原理上固然不錯，但實際情況要複雜得多。日本國內經常對這個同盟的屬性展開激烈辯論：一部分人認為，日美同盟是日本安全保障上不可或缺的條件；而另外一部分人則認為，這個同盟實際上剝奪了日本的國家獨立，因此他們呼籲要使日本成為「普通國家」，將日本建成「正常國家」。

日本國民爭論的其實是這個同盟的結果：日本的國家安全由美國來提供保障，這意味著日本要在外交政策上追隨美國。關於戰後日美關係，有一個非常流行的說法，即「日本是美國的第五十一個州」，說的就是這個意思；而關於日本外交政策的另外一個說法，即「脫亞入美」，表達的也是類似的意思。當然，這些都是批評性的說法，認為日美同盟不平等，日本不應該採用追隨美國的國策。不過，作為官方的正式見解，日本政府卻一再表達說，要堅持日美同盟這個基本路線不動搖。

那麼，關於日美關係的這些說法究竟意味著什麼？日本為何與美國締結了這樣一項同盟關係？這種關係果真如批評者所說的，是一種不平等的，甚至是屈辱性的關係嗎？

我們不能僅僅從日美兩國的國家關係角度看日美同盟，否則看到的就只能是雙方的政治計算，以及權力和權謀的遊戲。我們還要從文明、自由和秩序的維度看它的意義。從結論上說，日美同盟在本質上是第二次世界大戰後新世界秩序的一個具體安排，是所謂的「美國治下的和平」的重要組成部分。當然，這個秩序絕非完美，今天正在面臨著重大的挑戰。

———— ◉ ————

首先，從東亞世界史的角度來看，1945 年美國對日本的佔領，意味著一種新秩序的建立，徹底結束了 19 世紀中後期以中華帝國為中心的東亞世界秩序衰落、解體後帶來的混亂。所以，1945 年 8 月 15 日日本宣佈無條件投降，以及隨後美國對日本進行的非軍事化和民主化改革的意義，無法在「戰勝國—戰敗國」這樣的認知框架中獲得認知。事實上，日美同盟關係起源於東亞世界秩序的變遷，是這個秩序演變的一種結果，深遠地影響了迄今乃至今後東亞世界秩序的形態和演化路徑。

換句話說，二戰後新的東亞世界秩序和中國有著極大的關係。我們前面曾多次提及，日本的國家形態與東亞大陸的世界秩序有著密切的聯動關係，從「倭王受封」到「大化改新」，從「黑船來航」到「日俄戰爭」，從「滿洲建國」再到「日美戰爭」，大陸力量的消長最終反映在日本的國家形態當中。這就是所謂的地緣政治的影響，而在我們的歷史敘事中，尤其要關注的是其中特殊的精神要素。

在第二次世界大戰期間，中國和美國、英國等西方主要大國最終結成同盟國，日本最後戰敗，它的力量被徹底驅逐出了亞洲大陸——日本在東亞世界秩序當中已經徹底喪失了存在感。而在此前的東亞世界秩序中，日本一直和大陸處於一種競爭性關係。這是日本自古以來的國家理性和精神使然，因為它有著一種成為「大陸國家」的慾望；到了近代，日本最終形成了一套相對清晰的「大陸政策」。

從這個角度來看，1945 年日本的戰敗並不意味著日本永遠的出局；中國大陸局勢隨後出現的一次巨變，給日本帶來了新的機遇，但也從根本上鎖定了戰後日本的國家體制形態。這次巨變就是 1949 年中國革命的成功以及 1950 年朝鮮戰爭的爆發；尤其是後者，使得中美兩國幾乎瞬間從此前同盟關係的「友邦」轉變為彼此充滿敵意的「敵國」。

事實上，1941 年日美戰爭爆發後，中美兩國迅速建立了同盟關係。不僅如此，因為中國頑強不屈的抗戰，當時同盟國的領袖、時任美國總統羅斯福對中國產生了更多的期待，這就有了後來被概括為「使中國成為大國」的政策。中國的國家地位迅速上升，與美國、英國、蘇聯並列，並在 1945 年成立的聯合國上，成為維持戰後世界秩序的五個常任理事國之一。這個過程自然源於中國自身的奮鬥，但羅斯福總統關於戰後世界秩序的構想，同樣也發揮了重要作用。譬如，一心維護大英帝國尊嚴的英國首相邱吉爾（Winston Churchill, 1874–1965），就一再對羅斯福支持中國的政策表達不滿。而斯大林（Joseph Stalin, 1878–1953）更是盤算著如何在戰後恢復沙俄在 1905 年以前，也就是日俄戰爭結束前在「滿洲」攫取的特殊權益。

這個旨在共建戰後新世界秩序的中美同盟關係，隨著中國新民主主義革命的勝利和朝鮮戰爭的爆發，迅速轉化為敵對關係。這個關係遠遠超乎一般國家間的敵對關係，因為它深深扎根於西方自由主義陣營與蘇聯共產主義陣營的對抗。那是兩種世界秩序的對抗，雙方在觀念上彼此視為敵人。這種對抗其實有著更早的歷史起源，只是此前因為共同的法西斯敵人而退居幕後。隨著戰爭的結束，尤其是羅斯福在 1945 年 4 月的突然辭世以及後繼者杜魯門的上台，這種對抗逐漸成為主流。1946 年 3 月 5 日，英國前首相邱吉爾在美國密蘇里州富爾頓城發表著名的「鐵幕演說」，拉開了「反共」、「反蘇聯」的冷戰序幕。

就在邱吉爾發表演說前，時任美國駐蘇聯代辦喬治‧凱南（George Kennan, 1904–2005）向美國國務院發送了著名的「長電報」。在這封電報中，他提出了「蘇聯與資本主義無法持久和平共存」的觀點，建議美國採取遏制蘇聯的政策。1947 年，他又以署名「X」的形式，在《外交事務》（*Foreign Affairs*）7 月號上公開發表了他的「遏制理論」，被視為美國隨後展開的冷戰政策的理論基礎。

凱南由此成為美國頂級的戰略家。

我們這裏的目的不是要重述美蘇冷戰的起源，而是要指出，這種冷戰的開啟很快傳導到了尚未定型的東亞世界秩序上。實際上，為了展開美國的世界政策，凱南於 1948 年 3 月訪問日本，與麥克阿瑟進行了數次交談。此時美國的對日方針，已經從「如何防止美國受到日本攻擊」轉換為「如何守衛日本」的冷戰思維模式，核心是儘可能限制蘇聯以及「聯合國遠東委員會」對日本的影響，將日本納入美國的戰略軌道。凱南回國後，隨即向美國國務院提交了《美國對日政策報告》，其中提到了重新武裝日本的選項。

順便一提的是，「聯合國遠東委員會」成立於 1945 年 12 月，由以美、英、中、蘇四大國為中心的 11 國組成，目的是負責盟國的對日佔領政策。這個委員會的實際作用雖然有限，但四大國都持有對日政策的否決權。麥克阿瑟制定的對日佔領政策，原則上受這個委員會的審查。有意思的是，凱南的報告遭到了麥克阿瑟的強烈反對。在 1949 年 3 月發表的一次談話上，麥克阿瑟堅持日本應該走非武裝的道路，要成為「東洋的瑞士」。麥克阿瑟的理想主義，正在抵抗來自西方的政治現實主義。

形勢比人強。1949 年 10 月中國革命的成功，意味著美國「失去了中國」，這對美國來說是一件大事。但接下來東亞世界秩序的演進，則讓中美兩國徹底兵戎相見。1950 年 6 月 25 日，朝鮮戰爭爆發。駐紮在日本的以美國為首的聯合國軍隊，迅速出兵。這是東亞世界史上第一次與日本無直接關係的朝鮮戰爭。不過，美國是此時日本的監護者，所以我們也可以說日本是以間接的方式參與了戰爭。

戰爭爆發後，日本就不是旁觀者了。日本經濟史上有一個很有名的「朝鮮特需」的說法，意思是說，朝鮮戰爭爆發後，日本事實上成了美國軍事力量的後方基地，獲得了大量的軍需用品訂單。在這種訂單的刺激下，日本經濟迅速復蘇，國民生產總值很快恢復到了戰前的最高水準。簡言之，日本以後方支援的方式參與了朝鮮戰爭，因而分享了巨大的戰爭紅利。

在任何時代，戰爭都具有激烈改變一個國家的制度和精神形態的作用。在朝鮮戰爭爆發的 1950 年代初期，對於日本而言更為深遠且一直延續至今的體制獲得了最終的形態。這個形態的標誌就是「日美同盟」的成立。這個「同盟」的首要意義在於它徹底逆轉了日美之間此前的敵友關係。這裏，我們稍微看一下此間歷史的具體展開。

美國佔領日本後不久，就開始著手制定對日和約方案。根據一份史料記載，美國在「1947 年 3 月制定的最初的《對日和約》條約案認為，日本軍國主義的復活是亞洲最大的威脅，為了防止軍國主義復活，必須將日本無限期地置於聯合國的統治下。1948 年 1 月修訂對日和約時，這一心理依然存在」。[1] 但隨著冷戰在歐洲的全面展開，美國開始調整對日佔領政策。凱南在 1948 年 3 月訪日後提交的報告書，主旨已經轉換成了「如何保衛日本」。當然，如何確立日本的最終國家地位，包括麥克阿瑟在內的美國政策制定者仍在摸索當中。

朝鮮戰爭的爆發和中國的參戰，更加速了美國的政策選擇過程。美國迅速制定了對日和約的三大基本方針，即「實現日本獨立」、「使日本成為共產主義的防波堤」以及「自由使用日本基地」；同時，美國要求獨立後的日本必須成為「自由主義陣營」的一員。

美國對日態度的巨大轉換，突出表現在「重新武裝日本」這一點上。此前在麥克阿瑟的主導下，駐日盟軍司令部對日本實施了非軍事化改革。隨著冷戰格局的展開，美國出現了要求日本重整軍備的意見，但遭到了麥克阿瑟的抵制。朝鮮戰爭爆發後，出於防衛日本的實際需要，麥克阿瑟最終改變了態度。1950 年 7 月 8 日，他在給日本時任首相吉田茂的書簡中「允許日本政府成立直屬於政府的七萬五千人的國家警察預備隊和增加八千人的海上保安廳的必要措施」。這實際上是對日本政府下達的軍備化指令，而「七萬五千人」則正好是駐日美軍投入朝鮮戰爭的數量。這就是日本自衛隊的起源。

1　〔日〕孫崎享著，郭一娜譯：《日美同盟真相》（北京：新華出版社，2014），頁 79。

朝鮮戰爭的爆發加速了美國對日和談的進程。1951 年 1 月，以國務卿顧問杜勒斯（John Dulles, 1888–1959）為團長的代表團抵達日本，與日本討論和平條約問題。會談涉及美國在日本的軍事基地、戰爭賠償等問題，但雙方討論的焦點卻是上面提到的日本重新武裝的問題。在美國的壓力下，吉田茂最終同意進行最低限度的重新武裝。

　　1951 年 9 月 8 日上午 10 點，包括日美兩國在內的 49 個國家在《舊金山和約》上簽字，日本完成了國家獨立的法律程序。同日午後 5 點，兩國在美國陸軍第六軍軍營內簽署《日美安保條約》，兩國同盟關係正式成立；這也標誌著日本正式被納入所謂的「自由陣營」中。吉田茂後來回憶說：

　　　　只有與自由陣營共進退，日本的國運才能得到維持和發展。自由世界尊重個人的自由，認為目的和手段必須一致。日本的命運與自由世界同在，這一點無人否認。日本既然真心期待世界和平，那麼試圖在自由世界與共產世界之外走中間道路的中立論，就不是日本應該採取的道路。[2]

　　當然，此時日本或美國並未直接使用「日美同盟」這樣的說法。直到 1981 年，在時任首相鈴木善幸（1911–2004）訪問美國後發表的共同聲明中，「同盟」的說法才第一次出現，並旋即引發了一陣騷動：同盟讓人聯想到軍事上的含義。1995 年，「同盟」這一表述第一次正式出現在日本的官方文件中。

　　這一時期吉田茂採取的追隨美國的政策又被稱為「吉田路線」，核心是「輕武裝」與「貿易立國」。從上面簡短的回顧中我們已經看到，1951 年締結的和平條約完全由美國主導，日本則是隨附。不過，這並不意味日本沒有自己的意志和選擇空間。吉田茂對重新武裝日本的拒絕，最終就表現在他堅持的「輕武裝」這一點上。在歷史的關鍵時刻，日本走對了一步棋。

2　轉引自〔日〕外岡秀俊等：《日米同盟半世紀：安保と密約》（東京：朝日新聞社，2001），頁 82。

上面的歷史敍述表明，日美軍事同盟的成立也是世界秩序演變的結果，那麼，它的正當性具體如何？這個問題比較複雜，我們這裏給出一種說明。

　　1953 年 7 月朝鮮戰爭結束後，東亞世界開始進入了相對穩定的狀態。從結果上說，這種狀態是以美國為核心的世界力量介入的結果。值得注意的是，這種力量雖以「日美同盟」的方式存在，但在事實上延續了佔領初期對日本「非軍事化」的政治意圖；換言之，日美同盟同時扮演著約束日本軍事力量的角色。這種政治意圖與角色，並未因冷戰格局而被忽視或遺忘。這裏我們可以看一個具體的例子。

　　1970 年代初期中美兩國開始接近時，中國對《日美安保條約》的正當性提出了質疑；在此前的中美對抗時期，中國一直高調批評駐日美軍的存在。對此，時任美國國務卿基辛格（Henry Kissinger）反覆強調，美軍的存在是抑制日本強化軍事力量的閥門，這就是所謂的「瓶蓋」理論。基辛格的邏輯是：美國如果從日本撤軍，則意味著准許日本重新武裝；而日本如果大肆進行重新武裝，就可能會重蹈覆轍。1972 年 2 月尼克遜（Richard Nixon, 1913–1994）訪華時，對中國領導人表達了同樣的看法。[3]

　　中美兩國這些關於日本的看法，都是源於具體的政治計算，並非空穴來風。但如果只是注意這些政治策略，則會忽視二戰後《聯合國憲章》所確定的「集體安全保障」原理，而這是一種對世界和平秩序的安排與保障。國家必須擁有軍隊、擁有發動戰爭的權利，這只是舊秩序下的觀念，如今已經被新秩序和新觀念所克服和取代。

　　關於日美同盟還有一種看法，說這個同盟關係把日本綁到了美國的戰車上，日本不得不對美國唯命是從，因而不是一個獨立的國家。這種看法自有其道理，不過我個人認為，這種看法還是囿於傳統的政治角度看問題，並未注意到文明和

3　參見〔日〕毛里和子著，徐顯芬譯：《中日關係 —— 從戰後走向新時代》（北京：社會科學文獻出版社，2009），頁 54–58。

秩序在這個歷史過程中演化的機制；就此而言，我們甚至可以說，日美同盟是第二次世界大戰後新世界秩序的必然組成部分。這個同盟當然有著現實的軍事意圖，有著各種有待解決的問題，因此，這個同盟的未來走向會實質性地影響東亞乃至世界的文明進程。

———— ⊙ ————

從東亞世界秩序演變的角度，我們在上文對日美同盟的意義和它特有的屬性作了簡略闡釋。這個同盟成立的機制首先來自東亞世界史演化自身，因此它存在的目的還不能只是被簡化為限制、約束中國的發展。日美同盟的結成事實上還終結了東亞世界史將近一個世紀的失序狀態。美國的方法是馴化日本，將日本納入自己主導的東亞世界秩序當中。朝鮮戰爭之後，東亞世界秩序最終迎來了直到今天的和平。

從世界秩序自身的角度，我們還可以說，事實上由日美同盟創造出的日本國家體制，實質上是二戰後世界新秩序下的一種新型國家，其核心正是這個國家放棄了對外使用武力的權利。這種否定國家動用武力的權利，與《聯合國憲章》對國家主權的限制的精神完全一致。因此，很多人認為日本缺乏獨立的主權，這其實是一種老套的看法。我們還可以再看一個事例。

現代日本政治史中有個很有名的說法叫「尼克遜衝擊」，是指 1972 年尼克遜的突然訪華對日本政治造成的巨大影響。《舊金山和約》簽訂後，日本國內的進步勢力一直要求日本和中國恢復外交關係。由於日美同盟的約束，在美國的反對下，日本不敢越雷池一步。但尼克遜卻自己率先秘密訪華，而且直到向世界公佈前一刻才告知日本。這讓日本產生了一種被拋棄的感覺，當時的日本首相佐藤榮作（1901–1975）隨即引咎辭職，這才有了隨後田中角榮（1918–1993）的訪華。這就是說，在和中國恢復外交關係這樣級別的大事上，日本缺少自主性，而要從屬於美國的全球戰略。

那麼，「尼克遜衝擊」究竟意味著什麼？人們會從各自的立場來回答這個問題。一方面，戰後日本的國家體制和日美同盟，確保日本最終走上了和平國家的道路，東亞的和平也因此獲得了保障。在這個意義上，日本政治家說要堅持日

美同盟路線時，他們的意圖是非常自然的。但另一方面，日美同盟事實上還將日本推到了當時冷戰的最前線。隨著1990年代初美蘇冷戰秩序的解體，這一同盟事實上又將日本推到了中美戰略關係的最前線。

問題的複雜性在於，中美關係既有著冷戰體系時代對抗性的延續，又有著後冷戰時代的合作與競爭關係。因此，隨著中美關係的變動，日本被迫要隨時計算它與東西兩個鄰居之間的距離。就此而言，日本當下的國家認同與未來的國家地位，取決於東亞世界秩序的演進與重建。

最後要再次強調的是，日美同盟只是一種歷史性的秩序安排，它在解決一部分問題的同時，會產生新的問題；「沖繩」就是這個新秩序製造的最大的問題。麥克阿瑟曾有將沖繩打造成美國安全保障樞紐的戰略構想。這是二戰後世界新秩序的現實主義一面，人類永久和平的理想仍然在路上。

沖繩｜被遺忘的「軍事殖民地」

提到沖繩，人們大多會首先想到當下的「沖繩美軍基地」與歷史上曾經獨立存在的「琉球王國」。事實上，在今天的日美關係中佔據核心位置的「沖繩問題」，就是歷史問題與現實問題疊加後出現的新問題。這個問題的尖銳性體現在「沖繩獨立」或「琉球獨立」這個高度政治化的口號上，它直接對日美同盟的正當性提出了質疑。

在今天的日本報刊和言論中，關於沖繩獨立運動的報道並不少見。不過，如同最近幾年英國發生的「蘇格蘭獨立」或者西班牙發生的「加泰羅尼亞獨立」都很難實現一樣，日本的「沖繩獨立」也停留在觀念上。這些獨立運動一旦成真可能會引發整個世界秩序的動搖。正因如此，這些獨立運動的意義也體現了出來：它們事實上構成了以民族國家為節點的世界體系的一種裂痕，暴露了內在於這種國家形態內的深層問題。「沖繩獨立」這個口號非常有利於我們觀察現代日本的國家觀念與屬性。

因此，我們下面要通過追溯這個獨立運動的起源，來揭示日本國家體制有著怎樣的內在矛盾，以及由此進一步揭示二戰後世界新秩序存在著怎樣的問題。要理解沖繩問題的來龍去脈，我們首先要把視線大幅度拉回到 19 世紀後期琉球王國被日本吞併的亡國事件，在日本又稱為「琉球處分」或「廢琉置縣」。

———— ◉ ————

琉球在歷史上是一個獨立王國。根據出土文物來看，早在戰國時代琉球就與中國大陸的諸侯國有人員的往來。琉球國名最初寫作「流求」二字，最早出現在中國史書《隋書》的〈流求國傳〉當中；607 年，隋煬帝派遣朱寬前去征討該國。到 14 世紀下半葉，琉球國再次與中華王朝建立了緊密的關係。此時的琉球群島從北到南出現了山北王、中山王和山南王，有三個王國。這些王國得到了明

王朝的冊封，成為明王朝的屬國。根據琉球王國的正史記載，1392 年，明太祖朱元璋下賜「閩人三十六姓」，這些福建系的移民被視為琉球王國的原住民。15 世紀初，中山王統一了整個琉球群島；而且，作為東亞海上貿易的樞紐，琉球王國迅速繁榮了起來，成為東亞世界體系的一個新晉成員。

不過，琉球王國特殊的地理位置也使得它成為東亞世界體系一顆不安的棋子：由於它孤懸海外，中華王朝無法為它提供及時的軍事保護。16 世紀末，日本在豐臣秀吉的領導下走向統一後，開始成為中華王朝的競爭對手，琉球王國首當其衝。

豐臣秀吉非同尋常，有著定都中原、成為亞洲盟主的雄心壯志。他在統一日本、獲得「關白」稱號後，立刻要求琉球王國派遣慶賀使臣。1589 年，琉球尚寧王被迫派遣天龍寺僧人桃庵拜謁秀吉，秀吉隨即認定琉球為自己的「附庸國」。在隨後開始的侵朝戰爭中，秀吉要求琉球出人力物力。德川幕府成立後，日本繼續強化這一層藩屬關係。1609 年 3 月，薩摩藩派遣一百艘艦船、三千人的兵力出征琉球；4 月，這個幾乎不設防的王國首都陷落，尚寧王投降，被迫到江戶拜謁二代將軍德川秀忠。此時的幕府因為期待琉球充當中介，與明王朝講和，重啟雙方的貿易關係，所以琉球王國並未被吞併，尚寧王也於 1611 年歸國。[1]

上述歷史過程表明了琉球王國所謂的「兩屬」——同時為歷史上的中國和日本兩個國家的藩屬國——的歷史根源。[2] 不過，歷史認識的關鍵不在於作為結果的「兩屬」事實，而是琉球成為兩國屬國的不同過程，因為它們在文明上的意義迥然不同。琉球成為明王朝的屬國，本質上是將自身主動納入東亞世界體系當中，分享文明世界的和平與貿易的紅利；相反，琉球成為日本的屬國，是一種武力脅迫下的被動行為。事實上，理虧的日本在隨後的歷史中幾乎將它和琉球王國的冊封關係隱藏了起來，目的就是為了防止中國的干涉，維持和中國的貿易關係。

1　〔日〕赤嶺守：《琉球王国：東アジアのコーナーストーン》（東京：講談社，2004），頁 90。
2　歷史學家就琉球王國「兩屬」地位的相關討論，可參見〔美〕費正清編，杜繼東譯：《中國的世界秩序：傳統中國的對外關係》（北京：中國社會科學出版社，2010）。

隨著 19 世紀東亞世界大變局的到來，琉球率先走上了東亞歷史舞台的中央。1871 年，明治日本攜著「維新」即革命的勢能，發佈「廢藩置縣」的詔書。1874 年 5 月，日本以琉球人在台灣遇害事件為藉口，出兵台灣。在隨後同清王朝展開的退兵交涉中，日本將「日本國屬民」、「保民義舉」等字樣加入中日雙方簽訂的《北京議定書》，以掩飾出兵台灣的真實理由——試圖獲得琉球從屬日本的國際法上的依據。[3] 1875 年 7 月，日本強迫琉球停止向中國朝貢。1879 年 3 月 27 日，日本「琉球處分官」向琉球王國下達廢除「琉球藩」、設置「沖繩縣」的命令，並強制琉球王室在 3 月 31 日前撤出首都首里城；4 月 4 日，日本宣佈「廢藩置縣」完成，琉球王國正式滅亡。自 1372 年琉球首次入貢明王朝以來，歷時五百餘年的中琉朝貢關係史就此終結。

琉球救亡運動也在這一時期展開，而這正是「琉球獨立運動」的開始。1877 年 7 月，琉球王國向宗主國清王朝派遣的密使向宏德、蔡大鼎、林世工等人的陳情，最終上達了清政府，但並未上升到清王朝的政治議程中。這一年的 12 月 7 日，中國首任駐日公使何如璋（1838–1891）抵達東京，獲知了琉球問題的詳細始末。中日兩國關於琉球問題長達數年的談判由此開啟，在當時的政治議程中被稱為「琉案」或「球案」。

1879 年，經過美國前總統格蘭特（Ulysses S. Grant, 1822–1885）的斡旋，中日雙方曾先後就琉球「二分」或「三分」方案進行談判。前者是由中日兩國分割琉球王國的國土，後者則是在琉球本島恢復琉球王國的統治，而南北島嶼分割給中日兩國。1880 年 8 月，日本提出了將南部的宮古和八重山割讓給中國、中國允許日本在中國內地通商的「分島改約」案。但這些方案最終都未能實現，而中日兩國競爭的焦點，隨即又轉向了朝鮮王國，「球案」成為中日兩國之間的懸案。

要注意的是，這裏的目的不是重述琉球王國的興亡史，而是要從中看到東亞世界史演進的路徑。從中國的角度看，琉球的亡國意味著傳統東亞朝貢—冊封

3　〔日〕西里喜行著，胡連成等譯：《清末中琉日關係史研究》（北京：社會科學文獻出版社，2010），頁 276–277。

體制解體的開始；中華王朝出於維護這一秩序的原因，開始與明治日本進行交涉，試圖讓琉球「復國」。在這一過程中，中國士大夫中間也出現了征討日本、軍事解決問題的方案。而日本則認為，明治維新後的「廢琉置縣」舉措，從屬於近代民族國家與帝國體制建構的過程。

吞併琉球王國是明治日本對外擴張的第一步，激發了它對台灣和朝鮮半島的殖民慾望，更喚起了它的大陸慾望。事實上，在中日兩國圍繞琉球地位展開激烈的外交攻防期間，日本的參謀本部已經擬定了出兵大陸的軍事方案，這可以說是近代日本「大陸政策」的起點。[4]

琉球王國的滅亡源於日本的武力征服，琉球居民自然有著獨立、復國的歷史記憶和意願。不過，我們現在要談的「沖繩獨立」問題，並不單純來自歷史記憶，它還有著全新的東亞世界變遷的要因，那就是第二次世界大戰後形成的東亞世界新秩序所造成的一種特殊狀況。

事實上，今天主張「沖繩獨立」的沖繩人有一個非常重要的論據：沖繩是日本國內的「殖民地」，而且還是「軍事殖民地」。按照第二次世界大戰後的普遍共識，殖民地人民當然要尋求政治獨立。因此，「殖民地」這個說法將矛頭同時指向了日本和美國，因為日美同盟的核心安排就在於美國可以近乎無限期地保有沖繩軍事基地。1972 年，美日兩國對駐日美軍基地進行了重新安排，日本本土的基地大幅度縮編，但沖繩基地幾乎沒有變化。結果，駐日美軍基地的四分之三集中在只有日本國土面積 0.6% 的沖繩。[5] 這種不均衡狀況，無疑強化了沖繩是日本與美國「殖民地」的印象。

顯然，這個基地對於美國實現全球霸權——或曰「美國治下的和平」——具有不可替代的重要性。我們前面提到過，1948 年 3 月喬治·凱南為制定全球政策而訪問日本，在和麥克阿瑟討論到安全保障問題時，麥克阿瑟發表了這樣的觀點：美國的戰略邊境並不在南北美洲，而是亞洲大陸的東海岸。美國的基本戰

4　參見〔日〕安岡昭男著，胡連成譯：《明治前期日中關係史研究》（福州：福建人民出版社，2007）。

5　〔日〕新崎盛輝：《沖繩現代史》（東京：岩波書店，2005），頁 37–39。

略課題，就是阻止亞洲的港灣出現強大的海陸兵力的集結或部署。以前這一防衛問題的中樞在菲律賓及其周圍地區，如今大幅度向北移動。美國為在太平洋地區保持突然攻擊能力，需要建設從阿留申群島、中途島、日本過去的委任統治地區到菲律賓的克拉克基地的 U 字形軍事基地，而沖繩居於核心地位。在這一結構當中，沖繩是最前線的死活要塞，能輕而易舉地對付東北亞任何港灣的兵力集結。[6] 因此，下面的結論就順理成章了：

> 只要在沖繩部署充分的兵力，為了阻止來自亞洲大陸的攻擊兵力的部署，就不再需要日本的本土。當然，同樣重要的是在戰略上不能將日本本土的戰略設施移交給其他國家。西太平洋上所有島嶼，對於我們而言都具有性命攸關的重要性。

歷史上的琉球王國在第二次世界大戰後的短短數年間，就這樣一躍成為美國展開世界性力量的樞紐。麥克阿瑟的這些戰略構想當然寫入了凱南發給美國國務院的報告，隨後又被寫入備忘錄，提交到了美國國防部，並得到了更明確的表述：

> 在任何情形下琉球都不能返還給日本。琉球的居民並不是日本人，這些島嶼對日本的經濟也沒有貢獻。無論琉球的最終處置如何，美國保持在琉球的軍事權利都是不言自明的。美國需要立刻將這一主旨落實下來。對這些島嶼進行軍事目的的開發，應該是要緊急推進的優先事項。

這裏的「進行軍事目的的開發」實質上構成了沖繩是美國「軍事殖民地」的直接證據。如同麥克阿瑟指出的，這個軍事基地可以封鎖住東亞大陸的出海口，能夠以最小的軍事代價看住來自大陸的軍事行動。這是一種出色的海權思想

---

6 以下對麥克阿瑟觀點的介紹和引用，參見〔日〕外岡秀俊等：《日米同盟半世紀》，頁 24–26。

的運用。結果，美國出於維護全球霸權的考慮，剝奪了沖繩人和平發展的權利，而日本同樣也認為美國力量的存在有助於保護它的安全。所以，雙方在維持沖繩軍事基地上你情我願，一拍即合。對日美而言，沖繩的安排甚至可以說是日美合作的典範。這也是日美兩國很多學者和政治家的主流看法。今天的日本政治家之所以堅持「日美同盟」的基本路線，可以說其來有自。

值得注意的是，美國的這個將沖繩軍事基地永久化的戰略並非它最初的意圖。1943 年，美國已經掌握了太平洋戰場的主動權，開始處理沖繩歸屬問題。最早的一份政策文件是這一年 7 月提出的《瑪斯蘭報告》，裏面提到了將沖繩歸還中國、實行國際託管以及歸還日本三種方案。1944 年 10 月的《伯頓報告書》同樣提出了三種方案，其中提到「如中國要求歸還，那麼就設立一個國際調查委員會」。接下來美國提出的沖繩歸屬方案，則向著美國託管、最終歸還日本的方向進行調整。[7] 在 1951 年 9 月 8 日簽訂的《舊金山和約》中，第三條規定將北緯 29 度以南的琉球群島交給美國託管統治，權限包括部分或全部的立法權、行政權及司法權。美國還同時聲明，日本對這些島嶼有著「潛在主權」或「殘留主權」。

美國的託管統治自然引發了沖繩住民包括罷工在內的各種抗議鬥爭，琉球內部出現了「復歸日本」的呼聲。為了更有效地使用軍事基地，進入 1960 年代後，美國開始將沖繩地位問題提到美日關係的政治議程上。1961 年 6 月，日本首相池田勇人（1899–1965）訪美，與甘迺迪總統（John F. Kennedy, 1917–1963）舉行了會談。會談期間，池田並未表達要求美國返還沖繩的意思，但希望美國多考慮一下沖繩民眾的福利。1965 年 8 月，佐藤榮作首相訪問沖繩，這也是日本在職首相的首次訪問。佐藤宣稱：「只要沖繩不回歸祖國，日本的戰後就沒有結束。」這句話成為戰後日本政治史上的一句名言。經過多次交涉後，1971 年 6 月，美日雙方簽訂了《沖繩返還協議》。1972 年 5 月 15 日協議生效後，沖繩再次納入日本的統治範圍。沖繩地位的變化緩和了沖繩是美國「軍事殖民地」的印象，

---

7 〔日〕矢吹晉著，張小苑等譯：《釣魚島衝突的起點：沖繩返還》（北京：社會科學文獻出版社，2016），頁 52–55。

但實質問題仍然未解決。日本和沖繩內部一直有著「無核武器」、「無軍事基地」的徹底返還要求。

這個「沖繩返還」與日美合作的幸福故事當中，包含著一個不幸的因素：它缺失一個最重要的當事者，即沖繩當地的住民。由於軍事基地給當地人的生活和安全帶來巨大的負擔，將基地遷出沖繩的民眾呼聲一直很高。「沖繩獨立」就是身為沖繩人這一立場的激進表達形式。從沖繩人視角看沖繩問題，我們很容易看到強權的邏輯與東亞世界秩序的現實主義結構。

——— ◉ ———

我們再舉兩個這方面的例子。2009 年 8 月，日本民主黨首次在全國大選中獲勝，長期把持政權的自民黨下台。新任首相鳩山由紀夫提出了同中美兩國進行「等邊三角形」外交的理念，試圖大幅度校正此前對美一邊倒的政策。在此前的競選綱領中，民主黨承諾將沖繩的普天間美軍軍事基地搬遷出沖繩。沖繩縣議會在 2010 年 2 月也通過特別決議，要求普天間基地遷至「海外或者日本其他地區」。

早在 2009 年 2 月，日美兩國就已經簽訂了《關島國際條約》，約定美軍基地將一部分轉移到沖繩名護市的邊野古地區，一部分轉移到關島，從而取代普天間軍事基地，而日本要為此支付巨額的基地轉移與建設費用。民主黨為實現競選承諾，不得不和美國進行重新談判，尋找替代方案，但美國拒絕作出任何讓步。這樣，日本民主黨新政府就和美國發生了激烈的衝突。

在日美兩國圍繞沖繩美軍基地搬遷問題發生激烈爭執的時刻，2010 年 6 月 10 日，《東京新聞》刊載了一篇題名為〈普天間問題自主解決：沖繩獨立論正在成為現實？〉的文章，介紹了沖繩縣的一個地方政黨黨首屋良朝助表達的不滿。他說：「將軍事基地強加給沖繩，這是為了一億三千萬國民的利益而犧牲一百三十九萬縣民的利益，是一個簡單的數學問題。要改變這種狀況，只有沖繩獨立，形成日本國與沖繩一對一的對等關係。」這顯然是公開的獨立要求。

日本《產經新聞》在同年 6 月 16 日也報道說，時任日本民主黨政府副首相、隨後將出任首相的菅直人告訴來自沖繩的議員喜納昌吉：「沖繩問題太沉重了，沒有辦法。基地問題毫無辦法，不想再碰了。」他的結論是：「沖繩最好獨立。」

《產經新聞》是日本保守主義的主要報紙，它介紹沖繩獨立論，雖説讓人感到意外，但也讓人們看到了沖繩問題的深重與複雜。

顯然，「沖繩獨立」論的政治背景就是美軍基地問題。不過，還有一個顯得蹊蹺的問題：沖繩當地民眾有獨立呼聲可謂天經地義，但日本中央政府的高官、日本的政治家為何也説出「沖繩最好獨立」這樣的説法？在這個世界上，我們還未見到希望自己的屬地獨立的國家。為了準確理解這些問題，我們這裏還要進一步看一下沖繩的現狀。

———— ⊙ ————

首先，任何軍事基地對於周邊的居民而言都是一種負擔。這種負擔主要來源於軍事訓練所造成的環境污染。譬如，戰鬥機的頻繁起降就是噪音的污染源，嚴重影響著當地住民的休息。另外，軍機在訓練中出現的意外事故，往往會造成當地居民的傷亡。

對於沖繩民眾而言，除了巨大的噪音污染之外，美軍在沖繩的犯罪活動和意外事故是另外一種巨大的負擔。根據官方記錄，從 1972 年美國將沖繩「歸還」日本算起，到 2010 年為止，共發生了一萬起與美軍有關的犯罪案件與意外事故，其中半數以上是犯罪事件，包括謀殺、強姦、搶劫、縱火等重罪。

沖繩民眾負擔巨大的根本原因，就在於美軍的駐紮之地並非美國本土。但因為美軍在沖繩軍事基地保有軍事特權，很多事故的原因根本得不到徹底的調查，一些犯罪嫌疑人也得不到起訴。這就是所謂的「治外法權」，是殖民地的標配。所以，沖繩是美國「軍事殖民地」的説法並非只是批評者的看法，而是有著實質性的證據支持。

既然這些問題的根源在於美國的軍事基地，那沖繩為何又被稱為「日本國內的殖民地」？日本本土又怎麼看待這個問題？這些問題也比較複雜，我們可以通過觀察兩種現實——歷史的現實與當下的現實——來理解這個「殖民地」的説法。

首先，歷史的現實源於第二次世界大戰末期的「沖繩戰役」。它是整個二戰期間最為血腥的戰役之一，在不到兩個月的時間內造成了 12 萬沖繩平民的死

亡，這個數字大致相當於當時沖繩總人口的四分之一到三分之一。但真正的殘酷並不僅僅在於這個數字，更在於一種被稱為「集團強制自殺」的做法。當時守島日軍擔心沖繩人向美軍通風報信，出於保守秘密的目的，強迫沖繩人集體自殺。在整個戰役期間，還有大量日軍直接殺害沖繩人的事例。顯然，日本軍人並未將沖繩人視為普通的日本人。

這裏尤其值得一提的是日軍實施「集團強制自殺」的邏輯。其中的一個要點就是，日軍一再宣傳、渲染投降美軍的恐懼。根據記載，當時很多日軍士兵從中國大陸調集過來；在中國大陸，這些日軍「搶劫、強姦並屠殺當地居民被認為是理所當然的，他們想當然地認為美國人會以相同的方式行事」。日軍使用這種恐嚇的方式，固然是為了掩蓋他們真實的目的，但他們在中國大陸犯下的罪孽，也的確影響了他們的判斷，致使沖繩普通民眾遭受了更大的傷害。

故事顯然無法簡單地隨戰爭的結束而結束。這一次捲入漩渦的是當代日本著名作家、諾貝爾文學獎獲得者大江健三郎（1935–2023）。他出版《沖繩札記》，書中揭露了「集團強制自殺」的悲慘故事。結果，日本右翼保守主義者對他展開圍攻，並將他告上了法院。他們的根據就是沖繩人自殺是出於自願，是為天皇陛下盡忠的「玉碎」。這場訴訟曠日持久，最終以大江健三郎的勝訴告一段落。[8] 這段歷史實際上將一種真實的民族觀念呈現了出來：沖繩人意識到，他們始終沒有被視為本土的大和民族的一部分；沖繩人使用日語交流，只是歷史上日本的強制皇民化教育的結果。

沖繩人的這種民族意識因現實的美軍基地的存在，得到了進一步的強化。沖繩居民一直有著強大的民意，要求美國將軍事基地，尤其是位於市區中心的普天間基地搬遷出沖繩本島。為此，日美兩國出於各種考慮，制定了關閉普天間軍事基地、在沖繩島其他區域新建軍事設施的協議。這只是一種微不足道的讓步，自然引發了沖繩居民的憤怒。

最近一次反抗軍事基地運動的高潮，發生在 2009 到 2010 年間。我們前面

8　參見〔日〕岩波書店編，陳言等譯：《記錄・沖繩「集體自殺」審判》（上海：上海譯文出版社，2016）。

提到過，2009 年 8 月底日本出現政權更迭，民主黨取代自民黨上台執政。民主黨，尤其是黨首鳩山由紀夫要在美國和中國之間保持等距離；此外，新政府還對建設「東亞共同體」的目標表達了實質的興趣。在很多人看來，這些舉措的目的就是要擺脫美國的約束，走向外交自立。這是日美同盟結成半個世紀以來，日本首次提出路線變更的願望。

新政府一上台，就要求和美國重談此前關於搬遷普天間軍事基地的計劃。但結果可想而知，鳩山內閣捅到了馬蜂窩上；美國完全無法接受任何表明日美同盟關係鬆動的言論。在接下來的三個月，鳩山及其內閣成員不但接二連三遭到美國官員的冷遇和恐嚇，還引發了日本國內親美派的強烈抵制。這種內外交錯的壓力，導致鳩山在 2010 年 5 月 28 日被迫簽署執行《關島國際條約》的新協議，並宣佈自己最終理解了沖繩軍事基地的重要性。不到一週後，他在沮喪和羞辱中辭職。當時有日本政治學者評論說，鳩山的屈服意味著「日本的第二次戰敗」。

有意思的是，這次「戰敗」讓我們近距離觀察到了政治現場的生態。有學者這樣評論道：

> 維基解密在 2011 年 5 月公開的文件揭示了鳩山在何種程度上被自己的政府所出賣。如果說曾經存在被系統內高層所背叛的情況，鳩山就遇到了。從鳩山政府上台初期開始，他的高級官員就秘密地，甚至可以公正地說是有陰謀地，與美國官員聯繫，建議奧巴馬政府堅定立場。他們明確表示，鳩山是一位「有人格缺陷的」首相，「當與強硬的人交流時則很軟弱」，並且「總是基於他最後所聽到的強有力的評論發表自己的看法」，他的政府「仍然處於調整階段」，「缺乏經驗」、「愚蠢」，其政策決定過程「一片混亂」。鳩山的高級國家官員，像其自民黨前輩在這半個多世紀以來一樣，忠誠於華盛頓，而不是鳩山或者日本的選民。[9]

9　〔澳〕麥考馬克、〔日〕乘松聰子著，董亮譯：《沖繩之怒：美日同盟下的抗爭》（北京：社會科學文獻出版社，2015），頁 119。

這樣看來，沖繩的確有著美國「軍事殖民地」的屬性。這也是堅持「沖繩獨立」的人的看法。軍事殖民地在形式上不同於傳統的以資源掠奪、經濟剝削、政治控制等為特徵的殖民主義，但本質並無不同，因為它們事實上剝奪了被殖民對象的自由。一部分日本中央政府的政治家之所以也喊出「沖繩獨立」的口號，原因正是出於對「殖民地」的美國屬性的不滿乃至憤慨。

　　第二次世界大戰後，此前的殖民地絕大多數都獲得了獨立；殖民掠奪這一舊秩序下劣跡斑斑的帝國主義政策已經壽終正寢。但具體到沖繩問題上，我們發現「殖民地」這個說法還有著歷史和現實的意義，因為它將沖繩的本質問題刻劃了出來，很值得我們去思考。

　　我們在沖繩看到的矛盾，暴露的不僅僅是日本戰後體制固有的問題。沖繩人並未獲得公平、公正的對待，而這個問題的起源更是二戰後的美國軍事佔領和日美同盟體制。試圖超越日美同盟的日本政治家，試圖解決沖繩軍事基地問題的日本政治家，很快遭遇到了來自美日兩國的巨大阻力。這就是發生在 2009 年上台執政的鳩山由紀夫首相身上的悲劇。在沖繩問題上，日本國家的屬性突出呈現了出來。批評者將日本的地位視為美國的「附庸國」或「屬國」，因為它無法自主決定沖繩軍事基地的相關問題，而後者在本質上涉及美國的全球戰略問題。在這個意義上，沖繩可以說是東亞世界權力的核心所在。

　　因此，日本不容易從目前的對美國的依賴關係中走向自立。當然，從現實的經貿關係來說，日本更沒有這個動機；日本通過將自身與美國經濟、美國利益綁定的方式，獲得了高度的發展和繁榮。不過，同軍事領域的合作一樣，日美的經濟關係同樣不是一帆風順，它顯示出當下世界秩序的另外一面。

日美貿易摩擦

日本的第二次戰敗？

現代日本的對外關係通常被認為「追隨美國」，唯美國馬首是瞻。對於這種政策的理由，人們會說日本的國家安全保障依賴於美國，在重要的外交事項上只能奉命行事。雙方圍繞沖繩軍事基地的矛盾，就凸顯了日本的從屬地位。不過，這種解釋忽視了日本之所以願意堅持日美同盟關係的另外一項理由，那就是經貿關係。經貿關係其實是日美同盟更為堅固的基礎，我們有必要從這個角度進一步觀察日本和美國的互動關係。

對於絕大多數現代國家而言，經濟貿易關係涉及利益與繁榮，僅次於傳統意義上的國家安全。但對於日本而言，經貿關係有著更重要的意義。第二次世界大戰後，日本很快確立了「貿易立國」的政策，可見它對貿易的重視。

事實上，戰後日本經濟政策的實質是通過美國而徹底實現世界化，進而實現長期的繁榮與和平。這是一種將日本徹底世界化的策略。因此，維持和促進繁榮的經濟政策以及與世界列國的自由經貿關係，正是現代日本的核心路線。

不過，今天的人們在談到貿易關係時，很容易想到「貿易戰爭」這個說法。譬如，2017 年美國特朗普（Donald Trump）政府對來自歐盟、日本、中國、加拿大、墨西哥、印度等主要貿易夥伴的巨額商品施加了特別的關稅，引發了被稱為「貿易戰爭」的大事件。這場戰爭雖然沒有硝煙，不會流血，但對一個國家的繁榮和發展，對它的產業政策，都會產生深遠的影響。在談論今日的貿易戰爭時，很多人都會聯想起 1980 年代的日美「貿易摩擦」，並認為那是美國對「世界第二」的必然打擊。

我們的問題由此出現：1980 年代的日美「貿易摩擦」究竟是怎麼發生的？我們今天重新談論日美經濟關係，能從中獲得怎樣的認知和洞察？要回答這些問題，我們首先有必要將問題歷史化，即從歷史的角度看問題；其次，我們還要將問題世界化，即從世界秩序的角度看問題。這也是我們迄今為止觀察日本演化時

一以貫之的兩個視角。

———— ◉ ————

　　從歷史的角度來看，明治維新之後，隨著「殖產興業」國策的展開，日本迅速投身於世界經濟生產與貿易關係當中。但當時主導世界秩序的原則是殖民擴張、侵略和掠奪，日本也概莫能外。1945 年日本在軍事上的敗北，意味著舊世界秩序下的經貿關係的終結；「殖產興業」的歷史經驗隨即要尋求新秩序下的表達形式。

　　這種尋求新的對外關係的起點，自然是 1945 年後美國主導的日本經濟改革。這一改革的最終目標是經濟的非軍事化和政治的民主化。在佔領初期，美國的主要方針是實施懲罰。根據 1945 年 11 月美國國務院的一項報告，日本工業重建後的規模，被設定為維持和平經濟運行的最低水準，而衡量日本工業規模的具體標準是日本國民的生活水準不能超過亞洲其他國家。根據這一報告，日本要拆除鋼鐵、火力發電、軸承、石油、重化學工業等主要工業設備用於戰爭賠償。顯然，在這種經濟安排下，日本也將不再具有發動戰爭的能力。美國國務院的這項報告的依據就是《波茨坦公告》，亦即盟國的政治意志。

　　隨著 1946 年以後美蘇冷戰的開啟和中國內戰的再次爆發，美國開始改變對日經濟管理政策，目的是促進日本建立自由民主的政治制度，成為自由主義陣營的一員，成為防止共產主義勢力擴散的防波堤。結果，美國的佔領政策就從懲罰轉變為扶持，希望日本成為自由主義陣營的商品與物資的提供者。這一政策到 1948 年底已經成為美國的共識。

　　在這個過程中，美國給予了日本巨大的經濟援助。從 1946 到 1952 年，日本獲得了總額超過 21 億美元的援助。在隨後爆發的朝鮮戰爭中，美國的戰爭採購又給日本提供了高達 35 億美元的外匯來源，這是我們曾提到的「朝鮮特需」的一個經濟效果。值得一提的是，在整個佔領期間，日本用於戰爭賠償的金額僅僅是 4,500 萬美元。在這種東亞及世界秩序的演變中，日本獲得了進入戰後資本主義世界經濟體制的入場券，它的命運由此改觀。

　　戰敗國受到如此寬大的對待，這在人類的歷史上可謂破天荒。這是多種因

素疊加的結果——美蘇冷戰的開啟、中國革命的成功、麥克阿瑟的理想主義，這些因素都深度影響了美國對日佔領政策的形成和實施。不過，只有從世界秩序和文明變遷的角度來觀察，我們才會對這些因素獲得整全的認知。戰後美國對日經濟政策的意義遠遠超出了經濟領域。

事實上，第二次世界大戰後由美國主導重建的世界經濟體制的根本意圖還是在於確立一種長效的和平機制。這種認識當然是源於對歷史的反思。1929 年世界經濟危機爆發後，當時的列強紛紛實行貿易保護政策，這被視為二戰的經濟起源。所以，在大戰即將結束的 1944 年 7 月，以美英兩國為首的盟國在美國新罕布什爾州的布雷頓森林召開會議。會議決定美元與黃金直接掛鉤，這就是所謂的「金本位制度」。另外，會議還通過了成立國際貨幣基金組織和國際復興開發銀行（即通稱的「世界銀行」）的協議。史稱「布雷頓森林體系」（Bretton Woods system）的金融體系由此成立，為戰後經濟秩序的恢復奠定了基礎。

這個新建的世界經濟體制有一個根本原則，那就是要實行自由的、非歧視性的國際貿易政策。因此，這個新體制在當時被視為「一個完美的圖騰，代表著匯率穩定、支付自由」，在抽象的意義上「代表著國際合作精神」。換言之，第二次世界大戰後形成的世界經濟秩序，一個重要的出發點就是藉此建立新的世界政治秩序。當然，這個世界秩序有著它固有的政治屬性：它是美國主導的自由主義國家聯盟內部的商業秩序，在最高的意義上維護著美國的世界霸權。

在美國的扶持下，1952 年主權正式恢復後的日本相繼加入了國際貨幣基金組織、關貿總協定等國際組織。戰後日本經濟之所以能夠快速成長，其中一個重要的拉動力就是它獲得了美國市場的通行證。在 1960 年代末這個體系走向衰落時，日本已經成長為世界上主要的工業和貿易強國。換言之，日本已經完成了經濟體系的世界化。在這個經濟世界化的過程中，日本同時完成了國家的新生。這種演化路徑是我們觀察當下日本對外政策的一個窗口。

———— ◉ ————

當然，上面的說法是理念構想與歷史概括，真實的歷史並不會如此平滑地展開。美國出於世界政策的目的向日本開放市場，並以低廉價格向日本提供技術

轉讓，但事後才意識到日本企業有著與眾不同的「狼性」：日本企業員工的本質是「企業戰士」。這個看似幸福的美日關係，很快出現了問題：日本商品開始在美國攻城略地，於是貿易摩擦開始了。早在 1955 年，日美兩國之間就出現了貿易糾紛。當時日本生產的廉價棉織品大量出口美國，對美國造成了很大的衝擊，於是美國的紡織品行業就發起了限制進口日本同類商品的運動。美國政府隨即向日本政府提出了具體的限制方案；1957 年，兩國簽訂了棉織品協定，日本自行限制對美的出口數額。[1]

人們容易認為，雙方簽署協議，日本執行，這在日美關係中不是什麼大事。與那些政治、軍事安排相比，這似乎的確談不上什麼大事，但其意義卻是重大的。美日此次貿易協定的簽署意味著，當美國的某項產業遭到「威脅」時，美國政府可以出面制定實質性的保護政策。這裏「威脅」二字之所以要打上引號，是因為它僅僅意味著這一產業在國際競爭中的失敗。因此，第二次世界大戰後人們謳歌的自由貿易政策，並不全然是字面意義上的「自由貿易」，國家權力依然以特定的方式參與其中。理念和現實之間存在著不可忽視的差距。[2]

值得注意的是，這種貿易摩擦的解決方式是隨後日美兩國處理經貿關係的主要模式。隨著日本經濟的迅速崛起，日美兩國貿易摩擦的範圍和烈度，同樣與日俱增。1965 年，日本首次獲得了針對美國的貿易黑字，也就是出口大於進口，獲得了貿易盈餘；此後日美經濟關係的歷史，就是這個貿易盈餘持續擴大的歷史。

不過，我們不能將日本經濟在 1960 年代的突飛猛進僅僅歸結於它自身的稟賦，這會無視日本當時從國際社會獲得的一個有利條件。在日本加入各種國際經濟組織時，為了培育汽車、計算機等國家戰略產業，以及保護國內的農產品，日

1　〔日〕細谷千博、本間長世編：《日米関係史：摩擦と協調の一四〇年》（新版）（東京：有斐閣，1991），頁 145。
2　人們常說的國際經濟秩序的「不平等」，根源也在這裏。在國力相近的自由主義國家之間，自由貿易無疑是相對公正的秩序安排；但在發達國家與發展中國家之間，這個秩序可能就會遏制後者的發展。而當有著某種「異質」屬性的國家可能造成霸權國家的衰落時，國家權力可能就會直接介入國家間的貿易活動、產業鏈的安排。我們這裏提到的美日貿易摩擦，就有著這種屬性。

本針對外國的投資進行了限制；這意味著，日本在一定程度上實施了貿易保護政策。當然，這一政策當時也得到了美國的認可。

這些與自由貿易原則不符的保留政策，隨著日本經濟的成長和出色表現，在美國的眼中逐漸成了日本的特權。美國的政治家們認為，日本藉此獲得了針對美國企業的優勢，因而對美國來說不公平。於是，美國對日經濟政策的重點轉移到了促進日本經濟的自由化上。在這種情況下，「日本原則上同意推進經濟的自由化政策，但在實踐中通過藉助美國『恩情』的方式，對於實質性的自由化政策，採取了盡可能往後拖延的策略」。日本最大限度地利用美國的寬大政策，或者說「恩情」，來發展自己的經濟。[3]

但美國的「恩情」有其限度。基於對等的相互主義的商業準則，美國自然會要求日本擴大對美國農產品的引入、取消日本市場的各種非關稅的壁壘。面對壓力，日本則是用盡渾身解數，能拖則拖。這種為本國企業的成長爭取時間的戰術，進一步引發了美國的不滿。從鋼鐵產業開始，到毛紡、化纖製品，再到隨後的電視機、汽車等，日美經濟摩擦的範圍越來越大。日本的這些產品因其優質、廉價，很快就在美國市場上獲得了巨大的份額，這也意味著美國同類企業在競爭中的失敗。譬如，1960 年代中期，美國有 28 家彩電製造商，但在日本彩電的攻勢下，到 1980 年，只有 5 家製造商倖存了下來。在這種情況下，美國不得不動用反傾銷等手段來阻止日本工業製品的攻城略地。不過，兩國每次都遵循先例，通過談判達成解決問題的協議，方法就是日本對自己的出口進行限制。

在繼續敍述日美兩國的貿易爭端之前，我們要略微思考一下「貿易摩擦」這個用語。這是當時日本主流的説法。值得注意的是，當時的人們並未大張旗鼓地使用「貿易戰爭」這種表達。畢竟，「戰爭」讓人聯想的是敵意，而「摩擦」在本質上是共同體的內部關係，是「人民內部矛盾」。前面提到的日美兩國在 1957 年簽訂的棉製品協定的意義之所以重大，原因就在於它提供了一種解決爭端的法律機制。當然，這個「內部」是指美國主導的所謂「自由主義陣營」的內

3　〔日〕細谷千博、本間長世編：《日米関係史》（新版），頁 146。

部，它有著自己的邊界。

不管怎樣，日本在這個過程中持續獲利，獲得了重要的美國市場和技術。日本商品獲得美國市場的歡迎，正是對它經濟成功的肯定。正因如此，這種經貿爭端及其解決方式雖然讓日本國內的很多人覺得不爽，但並未影響他們的主流判斷；主流輿論並未在法律上和道德上去指責美國不公正，去指責美國的霸權。換言之，在這個長期的貿易摩擦以及解決過程中，日本並未產生敵意。

而明治維新後直到太平洋戰爭爆發前這一時期，日本將兩國關係中出現的各種問題，統統上升到美國以及其他西方列強對日本的歧視、阻止日本的崛起上，認為一切都是出於美國乃至西方文明針對日本的敵意。這種敵意累積的結果就是日本放棄了國際協調的路線，走向自我孤立，進而走向了最終的對決。

第二次世界大戰結束後，日本徹底放棄了這種基於敵意的美國認識，開始就事論事地處理兩國間的各種爭端。這種做法，當然有著對美國壓倒性的政治、經濟與軍事實力的考慮。但日本採取和美國協調的經濟和外交體制，還有著它強烈的自發意志：它在美國主導的新經濟體制中看到了繁榮與和平的可能。

事實上，在二戰後的最初三十餘年間，美國一直是世界經濟增長的發動機。因此，只有進入這個促進經濟增長與繁榮的世界貿易體制當中，日本才能實現它的國家目標，即繁榮與和平。這種對於現狀的認知使得日本產生了一種義務感，那就是日本有義務和美國以及當時的英國、德國、法國等經濟發達國家一起，維護這個戰後世界經濟體制的安定。這裏面自然包含著同美國的協調。

到了 1980 年代，日本的國民生產總值達到了美國的一半，而當時美國人口總數大約是日本的兩倍，這意味著日本已經達到了和美國同等發達的經濟水平。也正因為如此，美國國內的輿論對日本越發嚴厲起來。當時美國政治家和工人充滿憤怒地砸毀日本汽車，就是這種認知在情緒上的表達。當時的一項民意調查顯示，美國國民認為日本的經濟威脅超過了蘇聯的軍事威脅。日本僅僅因其經濟的成功就成了美國的「敵人」，這意味著「貿易」的確分擔了一部分「戰爭」的功能。

這一時期，美國的貿易赤字持續增加。到了 1985 年，美國的貿易赤字達到了 1,100 億美元。也就是在這一年，美國國會提出了大約 400 項保護美國產品的議案；而日本對美國保有巨大貿易順差，自然首當其衝。同年 9 月，列根總統

（Ronald Reagan, 1911–2004）首次動用《1974 年貿易法》中的「301 條款」，授權美國政府部門對日本進行報復。由於美國的貿易赤字主要由日本造成，面對這種情況，日本只能努力息事寧人。日本政府想盡辦法，通過努力增加進口等方式，試圖降低貿易順差。據說，時任首相中曾根康弘（1918–2019）甚至呼籲每一個日本人購買價值一百美元的進口商品，來降低日本的貿易順差。[4]

日本政府的這些努力無異於杯水車薪，於事無補。這一年的 9 月 22 日，美、英、德、法與日本組成的五國集團在紐約的廣場飯店召開會議，主題是匯率問題。這次會議達成的協議就是有名的「廣場協議」，結果日元對美元大幅度升值。日元隨後的快速升值，自然導致日本以出口為主的企業出現困難。這種看起來傷筋動骨的操作，引發了日本國內歇斯底里般的批評，甚至出現了這是「日本的第二次戰敗」的說法。不過，人們很快發現，日元升值的好處也隨即呈現了出來：在海外市場上，日元獲得了更高的購買力。從企業方面來說，直接增加海外投資是應對日元升值的最好方法。結果，1986 年以後，日本的海外投資激增，形成了一種新的經濟網絡。

從廣場協議開始，到 1990 年代初泡沫經濟的崩潰，再到 1990 年代後半期金融危機的爆發，這前後大約十年間因被概括為「失去的十年」而廣為人知。那麼，這是美國對日本經濟打壓的結果嗎？日本的民族主義者或許會這麼看問題，但這種看法並不正確。如上文所述，戰後日本實現經濟高速增長的動力來自美國主導的自由貿易體制，廣場協議的簽訂只是終止了它此前的經濟發展模式。因此，「失去的十年」在本質上是日本經濟體制轉型與重建的時期。在這一時期，日本企業積極進行了戰略重構與調整，將重點轉到高端的製造業上。用現在的說法，這是一種「倒逼改革」。進入 21 世紀後，隨著中國經濟的強勁增長，深耕中國市場多年的日本的優勢發揮了出來，從而帶動了它此後經濟的增長。

簡言之，日美貿易摩擦最終都通過談判的方式得到了解決。一部分日本政治家和國民覺得不爽，但並沒有產生敵意。這並不僅僅因為日本對美國市場的依

4　〔美〕沃爾克、〔日〕行天豐雄著，于傑譯：《時運變遷：世界貨幣、美國地位與人民幣的未來》（北京：中信出版社，2016），頁 330–331。

賴，更因為這是包括日本在內的工業發達國家為維護自由貿易體制運行而進行的自我改革。這裏面當然有赤裸裸的國家利益的計算，但歸根結底，相關各國都各自從妥協中找到了平衡點，世界的和平與繁榮也得以維持下去。

———— ◉ ————

日美關係走到這一步，實屬不易。第二次世界大戰末期，日本本土遭到了毀滅性的空襲，國將不國；但日本因勢利導，很快從戰敗的廢墟中站了起來。在這個過程中，日美貿易關係扮演了無可替代的角色。日本敗於戰爭，但卻通過經貿關係在美國和世界市場上攻城略地，取得了極大的成功。如果我們把貿易競爭、經濟競爭比作「和平時代的戰爭」，那麼日本實際上在這場「戰爭」中大獲全勝。1980 年代的日美貿易摩擦的解決，不是「日本的第二次戰敗」，而是日本真正的勝利。1853 年「黑船來航」以來日本對西方世界懷抱的怨氣，最終煙消雲散。

這個過程給日本和世界帶來了很多啟示。如果説政治是以對抗、以區分敵友為前提，那麼經貿關係可以説正好相反，它的根本原則是尋求合作共贏，而國家間的「友好關係」則是這種經貿活動的自然結果。當然，這個過程也常常引發國家間利益的衝突，「貿易戰爭」就是對這種衝突烈度的最高表達；我們甚至可以説，「貿易戰爭」就是「戰爭」在現代世界當中的最新表達。但要注意的是，這裏所言的「戰爭」畢竟是比喻，我們不能為其遮蔽雙眼，而看不到「貿易」這一維持現代世界秩序的繁榮與和平的根本機制。[5]

就此而言，2017 年美國特朗普政府發動的「貿易戰爭」也不是突如其來，而是二戰後作為世界新秩序原理的自由貿易與世界各國之間具體的經濟發展模式

5　當然，我這裏説的是現代世界中的「貿易」，而非近代世界秩序誕生之初的「貿易」。在近代世界誕生之初，由西班牙、荷蘭率先展開的遠程貿易首先就是「武裝貿易」，可以説有著暴力的屬性；商業和戰爭是關涉到當時國家生存的本質問題。商業與國家的這層關係，就是我們今天所熟知的「經濟民族主義」的來源，它在現代化的後發國家表現尤其突出。關於 18 世紀前後西歐國家有關「貿易」觀念的回顧，參見〔英〕洪特著，霍偉岸等譯：《貿易的猜忌：歷史視角下的國際競爭與民族國家》（南京：譯林出版社，2016），「導論」部分。

的衝突。這場衝突中並沒有真正的「原罪」，沒有一定要承受責難的一方。「貿易戰爭」的本質並不是國家間的敵對關係，更不是「文明的衝突」，而是世界新秩序繼續走向完善、最終實現升級迭代的一個過程。

當然，這個過程並非沒有危險。我們在前面提到，1929 年世界經濟危機爆發後，當時的西方主要國家紛紛實行貿易保護政策，建立以各自貨幣為核心的經濟區域；而日本在經濟危機和世界貿易體制走向封閉的雙重打擊下，鋌而走險，試圖建立一個以它為中心的東亞經濟體制，這就是「大東亞共榮圈」的經濟起源。結果，它非但給中國等亞洲國家帶來了巨大的災難，最終還重創了自身。因此，1944 年成立的「布雷頓森林體系」試圖用一種全新的自由貿易體制，為戰後的世界新秩序、為新秩序的和平與繁榮奠定基礎。

日本正是在這個體系之下，迅速完成了戰後的復興，並在 1960 年代末成長為世界主要工業發達國家。但這也只是事實的一面。日本的成長事實上加速了這個戰後貿易體系的升級換代。1971 年 8 月 15 日，美國時任總統尼克遜突然宣佈實施新經濟政策，終止美元和黃金的兌換，「布雷頓森林體系」正式解體。這個體系的最大受益者日本因而受到了巨大的衝擊；在日本經濟史上，這一事件被稱為「尼克遜衝擊」。但這並不是災難性的，因為自由貿易的基本理念和機制，得到了所有當事者的堅持和尊重。

就此而言，日本堅持日美同盟的同時，堅持維護世界自由貿易體制，這些國策都是基於對自身歷史的反省。得益於各種偶然和必然條件的耦合，日本迅速成長為當今世界上工業最為發達的國家之一。

下篇

現代日本的深層結構

第七章

現代日本政治的秘密

天皇

宛如自然一般的存在

　　我們在前面對日本特殊性的歷史生成，作了以歷史事件為核心的追溯和分析。通過這種歷史的重構和分析，我們試圖呈現的是二千年以來日本「變異」的演化路徑；而日本在近代的強力崛起就是這一「變異」的巔峰。在第二次世界大戰中，日本遭受了軍事上的慘敗，但它很快在其後國家重建的過程中重新站立了起來，並在 1960 年代末期成長為與歐美並列的經濟體；同時，它的政治制度也獲得了成熟的形態。日本的「變異」再次迎來了它的高光時刻。

　　接下來，我們的目光要回到現代日本社會自身，通過分析它在政治領域中獨特的屬性和卓異的呈現，繼續分析日本「變異」的機制和原理。

———— ◉ ————

　　提到現代日本政治制度的最大特殊性，人們通常會想到天皇及其象徵天皇制。事實正是如此：天皇不單是現代日本憲法的一個重要組成部分，還以特定的方式活躍於日本國民的生活中。那麼，為何對於日本國民而言，天皇是一個特殊的存在？有學者認為天皇只是「一種沒有爭議的永恆的國家裝飾品」，這種看法準確嗎？[1]

　　在明治維新之前的幕府時代，天皇系統雖未斷絕，但也只是象徵性的存在；幕府將軍事實上把持著日本的軍政大權。明治維新使得天皇再次登上了日本政治舞台的中央，並將天皇制打造成日本政治與社會體系的樞紐。1945 年日本戰敗之後，在麥克阿瑟的主導下，日本天皇制再次經歷了急劇的變革，從「絕對君主制」轉變為「象徵君主制」。1946 年由聯合國佔領軍主導制定的《日本國憲法》

1　這個說法參見〔美〕賴肖爾、詹森：《當代日本人》，頁 280。

第一條即規定：「天皇是日本國的象徵，是日本國民統合的象徵。」這種地位以「日本國民的全體意志」為根本依據，主權在民這一近代的政治原則得以確立，日本自身的建國神話與政治傳統遭到了徹底的否定。

天皇地位的這種轉換意味著什麼？

問題的關鍵在於如何理解天皇成為「象徵」這一事實。根據日文辭典《廣辭苑》的解釋，「象徵」這個詞最初出現在啟蒙思想家中江兆民（1847–1901）在1883年出版的譯作《維氏美學》當中，是法語 symbole 的日文譯語。這個詞語有兩個意思：一是「指稱另外一種事物的符號、記號」，二是指「基於某種形式上的類似性，將本來沒有關係的兩種事物（包括具體的事物以及抽象的事物）關聯在一起的作用」。譬如，我們常說白色是「純潔」的象徵，而黑色則是「悲傷」的象徵；這裏的「象徵」是說，「白色」讓人想到純潔，而「黑色」讓人想到悲傷。

根據這種對「象徵」的解釋，我們對日本憲法第一條的規定可以作這樣的理解：天皇失去了此前擁有的實質性的政治權力，現在只是一種有著某種關聯性的符號，而這種符號會讓人們想到日本國民的「統合」或者說「團結」；換言之，人們想到「天皇」就會意識到自己的國家與民族身分。

這是通行的解釋。我們都知道，「國旗」、「國徽」與「國歌」都是國家的「象徵」，那麼當我們說「天皇」是一種「象徵」時，我們會認為「天皇」是與「國旗」、「國徽」以及「國歌」同等的存在嗎？這種疑問將我們對人類事務的理解引向了深入，因為常識或者直覺告訴我們，「天皇」作為象徵的分量，遠在其他象徵性事物之上。我們有必要從這一直覺感受出發，進一步探討「天皇」在現代日本政治與社會生活中的真實角色。

首先，天皇是日本最著名的一個標籤，就是日本的「象徵」。說它著名，是因為它是現存的歷史最為悠久的皇室。近代日本的國家意識形態中反覆出現的「皇統連綿」與「萬世一系」，就是對這個皇家世系最為引人注目的特徵的

概括。[2] 今天的日本國民雖然不再提這些軍國主義時代的口號，但日本皇室的古老性與連續性對他們而言，可謂不言自明。與這種皇室的特性相比，「國旗」、「國徽」以及「國歌」的本質是近代發明的國家與民族的象徵，因而更具有人為的屬性、可變的屬性。這是我們在認知日本天皇制時的一個要點。

其次，人們還會想到另外一種廣為流傳的說法：天皇的本質無非就是帝王或者說國王，是傳統封建專制、獨裁體制的代表和象徵。在從傳統到現代的轉換過程中，絕大多數國家——諸如法國、中國、德國以及俄國等等——都將皇帝趕下了台，實行了更為進步的民主共和制度。所以，很多人認為日本的天皇制無非就是封建制的歷史遺跡而已。這個說法意味著，人民可以自我進行治理，人民不需要國王。在這樣的意義上，說天皇是「象徵」，是政治「符號」，其實是指天皇可有可無。

人民不需要國王，這對於我們現代中國人來說可謂不證自明。自 1911 年的辛亥革命與第二年清帝下詔遜位以來，中國人至少在形式上已經過了一個多世紀沒有皇帝的生活了。所以有人會想當然地認為，皇帝確實可有可無，日本天皇自然也不例外。

我們在這個結論面前暫停一下，因為這種想當然的看法往往是我們認知的盲區。說皇帝可有可無，這是否只是外部觀察者的看法？在現代日本國民的觀感中，他們到底需不需要天皇？日本天皇的本質到底是什麼？

———— ⊙ ————

在日本的神話傳說中，天皇是天照大神的後裔；天皇兼具人格和神格，在地上進行統治，因而日本是「神國」。這個「神國」觀念源遠流長，在明治維新後最終上升為日本國家體制最根本的原理，成為近代日本國家的政治哲學與主導

2　有學者將日本天皇的象徵概括為「政治上的權威、禮儀性、中立性、歷史上的背景、傳統上的權威、文化及學術上的尊重、超俗性、品味、精神性、道德性」等等，這些說法固然不錯，但未能將「天皇」作為象徵的日本特殊之處凸顯出來。關於天皇象徵屬性在日本憲法和社會中的表達，參見〔日〕園部逸夫著，陶旭譯：《思考皇室制度》（北京：社會科學文獻出版社，2012），第 1 章。

性的意識形態。按道理，人類社會進入近代後，這些神話或宗教方面的觀念逐漸遭到了瓦解與破除，日本國民本不應該繼續迷信天皇；尤其是 1946 年 1 月 1 日天皇在佔領軍的授意下進行「人間宣言」（或稱「非神宣言」）後，天皇已經轉變為徹底世俗的存在，天皇似乎已經完成了歷史賦予的角色。然而問題並非如此簡單。

誠然，在傳統社會，世界在人們的心目中往往蒙著一層神秘的面紗，隱約透露著它非凡、超常的魅力和屬性；人們通常認為自己與他界事物共同棲居在同一個世界，在日常生活中要時刻顧慮到它們的存在。到了近代以後，隨著自然科學的巨大進步，人們開始理性地思考並規劃自己的生活，神秘性的事物從人們的日常生活中遭到了放逐。這就是馬克斯·韋伯描繪的「世界的祛魅」，或者說世界觀的理性化與世俗化。那麼，從現代社會科學的角度看，近代乃至現代日本政治體制保留這些神話或宗教方面的因素，是否意味著日本的落後？

這涉及人們對現代性——亦即現代社會的根本屬性——的看法。這是一個大問題，這裏我們無暇展開討論，但要指出一個基本的事實：我們生活的這個時代，其實充滿了各種矛盾和對立，既有基於特定的宗教觀念或有神論立國的國家，也有堅持徹底的無神論的國家。即使是在一個國家的內部，人們也往往有著完全不同的觀念：有人對自己的宗教異常虔敬、對特定的神祇篤信不疑，也有人宣稱自己是徹底的唯物主義者。

其實，即使從理論上看，人們關於現代性的屬性也沒有明確的定論。譬如，人們一般用韋伯的「世界的祛魅」理論來表明近代社會中宗教的退場以及人們生活的世俗化，但這也只是關於現代性的一種解釋而已，韋伯自身並未如此簡化問題。當韋伯說「世界的祛魅」時，他本意描述的恰恰是一種宗教態度：這種宗教態度只承認唯一絕對神對人們的拯救，而否定了此前各種巫術的、泛神的拯救。韋伯的主旨是要突出宗教世界觀的合理化過程，而不是泛指宗教世界觀的衰落。在嚴肅的思想家那裏，宗教的目的並不是「為了使人類與物質世界相互協調起來」，它滿足的是人類的另外一種需要。[3] 歷史學家湯因比曾經指出，由於理智

3　〔法〕涂爾幹：《宗教生活的基本形式》，頁 110–111。

與宗教都是人性的本能，一旦科學壓倒宗教，對於雙方都是災難性的。[4]

我們這裏的目的當然不是重述或者辨析韋伯及其他思想家關於現代社會的一些命題或判斷，而是要給理解天皇及天皇制提供一種理論視野和工具。如果我們願意為人們的觀念保留更多、更豐富的可能性，不是想當然地認定神話的、宗教的世界觀就是落後的世界觀，而是承認它們同人類生活有著各種有待認知、有待揭示的深度關聯，那麼我們就會獲得與此前截然不同的視野。

在這個新的視野中，日本天皇的本質就不再是「帝王」、「國王」或者「封建遺留」所能概括的了。認知上的要點在於，這個古老的君主對日本國家的統治，並不是建立在軍事征伐的暴力基礎之上，而是基於一種近於自然的狀態，就如同人們要生活在自然當中一樣。現世秩序所不可或缺的殺伐角色，已經由大名和將軍們扮演了。結果，日本天皇的政治色彩變得非常淡薄；在多數時刻，天皇只是作為共同體的一種構成要素，尤其是宗教的要素而存在。

當然，我們這裏說的是一種歷史演進的結果，而不是開端；在這個開端處，存在著武力征服。譬如，《古事記》的敍述從「神話」轉向「歷史」時，它的第一個故事就是有名的「神武東征」，歌頌了天照大神的重孫子「神倭伊波禮毘古命」奉命前往人間統治及征討時的武勇和功勳。[5] 但與世間其他君王，尤其是開國君王的不同之處在於，這一「神武東征」處於有文字記載以前的歷史，介於史實和神話之間。自有日本文字記載的歷史開始，生活在日本列島上的住民已經無從想像天皇使用權謀、暴力統一國家的事跡。天皇可能具有的那種基於暴力的出身屬性，在日本國民對皇統久遠的歷史記憶中已湮沒無聞；天皇自然而然地集光榮、偉大與正確於一身，而不必刻意為自己的統治地位辯護。

在其他民族那裏，「君權神授」的正當性源於超凡的諸神的說法是一種後設的觀念。它試圖掩飾的正是一種依靠赤裸裸的暴力而發家，進而進行統治的歷史事實。再反過來說，日本天皇的暴力痕跡早已湮滅，「君權神授」的意識形態特徵就顯得非常漠然，它只是作為神話敍事的一部分而存在。日本列島上的先民

4　〔英〕湯因比：《歷史研究》，下卷，第 682 頁。
5　〔日〕安萬侶著，周作人譯：《古事記》（上海：上海人民出版社，2015），頁 69–79。

直接將創世神話與歷史時期的君主關聯在了一起，從而君王的神聖起源就是人們對其真偽存而不論的神話。[6]

由此，「天皇」在日本語境中的真實含義就顯現了出來：既然天皇是日本的創世神話自身的一部分，那麼天皇的存在就構成了人們古老信仰與生活的一部分，從而不會為近代以來的科學觀念所質疑和瓦解。相反，一面高喊著「君權神授」，一面在人間展開大肆殺戮的君王的神聖性則十分脆弱，它只能依靠不斷地編造神話和動用暴力才能實現獲取權力的目標。

上面的討論已經揭示了日本天皇的本質特徵：天皇是今天被稱為「日本」的這一民族共同體最古老的「象徵」，而不僅僅是現代意義上的「國家」與「國民統合」的象徵體系。這裏面的認知要害在於，這種「象徵」生成於歷史的深處，與創世「神話」同樣古老。德國社會學家盧克曼（Thomas Luckmann, 1927–2016）曾經指出，我們所熟識的各種宗教都是象徵體系，而後者的本質是一種意義體系，「它一方面指涉日常生活世界，另一方面指涉一個在超越日常生活時所體驗到的世界」。[7] 從宗教這種指涉歷史與超越的象徵屬性看，將天皇設定為日本的「象徵」，從根本上說就是承認了天皇的「神話」本質。

那神話又是什麼？這同樣是一個複雜的問題。[8] 從現代社會學科的視角來看，神話代表了人類最古老的建構、維持共同體的手段和形式，它的一個主要形態就是創世神話。譬如，中國神話中的伏羲、女媧兄妹造人的故事是這樣，日本《古事記》中的伊邪那岐和伊邪那美兄妹的故事同樣是這樣。對於初民而言，神話就是一種現實，或者說具有一種觀念上的現實屬性，它「經由神聖力量持續不斷地

---

6 當然，這並不意味著天皇與政治權力脫離了關係；如同神話有著自己的創制者一樣，日本天皇及其皇統同樣依賴人們的敘事與建構。譬如，當古代日本君王用「天皇」自稱時，實際上就利用中國道教神仙體系中的高級官員「天皇」來提高自身的超凡屬性，自然有著「君權神授」的意識形態效果。關於「天皇」稱號道教起源的說法，可參見〔日〕福永光司：《道教と古代日本》（京都：人文書院，1987）。

7 〔德〕盧克曼著，覃方明譯：《無形的宗教：現代社會中的宗教問題》（北京：中國人民大學出版社，2005），頁32–33。

8 譬如，有的學者會從「功能主義」的角度看待神話，人們出於實用的目的創造了神話；與此相對，有的學者神話認為關乎人的存在本質，有著所謂「本體論」上的屬性。參見〔美〕斯特倫斯基著，李創同等譯：《二十世紀的四種神話理論：卡西爾、伊利亞德、列維 —— 斯特勞斯與馬林諾夫斯基》（北京：生活·讀書·新知三聯書店，2012）。

深入到人們日常生活的體驗中去」。在人類思想發展過程中，神話被認為是一個特定的階段。

18 世紀的理性主義者通常認為，人類都要經歷從神話思維到科學思維的進化路徑。但如同我們已經指出過的，這並不意味著最初的神話階段被後來的時代簡單克服掉了。神話雖然是維護共同體的一種原始思維方式與觀念，但它和後來各種政治意識形態的本質區別就在於，神話最接近人類演化的自然層面，因而在維持共同體的秩序時，神話的「理論需求最少」。[9] 神話通常沒有特定的作者，在多數情形中通過口傳的方式，由上一代人傳遞給幼少的一代。結果，在漫長的演化歲月中，神話變得和人類的歷史同樣古老，在人類的意識深處獲得了如同自然事物一般的存在。

因此，現代人雖然早已跨越神話階段，但原始的宗教思維依然以某種方式活躍在我們的人性中。可以說神話就是一種獨特的「象徵」，直接為人們提供意義，而不需要訴諸理性的、科學上的證據。由於神話這種「接近自然」的屬性，它並不容易被後世的各種人為的觀念取代；有人甚至認為，神話就是宗教。而對於日本國民而言，日本天皇就是一種持續至今的神話，是一種自然的存在。如果說人們要藉助自然維持生命與生活的話，那麼日本國民在共同體的精神生活當中需要天皇就是水到渠成的結論了。

這種結論當然不只是我個人的看法。在第二次世界大戰後的日本，有一批學者從民俗學、社會學而非政治學的角度對天皇及天皇制進行了重新研究，他們都揭示了天皇與日本國民精神結構的內在關聯。這些學者告訴我們，天皇制一方面是政治制度，另一方面是國民個體確立精神權威的制度，是一種塑造主體意識的存在；重要的是，天皇是作為一種「宛如自然的事物」而存在。在民俗宗教觀念中，我們可以觀察到人民需要「國王」的一個理由。日本歷史學家安丸良夫（1934–2016）給我們提供了這樣的描述：

9　〔美〕伯格、盧克曼著，汪湧譯：《現實的社會構建》（北京：北京大學出版社，2009），頁91。

1872 年至 1881 年，明治天皇進行了大規模的地方巡幸，當時天皇吃剩的食物、坐過的墊子、御座下的土、裝飾用的杉樹葉、隊列行進過後路上的沙粒等等，全被當作祛病除災、五穀豐登的吉祥之物，民眾爭相索求。例如，1881 年天皇巡幸時，曾在羽州酒田的渡邊作左衛門家休息，結果據說十天內就有「十萬餘人」擁到他家，「先摸摸天皇坐過的墊子，再摸摸自己的身體，說這樣就一輩子不會生病了。還有的女子摸摸柱子上掛的飾物再摸摸自己的身體，說這樣生孩子的時候就會順利」。而作左衛門則對隨行的侍衛長山口正定說：「皇恩浩蕩，深入人心，非新舶來之自由學說所能輕易撼動，敬請安心。」[10]

　　安丸良夫實際上指出了日本國民天皇崇拜的民俗信仰上的根據，以及天皇制並不單純是近代政治建構與意識形態操作的結果。顯然，這種解釋豐富了我們對日本天皇的理解。

　　順便一提的是，上面介紹的天皇能治病祛災的這種信仰，並非日本獨有。法國著名歷史學家馬克・布洛赫（Marc Bloch, 1886–1944）在他的名著《國王神跡》（*Les Rois thaumaturges*）中，細緻探討了 10 至 18 世紀英法兩國流行的一種國王信仰，即相信國王可以通過觸摸的方式為臣民治癒瘰癧病。[11] 當然，我們今天不會相信國王具有這樣的超自然能力，當時的人們也不會全然相信，但這種「信仰」存在自身就宛如露出海平面的冰山，實際上暗示了人們觀念中更為幽深的某種意識。人們在日常生活中並不總是，並且無法僅僅依靠理性生活。

———— ◉ ————

　　那麼，這種作為「宛如自然的事物」而存在的天皇，為什麼在近代日本發揮了巨大的作用？這是我們認識近現代日本國家原理的關鍵之處。到目前為止，

10　〔日〕安丸良夫著，劉金才等譯：《近代天皇觀的形成》（北京：北京大學出版社，2010），頁 176–177。

11　〔法〕布洛赫著，張緒山譯：《國王神跡：英法王權所謂超自然性研究》（北京：商務印書館，2018）。

我們已經從不同角度論及過這個問題，這裏我們再略作總結性的概括。

最常見的看法是，天皇之所以在近代日本政治進程中扮演了極為關鍵的角色，源於明治時代政治家以及後來軍國主義者的意識形態宣傳。這是現代人們的典型看法，它將政治權力視為解釋人類事務因果關係的出發點。然而，這是一個因果關係不明，甚至是因果倒置的看法，它過於誇大了軍國主義者的宣傳作用。事實上，在德川幕府末期，那些試圖建構新的國家體制的精英已經注意到了天皇這種「宛如自然」存在的事物所具有的力量；這種力量就是天皇持續保留的那種權威，以及人們在長期共同生活中形成的民俗宗教信仰。正因如此，他們才喊出了「尊王攘夷」這一撼動時代的政治口號。

對日本而言，天皇之所以值得尊崇，或者從權謀的角度來說值得利用，首先是因為天皇所擁有的獨特的權威。這個權威來自不可憶及的歷史，來自不可思議的神話，來自它「宛如自然」般的屬性。日本精英們創制的「尊王攘夷」理論固然有著建構天皇權威的效果，但這種權威的起源並非理論家憑空的創造和發明，而是天皇的存在自身——天皇每一次在民眾面前的顯現，都會激活深深蘊含於日本社會自身的這種事關權威的屬性。天皇被視為「現人神」而具有神力，因而他的顯現就是「神顯」；而日本民眾則通過天皇形成了自己的信仰。天皇的角色如果表現在政治領域當中，就會產生將信仰轉換為力量的效果。

我們可以看一個例子。1894 年 7 月 25 日，中日甲午戰爭爆發，但日本國民有些無動於衷。於是，以福澤諭吉為首的理論家們就在報紙上撰文鼓動國民支持戰爭，但情況還是沒有多大改觀。這時候，明治天皇出場了：他親自趕往廣島前線，相當於御駕親征。日本國民的情緒一下就被調動了起來，旋即轉向了對戰爭的狂熱支持。同樣，1945 年 8 月 15 日，昭和天皇通過廣播播放了所謂的《終戰詔書》，相當於宣佈戰敗。對於絕大多數將校、士兵和國民而言，這是他們第一次聽到天皇的真實聲音。結果，從軍隊到國民，承詔必謹，他們幾乎立刻放下了抵抗的武器和意志。

其實，1868 年 1 月新政府宣佈建立時發佈的第一個文件，名稱就叫《王政復古大號令》，可以說將天皇的權威發揮到了極致。通過激活天皇的權威，激進的改革勢力創造出一種全新的政治力量。這種力量形式上直接源於國民對天皇的

忠誠，與近代民族國家體制要求的國民忠誠的邏輯一致。

由此看來，天皇和日本國民的關係，遠非現代政治理論中所理解的君主和臣民的一般關係；天皇本質上是一種特定的文化和共同體意識，執拗地存續於日本社會中。這種狀況雖然受到 1945 年戰敗以及 1946 年頒佈的《日本國憲法》的衝擊，但這種衝擊的效果並不如很多人認為的那樣大。在今天的日本政治生活中，人們都會從新憲法規定的「象徵君主」的角度來理解天皇的存在，但天皇的意義遠非「象徵」這兩個字表面的含義所能表達。

我們在上面已經對「象徵」的內涵進行了揭示，這裏還要略作補充。其實，很多現代國家在創造國家認同與民族認同時，都會遇到各種麻煩。國家認同是一種高階認同，它訴諸人們在歷史、血緣、宗教、語言、生活習慣等方面的共同屬性，因而更具有人為製作的色彩。多數國家在創造這種共同屬性時，可以說是費盡周折，卻往往事倍功半，甚至南轅北轍。但在現代日本，國民的國家與民族認同從未成為問題，因為天皇的存在使得這種日本國民的共同體感受「宛如自然的事物」一般不言自明。天皇為共同體生活提供了一種最接近自然，因而是邏輯底層的意義體系和保障。

戰後日本著名的啟蒙思想家竹內好在討論天皇制時有這樣一種說法：「天皇制存在於一草一木，我們皮膚的感覺中也有天皇制。」如果把這句話放到上面的語境中，將「天皇制」理解為一種意義與價值體系，那麼它就是對天皇在現代日本社會中所扮演的角色的另外一種出色表達。

當然，我們的解釋的理論依據就是人們對「神話」與「宗教」進行的各種科學思考。審慎的社會科學家們早已注意到，「科學正在變得不僅能解釋它自身的有效性，還能解釋存在於神話思維中，具有一定程度的真確性的事物」。[12] 這當然不是要將神話和科學等量齊觀，而是要告誡我們，在使用我們已經獲致的歷史經驗和理性認知能力時，我們要注意它們的有限性，從而為我們理解人類事務、理解現代社會的屬性，提供不可或缺的觀念空間。

---

12 〔法〕列維—施特勞斯著，楊德睿譯：《神話與意義》（開封：河南大學出版社，2016），頁 38–39。

自民黨 | 實現長期執政的機制

如果說天皇是現代日本政治體制的首要標籤，那麼「自民黨」（自由民主黨的簡稱）則可以說是第二個標籤。自民黨這個名稱在報紙新聞中的出現頻率極高，以至於有人認為它是日本唯一的政黨。這當然是一種誤解，但卻表達了自民黨在日本政治體制運轉中的核心角色。現代日本在經濟發展、社會治理上的出色表現與這個黨的表現有必然的關聯。那麼，這個政黨究竟有著怎樣殊異的品性，以至成了日本政治的標籤？我們先回顧一下歷史。

日本的第一個政黨誕生於 1874 年 1 月，是由土佐藩出身的政治家板垣退助（1837–1919）創建的「愛國公黨」，在隨後出現的「自由民權運動」中扮演了積極的角色。1881 年 10 月，幾經演化後，這個黨重組為「自由黨」。1882 年 3 月，肥前藩出身但實際隸屬於長州藩體系的大隈重信成立了「立憲改進黨」（又稱「民黨」）。由於當時的政府由倒幕的核心力量（即薩摩藩和長州藩）所把持，史稱「薩長聯合政府」，板垣退助和大隈重信實際上扮演了在野黨的角色，而他們所創建的這兩個團體，構成了後來自由黨與民主黨的源頭。1900 年 9 月，長州藩出身的伊藤博文深知政黨制度在現代政治制度中的核心地位，主動建立了「政友會」，事實上為隨後日本憲制的發展奠定了基礎。日本史上的「大正民主主義」實際上是近代日本政黨制度的高光時刻。隨著 1930 年代軍國主義的得勢，日本政黨制度走向了瓦解。

今天的自民黨誕生於 1955 年 11 月 15 日；這一天，日本兩大傳統的保守主義政黨自由黨與民主黨結盟，史稱「保守合同」。這個政黨成立後，一直牢牢把持著政權。在 1993 年 7 月舉行的大選中，由於黨內的分裂，自民黨未獲得過半數的席位，無法單獨組閣。於是，除了自民黨、共產黨以外的七個政黨組織了聯合政府，結束了自民黨長達 38 年的單獨執政的歷史。但在接下來的選舉中，自民黨通過與其他政黨結盟的方式，重新獲得了政權。在 2009 年的大選中，自民

黨遭遇慘敗，但旋即在 2012 年的大選中以壓倒性優勢再次勝出。由於它的超長期執政，日本自民黨事實上主導了戰後日本的現代化進程。

如果將自民黨主政的歷史放到日本近代史中去看，我們更容易看到它的重要性。日本政治學者北岡伸一這樣寫道：

在新憲法的議會內閣制的框架下，獲得眾議院過半數席位的政黨的總裁幾乎自動成為總理大臣。自民黨自成立以來，除了極短的期間外，都保持了眾議院和參議院的過半數席位。用一個或許顯得奇妙的說法來說就是，自民黨的力量相當於第二次世界大戰前處於全盛時期的政友會、貴族院、樞密院、陸軍以及海軍的總和，單獨執政了三十八年。這個時間，相當於從明治維新到日俄戰爭結束的長度，比從日俄戰爭開始到日美戰爭開始的時間（三十六年）還要長。除了專制主義國家之外，這種長期獨佔政權的政黨，在世界上幾乎沒有先例。[1]

在明治維新後的日本政治體制中，尤其是在 1890 年實施的《大日本帝國憲法》的框架下，貴族院、樞密院、陸軍、海軍以及 1900 年結成的政黨「政友會」，事實上構成了一種政治上的分權結構，構成了戰前日本民主制度的一種實踐。但在戰後新憲法下，自民黨通過控制眾議院和參議院，幾乎將全部政治權力集中到了自己的手中。這就是上面的引文強調的事實。

自民黨的這種長期執政制度被稱為「一黨獨大」的政黨制度，引發了很多學者的興趣，他們希望從中獲取國家治理、政治改革的靈感。很多人注意到，這種制度和人們比較熟悉的經典的兩黨制度，譬如美國共和黨和民主黨輪流執政的制度，形成了鮮明的對照；同時，它和極端的多黨制度，譬如意大利那種多黨林立的制度，也有著極大的反差。另外，戰後日本的首相固然更換頻繁，很多上台執政時間不過一年左右，但日本政治卻表現出超乎尋常的穩定性。

---

1 〔日〕北岡伸一：《自民党：政権党の 38 年》（東京：中央公論新社，2008），頁 10。

顯然，日本政治的這些表現與自民黨很少犯錯誤有關，畢竟在民主選舉的制度下，我們很難想像一個犯有重大錯誤，或者低效，或者腐敗的政黨能夠長期執政。我們可以合理推測，自民黨一定是一個比較「正確」的黨。日本的這種「一黨獨大」制度與僅存在一個政黨的制度也當然不同。如果對二者的不同沒有比較清晰的瞭解，有可能會被「一黨獨大」的外表所迷惑，從而得出一些不準確，甚至是錯誤的認識。

———— ⊙ ————

我們先說結論：戰後日本政黨制度的本質是代議制民主下的多黨制；日本政治的穩定和經濟的卓越表現，要從這個「多黨」而不是「一黨」的角度才能看清楚。換言之，戰後日本形成的自民黨「一黨獨大」的政黨制度，是民主主義實踐的結果，是國民總體意願的表達，而不是憲法上的制度設計。為了理解日本政黨制度的原理，我要先介紹一點關於政黨最基本的知識。

意大利政治學家薩托利（Giovanni Sartori, 1924–2017）有一本書叫《政黨與政黨體制》（*Parties and Party Systems*），是政黨研究領域的經典。根據他的說法，現代政治學中的「政黨」一詞源於拉丁語，有著「部分」、「分開」，以及「參與」、「分享」等原始的含義，長期與「宗派」這個詞混用。經過近代以來長期的政治實踐，「政黨」這個詞語獲得了今天我們所知的兩種主要含義：第一，「政黨是整體的一部分」；第二，「政黨是表達的渠道」。前者強調的是政黨的代表屬性，後者強調的是政黨的政治功能。

說到這裏，我們似乎看到了一個矛盾：既然政黨是整體的一部分，那麼前面提到的「一黨制度」不就是自相矛盾的說法嗎？其實，這也正是薩托利提出的問題。不過，「一黨制度」畢竟又是經驗上的事實，而且通常是在多黨制失敗後，容易出現的一種新型政黨體制。所以，薩托利專門論述了這種「作為整體的政黨」類型。

按照現代政治的理念和經驗觀察，薩托利對這種政黨制度作出了非常細緻的描繪和分析。他這樣寫道：

一黨制存在的原因就是現代社會不能沒有表達渠道。然而，事實並不僅僅是一黨制國家要麼繼承了一個政治化了的社會，要麼促進一個社會的政治化。和多元制政治實體相比，它們更需要一個普遍政治化了的社會。一黨制的黨是排他的，因而它更尖銳地面臨自我辯護和自我肯定的難題。不論一黨制國家是產生於革命的形勢或革命的手段，它們都被當成例外的、「特殊的」政權——而不僅僅是「新」政權。因此，一元政體不能簡單地指望隨著時間的流逝而獲得合法性，它必須表明它能夠比多元政體做得更多、更好、更快。如果這些主張不能用行動來維持，則要更加努力地用語言來維持。不論如何，社會必須被動員、被勸說、被要求深信不移地——如果不是無條件的話——奉獻。所有這些任務都要求一個強有力的灌輸體制，可以說，動員社會的自然工具正是單一政黨。那麼，現代社會不僅僅需要引導，一黨制模式的邏輯還進一步導致一個必須被「禁錮」的社會。實際上只有通過強制性的管轄和壟斷性的灌輸，一黨制國家才能在多黨制之後出現，才能在多黨政體失敗的地方取得成功。[2]

　　如前所述，我們這裏的目的並不是要單純介紹薩托利的政黨理論，而是為了獲得理解日本自民黨的一個最基本的框架。按照薩托利的説法，日本的自民黨並不是排他性的政黨，當然就不存在任何強制性的管轄和對國民的灌輸。相反，作為政黨，它唯一的任務就是要通過行動來進行自我辯護和自我肯定。而這種自我辯護和自我肯定的目標，不外乎就是獲得儘可能多的國民的支持，獲得儘可能多的選票，從而奪取政權進行執政。

　　因此，日本自民黨「一黨獨大」的現象是國民選擇的結果，而不是產生於特定革命形勢的手段，更不是理性設計的結果。這種制度雖然不是一黨制，但它的強勢是否會導致一黨制的某些特徵，譬如説導致社會以及國民頭腦與心靈的「禁錮」呢？按照上面的分析，答案當然是否定的。自民黨雖然多數時刻很強勢，

2　〔意〕薩托利：《政黨與政黨體制》（北京：商務印書館，2006），頁 65–66。

但在日本的民主主義體制中，它根本無法動用強權去強制執行它的理念。所以，民主主義制度構成了保護社會的安全閥，政黨以及政治家都受到了制度的嚴格約束。

不過，上面的說法還只是一般的分析，還未觸及自民黨的特殊性。自民黨無法強制實施它的理念還有一個根本原因：自民黨壓根兒就沒有一個堪稱「理念」的東西來加以實施。事實上，自民黨的本質就是一種競爭型的政黨，是一部旨在獲得選票的機器。抓住了這個本質，我們才能準確地認識這個政黨在戰後日本復興中的角色。那麼，我們該如何理解自民黨的這種本質？

——— ◉ ———

在現代政治制度中，政黨的主要目的當然是贏得國民的支持，獲得選票；因此，說日本自民黨就是獲取選票的機器，說自民黨不具有「理念」，雖然表面上顯得奇異，卻實質上符合薩托利提出的政黨概念。

一般來說，人們對政黨還有一個比較強烈的印象，那就是政黨都有自己的意識形態，有自己一套特定的政治理念；或者反過來說，有著共同的政治理念的人集合在一起，宣佈參加選舉，也就成了政黨，因而政黨一定有其固有的理念，有著明確的關於理想社會的藍圖和目標。

值得注意的是，從政黨持有的「理念」的角度說，政黨必然具有「部分」的屬性，因為它代表了一部分人的政治理念。而這個本質上代表部分國民觀念與利益的政黨一旦上台執政，就要以代表「整體」的面目出現，它必須謀求社會整體的利益；它如果在這一點上失敗了，很可能意味著它會在下次選舉中失敗，國民會選出更能實現他們利益的政黨來組織政府。問題就出現在這裏：由於社會的多元與人們利益的分化，執政黨必須在自己特殊的「理念」和整體的利益之間尋找平衡，否則就會造成社會的不公。這些都是現代政治制度的常識。

我們不能小看這些常識，它們有利於我們理解日本自民黨的本質，因為正是這種基本的「常識」，才讓自民黨獲得了長期執政的結果。換言之，自民黨的長期執政無非是它一次次選舉獲勝的結果，無非是它一次次訴諸民意的結果。一旦它沒有完成自己作為政黨的使命，也就是說完成獲取多數選票的使命，它就會

立刻被國民拋棄。從國民的角度來説，政黨只是一個工具，一個實現自我利益的工具；國民不需要工具有自己的理念。事實上，當自民黨在某一時期顯現出某種理念時，如同觀察家注意到的一樣，「基本上是為了爭取選民，如果説帶有意識形態的話，那也是附帶的」。[3]

當然，這不是説自民黨完全沒有任何自己的觀念。前面提到的日本政治學者北岡伸一就用「弱意識形態政黨」這個説法描述自民黨的性格。這個政黨和日本社會黨等有著明確政治理念的政黨不同，不屬於意識形態優先的政黨，它在建黨之初的目標就是獲取政權。這樣一來，我們要追問的問題發生了轉換：這個政黨為何將結黨目標僅僅限於獲得選票、獲得政權？要回答這個問題，就得稍微偏離一下政黨制度的邏輯，看一下作為政黨政治具體擔綱者的政治家。

從這個角度看，戰後日本自民黨長期執政的光榮歷史，其實就是日本政治家的光榮歷史。説日本政治家「光榮」，正是因為在他們的主政之下，日本逐步擺脫了戰敗帶來的危機，迅速重新融入國際社會，並取得了非凡的經濟成就，讓國民過上了幸福安寧的生活。在我們的歷史敍事中曾經出現的吉田茂、佐藤榮作以及田中角榮等等，都是非常有名的自民黨政治家。

要注意的是，上述説法並不意味著戰後這些政治家天生就出類拔萃。自民黨的組織原則，除了剛剛提到的弱意識形態性格外，還在於它自身的活力，而這種活力來源於它內部派閥間的充分競爭。這就給政治家提供了必不可少的舞台。因此，自民黨的特殊性格應該這麼表述：自民黨的政治組織原則，最終讓優秀的政治家，讓那些富有政治激情和責任感、以政治為事業的人出人頭地，成為國民的領袖。北岡伸一對此有比較準確的描繪，他這樣寫道：

> 自民黨是一個其他政黨幾乎無法挑戰的強力政黨。然而，自民黨的總裁並不具有固若磐石的力量。自民黨黨內存在著若干個派閥，派閥的領袖們為了爭奪政權而展開競爭，只要有機會就想奪取總裁的寶座。在這種競

3　〔美〕賴肖爾、詹森：《當代日本人》，頁269。

爭中，獲取優勢的方法之一就是傾聽並吸收國民的聲音，包括總裁在內的派閥領袖們盡力發現並實現國民的期待。結果，自民黨立足於國民本質上維持現狀的感覺，平穩地吸收、回應國民的期待，有時候則會先於國民提出課題，在國民的倦怠感不至爆發的程度內進行政權更迭，從而維持了長期的執政地位。換言之，以派閥之間的競爭為媒介，自民黨通過軟支配實現了長期執政。自民黨成為一個進步的保守黨。[4]

北岡伸一的這個說法將自民黨的本質屬性刻劃了出來。其中的關鍵點在於，自民黨比較準確地捕捉到了民意，並通過比較正確的政治行動，相對高效地實現了民眾的意願。這個政黨並未像左翼的社會黨一樣，提出一個特定的理念去獲取民眾的支持；在本質上，它是一個基於民眾日常感覺制定政策的政黨。

最後，作為上述討論內容的總結，我們還要強調兩點。

第一，自民黨能夠發揮活力，根本原因在於戰後日本的政治制度自身首先是一個自由競爭的政治制度。如果忽視了這個大前提，那麼對自民黨的認知和理解就一定是浮淺的，甚至是錯誤的。只有在自由競爭的制度下，上面提到的民意才能得到相對準確的表達，具有政治熱情、行動能力以及責任感的政治家才能脫穎而出。

第二，這個政黨有效處理了「部分」和「整體」的關係，方法就是弱化自己的理念或者說意識形態性格，直接訴諸國民整體的本性。這個國民整體的本性非常容易理解，就是對實現各種自由的期待；說它容易理解，是因為人們對自己的所欲所求都很清楚，並不需要他人的指導。譬如，「財務自由」就是芸芸眾生追求的目標，它當然是私人的、個體的，而不是需要代言的。政黨獲得政權的最終目的，就是要協助人們實現他們所謀求的自由。這個日常感覺，有益於我們理解現代政治的本質。

就此而言，一種好的現代政治制度，其理念和規則一定是淺顯易懂、不反

4　〔日〕北岡伸一：《自民黨》，頁11。

常識的，而不是複雜的、令人費解的。判斷制度的標準也不複雜，就看這個制度和我們的慾望之間的關係。如果我們覺得舒適，這就是好的制度；反之可能就是有問題的。在判斷政治制度時，我們要儘量避免僅僅依靠理論和觀念去思考。

行政官員 | 隱性的執政黨

　　我們在前面討論的其實是現代日本政治的兩種基本原理：位於最頂端的天皇制為共同體生活提供一種終極的意義，它宛若自然事物一般發揮著潛移默化的功用；而現代日本的政黨制度雖出於人為的設計，但它良好的運行保證了日本國民的意見能及時、有效地上升為國家的意志。不過，「徒善不足以為政，徒法不能以自行」（《孟子》）。無論是國民意義的追尋，還是國民意見的滿足，都需要由具體的人來落實和執行。這就涉及現代日本政治的另一個領域：行政。

　　下面，我們就聚焦於日本官員群體的特徵，繼續探索現代日本政治運行的特殊原理與實踐舉措。

———— ⊙ ————

　　我們首先要作一個區分。在日本，「官員」通常是指那些通過國家公務員考試而被錄用的「國家公務員」，而不是日本首相利用自己憲法上的職權進行任命的高級官員，後者通常與國會議員一道被稱為「政治家」。譬如，日本內閣的各個「大臣」，即各個行政部門的部長就是政治家，而不是我們觀念中的「官員」。對在重要崗位上任職的國家公務員群體的另外一個說法是「官僚」。在廣義上，整個行政體系的人員都可以稱為「官員」。

　　提到行政官員，人們可能會立刻想到兩個非常暗淡的關鍵詞：其一是「腐敗」，其二是「官僚主義」。這二者具有共性，都是源於權力運用過程中的負面結果，但二者又有著根本的不同：「腐敗」通常涉及官員個體的行為，用來評價官員是廉潔自律還是中飽私囊；而「官僚主義」則會讓人們聯想到行政體制固有的煩瑣、僵化與冷漠的性格，以及懶政等行政效率的問題。造成腐敗的原因不外乎個體與制度兩端，因而相對容易克服；但現代行政制度自身的一些屬性，諸如「標準化」、「理性化」、「程序化」等都容易助長官僚主義的形成，因而更難以克服。

在現實生活中，官僚主義往往更具有破壞性。內在於行政體系的官僚主義常常因為官員行政權力的傲慢，被無數倍地放大，從而讓人們感到憤怒。這種官僚主義的態度，在俄國作家的筆下常常有異常突出的描繪，許多研究行政學的學者都注意到了這一點。這裏轉引的兩則說法，分別出自陀思妥耶夫斯基（Fyodor Dostoevsky, 1821–1881）和托爾斯泰（Leo Tolstoy, 1828–1910）的筆下：

> 我曾在政府部門服務，我是一名充滿惡意的官員。我粗魯並因此感到快樂。你看，我從不受賄，所以我必定發現了其中至少可以取而代之的回報。當申請人來我這裏聽取消息，我便對他們咬牙切齒，我從成功使他們難受中得到了強烈的快感。我幾乎總是成功。由於大部分申請人有求於我，他們是膽怯的。

> 官職是對人不是採取像人那樣的同胞式的態度，而是可以把其當作物品來對待的一種職業。[1]

這些文字是對官僚主義者心理機制的刻劃，可謂入木三分。眾所周知，19世紀的俄國是沙皇專制的國家，但在實際的權力運作過程中，這種專制一定表現為官員的專制。[2] 上述兩則說法其實反映了專制政權的一種必然結果，即官僚主義。基於同樣的權力邏輯，官僚主義盛行的地方往往也是腐敗盛行的地方。我們這裏首先看看官員的腐敗問題。

當今世界上的絕大多數國家，都未有效解決官員的腐敗問題；腐敗就像一顆毒瘤，時刻對社會有機體的全體造成危害。從這個角度來說，沒有解決這個問題就意味著現代的、文明的政治制度還未能完全確立。

---

1 這兩則文字分別轉引自〔美〕斯塔林著，陳憲等譯：《公共部門管理》（上海：上海譯文出版社，2003），頁 265，以及〔日〕辻清明著，王仲濤譯：《日本官僚制研究》（北京：商務印書館，2008），頁 182。
2 關於俄國官僚主義的分析，可參見拙著《馬克斯·韋伯與中國社會科學》（上海：華東師範大學出版社，2015），第 7 章。

但說到現代日本的官員，人們可能會有相反的印象，那就是廉潔、高效。很多學者都對日本的行政體系讚不絕口。根據一項名叫「全球清廉指數」的排名，日本清廉度在亞洲僅次於新加坡和中國香港特別行政區，一直位於第三。那麼，為什麼日本的官員不腐敗？其實，這個問題的準確表達方式應該是「為什麼日本的官員很少腐敗」，因為人們總會找到一些例子，說日本官員也會腐敗。如果不注意到「腐敗」的程度和實質內容，我們就會失去評價日本政治體制的一個關鍵標準。有學者指出，「外國人經常誤解日本人對貪腐的指控」，說的就是這個道理。[3]

　　當我們用全稱判斷來描述一個國家的行政體系是否腐敗時，我們除了用其指涉官員的腐敗程度的高低外，還用其指稱這個體系的屬性。換言之，當我們說某個國家的行政體系不腐敗時，我們是指這個國家已經建立了現代的政治制度；反之，我們會說這個國家尚未實現政治的現代化。因此，當人們說日本官員不腐敗或很少腐敗時，本意更是指日本已經建成了現代的、文明的政治制度；行政官員那種同人類歷史一樣古老的腐敗行為，在新制度、新文明下已經得到了高效的克服。

　　顯然，上述說法是一個普遍性的解釋，我們還可以用它來解釋很多國家和地區的官員廉潔的現象。那麼，我們是否能找到一些特殊的因素專門解釋日本官員的表現？

　　如果將日本政府官員廉潔高效、鮮少腐敗的表現放到近代日本的演化歷程當中看，我們就會發現它和整個政治、社會體系的同步屬性。明治維新以後，整個社會體系都被動員到「富國強兵」的國家目標上，日本官員和日本現代化進程的關係更是值得我們思考的問題。因此，我們有必要回顧一下現代日本政治的基本原理。

3　譬如，日本政治家在進行競選活動時，往往會接受各種「後援會」的資金支持，這時就出現了一個灰色地帶：競選資金是否真正用於競選活動，因為「在日本和其他國家一樣，主要問題是合法與非法的政治捐款界限不明」。參見〔美〕賴肖爾、詹森：《當代日本人》，頁 329。關於日本行政體系「腐敗」實質內容的一個具體描繪，還可參見〔美〕科爾著，周保雄譯：《犬與鬼》（北京：中信出版社，2006），第 6 章。

在日本的憲政制度下，現代日本實行的是「議會內閣制」。具體來說，是由在國會議員大選中獲得眾議院多數席位的政黨組織內閣，內閣成員則由首相任命；內閣向議會負責，議會有制約、監督內閣行為的權力。首相任命的內閣成員的正式稱呼為「大臣」，也就是內閣部長。而國會的立法或內閣的政策決策，則通過各個大臣領導的政府部門負責具體實施。這就是所謂的行政權。

這些是現代日本政治制度的常識，有助於我們理解日本官員與行政制度的本質屬性。事實上，這些制度在今天之所以被視為常識，正是因為它們久經考驗，是人們在長期的政治實踐中得出的原理和行動方案；或者說，它們就是人類政治智慧的結晶。當然，這些說法還只是原理，我們還要進一步去看行政部門的具體實踐，才能看清楚日本官員在現代化進程中扮演的真正角色。

日本官員在政治運作中的角色，其實構成了一種特殊類型。在原理上，日本官員要接受內閣的領導，但在實踐中他們和首相任命的作為政治家的「大臣」往往形成分庭抗禮的局面；換言之，日本各個部門的官員未必執行部長的行政命令。這種實踐意味著，日本官員事實上有著某種政治家的屬性。在日本流傳著一個說法：大臣是官員的傀儡，部長實際上為官員群體所操控。這個說法雖然顯得誇張，卻很是生動形象。日本政治學者進一步將這種現象進行了類型化，將其命名為「官僚制優位」的政治制度。

說到這裏，我們就發現了一個大問題：官員的本質是通過公務員考試錄用的行政人員，他們的職責本來是奉命行事，在政治上嚴守中立；如今他們與政治家形成半對抗性的局面，這是否與民主主義的原理相違背？

從原理上說，官員的這種不服從甚至抵抗，當然有違民主主義「主權在民」的根本原理。日本的許多政治學者也注意到了這種現象，認為官員超過了他們的權限，是官員的僭越。在政治實踐中，尤其是在 1990 年代之後，日本政治家大張旗鼓地進行了行政改革，目的是擺脫泡沫經濟崩潰引發的經濟危機。有意思的是，在這個過程中，日本執政黨內部一再出現「敲打官僚」的聲音。在 2009 年大選中大獲全勝而上台執政的民主黨，更是擺出了要毅然「與官僚對決」的態

度，要實現行政系統的「去官僚化」，藉以表明自己的革新意志。

按照道理來講，行政官員在政治上持中立態度，負責將執政黨制定的政策、法令落實，自然不應該存在執政黨要執意「敲打官僚」這樣的行為。那麼，事情的蹊蹺之處在什麼地方？其實，這裏面有一明一暗兩個原因。

明的原因，就是日本行政機構當中的一種非常普遍的做法被抓住了把柄，那就是所謂的「官員下凡」現象。在日本，這個說法是指高級官員即將退休時，行政部門出面斡旋，為他們退休後「再就業」提供便利的行為。按照慣例，這些「下凡」的官員通常是到大型民間企業、獨立行政法人和公益法人等團體中擔任顧問等一類的閒職，通常會獲得比較優厚的經濟收入。

這種實踐有利有弊。從積極的角度來說，高級官員通常精通行業情形，人脈廣泛，很多民間企業也歡迎他們以顧問的方式參與企業的運作。而且，這種可預期的職業前景也構成了日本官員的一種特殊的激勵方式。問題在於，這個過程中可能存在官商勾結的問題，存在隱性的利益交換，即「下凡」的官員利用人脈關係，為企業謀取特殊的利益。在歷次被媒體曝光的「下凡」事件中，儘管並未出現過上述官商勾結的違法現象，但畢竟是瓜田李下，難免讓人生疑。況且，「下凡」官員拿到的豐厚的薪水，更容易引發人們的各種情緒。於是，執政黨抓住「下凡」問題，試圖控制官員。

與這個表面的理由相比，人們潛意識當中還有個堪稱為「暗」的理由，那就是官員要為日本泡沫經濟崩潰後的經濟低迷負責。這意味著，人們事實上認為官員在日本經濟發展中扮演了至關重要的角色。當日本經濟表現不佳時，人們在潛意識當中自然認為問題出在官員的身上。不管怎樣，日本政治家發起的這一「敲打官僚」的行動，恰好將官員在日本政治中的角色凸顯了出來。

我們再回到前面的問題：日本官員越俎代庖的行為，是否違背了憲法規定的主權在民的民主主義原理？其實，這並不是一個複雜的問題。我們如果不是民主主義的教條主義者，知道實用主義是政治事務當中的一項重要的通行原則，那麼對於日本的這種「官僚制優位」制度，也就是說政府官員在涉及國家的內外政策時表現強勢的現象，就需要進行重新觀察與思考。

按照前面的分析，日本政界出現「敲打官僚」的聲音正說明了各個部門的

官員構成了一種特殊的集團，甚至構成了執政黨的競爭對手。那麼，雙方競爭的對象究竟是什麼？答案很簡單，那就是具體的政策。日本官員構成的集團一直試圖提出一種富有競爭性的政策，來指導國民經濟的建設。事實上，日本國會通過的法案當中，行政部門提出的法案佔據絕大部分，這正是官員在日本現代化進程中所扮演的角色的象徵。這和美國等國家的法案主要由國會議員提出形成了對照。

譬如，在戰後日本經濟的復興與騰飛過程中，日本負責制定產業政策的部門，即戰後新設立的「通商產業省」（簡稱「通產省」）扮演了極其重要的角色，這在日本研究領域中幾乎是常識。這種看法的普及得益於美國學者查默斯‧約翰遜（Chalmers Johnson, 1931–2010），他在1980年代出版的《通產省與日本奇跡》（*MITI and the Japanese Miracle*）已經成為日本研究領域的名著。

在這本書中，約翰遜詳細描述了通產省的大臣和非任命的官員之間的競爭與合作關係。書中提到一個叫「福田颱風」的事件。事件的主角叫福田一（1902–1997），剛被任命為「通產省大臣」。福田被通產省官員嘲笑為「二流政治家」，但他一上台就放了一個大招：他要自己任命通產省的「次官」，後者是職權上僅次於「大臣」的最高行政官員。這種做法引發了軒然大波，很快導致通產省工作的停擺。按照通產省的慣例，「次官」人選要由通產省內部自己決定，通常由內部資歷、能力與聲望俱佳的人士出任。福田之所以要打破這個慣例，就是要任用能聽命自己的官員，以貫徹自己的政策意志。這種行為當然只能以失敗告終。約翰遜在書中這樣寫道：

> 日本實行對大臣以下的崗位不作政治任命的制度……政府部門最害怕它的內部事務被「政治干預」，更為糟糕的是一個省要聽命於一個黨或一個政治家。在法律上，儘管大臣領導一個省並對省內發生的事情全權負責，但是從一開始，他與次官之間就必然存在著微妙的關係。通常是大臣害怕下屬，害怕他們控制自己；一名記者提出，一位大臣穿著禮服，在皇宮裏作為內閣成員參加受職儀式照相時，是他對自己的職位感到滿意的唯一時機。但是，他們真正需要的大臣是：既為本省承擔責任又不干預他們

的工作，同時保護該省不受其他政治家、外界利益集團，特別是商工利益集團的干涉。[4]

在這種政治結構當中，福田事件既不是第一起，也不是最後一起。這個事件反過來也說明，隨著內閣更迭而隨時進退的「大臣」，更多的時候選擇「君臨而不治」的態度。前面提到的說法，即日本的大臣是官員的傀儡，其實更是指這層意思；我們要從中解讀出行政官員在日本政治體系中扮演的真實角色。

———— ◉ ————

當代日本政治學者飯尾潤提出了一個「隱性二元體制」的說法，用來描述日本政府的實際運作過程。這個說法實際上是對前面提到的「官僚制優位」這種理論模型的一種更精確的表述。「二元體制」中的「二元」是指執政黨和政府；在日本的實際政治運作中，它們二者之間處於既合作又競爭的關係。[5]

我們已經指出過，按照日本議會內閣制的原則，政府由執政黨負責組織、領導，本來不存在執政黨和政府二元對立的問題。但在實際運行中，日本各個政府部門形成了獨立於執政黨控制的力量。所以，這個「隱性二元體制」的說法正好說明了官員在日本現代化進程中何以能扮演積極的角色。我們在上文提出的各種問題，都可以用這個「隱性二元體制」來回答。

進一步而言，日本政府官員憑藉自己的專業知識和政治意識，形成了一種政治主體人格，它和執政黨形成了競爭型的關係。這種關係有兩個顯著的效果。一方面，它讓長期一黨執政的自民黨遭到了挑戰；結果，所謂的「一黨獨大」並沒有大到可以依據自己的政治意志制定政策的地步。自民黨的政策制定首先要通過政府這一關，政黨並未實現對政府的完全控制和領導。這意味著執政黨的權力受到了制約。另一方面，由於政府各部門除了「大臣」之外的官員具有連續性和

---

4 〔美〕約翰遜著，金毅等譯：《通產省與日本奇跡 ── 產業政策的成長（1925-1975）》（長春：吉林出版集團，2010），頁 57。「福田事件」參見該書頁 289-291。
5 〔日〕飯尾潤：《日本の統治構造》（東京：中央公論新社，2007）。

穩定性，這種狀況非常有利於保持政策的連續性，從而能保證日本施行比較長期的、穩定的經濟政策。事實證明，這種做法更有利於經濟的發展。

我們在上面舉了通產省的例子；在其他領域，譬如說在外交領域，這種「隱性二元體制」也非常典型，甚至可以說是「顯性的二元體制」。譬如，日本外務省負責中日關係的部門，也就是「中國課」，它的「課長」在制定相關對華政策上，就有很大的發言權，日本很多國際政治學者都注意到了這一點。[6]

———— ⦿ ————

現在，我們還有一個問題未得到解決：日本官員為何獲得了這種獨立的政治意識？換一個角度說，日本官員要和執政黨競爭，在事關國家建設、社會管理的事項上提出自己的方針政策，這種行為的激勵機制在什麼地方？我們需要在日本行政官員的歷史演變過程中去尋找答案。

這一演變過程開端於 1868 年的明治維新。隨著這一年 1 月 3 日「王政復古」號令的發佈，以天皇為中心的新中央政府正式成立。第二年，新政府發佈職員令，依據編纂於 701 年的法典《大寶律令》，置六省、設參議，形成了以「太政官」為核心的最高權力機構。隨著內部政治鬥爭以及現代化建設的展開，1885年 12 月，日本宣佈實行西方式的近代內閣制度，設置總理以及宮內、外務、內務、大藏、陸軍、海軍、司法、文部、商務等大臣職位，組織內閣。伊藤博文出任日本首任內閣總理大臣，其他諸如山縣有朋、井上馨、西鄉從道（1843–1902）等明治維新的元勳，則瓜分了其他的大臣職位。

這一時期明治政府的要職，均為來自薩摩與長州二藩的政治家把持，形成了所謂的「薩長聯合政府」，這引發了出身於其他藩的政治家的不滿。我們此前曾經提到，板垣退助曾創立自由黨，而大隈重信則創立了改進黨，他們成為推動「自由民權運動」的主要力量，近代日本政黨制度的雛形由此得到了孕育。這裏要注意的是，日本的政黨也在這個過程中獲得了它最初的含義：它是一種為獲取

6　相關的分析可參見拙著《友邦還是敵國？》。

政權、獲取要職而結成的團體；日本的主要政黨的意識形態非常淡薄，這種現象的歷史原因就在這裏。

正是在上述過程中，日本的官員獲得了超越黨派利益鬥爭的自我意識。實際上，近代天皇制新政府提供的行政職位自身就具有高度的政治性。新政府錄用的官員，不同於此前封建時代狹隘守舊的上層武士、貴族官僚，他們獲得了一種所謂「天皇的官吏」的自我意識：他們要為天皇負責，而不是為參與政治鬥爭的政治家負責。

譬如，1889 年 2 月 12 日，時任首相黑田清隆（1840–1900）從明治天皇手上接過《大日本帝國憲法》後就表示，政府是至高無上的天皇的僕人而不是人民的僕人，日本內閣「一直不變地超越並遠離政黨，遵循正道」。[7] 這本身就是一種強烈的政治意識。因此，作為近代日本起點的這個「天皇制政府」才是造成日本官員特殊政治意識的根本力量。官員通過為天皇服務的方式，獲得了內在的精神激勵。近代日本的快速崛起，官員這個群體發揮了巨大的作用。

日本官員的主體意識，因發動對外侵略戰爭的國策而得到了進一步的強化。尤其是在 1937 年 7 月發動全面侵華戰爭後，日本全國進入戰爭動員狀態，政府開始實行管制。這一年，日本設立「內閣企劃院」，全面負責制定經濟計劃。以這個部門為中心，所謂的「革新官僚」變得極為活躍。這些官員共有的思想傾向就是反對政黨，認為既存政黨的腐敗導致國家陷入了危機；同時，他們也反對自由經濟體制，贊同中央政府實施經濟計劃，主張國家對企業進行控制。1940 年 10 月結成的「大政翼贊會」，就是日本政府以行政官員取代政黨和各種社會團體的嘗試，史稱「新體制運動」。儘管運動以失敗告終，但到 1945 年 8 月日本戰敗時，官員集團已經掌控了巨大的權力則是不爭的事實。日本經濟史當中有「1940 年體制」一說，認為這一時期官員集團獲得的參與國家經濟事務的經驗，構成了戰後日本模式的原型。[8]

---

7 〔美〕麥萊克恩：《日本史（1600–2000）》，頁 303。
8 〔日〕野口悠紀雄：《1940 年体制：さらば戰時経済》（東京：東洋経済新報社，2002），頁 46–53。

第二次世界大戰戰敗後，日本的這個官員集團與「軍閥」和「財閥」一道，被認為是軍國主義的罪魁禍首，很多人遭到了佔領軍開除公職的處分。不過，隨著《舊金山和約》在 1952 年 4 月 28 日的生效，日本恢復了獨立，此前被排除在外的官員和政治家再次進入日本政治體系，成為日本戰後重建的有力推手。

在戰後的民主化改革中，「官僚的民主化」是當時的一個熱門話題。民主化意味著官員要受到國民的控制，要確立自身在國民面前的「僕人」角色。這樣，官員曾經因服務於天皇而高高在上的身分意識得到了消除。今天我們看到日本官員在民眾面前非常謙虛，廉潔且有效率，一改從前「官尊民卑」的意識，可以說完全是民主化的功勞。

根據上述分析，日本官員「官僚主義」作風非常罕見的原因也水落石出了：一方面，作為「天皇的官吏」的自我意識激發了他們傳統的忠誠觀，奉獻於天皇與國家的傳統意識，轉化為今天的工作倫理；另一方面，官員的權限因完全來自人民的授權，並受人民的監督，他們當然無法自視高於人民。就此而言，戰後日本的民主化改革讓日本一躍進入了現代文明國家的行列。

——— ◉ ———

最後，我們再總結一下上面的討論。通過聚焦於日本的行政官員群體，我們揭示出了日本政治活力與穩定的一個主要機制。日本學者用「隱性的二元體制」來描述這一機制，民間用「大臣是官員的傀儡」來調侃這一體制，其實都觸及了問題的本質，即官員與政治家之間的互動關係。同時，我們還獲得了關於民主主義的新認知。日本官員在政治體系中的角色並不符合經典的民主主義理念；經過考試錄用的非民選官員依據自己的政治意識，參與國家大政方針的制定，這一點並未獲得國民的授權。

不過，多數質疑都是在從教條主義的角度看問題。官員群體獲得獨特的政治意識這件事自身並不是壞事，前提是官員能將這種意識用於服務國家和社會，而不是謀取個人私利。從戰後日本的實踐來看，日本官員在這個方面表現得出類拔萃。人們常常注意到日本官員的廉潔、高效的外在呈現，其實它獨特的政治意識，更是我們在觀察現代日本的政治經濟表現時要尤其留意的地方。

我們還要關注「天皇的官吏」這種觀念所代表的特殊的文化傳統與政治意識。一般而言，在壓抑性的皇權專制體制之下，官吏自然充當了專制權力的執行人，因而常常表現為權力自身的傲慢以及必然相伴的愚蠢。但在日本近代天皇制國家的體制下，官吏不僅僅是天皇和人民的媒介，更是文明開化、富國強兵這一時代精神的主要擔綱者。意氣風發的明治青年以成為官員的方式，報效國家與天皇。日本官員的效率與廉潔，與這一群體的歷史存在有千絲萬縷的關聯。

政治家

武士的後裔

　　我們對行政官員群體在現代日本政治體系中的角色的探討，自然引發了新的問題：日本的政治家群體在現代國家建構過程中當然也扮演了至關重要的角色，那麼他們的特殊品質又是如何形成的？我們已經指出，所謂「大臣是官員的傀儡」是一個言過其實的比喻，包括國會議員、內閣成員在內的政治家群體，其實是日本政治當中最為活躍的角色。他們時刻出現在各種媒體中，公開發表自己的政治主張，辯論事關家國天下的各種議題。

　　一般而言，人們在提到政治家時，除了競選、政策制定、權力鬥爭之外，也容易聯想到「腐敗」、「醜聞」這樣的標籤。這是政治權力未得到馴化時的必然現象。不過，如同日本行政官員非常廉潔一樣，日本政界總體上也呈現出一種清新的氣息，很少有貪污腐敗墮落的現象。這些顯而易見的事實也讓我們自然想到：現代日本的政治家一定有著他們固有的某種品質。

———— ⊙ ————

　　通過新聞報道，我們不難注意到日本政治家群體的一個共同特徵，或者說他們呈現出的一種特殊的精神面貌，他們身上似乎有著一種特別的精氣神。那麼，這種特殊的精神氣質的本質究竟是什麼？它能告訴我們現代日本政治的哪些秘密？

　　這個問題似乎有著現成的回答：日本政治家們的精神世界不就是對民主主義這一現代政治基本理念的信仰嗎？只要稍微看一下各個政黨的黨綱、政治家們在選舉或平時的言論，我們就會發現他們幾乎張口閉口都是民主主義。不過，這些精神要素出現的歷史相對短暫，依然處於日本政治家們的精神世界的表層。換言之，如果從民主主義的視角來觀察，日本政治家整體上呈現出的那種旺盛的進取心與拼搏精神的形成，最多也只能上溯到 19 世紀後期的明治維新。

從理論上來說，民主主義制度是一種公開競爭的制度；富有政治熱情的人要想出人頭地，必須在公開的競爭中取得選民的支持。競爭是保持社會活力的根本要素，日本政治家身上呈現出的活力顯然有著民主主義制度的根源。譬如，活躍於德意志第二帝國時期的著名社會理論家馬克斯·韋伯就對英國議會民主制的實際運行大加讚賞，對德國自身的政治制度提出了批評。在韋伯看來，議會民主制的最大功用在於，它給那些真正具有領袖和政治氣質的人提供展現才能的空間。[1] 真正的政治家的氣質，生成於他們在公共空間中的自我實現的過程。無論從理論還是從經驗上來說，日本政治家整體呈現出的那種精神氣質，的確可以用議會制民主來說明它的形成。

但是，這些仍然還只是影響政治家群體行為的外在因素，而且這種制度方面的解釋是一種普遍性的解釋，同樣可用它來解釋諸如英國、法國、德國等國家的政治家的精神氣質。那麼，我們需要怎樣的視角，才能將日本政治家不為人知的精神世界的底色呈現出來？

———— ◉ ————

我們需要將目光轉向日本的傳統，轉向日本的演化過程自身。從這裏我們會發現，現代日本政治家群體呈現出的精神氣質，從根本上說是日本傳統武士道精神的遺風，或者說是武士道精神在現代社會中的具體呈現。

問題是，現在日本還有武士道嗎？在回答這個問題之前，我們先引用關於武士道的一段說法，它將有助於我們理解武士道的作用。這段話這樣寫道：

> 武士道，如同它的象徵櫻花一樣，是日本土地上固有的花朵。它並不是保存在我國歷史的植物標本集裏面的那些已經乾枯的古代美德的標本。它現在仍然是我們中間的力量與美的活生生的對象。它雖然沒有採取任何能夠用手觸摸的形態，但它卻使道德的氛圍發出芬芳，使我們自覺到今

1　韋伯對政治以及議會民主制的闡述，可參見拙著《馬克斯·韋伯與中國社會科學》。

天仍然處於它的強有力的支配之下。誕生並撫育它的社會形態業已消失很久，但正如那些往昔存在而現在已經消失的遙遠的星辰仍然在我們頭上放射其光芒一樣，作為封建制度之子的武士道的光輝，在其生母的制度業已死亡之後卻還活著，現在還在照耀著我們的道德之路。[2]

　　看到這個說法，很多人會以為這是現代某位評論家的看法。其實，它引自一個多世紀前的新渡戶稻造（1862–1933）那本享有盛譽的《武士道》（*Bushido: The Soul of Japan*）。這本書撰寫於 1899 年新渡戶稻造旅美期間，最初由英文寫成，在紐約和倫敦兩地同時出版，很快成為暢銷書，並相繼翻譯成德文、俄文、法文、匈牙利文、波蘭文、挪威文等，成為當時歐洲人理解日本文化的一扇窗口。這本書翻譯成日語出版後，反過來引發了日本國民的閱讀熱潮。結果，新渡戶稻造幾乎成了日本武士道的代言人。

　　武士道，字面意思就是武士階層在職業上和日常生活中必須遵守的「道」，也就是一套準則。它最初起源於 12 世紀，當時的武將源賴朝（1147–1199）創建了鎌倉幕府，天皇大權旁落，日本進入武士當國的時代。由於此後武士階層是日本事實上的統治集團，將軍和作為家臣的武士之間的行為規範，諸如「奉公」、「忠君」、「勇敢」、「忍耐」、「犧牲」、「清白」、「儀容」、「儉樸」、「切腹」等等，就逐漸上升到了作為普遍原理的「道」的層面。在歷史的演進過程中，這種原本是武士集團內部的規則也進一步向社會擴散，逐漸成為日本社會的最高道德準則。

　　隨著江戶時代儒學的興盛，學者們開始用儒學的價值體系對武士集團的行為準則進行解釋，「武士道」這一說法得以正式成立。譬如，江戶早期的著名儒者山鹿素行的《山鹿語類》中，就有大量關於武士道的論述。1716 年，佐賀藩武士山本朝常（1659–1719）創作的《葉隱》，就是對武士道進行的一種體系性的闡述。我們先看兩段關於武士道原汁原味的說法：

2　〔日〕新渡戶稻造：《武士道》，頁 13。

出家修行未嘗適我志意，成佛等等亦非我之初衷……氣力與才能並非不可或缺，一言以蔽之，獨一人亦可擔當武家全部之命運的意志為緊要。同為天地間之一人，孰為劣者。世間修為之為修為，無有大的驕傲便無有擔當，諸事亦斷不可成。若無獨自一人亦可匡助藩國安泰之志意，修為斷不可有成就。

武士道，乃求取死若歸途之道。生或是死，此雙重抉擇蒞臨之際，當機立斷選擇死，更無其他所謂深刻之理由，唯去除雜念一往直前是也。……常住死身，如切如磋，如琢如磨，便可得武道自在之真諦，一生不逾矩，亦可為藩國盡忠竭力。[3]

你看，「無有大的驕傲便無有擔當」，第一段引文中滲透著孟子以來「雖千萬人吾往矣」的儒家心學一系的氣概。包括新渡戶稻造在內的日本武士道論者，都注意到了陽明心學與武士道的關係；《葉隱》中的這段說法正是一個例證。在第二段引文中，直接出現了「如切如磋，如琢如磨」這一儒家經典《詩經》中表明君子人格的詩句。當然，我們也要看到它們與中國儒家精神的不同之處：這些說法本質上是要論證「武士」的人格，而非中國儒家人格最高典範的「君子」；前一段引文重點在「忠君」，而後一段則在「生死」抉擇。

武士道最終被視為日本國民的道德體系，上面提到的新渡戶稻造的《武士道》厥功甚偉。這種結果又與時代息息相關。1895 年日本一舉戰勝中國，西方國家的人們急切想知道其中的道德原因。《武士道》的出版意圖，正是要對這一東亞世界的變局給出觀念上的解釋。按照新渡戶稻造的說法，武士道並不是成文法典，而是「一部銘刻在內心深處的律法」，是一種道德體系，是日本民族共同體的聖經。這種道德體系支撐了日本國民的精神覺醒和奮鬥的意志。

在前面引述的《武士道》的那段說法中，新渡戶稻造事實上給我們提供了

3　轉引自〔日〕三島由紀夫著，隰桑譯：《葉隱入門》（南京：江蘇文藝出版社，2010），頁46-47。

一個極為重要的觀察：作為一種在長期歷史進程中形成的道德體系，武士道是一種有生命活力的體系；這種活力未必表現在它的外在形式上，卻總是以一種無形的形式，影響著人們的行為。作者例舉的諸如「義氣」、「勇敢」、「守禮」、「誠信」、「名譽」、「忠義」等道德條目，就被視為武士道典型的，更是無形的道德規範，對國民發揮著無言的影響。

有人可能會說，武士道既然是武士階層的道德準則，那麼隨著武士階層的消失，這個準則自然也消失了吧。其實，這正是一個多世紀前新渡戶稻造極力反駁的看法。明治維新之後，新政府在「四民平等」的近代政治觀念之下取消了武士階層的特權，武士階層在形式上已經不見於當時的日本社會。在《武士道》撰寫與出版的時代，類似「武士道的準則已經消失」這樣的說法已經廣為流行。但新渡戶稻造並未從這種表面的觀察入手；在前面的引述中，他使用了「芬芳」這樣一個比喻，來形容武士道以無形的方式對人們行為的薰陶和影響。

實際上，這個「武士道」更是當時外國觀察家普遍使用的說法。譬如，在1904年爆發的日俄戰爭中，針對日本士兵在戰鬥中表現出的視死如歸的精神氣概，西方觀察家就習慣於用武士道來解釋；同時，日本的平民在日常生活中也表現出嚴格的自律和遵守禮儀的風範。顯然，這些都構成了武士道是一種活著的規範的例證。新渡戶稻造這樣寫道：

> 翻開現代日本的建設者佐久間象山、西鄉隆盛、大久保利通、木戶孝允的傳記，還有伊藤博文、大隈重信、板垣退助等還活著的人物的回憶錄來看一看——那麼，大概就會知道他們的思想以及行動都是在武士道的刺激下進行的。觀察和研究過遠東的亨利·諾曼先生宣稱：日本同其他東方專制國家唯一不同之處在於，「從來人類所研究出來的名譽信條中最嚴格的、最高級的、最正確的東西，在其國民中間具有支配的力量」，這是觸及了建設新日本的今天，並且實現其將來的命運的原動力的話。[4]

4　〔日〕新渡戶稻造：《武士道》，頁 96。

這就是說，「武士道是否還活著」並不是一個真正的問題。《武士道》被廣泛閱讀這件事，說明了當時的人們正是從「武士道」的角度來觀察日本國民的道德體系的。反過來說，「武士道」這個說法在廣為流傳的同時，也創造了它自身。這正是「武士道」這種現實的社會建構過程。我們在日常生活中所經歷、體驗到的各種現實，其實是由人們的各種觀念與行動塑造而成。

　　由此，我們就可以回答前面的問題了：武士道在日本現代的民主社會中也並未消失。我們可以套用新渡戶稻造在一個多世紀前的說法來解釋，如同明治維新之後武士階層的解體並未導致武士道衰敗一樣，戰後的民主化改革也不會導致這種道德準則的消失。武士道依然在使日本的道德發出「芬芳」。

─────── ⊙ ───────

　　我們如果平常比較關注日本的政治和社會新聞，就會注意到這樣一類現象：日本的內閣成員、各個大小企業的管理人員，經常因為自己職權範圍內出現的過錯或事故而主動辭職。這種為承擔責任而主動放棄權力、放棄地位的舉止，當然有著現代民主主義制度的要求──民主主義政治要求行為主體主動承擔政治責任；但我們要看的不是這一點，而是他們在辭職時表現出的那種精神氣質：那是一種毅然承擔責任的勇氣。

　　政治家們承擔責任的勇氣，只能說是來自他們內心的道德律令。從根源上說，這種行為就是武士道中嚴格律己這一訓令發動的結果，是自身行為要符合傳統武士道所要求的美學規範的結果。那麼，武士道在現代日本政治家身上有更積極的表達嗎？我們可以舉一個典型的例子，就是日本前首相小泉純一郎。小泉在位時間長達六年，在首相頻繁更換的日本政治史上，堪稱異類。[5]

　　這位首相的主要功績，就是在任期內實施了一場叫「結構改革」的大刀闊斧式的改革。改革的背景是日本在 1990 年代初泡沫經濟崩潰，經濟增長停滞，社會缺乏活力。日本歷屆政府都試圖進行改革，以獲得經濟社會發展的新動力。

───────

5　關於小泉純一郎更為詳細的介紹，還可參見拙著《東京留學憶記》。

到了小泉執政的時代，對郵政系統進行民營化改革提上了日程。

日本郵政系統此前屬於國營單位，是一個巨大的體系，涉及無數人的利益，這些人當然會結成一個利益集團。所以，郵政改革面臨的阻力極大。這個阻力除了來自在野黨的議員外，還來自他所在的自民黨黨內。當時自民黨黨內的反對派議員集結在幾位大佬的周圍，擺出了絕不妥協的姿勢。

在關鍵時刻，小泉頂住了一切壓力，作出了政治決斷：他利用憲法上的職權宣佈解散議會，重新進行國會選舉。這是一個勝負手，因為如果失去民意支持，小泉的政治生涯也將就此結束。在小泉的策略中，國會進行重新選舉意味著要對自民黨反對派勢力進行封殺。因此，在反對派議員所在的選區，小泉提名來自社會各界的名人與那些議員爭奪選票。這些名人被日本媒體稱為「刺客」，要和那些政治老手進行較量。

選舉的結果是小泉大獲全勝，自民黨黨內的反對派議員幾乎全部落馬。日本的媒體連日報道，整個社會也隨著高度興奮起來。在這個過程中，一部分新聞媒體已經注意到：這不就是武士的歸來嘛！當代日本的學者也注意到了這一現象。譬如，中國思想史學者小島毅在自己的一本叫《近代日本的陽明學》的書中，注意到了自近代日本以來陽明學和武士道的關係，並從這個角度對小泉的一些政治行為進行解讀。在他看來，小泉行為的背後，就有著武士道的精神因素。

我們沒有必要繼續舉更多的例子。作為一種源遠流長的道德體系與行為規範，武士道當然會對後世、對當下的日本國民產生影響。這種影響表現在政治家的身上，就是那種律己、敬業、責任和忠誠於民族的意識。中國儒家經典中有一個說法：「誠於內而形於外」，意思是說，一個人的外在行為和內在的精神氣質是連續的。就此而言，我們所見到的小泉純一郎的精神氣質，就是武士道那種古典道德規範的現代呈現。

當然，話還要說回來：古典精神在現代社會會有怎樣的表達，更取決於這個社會的制度自身。1945年後日本的民主化改革，為日本建立了基於現代政治文明的制度體系。這種現代制度實際上對政治家也提出了倫理上的要求，即政治家要有政治信念、要有責任感。因此，日本政治家呈現的精神風貌，更準確地

説，是武士階層的古典氣質與現代政治文明相互激發的結果。

通過分析日本政治家群體的精神氣質，我們實際上還獲得了另外一種觀察政治的尺度，那就是從傳統中最具有韌性和活力的地方，來觀察並反省我們自身的當下行為。

日本右翼

尊王攘夷的現代回聲

關於日本的政治家，我們還經常聽到「右翼政治家」這樣的說法。媒體通常很少提及「左翼政治家」，而一再提及「右翼政治家」，正意味著日本政治家精神世界的另外一種特徵。現在，我們就專門來談談什麼是「日本右翼」，看一下「右翼」在現代日本政治體制的實際運作中扮演了怎樣的角色。

提到「右翼」，我們不難聯想到在電視畫面中看到的情形：所謂的「一小撮右翼分子」開著黑色大麵包車或卡車，上面架著高音喇叭，車上面還插著日本國旗和軍旗，顯得非常招搖。這些人在日本被稱為「街宣右翼」，意指他們在街道上進行宣傳，進行各種抗議活動。

在日常生活高度秩序化的日本社會，這些右翼分子的活動顯得非常另類。至少它的高音喇叭製造的噪音，在以安靜著稱的日本社會就顯得非常出格；而他們播放的戰時軍歌，喊的諸如「天皇陛下萬歲」與各種「打倒」、「反對」的口號，更讓人感覺時空錯位，彷彿穿越回到了第二次世界大戰前。這種街宣右翼也會讓人想到近代日本史上右翼分子進行的各種恐怖暗殺活動，給人們造成特定的不安。事實上，他們今天還不時製造一些暴力襲擊事件，以表達他們的政治立場。這些活動彰顯著他們在現代日本社會生活中特有的能量。

日本右翼還往往和另外一個大的話題聯繫在一起，那就是現代日本的歷史認識。我們常常會聽到、看到一些日本政治家和學者否認侵略、美化戰爭的言論。這時候，「日本右翼」幾乎就是那些錯誤的歷史認識的代名詞。所以，日本右翼的歷史觀往往又會讓正直的人們感到憤怒。

一般的觀點認為，現代日本的右翼就是此前軍國主義的遺老遺少，但問題並沒這麼簡單。我上面提到的還只是一些表面現象，而要探究這個表面現象到底意味著什麼，我們就需要深入日本的社會結構、文化觀念與歷史演進的過程中。當然，我們這裏重新討論日本的右翼問題，目的就不再僅僅是揭露、批判日本錯

誤的歷史認識，而是要更進一步探究這些現象背後的生成機制，以及揭示右翼在日本社會生活中的真實角色與作用。

——————— ⊙ ———————

我們需要轉換視角，有必要將「右翼」還原到日本自身的歷史和精神發展脈絡中，在整體中去理解部分。這是瞭解右翼及其歷史的必不可少的方法和手段。

既然有「右翼」，就一定有和它相對存在的「左翼」。左翼和右翼都是整體的一部分，互為對方的對立面，就好比我們的左手和右手，卻都是完成有機體功能的必不可缺的部分。從這個角度，人們就不必只糾結於如何對「右翼」進行道德判斷。這種看法在社會理論中被稱為「功能主義」：對社會有機體某一部分的作用進行評價時，要看它在這個社會中發揮了怎樣的功能。

從功能主義的角度，既然左翼和右翼對於社會有機體來說並沒有價值上的區別，那我們提到「左翼」時，為什麼會覺得它是進步的呢？這是涉及歷史和社會認知的重要問題。

在今天人們的世界觀中，人們傾向於認為「左翼」的思想和觀點代表了「進步」，甚至還佔據了某種道德上的高地，這其實是 18 世紀末法國大革命的結果。在當時法國的國民會議上，從主持會議的議長席位來看，保守派坐在右側，而激進派坐在左側，二者在觀點上針鋒相對。這是左翼和右翼最初的起源。在激進派隨後採取的革命行動中，他們將一種強烈的進步主義信仰、一種全新的道德觀賦予了自身。由於革命取得了成功，這種信仰似乎獲得了證明，很快成為世界各地革命運動的信仰和價值。結果，在革命取得勝利的地方，人們習慣從「左翼」的角度看問題，而與此相反的「右翼」則被視為保守、落後、反對變革的勢力與思想。[1]

我們前面說過，近代日本的明治維新本質上雖是一場革命，但它的官方理

---

1   關於現代日本右翼思想的專門討論，參見拙著《友邦還是敵國？》，第 3 章。

論卻是「王政復古」，也就是要恢復古典時代的政治體制，因而是一種價值上的保守主義思想。這個理論根本體現在「天皇」這個特殊的政治主體上。顯然，以復古的名義行改革之實，這種將新舉措納入傳統的世界認知之中的做法，有利於減少社會的震蕩，從而推動改革的進行。

日本右翼的歷史可以追溯到 1868 年明治維新前後。在當時的倒幕和維新政府的建立過程中，一部分舊士族遭到了邊緣化，所以他們在民間發起了各種針對政府的抗議運動。當時的維新政府主要由出身於薩摩藩、長州藩的政治家主導，反對派——主要是出自倒幕運動中非常活躍的土佐藩——認為它是專制政府，於是，他們高舉「尊王攘夷」的口號，建立統一戰線，將各種在野力量整合了起來。這就是明治維新後不久，「自由民權運動」興起的原因。1880 年代以後，這些民間團體的訴求開始轉向外部，要求「伸張國權」，展開帝國主義政策。日本近代史上著名的右翼團體「玄洋社」就創建於這個時期。這個團體的三條憲章，即「敬戴皇室」、「熱愛祖國」和「捍衛人民之權利」，很難按照一般的左右觀點進行區分。

這些右翼團體非常有活力。除了在內政上展開「自由民權運動」外，他們在隨後日本的對外擴張中亦表現得異常活躍，在諸如甲午戰爭、日俄戰爭、中國的辛亥革命以及日本吞併韓國等歷史事件中，都有他們的影子。進入昭和時代後，右翼團體更是製造了一起起暗殺事件，後來被稱為「右翼法西斯主義團體」。我們在前面提到的軍事理論家石原莞爾，就是右翼團體「東亞聯盟」的組織者。

日本在 1945 年的戰敗讓這些右翼分子遭受了巨大打擊，在這一年的 8 月，「尊攘同志會」10 名會員、「明朗會」12 名會員、「大東塾」14 名會員先後自殺，「以死來承擔戰敗責任」，並要通過誠摯獻上「皇魂」的方式，「永遠守護皇城」。日本右翼勢力的精神意志和行動能力，由此可見一斑。1946 年，在聯合國佔領軍的命令下，多達 210 個右翼團體組織（二戰結束時右翼團體總數為350 個）遭到了解體。不過，這些右翼分子隨即以更換招牌的方式，重新投入他

們特有的政治運動當中。[2]

　　這種狀況延續到了當下。日本政治學者對現代日本右翼的特徵，總結了包括「對天皇及國家絕對忠誠」、「比起理論，更重視行動」、「守護民族傳統和文化，警惕外來思想和文化」、「民族使命感」、「國家利益至上」、「警惕知識分子階層」、「推進愛國教育」、「全盤否定戰後體制」等在內的 20 個特徵。[3]從這些特徵當中，我們可以大致描繪出當代日本右翼的形象。

　　我們要特別留意的是第一點，即「對天皇及國家絕對忠誠」。這個特徵再次印證了我們在前面的章節中提出的觀點：天皇是代表日本民族共同體最古老的價值的權威，在憲法上是日本國家和國民的象徵，在精神上更是和日本國民有著千絲萬縷的聯繫。天皇的存在自身就是一種保守主義價值的呈現。

　　因此，現代日本的右翼團體實質上是保守主義思想在民間的存在和表達形式。這種民間力量的思想根源是幕府末期形成的「尊王攘夷」觀念，而其組織成員的源流則是德川幕府解體後未被體制吸收的武士、豪族。在日本演化的進程中，這些人以在野的方式，與政府發生了競爭、合作、對抗、反叛等各種關係，成為國家建設中異常活躍、有著特殊能量的政治主體。

———— ⊙ ————

　　我們再回到日本右翼念茲在茲的「天皇」問題。上文已經指出，無論從實體還是思想的角度，日本右翼的根本來源都是天皇，是近代日本「尊王攘夷」這一時代精神的現代回聲，其思想的本質是保守主義。這是我們今天認識日本右翼的關鍵所在。

　　這裏說的「保守主義」的含義其實並不明確：它要「保住」、「守護」一種東西，一種觀念，一種生活方式。這些要「保守」的對象只存在於民族生活共同體的往昔，而不是當下，更不是將來。所以，保守主義是一種通過向後、向歷史和傳統看，來獲取價值和生活意義的觀念。相反，「進步主義」以及作為這種

2　〔日〕豬野健治著，張明揚等譯：《日本的右翼》（北京：東方出版社，2013），頁 42–48。
3　〔日〕豬野健治：《日本的右翼》，頁 5。

觀念主體的「左翼」，則是向前、向未來看，通過設想或描繪一種美好的未來生活，來為當下的問題尋找答案。政治上左和右的思考方式，跟我們個體日常的生活經驗並無多少不同。

我們可以通過觀察「天皇」在日本國民生活中的角色，來認知日本右翼在近代日本政治中扮演的角色；右翼試圖維護、保守、守護的價值正體現在「天皇」的身上。在現代日本，天皇的地位已經獲得了憲法層面的安排，那麼右翼為何還在糾結「天皇」的問題？這個問題涉及戰後日本民主化改革遺留的根本問題，比較複雜，我們在後面還會專門講述。這裏先舉兩個現代日本涉及天皇問題的事例，以便我們觀察現代日本國民和民族的精神狀況。

第一個事例是戰後日本的著名作家三島由紀夫（1925–1970）。其實，三島在現代日本精神史中佔據的位置，不僅僅是源於他天才一般的文學才能，更源於他最後的行為：自殺，而且是以反常的方式進行的自殺。在高呼三聲「天皇陛下萬歲」後，他按照中世紀武士道切腹的程序，用「肋差」即短刀插入左腹，然後橫向右拉，最後被「介錯」——切腹者在切腹後由事先指定的人將其頭顱砍下，以減輕痛苦——而亡。三島作為文學家早已馳名天下，數次成為諾貝爾文學獎的候選人，卻以這種暴烈的方式自戕，這給當時的日本社會造成了巨大的衝擊。

事情發生在 1970 年 11 月 25 日。這一日上午 11 點左右，三島和他組建的右翼團體「盾會」的四名同伴佔據了日本陸上自衛隊東部方面的總監室，將自衛隊指揮官益田兼利陸將（1913–1973）綁架為人質。經過一番搏鬥後，雙方達成休戰協議，自衛隊一方滿足了三島的要求：將駐紮於市谷基地的衛戍部隊官兵集合到總監室大樓前面的校閱場上，聆聽三島發表演說。官兵集結後，三島走到了總監室（位於大樓二樓）的陽台上，開始對校閱場上近一千名自衛隊隊員發表演說，煽動自衛隊隊員保衛日本，保衛日本的傳統、歷史和文化，以及最重要的，「保衛天皇」。在三島的設想中，他組建的「盾會」與自衛隊將聯手「奮起」，也就是發動一次起義，佔領國會，迫使國會修改憲法。

面對這種近乎時代錯置的行為，自衛隊隊員非但無動於衷，還出現陣陣質

疑、嘲笑甚至是怒罵的聲音。[4]這似乎是在三島的意料之中，於是他就按照事先安排好的劇本，切腹自殺。

他的這些舉動當然不是源於心血來潮，而是事前有著綿密的計劃。早在自殺前兩年，他發表了題名為〈文化防衛論〉的長文，宣稱日本必須守衛以天皇為中心的傳統價值，天皇是「終極的文化形態」，因此必須修改日本戰後以自由民主主義為核心的新憲法。在採取行動前的兩個月，他又發表了一篇題名為〈作為革命哲學的陽明學〉的文章，提倡王陽明「知行合一」的儒學和日本武士道的革命精神。他宣稱，他的目標就是通過文學和行動振興武士道。他身體力行，1968年組建「盾會」，宣稱將動用暴力來保衛天皇。

我們在前面提到過日本武士道的古典名著《葉隱》，三島由紀夫在1967年專門為這本書的部分內容撰寫過導讀，即《葉隱入門》，這被視為他的思想自傳。其實，在1955年發表的一篇關於《葉隱》的評論中，他就表達了對武士道「乃求取死若歸途之道」的高度共鳴。[5]在1960年寫的短篇小說〈憂國〉中，三島就以1936年發生的著名的「二二六事件」為背景，講述了一位叫武山信二的禁衛步兵中尉因不想服從鎮壓叛亂部隊的命令，同新婚不久的妻子雙雙自殺的故事。小說中對中尉以武士道的方式切腹自殺進行了極為詳盡的描寫，場面極為血腥。三島的小說與劇本創作異常高產，但他卻說自己「深深愛著的唯有這篇作品」。事實上，十年後，三島幾乎就按照自己描寫的方式結束了自己的生命。

很多人都注意到了這些言論，並以此來解釋三島行為的計劃性。在理智的世界中，人們未必認同三島的主張和做法。但很多人未注意到的是，作為備受日本國民喜愛的作家，三島的思想和行為可以說是他們自身深層精神和慾望的一種反映。三島歿後，人們圍繞他的動機展開的討論，將那種國民的潛意識揭示了出來。一位熟識三島的作家指出，在三島的心中，天皇是文化、歷史、傳統的核心和絕對者，應該如澄明的鏡一樣映射出日本文化的連續性和整體性；三島用「文

4　參見〔美〕斯托克斯著，于是譯：《美與暴烈：三島由紀夫傳》（北京：北京聯合出版公司，2020），第1章。
5　〔日〕三島由紀夫：《葉隱入門》，頁7–12。

武兩道」來描述這個狀態，以傳統的切腹和斬首的武士道方式在自衛隊駐地自殺，目的就是要恢復日本文化中「武」的一面，堪稱「死諫」。[6]因此，在戰後保守主義最終取得觀念上的支配地位的過程中，三島在國民面前的自決扮演了重要的角色。

第二個例子與三島事件類似，發生在 1992 年 10 月 20 日。事件的主角叫野村秋介（1935–1993），同樣是在高呼「天皇陛下萬歲」三次後自殺。唯一的不同在於，他是以開槍的方式自戕，而且是連開三槍。事情發生在《朝日新聞》報社的總部大樓。當時他與同伴來到這裏，接受《朝日新聞》報社對他的道歉。事件的起因是，《朝日新聞》此前對他所屬的右翼團體進行了諷刺報道。

野村在接受了道歉後，決定以死來洗脫屈辱。他在留下的遺言中說：「到了這個地步，作為民族派，更何況作為一名日本男兒，除了保全氣節外已別無可求。」[7]值得注意的是，《朝日新聞》是日本著名的四大全國性報紙之一，該報以及下屬的刊物，被視為日本左翼言論的代表。野村的自殺可以說是日本右翼與左翼衝突的結果。我們這裏再次看到了日本右翼的行動力。

無須說，現代日本社會當然不容忍各種形式的暴力事件；不過，當這些暴力事件與濃厚的保守主義思想關聯在一起時，它們就會在潛意識的層面上對日本國民發生影響。這是一種在日常生活的秩序中不容易為人們所認知的隱秘關聯。

———— ⊙ ————

今天，「日本右翼」這四個字並不令人感到陌生；這個右翼群體經常否認日本的侵略歷史，這當然會讓我們感到不愉快；甚至可以說，他們就是我們的「敵人」。不過，由於日本右翼是日本近現代政治結構中的一個異常活躍的變數，我們的關注焦點就不應該只限於歷史認識，還必須注意這個群體在日本政治和思想生態中的地位。

我們在上面的歷史回顧和現代事例分析顯示，日本右翼有著我們非常不熟

6　參見唐月梅：《怪異鬼才 —— 三島由紀夫》（北京：九州出版社，2015），頁 440–445。
7　〔日〕豬野健治：《日本的右翼》，頁 280–282。

悉的面相。也正因此，如何認知右翼是對我們能否客觀看問題，能否洞穿表面現象直面人類生活的本源性問題的一大考驗。其中，右翼所代表的價值保守主義是所有社會都面臨的問題。

一言以蔽之，日本「右翼」所代表的價值觀，就是基於傳統的保守主義價值觀，而後者是日本國民精神的底色。右翼和近代日本天皇制國家的建設過程，可謂同步生成；右翼團體既是政治上在野的勢力，也是民間力量在政治上的表達。右翼團體的存在，使得日本政治多了一條國民意思表達的渠道。在理解近現代日本的政治運作體系時，觀察「右翼」團體及其思想是一個捷徑。

推而廣之，我們還可以分別從左和右的角度，觀察我們感興趣的任何社會與歷史事件。這時候我們獲得的圖像，一定更為整全和真實，因而會獲得更為寬闊和深刻的認知。

第八章

現代日本經濟的邏輯

爆買

日本商品的民族屬性

　　對於多數普通人而言，經濟的首要表達可能就是商品，是市場上形形色色的商品滿足著人們的各種日常需求。因此，我們探索日本在經濟發展上的優異表現的原理時，首先就要關注它的商品屬性。通過全球市場複雜的商貿網絡，我們多數人可能都是某種日本商品的消費者。那麼，這種現象除了意味著日本經濟的發達外，還能夠說明日本經濟與社會怎樣的屬性？這首先要從消費行為自身說起。

　　現代人對於經濟生活都不陌生，我們都生活在複雜的市場網絡中。這個網絡的核心驅動機制是等價交換。市場上各種商品的品質良莠不齊，價格也千差萬別，我們通常根據自己的目的和財力，選擇最合適自己的商品。這種等價交換的市場行為同人類的歷史一樣古老，有著超越民族與國境的普遍屬性。因此，人們選擇商品的目的雖然是滿足各自的需求，但這種消費行為同時有著建構秩序的力量。事實上，現代世界秩序與文明的一個至關重要的基礎，就是世界各國通過市場關係形成的商貿網絡。

　　因此，在思考商品同現實的世界秩序的關係時，我們必須關注商品自身具有的國家與民族屬性。譬如，在世界市場頗受好評的「日本製造」這個說法自身，似乎就暗示商品有著特定的民族性格——人們習慣於將商品的品質屬性與製造國的國民性關聯起來。

　　下面，我們要通過一個比較新的商品消費現象，來探討日本商品的民族屬性與市場的關聯，進而分析日本經濟與社會的特殊性格。這個現象就是我們會不時聽到或看到的「爆買」。「爆買」最初是個日語詞匯，但由於它很形象，跟漢語的日常用語「暴飲暴食」有異曲同工之妙，今天很多人都已經忘記了它的外來

語身分。[1]

———— ◉ ————

顯然，這裏的目的不是要説現代日本給我們的漢語又增添了一個詞語，而是要指出這個事實：「爆買」是日本人製造的一個「新語」，甚至可以説就是為我們中國人量身定做的。我們在日常生活中感受、認知的現實是由我們使用的語言建構而成，一個新語的出現往往意味著一種新的現實的形成。因此，對於「爆買」這個新語的誕生，我們要探究一下語言背後的現實。事實上，「爆買」將日本社會的一些特殊品性揭示了出來，同時還是中日關係的一種最新形態的表達。

首先，這個新語有著完全是當下的起源。最近數年間，尤其從 2015 年左右開始，中國遊客大量趕赴日本，湧入大大小小的超市，以一擲千金的豪邁氣概，將貨架上鎖定的商品一掃而空，買下回國。這就是「爆買」所描繪的現象，類似漢語中的「掃貨」。這種爆買現象經過新聞媒體的傳播，很快在日本社會廣為人知。2015 年年末，這個詞榮登該年度日本「新語流行語」大賞的榜單。

中國遊客的這種購買行為讓平日習慣了寧靜、富有計劃性的日本國民感到震驚。其實，在「爆買」開始使用之前，日文當中使用「爆」這個字的日常用語並不多，大體上可以舉出「爆竹」、「爆發」、「爆笑」、「爆破」、「爆裂」等説法，它們都有一種「具有衝擊性的突然發作」的含義。所以，「爆買」在日本國民頭腦中激發的形象，大體上就是指「爆發性的大量購買」。顯然，這個行為的「爆發性」有著很強的聽覺和視覺上的衝擊性。

根據媒體的報道，「爆買」的對象主要包括化妝品、電子產品、服裝、食品、藥品、保健品以及各種奢侈品。據説，在中國的一線城市上海，甚至出現了動用私人飛機赴日採購商品的人士。尤其值得一提的是，在中國遊客購買的非處方類藥品中，還有大量的「漢方藥」，也就是我們説的中藥。這不禁讓我們感到驚

---

1   其實「暴飲」與「暴食」兩個詞語最初就是「和製漢語」，同其他大量的二字詞一樣，有著日本的起源或影響。參見沈國威編著：《漢語近代二字詞研究：語言接觸與漢語的近代演化》（上海：華東師範大學出版社，2019），頁 263。

訝，因為我們在潛意識中會認為，中國才是中藥的本家！

那麼，爆買現象究竟意味著什麼？一般的看法是，中國遊客爆買日本商品，正是日本商品品質高的證明。這個說法當然不錯，但這種解讀還只是流於表面。如上文所述，商品消費行為有著雙重的屬性：一方面，它是純然的個體滿足自身需求的行為；另一方面，這種行為在宏觀上還有著建構秩序的能力。爆買現象由於出現在當下中日兩國、兩種社會之間，我們有必要從後者的角度，去觀察一下這一現象的社會屬性。

我們首先看看這個「爆買」行為未被注意到的特徵。從表面看，新聞報道聚焦於「中國遊客」、「中國顧客」和「日本商品」上，這當然有道理；但從購買的行為主體來看，「遊客」——日語稱為「觀光客」——這個每每被忽視的詞語，才是我們認知的關鍵所在。有人可能會問，遊客無非就是那些或成群結隊、或獨自一人觀光旅遊的人，在我們的日常生活中司空見慣，有什麼重要的意義嗎？

當然有，而且還有著深刻的哲學含義。當代日本比較有名的哲學家、文化評論家東浩紀在 2017 年出版了一本書，書名就叫《遊客的哲學》。他在這本書中給人們提供了一個關於「遊客」的獨特解釋和洞察。他說，「遊客」表面上是出於休閒目的而「觀光」或「遊覽」，但本質上卻是一個共同體的成員對另外一個共同體的訪問。這個共同體最小的單位是「村落」，最大的是「國家」。從這個視角出發，東浩紀試圖從哲學上把握「觀光」具有的文明意義：「觀光」與人類共同體的形成有著內在的關聯。[2]

東浩紀的這個關於「觀光」的說法，將「爆買」行為的前提，也是一個被我們忽視的前提揭示了出來：「爆買」得以發生的前提條件是「遊客」的存在自身，而不是日本國民的行為；它從屬於一個共同體成員訪問另外一個共同體的行為自身，或者說是「訪問」行為附帶的結果。而且，根據東浩紀的解釋，遊客與當地的住民不同，他們不負有任何責任，與當地住民的生活沒有瓜葛，只是根據

---

2 〔日〕東浩紀：《観光客の哲学》（東京：株式会社ゲンロン，2017）。

自己的意願進行消費。

正是在這裏，我們看到了中國赴日遊客的特殊性格。遊客在極其短暫的旅行期間大量購買當地的商品，從經濟關係的角度來說，意味著通常是短期旅遊的人們卻在實際上深度參與了日本這個共同體的經濟生活。遊客大量購買商品，表面上是純然的市場行為，表現為對商品質量的認可，但實際上表現的是對日本這個共同體的一種特定屬性的高度認可。因此，説中國遊客和當地住民的生活沒有瓜葛，這種看法仍然停留在現象的表面。通過一次性的大量消費行為，遊客除了給當地帶來豐厚的税收之外，實際上還向當地住民傳達了一種特殊的信息。

為了揭示這種信息的特性，我們首先要將遊客與出國定居者作一個比較。顯然，出國定居者實際上已獲得當地共同體的成員資格，在這個意義上他和當地住民在本質上並無不同，但遊客的本質是一種「訪問」行為，他處在這個共同體之外，屬於異鄉人。遊客一次性大量購買商品的行為，實質上延長了他在這個共同體滯留的時間，因為在他離開這個共同體後，他還可以通過消費他所購買、囤積的商品的方式，實質性地享受那個共同體的某種屬性。

在這個意義上，我們甚至可以説，遊客大量購買商品的行為不亞於購買另外一個共同體的「成員」資格。人們在使用共同的商品時會獲得某種程度的「一體感」，這正是現代世界秩序尤其強調經貿關係的人類學理由。在世界市場上，商品往往被視為有著特定民族屬性的深層原因，也正體現在這裏。

———— ⊙ ————

所以，「爆買」的對象在本質上不是商品，而是生產商品的共同體的一種屬性，而這種屬性就是共同體內部的「信任」。

爆買現象的本質是購買信任，這其中的道理並不複雜：因為信任那個共同體，所以才願意大量購買，無論購買的是日常消費品還是奢侈品。人們相信，在他們將來消費這些商品時，這些商品不會「背叛」他們；換言之，人們相信商品品質高，質量有保證，不會讓他們失望。其實，任何一種購買商品的行為，都伴隨品質出問題的風險；而爆買則是一次性大量購買的行為，並且在另外一個共同體消費，出了問題人們無法投訴，無法獲得補償。所以，爆買實際上意味著對商

品的最高信任。

這種信任表面上是對商品的信任，但實質上是對生產商的信任，而在最高的意義上是對包含各種生產商在內的共同體的信任，或者説是對一個社會的總體性信任。「信任」本來是我們日常生活中的一個高頻詞，我們通常用它來表達個體之間的關係，而很少用它去思考一個共同體的屬性。但通過爆買現象，我們隱約從中看到了日本社會的某種屬性。為了深度認知爆買現象的本質和意義，這裏有必要解釋一下什麼是信任。

很多社會科學家都討論過信任。譬如，美國著名的日裔政治學家弗朗西斯·福山（Francis Fukuyama）就著有《信任：社會美德與創造經濟繁榮》（*Trust: The Social Virtues and the Creation of Prosperity*）一書，專門論述了「信任」（trust）在經濟體系中的角色。説到現代經濟體系，資本的角色我們都不陌生，它是經濟活動的一個核心要素。不過，資本並不單單是指金錢；福山引入了社會科學當中的「社會資本」（social capital）這個概念，來説明「信任」在經濟體系中的角色：信任就是一種社會資本。

那究竟什麼是信任？福山寫道：「在一個有規律的、誠信的、相互合作的共同體內部，成員會基於共同認可的準則，對於其他成員有所期望，這一期望便是信任。」[3] 這些準則可以是一些深層的價值觀，也可以是一些關於職業標準或行為規範的世俗準則，它們都可以用「共同道德準則」這個説法來概括。人們在共有的價值觀基礎上形成的對彼此的「期望」，就是「信任」。

因此，單純的期望並不是信任；共同體成員對其他成員的「期望」要轉變為「信任」，需要一個社會過程，那就是一部分共同體成員的「期望」得到了正向的、令人滿意的實現。否則，共同體的成員對其他成員就不會產生穩定的「期望」，因為這種心理預期不會給他們帶來任何收益。社會成員對彼此的心理預期的程度低，就會造成低信任社會。在這種社會中，社會成員為了達到自己的目的，會通過其他方式——諸如訴訟、誘惑、強迫或者私人關係——來使得另一部

3　〔美〕弗朗西斯·福山著，郭華譯：《信任：社會美德與創造經濟繁榮》（桂林：廣西師範大學出版社，2016），頁 28–29。

分成員按照他們所期望的方式行事。

福山在書中舉了一個和我們所有人都息息相關的例子，那就是我們接受醫療服務時的情境。我們之所以信任醫生在診療時不會傷害我們，「是因為我們期望他們會恪守希波克拉底誓詞以及醫學職業標準」。由於醫療涉及人們的健康、財產和生命安全，人們會在多大程度上信任醫生，其實是一個社會「信任」程度高低的晴雨錶，而且是敏感度最高的一個指針。

在經濟體系中，信任的最大功用就是有效降低交易成本，也就是說提高經濟效率。信用在功能上有其他的替代品，其中常見的有法律和私人關係。不過，這些替代品為了維持正常功能，還要依賴各種前提條件。眾所周知，建立高效、廉潔的現代司法體系絕非易事，至今仍是許多國家奮鬥的目標；而私人之間的情誼或擔保關係，它的效用半徑則會隨著關係的疏遠而急劇縮短。正因如此，信任自身作為「社會資本」的功用就凸顯了出來，它有助於經濟體系的高效運作。

福山將這種「社會資本」視為社會的一種文化屬性，認為它的積累「是一個極其複雜甚至可以說是神秘莫測的文化過程」。這種文化屬性還有一個特點，就是它很容易被政府錯誤的政策消耗掉，而一旦消耗掉，就不容易得到重建。在這裏，我們看到了這位政治學家對權力的警惕：健康的社會形成更多的是一個自然過程，而信任是這個自然成長的社會的結晶；與此相對，政府則因手中權力不恰當的使用，會扭曲社會內部的紐帶，破壞人們之間的信任關係。這個信任關係消失後，政府必須制定新的法律，來替代此前的信任體系，社會為此要付出更多的成本。這正是很多現代國家都面臨的問題。

說到這裏，我們已經得出了結論：日本是一個高信任的社會。這也正是福山的看法。現代日本經濟體系高效運轉的背後，有著深厚的社會文化屬性的支撐。

——— ◎ ———

現在，我們再回到「爆買」的主題上。從根本上說，遊客「爆買」商品的行為，實際上就是以一種最簡單、最直接的經濟行為方式進入了另外一個共同體的內部。通過消費商品的自然方式，遊客無償享用了另外一個共同體的高信任屬性。

政治學上有一個說法叫「搭便車」（free rider），是指一個人沒有對共同體作出貢獻，卻享用了共同體提供的公共服務。它指出了一部分公共服務面臨的困境，有著某種批評的含義。在這個意義上，遊客的「爆買」行為，也可以說是一種特殊類型的「搭便車」。遊客雖然付出了金錢，進行了等價交換，但他們同時還享受了另外一個共同體內部的「信任」，而他們卻不必遵守那個共同體內部的道德準則。

有意思的是，這種現象只能發生在不同的共同體之間。在同一個共同體內部，信任無法用金錢購買。換言之，能夠用金錢換來的關係，一定不是信任，而是利益關係自身。福山在他的著作中，特別引述了諾貝爾獎得主、經濟學家阿羅（Kenneth Arrow, 1921-2017）的說法來指出這一點。為了充分把握「信任」這個視角在觀察現代日本經濟行為上的功用，我這裏再次引述如下：

> 如今，信任有著重大的實用價值。信任是重要的系統潤滑劑。它非常高效，為人們省去了許多麻煩，因為大家對彼此所說的話有著基本的信任。不幸的是，信任無法隨意買賣。如果你非要買，則說明你已經對你所買的部分有了懷疑。信任和與之類似的價值觀，如忠誠、誠實等，都是經濟學家所說的「外部性」（externality）。它們是產品，它們有真實且實用的經濟價值；它們提高系統的效率，使你能夠生產更多的產品，或產生更多你所重視的價值。但是它們不是在公開的市場可以買賣的，這在技術上完全不可行，甚至也沒有意義。[4]

要言之，信任是任何一個共同體成員都無法在自己生活的共同體內購買的，但他卻可以通過短期或者長期加入另外一個共同體，分享它的高信任屬性。大量購買行為就是一種短期分享其他共同體信任的行為。那麼，日本又是如何形成了這種高信任的社會呢？這是有待我們繼續探討的課題。

4　〔美〕弗朗西斯・福山：《信任》，頁 143-144。

工匠精神

日本商品的人格呈現

　　我們在前文揭示了現代日本經濟體系高效運行的一個重要因素，即作為「神秘莫測的文化過程」的結果的「信任」：消費者「期待」能買到高品質的商品，而製造商則努力回應這種「期待」，這就是信任的產生過程與表達。但日本工業製品的高質量屬性究竟是如何可能的，以及日本的製造商是如何高效回應消費者的期待的，這都需要作進一步的解釋。

　　關於日本商品的高品質屬性的成因，很多人都會從「工匠精神」的角度來解釋。工匠精神是最近數年間非常熱門的一個話題，日本國內的學者與媒體非常願意從這個角度進行研究、報道，認為它是日本製造業的靈魂。同樣，中國的媒體、學者也一直在跟進和宣傳，目的是要通過學習這種精神，來提升中國製造的品質。

　　那麼，這種神奇的工匠精神到底是指什麼？它能通過模仿、學習、培養而形成嗎？學到了這種精神，產品的質量就有保障了嗎？問題並沒有那麼簡單。如同「信任」是一種文化和社會屬性，「工匠精神」可能同樣也是。這是否意味著，工匠精神的形成可能同樣是一個「神秘莫測的文化過程」，無法簡單模仿和學習？

　　下面我們將揭示，現代日本社會中使用的「工匠精神」和我們日常的用法之間有很大的區別；我們將通過「工匠精神」這個視角，來進一步透視日本商品以及日本經濟表現背後的文化原理和精神機制。

──────　◉　──────

　　工匠精神是日語「職人精神」的對應表達。日語中的「職人」近似於漢語中的「工匠」，是指具有某種獨特技術的工人，尤其是指產業革命以前手工作坊中的那些技術熟練的工人。因此，工匠精神就是指這些「職人」的職業精神。

但這種「職人精神」的真實含義，一般人並不容易理解，因為它涉及對已經逝去的一個時代的生產方式，亦即手工業的理解。與現代工業的機器製造相比，手工業的最大特點是，製品與製作者的人格有著高度的關聯。現代工業的本質是標準化的大量生產；與此相對，傳統的手工業生產雖然在某些製品的某個階段也有著標準化、大量生產的側面，但絕大多數製品要靠工人手工完成。手工業者，即工匠對製品的認知和理解，以及他們自身手藝的好壞，直接決定了製品的品質。手工業製品可以視為製作者人格的某種溢出與固化，消費者可以通過手工製品來感受製作者的人格溫度。

因此，這個表達了手工業工人最高水準的「職人精神」不同於一般意義上的「職業精神」，因為製作者將自己的全部熱情和智慧投入到商品的製作中，唯一目的就是創造出獨一無二的製品。這樣的手工製品自然會獲得消費者的承認，最終也會給製作者帶來經濟上的回饋。

這個道理表面上看並不難懂，因而工匠精神也能夠學習和培養，只要製作者注意細節，嚴格把關，精益求精，商品質量總可以提高。不過，這仍然是一般的看法，尚未觸及日本「職人精神」的本質特徵。其實，這種理解之所以還欠缺一點火候，原因正在於「工匠精神」這個説法給我們帶來的誤解。

簡單地説，我們在使用「工匠」時，主要還是指製作者手藝相對高明；而日本語境中的「職人」，則被賦予了一種創造的精神屬性。在職人眼中，他們看到的不是一般意義上的「商品」，而是「製品」；二者在語義上的微妙區別是，前者強調的是產品的市場屬性、經濟屬性，而後者強調的是個體生命的創造，是產品的藝術屬性。日本頂級的製品一定是製作者「獨具匠心」的製作成果，一定會呈現出製作者作為藝術家的精神。因此，我們要從這個「職人精神」角度賦予「工匠精神」以新的含義。

———— ◎ ————

我們具體舉兩個例子，來看一下「職人精神」的特殊性格。第一個是日本花王集團前總裁常盤文克的説法。他在《創新之道：日本製造業的創新文化》這本著作中，針對設計人員的工作目標，提出了一種「創新競爭」的説法。這個説

法正是關於「設計人員」這個工種的「職人精神」的精煉表達。

常盤文克指出，在進行產品設計時，設計人員如果只考慮與同行競爭，那麼注意力就會逐漸放到競爭對手的身上，不知不覺間就會忽視消費者。一旦出現這種情況，設計人員的目標就會降低，眼光就會狹隘，形成了「別的企業開發出100分的產品，我們就要開發出105分、110分的產品」這種認知格局；結果，新開發的商品往往不具備創新性和異質性。所以，他提出產品設計「至少也要達到150分」，目標是「能生產出200分的產品」。在他看來，設計人員的工匠精神就在於真正的創新；他要求工作重心必須「從產品競爭轉移到創新競爭上來」，因為「創新就是要創造出前所未有的『質』，人的創造力是無窮的」。[1]

那麼，什麼樣的製造業組織與結構能讓人的創造力最大限度發揮出來？這正是常盤文克的問題。他這樣寫道：

> 理想的組織結構模型恰恰就在傳統手藝人的生活方式和工作生涯之中。手藝人的世界，生產與他們的人生已經融為一體。他們對工作沒有半點懈怠。手藝人的手和腳已經和工具融為一體。工具也成了身體的一部分，是肢體的延伸。他們在工作中成長，在工作中得到人生的樂趣、實現人生的價值。在這樣的世界中，他們有自己的審美意識，並對此矢志不渝。……他們雖然不善表達，但他們有自己的哲學，並將其注入生產中，揉進了產品裏。[2]

顯然，這位花王集團總裁所說的「職人精神」正是孕育於傳統的手工業中。傳統手工業的特點是，工匠的生活和工作並未分離，生活的熱情與技藝的精進可以相互轉化。因此，只有傳統的手工業生產方式，才能將那種面向未知、追求創新的人格精神最大限度發揮出來。這樣，問題的關鍵就在於，如何在現代工業化

1　〔日〕常盤文克著，董旻靜譯：《創新之道：日本製造業的創新文化》（北京：知識產權出版社，2007），頁41。

2　〔日〕常盤文克：《創新之道》，頁42。

生產方式下，儘可能地為「職人精神」的存續與發揮創造空間。

其實，上面引文中已經出現了一個關鍵詞，那就是「延伸」——技術的本質是身體的延伸！如果抓住了這個本質，我們就可以在傳統的手工業生產方式和現代工業生產方式之間建立一種有意義的關聯：工具和技術發明的意義不在於勞動力的解放或者人的解放，而在於它們更有助於人們實現自己的創造精神。反過來說，如果某種技術阻礙了人們的創新或者說創造精神，那麼這種技術在文明進程中就沒有意義。進而言之，如果只是從勞動力節約的角度看待技術的發明和進步，那麼我們就失去了對技術本質、對製品屬性以及對人們心靈世界屬性的深刻認知。

為了充分理解這種創新精神，我們可以看看另外一位日本有名的企業經營者的看法。這個人中國讀者並不陌生，他就是日本著名的京瓷公司的創始人、有著「日本經營之聖」美譽的稻盛和夫（1932–2022）。他的作品在中國一直很有人氣，其中的一本在中國出版時書名就叫《幹法》，即幹活的方法，直截了當。不過，他所說的「幹法」，可不是一般的工作方法，而是一種工作精神。和這個「幹法」相比，日文原著名《工作的方法》可以說少了一大截衝擊力。

稻盛和夫所說的「幹法」的含義就體現在他對製品的看法上。人們一般會認為，一家好的公司要以生產更好的產品為目標，但他卻說「不」。他說，製品的定位不僅不應該是「更好」，連「最佳」都不應該是。那他要求的是什麼？我們看他的一個具體的說法：

> 「最佳」這個詞，是同別人比較，意思是比較起來是最好的。這是一種相對的價值觀，因此，在水平很低的群落裏也存在著「最佳」。所以，我們京瓷的目標不是「最佳」，而是「完美」。「完美」同「最佳」不一樣，它是絕對性的，不是同別人的比較，而是它自身具備可靠的價值，因此，不管別人如何，世上沒有什麼東西可以超越「完美」。

他將自己的標準稱為「完美主義」，是一種至高無上的標準。他接著告訴他的讀者，什麼叫完美主義。他這樣寫道：

「竭盡全力、拼命工作」，再加上「天天反省」，才能為你的完美主義畫上最美的句號。抑制「自我」，釋放「真我」，讓利他之心活躍起來，這樣的作業就是「反省」。這樣，我們的靈魂就會被淨化，就會變得更美麗、更高尚。[3]

　　這個說法可以說深刻把握了日本「職人精神」的根本特徵。這個根本特徵，並不在於「竭盡全力、拼命工作」的現場工作態度，不在於「天天反省」的精神，因為它們只是方法，也不在於稻盛和夫據此定義的「完美主義」，因為完美主義只是目標。這個「職人精神」的關鍵之處在於他接下來說的那一句話──抑制「自我」，釋放「真我」，讓利他之心活躍起來。稻盛和夫本人可能也未察覺這句話的真正精神，正是「不識廬山真面目，只緣身在此山中」，因為「利他」精神的本質屬於共同體的屬性；它是一種沉思、內省的生活方式，而不是個體意義上的道德規範。

　　說到這裏，「職人精神」的另外一種精妙之處就顯現了出來。稻盛和夫所說的這個抑制自我的「利他」精神，並不是一種刻意的理論拔高，而是他對日本社會、日本這個道德共同體內部生活方式的一種提煉。當然這種提煉隨即引發了昇華，那就是「我們的靈魂」會被淨化，變得「更美麗、更高尚」。

　　我們要再次注意這個說法：「我們的靈魂就會被淨化」。這正是日本職人精神的昇華。靈魂的淨化不是通過道德說教與宗教律令，而是要通過生活與工作的完美結合，因此，「職人」就處在實現靈魂淨化的最佳位置上。這個精神同時指向了日本這個共同體，它成為「我們」這種一體感覺形成的精神與道德基礎，亦即「利他之心」。

———— ⊙ ————

　　上面的分析告訴我們，日本的「工匠精神」或曰「職人精神」在精神上的

3　〔日〕稻盛和夫著，曹岫雲譯：《幹法》（北京：機械工業出版社，2018），頁136–137。

深奧含義在於，本質上它是日本這個生活共同體的生活方式與道德準則，是這個共同體的精神現象。這個結論同時還是一種讓我們深刻認知日本的方法，我們可以從兩個角度將它用到我們的日本認知上。

第一，「職人精神」是共同體的一種屬性，它必然與過去、與傳統有強烈的連續性，因為一個健全的共同體得以成立的基本要素就是穩定的傳承關係。日本學者多從傳統手工業製作的角度去挖掘現代日本職人精神的起源，正是源於對這種連續性的認知。對於「職人精神」或者說「職人氣質」，日本學者還進一步指出，它「是一種無限磨煉技能、勤奮志高的姿態，有著專心一意成就事物的強韌精神力。試圖墨守傳統是一種固執，而在新工夫外再加上熱情燃燒的上進心，則是對前人予以敬意和謙遜」。[4] 在日本的「職人」文化中，「傳統」並不僅僅是過去的習俗或做法，而是一種讓自己以謙虛的態度面對事物、面對先人智慧的方式。

進而言之，現代日本的工匠之所以近乎固執般地「墨守傳統」，就在於傳統為他們提供了一種可追求、可超越的標杆，從而成就他們「無限磨煉技能」的精神力量。我們也只有從這種高度尊重先人智慧的傳統主義角度，才能充分理解「職人」的精神氣質。

值得注意的是，這種傳統主義包含著實質性的技術內涵和科學思維方式。前面引述過的常盤文克注意到了世界史上的一個特別現象。1637 年，法國哲學家笛卡兒（René Descartes）出版了著名的《談談方法》（*Discours de la méthode*）一書，被視為近代理性主義誕生的代表作。這部書因其徹底的合理主義原則，為近代科學主義奠定了觀念基礎。但同樣是在 1637 年，還有一部名著出版，那就是明朝末年宋應星（1587–1666）撰寫的《天工開物》。常盤文克這樣評論道：

> 《天工開物》在（中國）國內完全沒有引起重視，反倒是在傳入日本後，和中國的《考工記》一同被作為生產技術的基礎圖書，在各藩的「殖

4 〔日〕北康利著，徐藝乙譯：《工匠之國：日本製造如何走向卓越》（北京：中信出版社，2018），頁 53。

產興業」中被奉為生產指南，進而廣泛地運用開來。在今天看來，就是通過這部著作，日本完成技術轉移。這些技術轉移也為後來江戶時代的手工業技術的提高作出了不可忽視的貢獻。[5]

上述說法中提到的「技術轉移」是一種現代的說法，實際上揭示了日本手工業技術及其工匠精神演化的一種歷史路徑。這種「技術轉移」當然不是開始於《天工開物》的傳入，而是與日本國家形成的歷史同樣古老。我們在前面講述的歷史敍事中，曾經提到過來自大陸的「秦人」（秦朝人）、「漢人」（漢朝人）與來自朝鮮半島的「新羅人」、「百濟人」（他們多是華僑）等所謂的「渡來人」對日本生產技術提升帶來的巨大影響。由於大陸的生產技術和當時日本列島的生產技術之間有著巨大的落差，這造成了列島居民對技術的格外重視乃至尊崇。在日本列島住民的精神世界中，先進的技術獲得了一種近乎神聖的屬性。

順便一提的是，《天工開物》出版後通過中日間的貿易船流入日本，江戶時代有名的本草學家貝原篤信（1630–1714）在《花譜》（1694）一書中即將其列為了參考書。《天工開物》引發關注後，日本社會上出現了各種手抄本。1771年，位於大阪的書店菅生堂正式刻製、刊行了這部著作；1830年，日本對這個版本進行了重刻。1943年，也就是第二次世界大戰正酣的時刻，日本出版了新版本。1952到1953年，日本首次出版了翻譯、校勘本。另外，進入19世紀後，據說這部書的部分章節還先後翻譯為法文、英文、德文、意大利文以及俄文，引起了歐洲科技界的廣泛興趣。[6]

我們還可進一步推論說，《天工開物》以及更為古老的《周禮‧考工記》在當時的日本人看來，並不是簡單的生產技術說明書，而是一種工藝技術文明，是一種非凡的傳統。有學者這樣指出：「在生成關於自然現象以及物質效用的知識時，中國文化關注的是知識和行動（『知』與『行』），是對事物的探究（『格

5　〔日〕常盤文克：《創新之道》，頁 72。

6　參見宋應星著，潘吉星譯註：《天工開物》（上海：上海古籍出版社，2016），前言，頁24-27，以及〔德〕薛鳳著，吳秀傑等譯：《天工開物：17 世紀中國的知識與技術》（南京：江蘇人民出版社，2015），頁 314-315。

物』），是開發物性、成就世事（『開物成務』）。」[7] 這是一種獨特的認知論，它將東亞古典文明中的天人關係用具體的「開物」方法呈現了出來。

因此，這些書籍在日本文明演化上的作用首先是精神性的，那就是要尊重傳統、尊重先人的經驗和智慧。在這一點上，日本的企業可以說是獨步天下。根據日本廣播放送協會（NHK）製作的紀錄片《日本企業長盛不衰的奧秘》的統計，日本持續 200 年以上的企業有 3,000 家，德國有 600 家，而美國只有 14 家。日本工匠精神的積蓄，從這些企業長久的歷史亦可見一斑。

第二，我們在前面曾經透過爆買現象觀察到了日本社會的高信任屬性。信任本質上是共同體內部的一種道德關係，是人們長年累月共同生活的結果。那麼，日本社會的高信任屬性究竟是怎樣形成的？福山在談到信任關係的形成時，說它是「神秘莫測」的過程。顯然，這是一個含糊其辭的說法。但我們不能將它神秘化，否則低信任社會的人們只能認命，信任反而成為另外一部分人獨享的恩惠了。

其實，我們上文提及的「遊客」視角，也就是「異鄉人」的視角，已經提供了信任形成的最重要的契機。日本的「製品」能夠吸引異鄉人、異邦人的信任，表明了這種製品有一種內在的、普遍的品質。日本製品所體現的對人類友好的屬性，從根本上說是「利他之心」的結果。換句話說，「信任」的本質就是「利他精神」；日本的企業生產機制，同時也是信任的生產機制。

7　〔德〕薛鳳：《天工開物》，頁 3。

造物

日本生產現場的邏輯

我們已經看到，工匠精神實際上可視為共同體道德在商品生產上的一種表達，是日本文化保守主義思想在生產—生活共同體中活躍的顯現與結晶。工匠精神的學習與養成絕非一朝一夕之功，它要在各個民族具體的生產—生活現場找到自身的生長方式。下面我們將聚焦於日本商品的生產現場的邏輯，將從工匠精神到最終商品形成的生產鏈條完整地呈現出來，進而揭示出日本製造具有的超越民族屬性的普遍意義。

無須說，從消費者的需求、設計者的觀念到具體商品的製造（亦即「造物」）的過程中，每一個環節都可謂「無中生有」，是人的「理念」與物的屬性（亦即「物性」）的完美結合，這也正是商品在消費者眼中呈現的「魔性」的本質；商品的生產現場就是商品核心競爭力的最終誕生現場。這正是對日本「造物」原理的表達。只有將精神或觀念具體化為現實生產的過程揭示出來，我們才能準確認知日本商品在世界市場上具有高度競爭性的原因。

首先，我們還是要從工匠精神的認知開始：工匠精神是日本民族共同體道德的一種外化和呈現，是包括企業經營者、設計人員、工人等在內的生產主體在共同體內獲得承認、獲得積極評價的一種精神結構。這種製造業主體的人格結構是日本從傳統文化與生產現場繼承下來的最大遺產。

因此，我們在洞察日本製造現場的秘密時，第一步就要去揭示，日本的傳統文化與道德精神經歷了怎樣的現代轉化，才轉化成現代企業生產過程的一部分。而要回答這個問題，我們首先要考察一下「製造」在日本語境中的真實涵義。

有人可能會說，「製造」就是生產商品、製作物品；但在現代日本的經營學領域中，談論商品的製作時，人們更願意使用「物造」或者「物作」這個說法，字面的意思就是「物品製造」；這個表達在精神上的意義，就在於它突出了日本文化中「物」的特殊性。日本學者岡田武彥（1908-2004）曾提出「崇物」一說，

認為它是貫穿日本哲學、宗教等所有思想文化領域的「最基本思維方式」，是一種「心理定式」。[1] 這種說法為我們理解日本製造的思想提供了新的視角。

我們在這裏之所以使用現代漢語中相對陌生的「造物」一語，首先是要對應日本語境中的「物造」這個特殊的說法；但更重要的考量是，「造物」同時將意味著生產過程的「製造」與意味著生產結果的「物品」結合在了一起，非但具備了完整的生產過程的含義，還有著中國古典文明觀語境中「創造萬物」、「天工開物」的含義。[2]

關於這種命名方法的辨析並非無關宏旨，因為人們在用語上呈現出的觀念差異是認知日本製造屬性的關鍵所在。從結論上說，在日本的生產現場，人們關注的不是消費市場上最終呈現出的「商品」屬性，而是他們眼前的「製品」或「物」的屬性，而這個製品的成立過程，就是我們這裏所說的「造物」。

日本製造業研究領域的有名學者藤本隆宏的一個說法揭示了造物的本質。他說：「製品就是設計信息向素材或者說媒體的復刻過程。」換言之，製品就是人們的設計思想在素材上的一種實現，是一種從理念到現實的過程。藤本隆宏繼續告訴我們，這個過程包括兩個重要因素，一是「製品的設計思想」，一是「與現場組織的匹配能力」；而所謂的造物，就是將各種生產要素編織在一起的過程。[3]

這種解釋事實上進一步揭示了日本製造與工匠精神的關係：所謂的工匠精神實際上是一種生產要素，是日本製造現場的一種最頂層的設計與控制思想。這

1　〔日〕岡田武彥：《簡素：日本文化的根本》，頁 348。
2　漢語當中的「造物」大致有兩種用法：一種是「創造萬物」的意思，另一種是「運氣」、「造化」。第一種含義來自中國古典，譬如《莊子》中就有「造物者」、「造物」的說法，與現代漢語的「製造」的含義有重疊部分，但前者關鍵的「創造」含義為後者所無。另一方面，儒家經典《禮記》中有「成物」一說，大意是指「成就萬物」或「使萬物得以成就」；與此類似，儒家經典《周易》中還有「開物」一語，意思是「通曉萬物的道理」。我們在前面提到的明代宋應星編撰的古代科技與手工業技術指南《天工開物》，進一步使得「開物」獲得了近似「製造」的含義。要注意的是，《天工開物》中的「天工」源於《尚書》中「天工人其代之」一語，而「開物」則出自《周易》中「夫易，開物成務，冒天下之道，如斯而已者也」一句，它們都是中國古典文明的核心觀念。
3　〔日〕藤本隆宏等：《ものづくり経営学：製造業を超える生産思想》（東京：光文社新書，2007），頁 21-23。

種思想的目的就是要將「製品的設計思想」與「現場組織能力」有效、高效地結合在一起。這種將製品思想與實際生產結合在一起的過程，就是「日本製造」。日本製造所體現的競爭能力，等同於製品的「設計思想」在生產現場轉化為真實的製品、真實的物的能力。

———— ◉ ————

那麼，「製品的設計思想」這個說法究竟意味著什麼？藤本隆宏在他的《日本製造的哲學》一書中，在原理層面上對日本製品的設計思想進行了分析和總結。[4] 根據他的說法，製品的設計思想分為兩類：一類叫「磨合型」，一類叫「組合型」。這個分類本來是 1990 年代美國的一些管理學者提出的說法，藤本隆宏將其用於日本產業競爭能力的分析與建構。

所謂「磨合型」製品或者「基於磨合的製品」是指這樣一種思想：為了生產某種製品，需要特別設計開發一些零部件，但如果這些零部件之間不進行相互細微的調整，那麼，作為這些零部件的集合的製品，就無法充分發揮它的性能。因此，生產者要從設計思想到工藝對那些零部件進行細微的調整與打磨，也就是所謂的「磨合」。

譬如，汽車就是一種典型的「磨合型」製品。據統計，製造一輛汽車需要超過一千種功能性部件；如果再細分，則大約需要三萬個單體零件。這些零部件的 90% 以上，汽車製造商都會向零部件製造商訂貨。不過，在零部件的性能要求、零部件之間的接口設計、外觀形狀等基本設計方面，汽車製造商必須自己進行。零部件採集過來後，生產現場的員工將這些零部件組裝在一起時，還要進一步從性能的角度對它們進行優化處理，進行微妙的調整。只有經過這樣的「磨合」流程，汽車的設計性能才能最終發揮出來。這也意味著製品的設計思想最終得到了實現。

與這個「磨合型」設計思想相對的是「組合型」設計思想，即製造商將已

4　〔日〕藤本隆宏：《日本のもの造り哲学》（東京：日本経済新聞出版社，2004）。

經設計成型的零部件採購回來後，通過各種巧妙的方式將它們組合成最終的商品。由於這類零部件的生產通常有著行業標準，把它們組裝起來自然也會發揮製品的性能，所以這類商品也自成一類。譬如，我們常用的電腦、自行車等，就是這種「組合型」設計思想的代表製品。在這個過程中，廠商通常不用自己設計零部件；零部件採集回來後，廠商也不會要求它們的製造商進行優化處理。這是一種拿來主義的政策，將市場上的零部件直接拿來使用。

說到這裏，我們已經看到了兩種製品設計思想的不同了。「磨合型」製品設計思想不但要求企業內部各個部門之間相互協調、共同協商設計思想與產品製作，還要求與企業外部的各種配件供應商進行協調，共同實現產品的製造。這意味著在企業生產過程中，技術的發明與使用、零部件的具體製作等各個環節都要有機地結合在一起。現代日本的製造業就是以這種「磨合型製品設計思想」為主流。

說到這裏，我們就明白了一個深層的道理：日本企業特別注重研發，但其真實的動機並不僅僅因為要保持技術優勢，還與這種生產方式時刻向相關製造商提出高標準的產品或新商品要求有關。換言之，日本的各種製造企業實際上處於高效運作的體系中，來自內外的競爭機制為日本商品提供了品質的保障。

與此相對，「組合型製品設計思想」就是一種近似於機械拼裝的產品製造，或者說就是「組裝」。基於這種思想的製品是否能在市場競爭中勝出，取決於製造商的「組合」思想自身，也就是說，工作的重點是如何選擇各種標準化的零部件，以及如何將它們巧妙地結合起來。如果組合巧妙，這種思想也會落實為某種新製品。

這種設計思想的優點是生產快捷，可以壓縮產品的成本。但它的缺點是，由於各種標準化的零部件均為獨立設計，即使每個零部件性能都達到了最優，但在這些零部件組合成的製品整體中，未必能夠發揮其最優性能。

在日常生活中，人們可能常常抱怨一些產品有小毛病，或者有不得力的地方。其實，這並不單單是指特定的零部件品質有問題，很多時候組成製品的各種零部件本身並沒有問題。但問題在於，它們一旦組合在一起，彼此之間的性能可能會出現不完全匹配的現象。這種不匹配，必然會導致某一零部件成為短板，從

而影響製品的整體性能。所以，造成這種用戶體驗的根本原因，就在於「組合型」製品設計思想自身。

這種「組合型設計思想」還有一個巨大的問題，那就是它不太重視技術研發，結果就是無法掌握關鍵零部件的核心技術。從短期看，「組合型」生產方式在贏利能力上可能不遜於「磨合型」的生產方式，甚至超過後者，但由於它不掌握核心技術，這對企業的生存卻有可能造成致命的威脅。

這一點在手機領域非常典型。一些廠商走的基本上是組合型道路，其中的一部分手機也能取得非常不錯的市場表現。不過，一旦製品供應鏈的某個環節出了問題，輕則會導致商品品質下降，重則導致商品無法生產。譬如，如果兩個國家發生貿易摩擦，其中的一國企業在核心零部件上不具備自主研發、生產的能力，那麼很可能就會面臨巨大的壓力。

最近數年，世界市場的供應鏈安全問題正在集中爆發。譬如，2019 年 7 月 1 日本宣佈對韓國進行出口限制，項目僅僅限於三種用於半導體、芯片以及顯示面板的材料，結果讓三星這種世界的頂級公司也頓時陷入了困境。日本實施制裁的原因，被普遍視為是日本對韓國在處理二戰遺留問題上的不滿。也就是說，人們通常將這些事件歸因於國家間的政治競爭。除去複雜的政治性因素不談，這些事件也表明，「組合型」生產方式在本質上是一種初級的生產思想，因而不具有持之久遠的競爭能力。走上這條道路的企業，製品也可能有不錯的市場表現，但由於忘記或者說忽視了自身「造物」的本質屬性，將導致製品進化的停滯，從而無法獲得核心的競爭能力。

———— ◉ ————

上文的分析表明，日本製造的競爭力主要表現在它的整體組織能力上。

通常，一個企業在內部對生產要素進行高效的組織，是這個企業生存的基本條件。但日本企業的組織能力，更體現在各個製造商之間的組織和協調。這意味著，我們所見的一些日本商品，尤其是一些複雜精密的技術產品，實質上調動的不是一個企業、一個公司內部的資源，而是調動了相關行業、相關製造商的全部資源。再進一步而言，我們在世界市場上看到的各種商品的出色表現，以及日

本企業出色的競爭力，其實還只是表面現象。這些公司並非在單打獨鬥，其背後是日本這一共同體自身。日本商品在整體上的競爭力正是日本以傾國之力打造的結果。

用前面介紹過的「製造」的兩個要素來說，日本的製品設計思想和它的組織能力，形成了正向的相互激勵、共同精進的結構。圍繞著一個特定製品的誕生，日本的生產體系的全要素得到了高效的整合和組織。

所以，日本製品呈現出的特定「魔性」，其實就是生產現場、生產組織自身的特性；生產組織的特性則必然忠實地反映到作為其結果的商品的特性上。在世界市場上，我們之所以能將各國的商品區分開來，原因正在於商品有著特定的民族精神屬性。這種民族精神並非抽象的事物，而是藉助生產思想與生產組織方式，實實在在地刻印在特定的商品中。

再進一步說，對商品「魔性」的無限追求也可以理解為對生產的全要素的最高控制，而掌握核心技術則是這種控制的必然結果。如果缺乏核心技術，缺乏自己的「絕活」，一家企業對製品、對現代製造業的理解就必然不全面，甚至有著致命的缺陷。這是因為，核心技術的本質是對「物性」的最高理解；商品最終呈現出來的「魔性」，其實是物性自身的最高呈現，是整個生產體系高效運作的結果。在這個意義上，「日本」就是一個生產體系；我們這裏的討論，就是從不同的角度解析這個體系的特徵，解析這個體系競爭力的源泉。

企業經營 | 命運共同體的創造

　　在出類拔萃的商品中，我們看到的是這個民族共同體的精神形態和組織樣式。從這個關聯性的角度來看，生產體系的主體就不再僅僅是一般經濟學當中普通的勞動力，而是有著歷史、文化和精神屬性的生產要素。將這些要素有效組織起來的單位，就是人們所說的企業。說到日本的企業經營，我們不難想到一些涉及「企業管理」、「企業經營」、「企業文化」等方面的知識。不過，我們現在的目標不是繼續在這個「管理學」或「經營學」的實踐層面上探討，而是要更進一步在原理的層面上探討日本企業制度的本質屬性，進而理解現代日本經濟生活的邏輯。這要求我們從精神現象的角度來理解現代日本經濟的組織和生產方式。

　　當然，「精神現象」這個說法不是指日本企業與文學、藝術、電影等文化產業一樣，以精神產品為主要的產品形態；日本企業的精神現象首先表現在「造物」，亦即對「物」的卓越呈現上面，表現在它的製品的市場佔有率以及世界各地的消費者對它的信任上面。那麼，當我們將目光從「物」轉向企業內部時，又會看到怎樣的精神現象？

———— ◉ ————

　　首先，人們在談論日本「企業經營」的話題時，通常會指出它的一些經典特徵。其中，「終身僱用」、「年功序列」和「企業別工會」（特指各個企業內部組織的非行業性的工會）最為有名，被認為是日本企業的三種本質特徵，在日本國內甚至有「三種神器」的說法。日本企業經營管理方面的書，內容多數是圍繞這幾個特徵的具體描述。隨著時代的變遷，這些特徵在內容和形式上都有變化，但從原理上說，這些特徵並未發生實質性變化。

　　這些都是教科書上關於日本企業經營的一般說法。事實上，日本企業的經營對象和產出，還有一種往往被人們忽視的「製品」，甚至是一種最重要的「製

品」，那就是「人」自身的生產，或者說是企業員工的培養。這一點從日本企業對員工的稱呼上就可見一斑。

在日本的生產與經營體制中，日本企業的勞動者——包括工人與管理者在內的各種員工——被統稱為「社員」。這是一個讓我們感覺似曾相識的說法：在過去的人民公社時代，我們曾將農村公社、生產供銷合作社的成員稱為「社員」。

其實，在中國傳統社會中，「社」有著特殊的民俗與宗教方面的涵義，它一般是指土神、對土神的祭祀以及祭祀的場所，有著公共性的含義。通過在「社」這個公共空間的活動，通過共同參與這些民俗儀式，人們獲得了一種「共同」的感覺。這是共同體形成的一個重要契機。在隨後的演變中，「社」逐漸獲得了團體、組織的含義。我們日常生活中經常使用的「社團」，其實就保留了「社」的這層基本含義。而我們日用而不知的「社會」二字，本質就是人們生活的「共同體」，有著「我們是在一起的」這一根本含義。[1] 只是，這種共同體的感覺往往從人們的觀念中脫落了下去，「社會」變成了人們生活的場所；只有在諸如戰爭、自然災害、瘟疫等突然爆發的危急時刻，「社會」固有的生活共同體與命運共同體的本質特徵才能進入人們的意識與精神世界中。

從這個角度來看，將企業的員工稱為「社員」，意味著員工作為共同體成員的屬性得到了日常性突出。社員有著共同體的一員、主人公、股東、利益攸關者等等涵義。在由語言建構的意義空間中，日本的「社員」不同於現代企業當中廣泛使用的「工人」或「僱員」或「員工」。當然，日本企業社員的共同觀念還有著企業制度上的要因。譬如，日本管理學者伊丹敬之從「企業主權」，也就是「企業是誰的」角度觀察後發現，日本企業「名義上是股東主權，實際上是員工主權」，或者是「作為習慣的員工主權」。[2] 這種觀念正是企業共同體本質在企

1　事實上，「社會」二字雖然也見於中國的古代典籍，但作為我們當下的詞語，實際上是近代日本的學者在翻譯 society 時創造的一個新語，由傳統的表達場所的「社」與表達團體形態的「會」結合而成。

2　〔日〕伊丹敬之：《日本型コーポレートガバナンス：從業員主權企業の論理と改革》（東京：日本経済新聞出版社，2000），頁 49-50。

業股權上的反映。

　　日本企業員工的這種相對濃厚的共同體成員與主人公意識，我們已經不陌生。我們在前面談到的無論是日本的「工匠精神」，還是它的「製品設計思想」與生產組織能力，歸根結底都要由企業的員工來具體落實。這意味著，這些活躍在日本製造體系中的觀念性要素，最終都體現在「社員」身上，要由企業員工將它們轉化到生產的實際過程中。企業員工將生產視為自己所在的「社」的任務，把企業生產當作自己的事情，這會從根本上激發自己的工作熱情和責任感。

　　人們之所以往往忽視企業作為「社」的這一根本特徵，其實是源於一個根深蒂固的觀念：人們只是將企業視為商品的生產組織而不是社會組織，認為企業的根本目標在於贏利，獲取利潤；人們參與企業生產與經營的目的，也只是獲取利益。那麼，是否日本的企業就不是生產性組織、不以贏利為目標？當然不是。從根本上說，不以贏利為目標的企業就不是真正的現代企業，在現代的世界市場上也不會有優秀的表現。

　　日本企業當然以贏利為目標，但問題的關鍵在於，「贏利」這個目標與日本企業的本質屬性，即「共同體」屬性並行不悖；毋寧說，日本企業因為它強烈的「共同體」屬性，才實現了高效的「贏利」目標。再進一步而言，與歐美國家的現代企業形態相比，日本的企業更呈現出一種社會組織、共同體組織的性格。日本的企業員工稱為「社員」，正是這種共同體精神的一種外在呈現。

————— ◉ —————

　　既然贏利是企業的目標，而企業本質上又是一種共同體，那麼企業謀求贏利的活動就自然要圍繞共同體的建構而展開。換言之，日本企業的這種共同體屬性是日本企業實施「終身僱用」、「年功序列」與「企業別工會」等制度的根本原因。反過來說，這些制度的實施又進一步強化了企業的共同體屬性。在企業政策和企業屬性之間存在著相互建構的關係。下面，我們就以「年功序列」為例，具體看一下這個具有日本特色的企業經營實踐，為什麼以及怎樣反映了日本企業的共同體屬性。

　　首先，「年功序列」這個說法的含義是指企業員工的報酬和晉升資格以年

齡為主要依據。對立的說法是「績效主義」，它是指員工的報酬與晉升的標準是員工的能力表現，而不考慮員工為企業服務的年限以及他們的年齡。顯然，「年功序列」制度事實上是以企業的「終身僱用」制度為基礎，後者為員工提供了安全的職業保障和穩定的預期。

這些制度共同發揮功能的結果就是，日本企業的經營管理階層通常都來自內部員工的晉升，而且他們和普通員工在收入上的差距並不明顯。這意味著，日本企業共同體還有著強烈的平等主義色彩。這一點和歐美企業有著顯見的不同，後者的管理層與僱用層無論在觀念上還是在收入上都有巨大的差別。

日本企業的這種平均主義、這種終身僱用制度，很容易讓人聯想到傳統的國有企業制度。那麼，日本企業員工怎樣才能獲得激勵，提高工作慾望？因為無論從理論上還是從現實經驗的角度，平等主義和終身僱用制度總會讓人想到傳統國有企業「吃大鍋飯」的結果。企業員工如果不管表現如何都能獲得相同的報酬，無疑會造成「搭便車」的現象，導致整體上的效率低下和工作倫理的敗壞。傳統國有企業的平等主義因為缺乏長期有效的激勵措施，最終會妨礙企業乃至社會自身的健全發展。

日本企業的一個創舉，相對有效地解決了效率與平等的矛盾問題。這個創舉就是「人」這一「製品」的生產。日本企業員工的工作激勵機制的獨特性在於，它提供的報酬與「人」自身的一種特殊屬性建立了關聯。這種特殊的屬性就是，人並不僅僅是為了金錢而工作。這其實是源於現實的觀察：工作如果只有金錢的報酬，或者說一個企業給員工提供的報酬只是金錢，那麼這個企業遲早會出現工作意慾下降的問題。

現代日本的管理學者高橋伸夫注意到了「人」的這個特殊屬性後，提出了一個叫「新工作報酬」的概念，大意是說，企業用持續給員工提供新的工作崗位和機會的方式，對員工的工作慾望進行激勵。這個新的工作崗位和機會，當然通常也伴隨著薪金報酬的增長，但它首先提供的是一種工作上的滿足感。[3] 它和一

3　參見〔日〕藤本隆宏等：《ものづくり経営学》，第1部分，第3章。

般的以加薪為工作激勵的方式大異其趣。

實際上，由於「年功序列」這個基本制度的存在，日本企業內部的所得分配呈現平均主義的特徵；但企業內部的新的工作崗位和工作內容，則是一種基於能力競爭的對象。企業員工為了獲得新的，通常也更富有挑戰性和意義的工作，會主動激發自己為企業工作、創造價值的熱情和慾望。

說到這裏，我們可能會產生新的疑問：企業員工為了獲得新的工作崗位和機會而勤奮工作，其主要動機難道不還是為了獲得相應的金錢報酬嗎？高橋伸夫當然注意到了這個問題。他還告訴我們，金錢的激勵效果不是沒有用，而且還極其強烈。但問題同樣出現在這裏：正是因為金錢的激勵效果過於強烈，它反而剝奪了工作自身固有的樂趣。他通過引述一位美國學者講述的故事，將金錢激勵的界限呈現了出來。這個故事的內容大致如下：

第一次世界大戰後，美國南部出現了排斥猶太人的風潮。一位猶太人在一條繁華的大街上開了一家服裝店。於是，一些穿著破爛的少年就過來騷擾，他們站在店門口起哄，喊著「猶太人！猶太人！」不堪困擾的店主某日想出了一個計策，他對少年們說：「對我喊『猶太人』的少年給十美分硬幣。」接著，他給每個少年十美分。得到戰利品的少年很高興，第二天又來了，高喊著「猶太人！猶太人！」但店主說，今天只能給你們每個人五美分。少年們拿到硬幣後離去。第三天，少年們再次來起哄。店主說，他已經沒有餘力了，於是給少年們每人一美分。那些少年拿著相當於兩天前十分之一的報酬，感到不滿：「這也太過分了。」於是，他們此後再也沒有來過。

管理學者們引述這個故事意在說明，對於那些少年而言，到猶太人商店門口起哄騷擾這種行為自身就是他們的「報酬」，因為他們從中獲得了快樂。然而，當這種行為被轉換為有金錢報酬的「工作」之後，由於金錢的衝擊過於強烈，「快樂」從他們的行為中被分離了出來。當這種行為無法得到預期的報酬，即拿到十美分時，這種行為就變得索然無味，他們也就不願意繼續他們被給定的喊店

主是猶太人這一「工作」了。

以工作為報酬，這是學者事後的觀察和總結；在企業經營的現場，日本的企業已經實施了這種用新工作、新崗位為激勵的措施。譬如，日本著名的索尼公司創始人盛田昭夫（1921–1999）發明了一種叫「內部招聘制度」的措施，讓缺人手的部門在公司內部招聘員工。通常，索尼公司一般會以兩年一次的頻率，對員工進行崗位輪替；這項措施的發明，就是為了儘可能提早激發那些意願強烈的員工的工作意慾。盛田總結說，這個措施有兩個優勢，一是能使員工獲得更滿意的崗位，二是能發現大量流失員工的部門的問題。[4] 除了這些現實的目的之外，這些舉措在最高的意義上是為了實現他心目中的「以人為本」、員工與企業家「同呼吸、共命運」的經營理念。

現在，我們還要繼續討論一個問題：如果說完成工作自身就是一種動機，那麼為什麼其他國家的企業很少採用這種以工作來激勵員工的制度？為什麼其他國家的企業，更多地用金錢報酬的激勵方式？其實，用我們前面提供的一個說法就能解釋這個問題，那就是「共同體」這個概念。

關於日本企業的共同體屬性，經濟史學家會依據它的歷史形成路徑加以解釋，社會學家和人類學家則認為它是日本社會「集團主義」類型的經濟表現。不論怎樣解釋，企業的共同體屬性強烈地影響了員工自身的角色意識。員工不僅僅是生產的要素，更是企業經營的主體，而企業經營又以建構共同體為根本機制。作為企業目標的贏利，以及企業員工獲得金錢報酬的慾望，均從屬維持「共同體」這一最高目標。我們前面說過，日本的企業員工稱為「社員」，正是企業這種共同體屬性的外在反映。

從企業經營合理性的角度來說，這種共同體屬性要求企業主動培養員工的共同體意識。正是在這個意義上，「人」是日本企業經營的另外一種「製品」。這種「製品」的出色表現，才是日本企業在國際競爭中脫穎而出的根本保證。

---

4 〔日〕盛田昭夫、下村滿子著，周徵文譯：《日本製造：盛田昭夫的日式經營學》（北京：中信出版社，2016），頁 167。

上面的分析表明，我們的目光如果只是集中在「物」或商品上，就會忽略企業的另外一種製品，也就是人自身。「人」的生產是日本企業在競爭上表現卓越的另外一種核心能力。這正是在精神現象的層面上對日本企業經營的分析和觀察。

因此，日本企業的共同體意識，甚至所有的共同體意識，得以成立的基礎都不是金錢，而是共同生活自身。這種共同生活，包含著超越利益關係的精神因素。我們在前面討論的「信任」得以生成、維持的一個制度基礎，就是日本企業以維護共同體的方式進行生產與經營活動。盛田昭夫在分析日本和美國企業經營方式的差異時，這樣寫道：

在美國社會蔓延的「法律萬能主義」思潮已經在逐漸瓦解人與人之間的信賴關係。在日本，人們習慣於互相信任，因此即便政府和企業之間存在一些摩擦，也還能維持基本信賴關係。反觀美國的商業社會……今天與自己一起工作的同事，明天就可能被競爭對手挖走，這在美國可謂家常便飯。在這樣的社會環境下，人與人之間的信任關係自然會遭到破壞。公司管理者不相信員工，員工也不相信公司管理者……[5]

美國的企業通常將人分為三種：股東、經營管理者和勞動者。三者之間以利益相合，以法律為調節手段。與此相對，日本企業則有著命運共同體的觀念，在利益分配上呈現出平均主義的性格。譬如，日本企業管理者和勞動者的平均收入差距只有幾倍，遠遠低於歐美企業動輒達數十倍乃至上百倍的差距。這種平均主義的性格，同樣有助於日本企業員工共同體觀念的形成。

當然，我們還要從歷史演化的角度去看這種企業共同體的形成。它一方面扎根於日本傳統的社會組織形態，即村落共同體與傳統家族制度的長期實踐，另

5　〔日〕盛田昭夫、下村滿子：《日本製造》，頁202。

一方面，近代日本的勞工運動、社會主義運動也促進了平均主義觀念的普及。[6] 此外，第二次世界大戰後佔領軍主導的經濟民主化改革也扮演了極為重要的角色。有學者注意到，「年功序列」制度是進步的佔領軍，即擁護羅斯福新政的經濟學家和社會學家們為日本制定的僱用制度。這個制度高度保護勞動者的利益，企業無法簡單裁撤員工。這些看法當然很有道理，但這個制度能順利運行，並且發展成日本企業經營的特殊制度，其中的理由我們只能從共同體的角度加以理解。

因此，日本社會濃厚的共同體觀念是我們理解日式企業經營的關鍵。日本企業正是因為鑲嵌到了這個共同體當中，並扮演了共同體成員再生產的角色，才最終形成了自己的一整套經營措施。在這個意義上，我們說日本企業持續生產著一種不為人知的「製品」，那就是將企業員工轉化為共同體成員，即「社員」。這種企業制度同樣為「工匠精神」的形成和發展提供了制度上的支持。日本企業之間達成的不互相「挖人」的約定，也有益於企業對熟練技術勞動者和工匠的長期乃至終身僱用制度。[7] 這種約定成為習慣，自然也得益於日本傳統的共同體觀念。

在這個意義上，我們也可以說日本企業是傳統村落與家族制度的延續和擴大；而日本政府事實上則將自己視為這個民族共同體的家長。人們熟知的另外一個說法，即「日本株式會社」，同樣是將日本整個國家看作一個大的股份公司。這意味著，同其他國家和社會相比，日本有更鮮明的共同體的特徵。接下來，我們就聚焦於國家這個規模更大的共同體，來看一看日本企業與其他部門，尤其是政府之間的具體關係。

6　在這個終身僱用制度形成的過程中，經濟史學家一般會注意到第一次世界大戰期間的左翼社會主義改革運動，隨後朝鮮和中國勞工對日本的衝擊以及戰爭期間軍火公司為防止工人流失而採取的措施。參見〔美〕約翰遜：《通產省與日本奇跡》，頁14。

7　〔美〕西倫著，王星譯：《制度是如何演化的：德國、英國、美國和日本的技能政治經濟學》（上海：上海人民出版社，2010），頁141–144。

日本模式 | 「日本株式會社」的章程

在分析現代日本的經濟奇跡時,有人將日本自身視為一家大公司,即「日本株式會社」,政府在經濟發展過程中扮演了企業的經營管理層的角色;有學者還進一步提出了「日本模式」的説法,認為戰後日本的經濟體制是國家主導的經濟發展體制。不過,日本又是世界公認的市場經濟體制國家,是當代世界最重要的自由經濟體之一。這兩種説法看似非常矛盾。那麼,在現代日本經濟的發展模式中,政府到底扮演了怎樣的角色?

我們就從「日本株式會社」這個比喻談起。「株式會社」也就是股份公司的意思,依照這個説法,日本政府與企業實際上是一種「合夥人」關係。戰後日本現代化建設的成功、經濟社會體系的高效運轉,可以理解為這個股份公司的成功。這個比喻雖然非常形象,但我們還無法從中看到,這個股份公司有著怎樣的股權結構,參股雙方的權利義務關係以及在公司行為中的真實角色又是怎樣。

這個問題之所以重要,是因為在這個「日本株式會社」中,政府和企業入股的「資本」性質完全不同。政府是權力的代表,而權力和資本的結合,很容易讓我們想到兩種經典的經濟發展模式。第一種是雙方勾結在一起,權力尋租,資本尋求權力的保護,這就是惡名昭著的「權貴資本主義」或者叫「官僚資本主義」。這種模式必然會造成市場壟斷、政治腐敗和社會不公。第二種是經典的「計劃經濟模式」,政府會依據國家和社會的目標,制定經濟政策,直接或間接對企業進行管理。

顯然,「日本株式會社」不符合上面説的任何一種模式,但日本政府又的確在日本的經濟發展過程中扮演了重要的,甚至是關鍵的角色,這迫使我們必須去探討「日本模式」這個説法的真實含義。

我們在前面討論日本官員在現代日本政治體制中的角色時，曾經提到過美國學者查默斯·約翰遜的《通產省與日本奇跡》一書。他在書中著重考察了日本政府，尤其是負責制定產業政策的官僚在經濟發展中的角色，並將戰後日本的國家本質描述為「發展型國家」，政府的最優先目標就是發展經濟。在實踐中，政府通過產業振興政策和計劃，對鋼鐵、汽車、電子、機械等至關重要的工業企業進行引導和指導。日本在 1950 年代後期開始的經濟高速增長，被認為是政府官員指導、官民一體通力協作的結果。

　　在這本書的結尾，約翰遜提出了「日本模式」的說法。既然叫「模式」，它一定具有某種普遍的意義。根據約翰遜的分析，這個日本模式有四個要素：第一是「存在著一個規模不大」，但「又具備高級管理才能的精英官僚隊伍」；第二是存在著保障官僚隊伍「實施創新和有效辦事的政治制度」；第三是有能夠不斷「完善順應市場經濟規律的國家干預經濟方式」；最後一個必要條件則是「具備通產省這樣的導航機構」。

　　如果再概括一下，約翰遜說的其實是這樣一件事：這個政府和它的執行人（也就是官員），既要足夠聰明又要足夠廉潔自律，才能保證這個模式的成功。政府必須聰明，必須通曉現代經濟運作的規律，其核心就是對市場機制的優勢和弊端有深刻的認識；政府又必須廉潔自律，必須是一個現代意義上的法治政府。

　　由此，這個模式的運行就要求非常高的條件。所以，約翰遜對這個模式是否有普遍意義，表現得頗為猶豫。他說：「日本的具體歷史不必為其他國家所效仿，但是如果要想效仿的話，就需要社會存在著全民萬眾一心、相互合作等條件（就像本書所要表明的，假定並非必然成為現實）。」[1] 這誠然是學者的審慎的判斷，但新的問題似乎隨之出現：倘若如此，「日本模式」這個說法還有意義嗎？

　　其實，如果在寬泛的意義上使用「模式」二字，約翰遜的說法並不會自相

1　參見〔美〕約翰遜：《通產省與日本奇跡》，頁 351。

矛盾。事實上，任何強調某個國家有特殊的發展模式或發展道路的說法，都不意味著這個國家有獨特的稟賦，以至於竟然可以違背人類的基本法則而獲得發展；毋寧說，特殊發展模式是相對於更為常見的發展模式而言，是對人類社會普遍發展模式的某種修正。因此，要理解「日本株式會社」的特殊性格，要理解「日本模式」這個說法的虛實，前提條件是對這個「會社」所遵循的基本規則有透徹的理解。

約翰遜在講「日本模式」的第三種要素時，事實上已經觸及這個問題：

在執行產業政策時，國家必須注意保持競爭……就必須避免國有控制的痼疾和隨之必然產生的低效率，激勵的缺失，貪污和官僚主義等消極現象。順應市場經濟規律的方法並不是先天就能產生的，它是在政府管理人員與私營戰略產業經理人員的衝突中形成的。……日本的明顯教訓是政府需要市場，而私營企業則需要政府；一旦雙方都認識到這一點，合作就有可能，高速經濟增長才會出現。[2]

很多人在讀這段話時，注意力會停留在「產業政策」、「合作」等這些能表明「日本模式」或「日本特色」的關鍵詞上，而把其餘部分當作一種輔助性的解釋。這其實是一種源於先入為主的偏見。約翰遜要表達的實質內容可謂正好相反：如果說「產業政策」或企業和政府的「合作」被視為日本特色的經濟行為有意義，那麼政府就必須創造一個條件——「國家必須注意保持競爭」；而保持「競爭」的前提正是「市場」的存在。所以，約翰遜說日本政府需要市場，要保證所有當事者都能「順應市場經濟規律」行事。

因此，上述引文中的關鍵詞，是普遍存在於人類社會中的競爭和市場，而不是某種所謂的日本特色。相反，如果沒有了競爭和市場，那麼「低效率」、「貪污」和「官僚主義」就將大行其道。戰後日本經濟之所以創造了「奇跡」，首要

---

2 〔美〕約翰遜：《通產省與日本奇跡》，頁 354。

的原因在於它遵循、尊重了市場經濟的基本原理，其次才是它有效活用了日本社會傳統的文化與制度資源，而不是相反。這裏有一個本和末的關係。

———— ⊙ ————

日本企業有著強烈的共同體屬性，那麼，市場對這個共同體的形成和維護，是否也有貢獻？如果說市場的優勢在於提高經濟效率，那麼，一切以效率為先的經濟原則會不會破壞內在於共同體的平等主義的社會原則？亞當・斯密（Adam Smith, 1723–1790）在《國富論》（*The Wealth of Nations*）中提出「看不見的手」的比喻，大意是說人們的利己行為會產生一種有益的秩序。然而，這個說法仍然是對結果的描述。很多主張市場經濟的學者的結論其實還只是停留在這一點上。

要回答市場機制能否對共同體的形成作出貢獻，我們必須注意市場行為在秩序形成上的本質含義。從根本上說，市場行為是一種符合「正義」的行為；這種正義被稱為「等價性正義」。這個「等價性正義」中的「等價」二字，意味著市場交換行為雙方的收益和付出是對等的，在換算成「價格」的意義上是相等的；換句話說，市場上的每一次交易行為，都是等價的。與此相對，還有另外一種無法還原為利益的「平等性正義」，它們共同構成了「正義」的本質。[3]

這裏要強調的是，日常生活中我們頻繁地踐行「等價性正義」的場所，正是包括距離我們生活最近的「菜市場」在內的所有市場。人們天然習慣於接受市場，尤其是自由市場所提供的價格機制；人們默認自己在市場中的交易行為，本質上是平等的。

這當然不是出自誤認，而是在長期的共同生活中沉澱下來的本能。人們基於本能會認定，自由市場上不存在強買強賣，所有當事者都可自主決定自己的行為，因而自由市場上的交換是符合正義的。

這種日用而不知的情境意味著，某種經濟政策如果沒有尊重市場機制，它所造成的消極後果就不僅僅局限於經濟效率的低下，更在於它會在社會、在共同

3　〔法〕科耶夫著，邱立波譯：《法權現象學》（上海：華東師範大學出版社，2011），頁 255–350。

體生活的意義上造成一種不平等，一種能被迅速且敏銳感知的不平等。政治的腐敗和官僚主義只是這種不平等最為顯著的表象。在根本的意義上，它會對生活共同體造成傷害。

——— ◉ ———

現在，我們再重新回到「日本模式」這個主題。很多外國學者關注「日本株式會社」的特殊性格，關注日本政府在經濟發展中的角色，這當然無可厚非，因為日本政府確實通過制定產業政策等在其中扮演了重要的角色。不過，國家在經濟發展中要扮演這種積極的角色，需要一個根本的前提，那就是它不能扭曲市場機制。對市場機制的扭曲，從長遠來說不僅會造成經濟效率的低下，更嚴重的是它會破壞社會正義生成的一個無可替代的源泉。這個源泉如果遭到破壞，就意味著社會自身會走向腐敗，並反過來侵蝕經濟發展的成果，最終妨礙經濟的發展。

所以，「日本株式會社」的成功，除了它自身一部分優秀的傳統文化與制度資產外，現代意義上的市場、作為自由競爭機制的市場才是它的根本保證。要談論「日本模式」，首先就要注意市場在資源配置過程中的主導作用。只有在這個普遍的機制映照下，我們才能深刻理解「日本模式」所強調的日本特殊屬性的意義。離開了普遍模式的對照，人們對日本特殊性的強調很容易淪為一種民族主義的意識形態論述。

還要強調的一點是共同體的觀念。如果說日本企業經營的特徵是共同體邏輯的延伸，那麼日本企業和政府之間的關係同樣如此。從巨型企業到中小企業，經營者多從和國家關係的角度來制定經營方針，尤其是在涉及僱用和裁員的問題上。國家的目標是建構民族的共同體，反映到經濟政策上，就是在保證效率的同時，儘可能擴大僱用，因此企業必須認真考慮這種目標對它們自身的意義。經過一系列政治、經濟與社會過程後，這種國家目標就反映在企業的「終身僱用」、「年功序列」等制度設計和實踐上。[4]

4　參見〔美〕ジェームス・C・アベグレン著，〔日〕山岡洋一譯：《日本の経営》（東京：日本經濟新聞出版社，2004），頁24–25。

由於政府和企業都有著比較強烈的命運共同體的意識，「日本株式會社」的成功就獲得了基於日本自身演進脈絡的理解。當然，這種理解有著大前提，那就是「日本株式會社」首先必須遵循現代的市場經濟規則，它必須是一個現代的公司。

福利社會
「日本型社會主義」的虛實

關於日本經濟，所謂「日本模式」以及「共同體」的説法，當然是一種旁觀者的分析；對於現代日本國民而言，「共同體」（亦即「日本社會」）是他們的生活空間自身，是他們維繫自身的生活與獲得意義的終極場所，並不是理性分析的對象。那麼，從現代日本共同體這個宏觀的層面上看，日本對於自身的經濟發展又有著怎樣的主觀感受與自我意識呢？

現代社會的一個常識是，經濟發展只是手段，而不是最終目的；經濟發展最終要還原到共同體與個體福利的增長上才有意義。假如經濟發展的結果只是使得一部分人受惠，而另外一部分人則有不同的感受，那麼這個共同體就將面臨著如何彌補內部裂痕的巨大課題。

現代日本的國家目標正是設定在共同體與個體福利的增長上，其各種政治經濟行為有著相互創生、相互加持的效果。這是一種比較均衡的社會發展模式。

對於這種社會發展模式，有人提出了一個頗為奇異的説法：日本是「社會主義國家」，甚至是「最後的社會主義國家」。用「社會主義」這樣的字眼去描繪日本國民的生產和生活狀態，不禁讓我們感到驚奇和困惑。眾所周知，近代的資本主義和社會主義是兩種截然不同的生產方式和社會生活的組織原則；前者生成於近代西歐，有著自然成長的性格，而後者自 19 世紀後期登上歷史舞台以來，很多理論家和革命家對其寄予厚望，認為它是人類歷史發展的新階段。進入 20 世紀後，出現了許多冠名社會主義的國家。

那麼，日本國民究竟怎樣看待他們的社會？他們是否就像我們在《安徒生童話故事》中讀到的，童話的主人公在經歷了各種歷險和苦難之後，最終過上了快樂、幸福的生活，而且還是被稱作「社會主義」的幸福生活？這種疑問再次將我們引向對現代日本社會的自我意識的探尋。

不過，我們不會單獨依靠各種經濟學上的統計數據，諸如人均 GDP 家庭收

入與支出等，來說明他們如何富有。日本既然被認為是當下世界「最發達的資本主義國家」之一，我們首先就要看看這種「發達」的實質是什麼。同樣，當有人說「日本是最後的社會主義國家」時，我們要具體看一下這種判斷的實質標準是什麼。

概括而言，社會主義是 19 世紀末在歐洲興起的、追求美好社會的一種社會組織方案和政治實踐。這種理論和實踐當然不是憑空而來，而是有著歷史根源，那就是 19 世紀資本主義生產方式造成的社會危機和動亂。當時富有人道精神的自由主義者、思想家們試圖重建分崩離析的社會，強調經濟平等、保護勞工利益、對貧困人口進行救濟等一系列思想和政策，從而對社會進行改良。這是社會主義思想誕生的歷史土壤。

顯然，日本實行的不是傳統政治經濟學教科書中描繪的「社會主義」，因為日本在政治體制上實行的是類似西歐的自由民主主義制度，在經濟上採用自由市場體制。於是，很多評論家提出了一個修正主義的說法，即「日本型社會主義」，來概括二戰後日本經濟和社會政策的宏觀特徵。具體來說，它包括政府在經濟發展中扮演了一個主導性的角色；在生產過程中，它注意保護勞動者的利益；在財富分配制度上，它表現出更多的平等特徵。這些政策都有著傳統的社會主義的色彩和內涵。

日本是「最後的社會主義國家」這一說法，源於美國的日本專家雷昂納多·肖帕（Leonard J. Schoppa）的一本著作的日文譯本，即《「最後的社會主義國家」日本的苦鬥》。這個書名雖然言過其實，但也關係到日本國民對自身生活保障體系的理解。

——— ⦿ ———

在這本書的第一章中，肖帕介紹了他在 2002 年 12 月作的一個採訪，採訪對象是日本自民黨政治家河野太郎。河野出身於政治世家，父親曾出任官房長官、眾議院議長等要職；2017 年 8 月，他出任日本的外務大臣。

在談到當時日本的現狀時，河野太郎跟肖帕說：「日本是這個地球上最後的一個社會主義國家。」他接著說，造成這種現狀的正是日本自民黨；他直接將

這個政黨稱為「日本的共產主義政黨」。河野在大學時代曾經到波蘭的中央計劃統計大學留學，為的就是體驗當時所謂的共產主義生活。

顯然，河野的上述說法非常誇張，許多觀察也非常表面，更多的是出於現狀批判的「憂國」之言，符合日本政治家常見的言論風格。不過，這也不意味著他就是在信口開河；肖帕就從中受到啟發，獲得了觀察日本的一個獨特視角。作者這樣寫道：「在經濟體系上，日本和蘇聯還有一個共同點，那就是『社會主義』政策。日本的經濟體系將國家的利潤幾乎分配給了全體國民。」在判斷日本所謂的「社會主義」屬性時，這的確是一個非常重要的指標。

日本被認為是當今世界上最平等的國家之一，僅次於實行傳統社會民主主義制度的瑞典和丹麥。從社會主義理念最為重視的「平等」這一價值的角度來看，日本的確高度實現了社會主義的經濟和社會目標。日本在國民所得的平等性上雖然不及瑞典和丹麥，但這只是就結果而言。作者進一步揭示了這個「日本型社會主義」具體的政策內涵：

> 這種日本特色社會主義讓人驚嘆的是，政府沒有花費巨額的支出，就建成了有效的社會保障的安全網絡。這一點和瑞典或挪威不同，與蘇聯更是有本質的不同。日本構築的這個體系，並不是通過政府出錢的方式進行所得再分配，也不是通過公共事業的方式來提供看護服務，而是主要通過企業和家庭（尤其是女性）的負擔，建成了一種包括工資和津貼、介護和育兒等在內的服務保障體系。日本的秘密在於，通過將規制、稅金、津貼、受益基準等加以體系化，誘導企業採取「終身僱用」的方針，從而使得保障體系得以可能。在這個指針的導引下，作為主要勞動力的男性從業員的工作單位一生都得到了保障，而女性留在家庭內部撫養小孩或照顧需要護理的老人、病人，也被認為是當然的。所有人齊心合力、步調一致地促進日本經濟的增長，這被認為比什麼都重要。這誠然是一個速度不快，但的的確確是在前進的船隊。政府通過規制、干預這一手段，對這個船隊進行

了護送。[1]

上述説法對日本的社會保障體系描述得非常精準，也是日本被稱為「護送船隊式資本主義」體系的一個例證。這種體系當然要以強大、高效的官僚體系的存在為前提。説日本是「護送船隊式資本主義」，這與我們前面討論的「日本株式會社」有著異曲同工之妙。從社會保障體系與福利政策的角度，這種模式相當於歐洲的福利國家模式。[2]

我們的介紹就到此為止，因為作者在上述引文中已經給出了他對日本的一個觀察，或者説洞察：日本型社會主義的本質就在於它有一個高效的社會保障體系。換言之，日本內部和外部的觀察者多是從實質性的社會保障體系的角度，來理解日本的「社會主義」屬性；日本的社會保障制度讓所有人都直接獲得了福利。從國民直接受益的角度，社會主義或資本主義都不是日本國家建設的目標或原則，而是實現國民福利的手段。

其實，肖帕這本書英文原版的書名為《衝向出口：日本社會保障體制的展開》（ *Race for the Exits: The Unraveling of Japan's System of Social Protection* ），是一部探討日本社會保障、社會福利制度的學術著作。日文譯本在書名中使用「社會主義」這樣的字眼，不但表達了作者內心的真實感受，更揭示了日本國民對社會制度、對現代政治經濟制度的直觀理解。

這裏還要強調指出的是，「日本型社會主義」主要是學者、評論家出於學術探討而提出的術語；出於政策論辯的目的，日本政治家也願意使用「社會主義」這個説法來表達他們對特定經濟與社會政策或肯定或否定的觀點。[3] 與此相對，普通的日本國民一般不會有意使用「社會主義」這種用語，當然他們也很少

1　〔美〕レナード・ショッパ著，〔日〕野中邦子譯：《「最後の社会主義国」日本の苦闘》（東京：毎日新聞社，2007），頁 14–15。
2　〔日〕武川正吾著，李蓮花等譯：《福利國家的社會學：全球化、個體化與社會政策》（北京：商務印書館，2011），頁 152–156。
3　譬如，當代日本的政治家小泉百合子就從高度平等的角度，認為日本「幾乎像一個社會主義國家」。參見〔英〕皮林：《日本：生存的藝術》，頁 199。

使用「資本主義」來描繪自己的生活。這些說法都有著強烈的觀念色彩，很容易引發人們觀念上、立場上的爭論。畢竟對於普通人而言，如何能從經濟發展中直接受益，如何過上體面的、有尊嚴的生活，才是根本的問題。

———— ⊙ ————

因此，「日本型社會主義」這個說法依據的事實是它的社會保障制度：現代日本已經建成了一種國家主導的全方位福利制度。換句話說，日本是一個「福利國家」，這才是我們認識現代日本所謂的「社會主義」屬性的關鍵視角。日本這種福利國家體制背後，確實有著一些傳統社會主義的影子。

事實上，「社會主義」這一政治用語，最初就是日本人率先從歐洲引進、使用的。早在 19 世紀明治時代的後期，日本就出現了社會主義思想。1903 年，著名的社會主義者幸德秋水（1871–1911）出版了《社會主義神髓》一書，一時間在日本廣為流行。這本書就提到了生產資料的公有制、以公營的方式經營企業、對生產收入實行社會共有等經典的社會主義思想。

到了 1930 年代，日本刮起了激烈的國家主義運動的旋風。其實，這種國家主義除了咄咄逼人的對外擴張的一面外，對內的國家重建，無論理論資源還是目標，都來自當時非常流行的社會主義以及共產主義思想。當時日本的兩個著名右翼思想家北一輝（1883–1937）與大川周明（1886–1957），就是這種思想和運動的代表。這兩位右翼理論家有著非常激進的社會改革理念和計劃，其中「限制資本」與「國家管制」可以說是核心部分。

觀念通常有著尋求自我實現的特徵。事實上，隨著日本軍國主義在日本的得勢，日本的「社會主義」成分也得到了一定程度的實現。很多人會認為，日本的福利保障制度是第二次世界大戰後，隨著經濟復興才逐步建立的，但實際並非如此。日本福利制度的建設，其實開始於日本發動全面侵華戰爭期間。

譬如，在侵華戰爭爆發後的第二年，即 1938 年，日本就制定了《社會事業法》，為政府實施社會保障政策確立了法律依據。同年，日本還創建了一個新的政府部門，名字叫「厚生省」。「厚生」二字，取自儒家經典《尚書》中的「正德利用厚生」這句話，意思是「厚民之生」，也就是政府要實行養民、愛民的政

策。緊接著，日本制定了國民健康保險制度。

尤其值得一提的是，日本同樣是在這一年制定了《國家總動員法》；這個法案一出來，就得到了當時社會大眾黨等日本無產階級政黨的歡迎，認為該法案有著「社會主義的模型」。在這些政黨看來，國家節制資本，對財富進行重新分配，正是日本國家走向「社會主義化的一步」。[4] 另外，為了順利實施總動員體制，日本內閣設立了「內閣企劃院」這一部門；由於這個部門主導經濟計劃的制定，很多具有馬克思主義背景的人進入其中。這些人主張「所有權和經營權的分離」、「限制資本利潤」等理念，於是反對派就以這些政策有利於共產黨為由告發，數位官員遭到了逮捕，這就是所謂的「企劃院事件」。[5] 反過來說，這件事意味著社會主義思想與政策在當時的確產生了有力的影響。

上面介紹的各種措施，目的當然是服務於當時日本的戰爭政策，但這些政策濃厚的社會主義色彩的確獲得了國民的廣泛承認和接受，因為人們獲得了好處。尤其重要的是，這些社會政策開始實施後，日本就走上了一個不可逆的過程，因為人們總是期望獲得更好的社會保障和服務，而不願意忍受自己已經享受的福利遭到削減或者剝奪。

日本由此走上了通向福利國家的道路。譬如，在 1945 年日本宣佈戰敗後的數年間，儘管百廢待興，社會混亂不堪，但日本還是先後制定了《生活保護法》（1946）、《兒童福利法》（1947）與《殘疾者福利法》（1949），隨後又制定了《社會福利事業法》（1951）。這些法律的制定，可以說一舉扭轉了國家的性質——日本完成了從此前所謂的「戰爭國家」（warfare state）到現代「福利國家」（welfare state）的轉換。值得留意的是，這個「福利國家」的目標，最初就載入了 1946 年制定的《日本國憲法》中：

（第十三條）全體國民都作為個人而受到尊重。對於謀求生存、自由以及幸福的國民權利，只要不違反公共福利，在立法及其他國政上都必須

4　〔日〕井上壽一：《日中戰爭下の日本》，頁 13–15。
5　〔日〕野口悠紀雄：《1940 年体制》，頁 52。

受到最大的尊重。

（第二十五條）全體國民都享有健康和文化的最低限度的生活的權利；國家必須在生活的一切方面為提高和增進社會福利、社會保障以及公共衛生而努力。

此前日本政府為國民提供福利，目的是要達成國家的對外戰爭目標，要為戰爭提供後方服務，而此後日本將提高國民福利視為國家發展經濟的最終目的。前者將福利視為國家對國民的恩賜，是一種對國民忠誠性的變相購買，或者說是對國民的賄賂，而後者是國民的權利，國家有責任讓國民過上體面的生活。當然，恰當的福利體系也有助於提高國民的工作意慾，這反過來也有利於國家實現經濟增長的目標。這是一個健康的、富有活力的共同體建構與發展的機制。

——— ⦿ ———

從國家對國民生活的保障的角度，與英國等歐洲國家的福利思想和福利政策相比，日本的發展可以說完全與世界同步。在隨後的發展中，日本在很多領域的政策更是領先世界一步。在這個福利國家的認知框架中，「福利」是法律規定的公民應該享受的權利；戰後日本的國家目標，由此轉向了保護並實現普遍的公民權利上。當然，經濟發展是前提。

在日本國民看來，日本社會在政治上具有怎樣的屬性，並不是真正的問題。條條大路通羅馬。日本國民現在享受的生活水準，意味著日本的國家目標已經達成；至於用怎樣的說法去描繪它，其實已經不是問題。因為，為國民的生活提供安全保障，正是現代政治文明的標準；個體的生活受到的保護有多高，國家的文明水準就有多高。戰後日本建立的福利制度，使得它成為當下文明水準最高的國家之一。

第九章

日本的困境與未來

少子高齡化 | 人口危機的政治議程

　　我們在前面已經重現了日本成長為文明國家的歷史演化道路，也看到日本在很多方面都已經走到了目前人類文明發展的前列。當然，這麼說絕不意味著日本已經解決了所有的社會問題，它還面臨著諸多亟待解決的政治和社會課題。

　　無論經濟發達與否，每個國家都面臨一些特殊的問題，它們構成了社會的裂紋，成為全民關心的對象。譬如在美國，種族、槍支、毒品等等就是全民關心的問題；而西歐國家的民眾，往往會因為移民問題而發生撕裂。現代日本雖然在社會發展上表現卓異，但並不意味著就可以高枕無憂，它同樣有著有待克服的困難。

　　接下來，我們將具體考察日本給自己設定的若干有代表性的議題，進一步推進我們對日本演化路徑的理解。我們將會看到，當代日本面臨的問題並不僅僅是一種消極的存在，還是一種契機。日本上下正是通過致力於解決這些問題，從事實上推進社會與文明的持續發展。

———— ◉ ————

　　我們先看一個事實：2005 年，日本總人口數量首次出現減少；與此同時，老年人口的比例達到了 20.2%，高居世界第一。到了 2019 年，日本出生率和新生兒總數都創歷史新低，為 1899 年日本首次進行人口統計以來，120 年間最低的一次。其實，我們如果去日本旅行就會很容易注意到，日本一些服務行業的工作人員，譬如說出租車司機或大商場的服務員，幾乎都是中老年人。而我們到了一些稍微偏僻一點的縣市，大街上基本上看不到年輕人的影子。這是日本人口問題的直觀呈現。

　　在這種情況下，人口問題一直是最近十幾年間日本國內政策的一個主要議題。在今天的日本，人口問題被概括為一個說法：少子高齡化。這個說法的意思

是，一方面，日本社會的出生率持續在低位徘徊，新生兒數量減少，無法維持正常的人口新舊更替的水準；另一方面，高齡人口比例持續增長，日本進入了「高齡化」社會，或者說是「老齡化」社會。那麼，日本是如何面對少子高齡化這一社會議題的？

———— ◉ ————

提到人口政策，很多人可能會想到一個非常熟悉的說法，那就是為了發展經濟，要用計劃生育的方式去控制人口增長。然而奇怪的是，日本經濟非常發達，人口卻反而減少了；而且日本自近代以來實行的是自由生育政策，而未實行人口計劃政策。說到這裏，有人可能會說：既然人口的增減是一個自然的過程，那出生率低，人口減少，不是正好嗎？很遺憾，這既不是日本政府的看法，也不是一般日本國民的看法。

日本的人口學者根據現在的出生率進行了模擬，結果是，到本世紀末，日本人口將低於五千萬，大約五百年後日本列島將最終變為無人區。這讓日本社會意識到了真正的危機：這種危機源於現代化的結果，堪稱現代文明的根本危機。這種人口預測的結果當然有些聳人聽聞，卻也表明了當代日本人口問題的嚴重性，以及日本對人口問題的重視。

為了理解日本的人口問題，我們要先瞭解一些經濟與人口關係的基礎知識。

首先是經濟發展對人口的影響。我們如果看各國的統計數據，就會發現一個明顯的現象，那就是隨著國民收入水平的增加，出生率大致都出現了同步下降的情況；在同一個國家內部，經濟發達地區的出生率通常低於欠發達地區的出生率，城市居民的出生率低於農村地區的出生率。因此，在發達的工業化國家和地區，維持人口總數相對穩定的主要貢獻者是它的經濟相對落後的人口群體以及地區。

對於收入增高、出生率下降這種情況，人們多從經濟角度進行解釋：隨著經濟的發展和收入的增加，養育孩子的成本變大，而這又意味著家庭開支會增加，導致當事者生活品質下降，所以很多家庭選擇少生。

提到孩子的養育費用，對於多數人而言，教育費用通常最為突出。隨著收

入水平的提高，更多的人希望自己的孩子獲得更好的教育，將來能有更好的職業，過上不低於自己的生活。在選擇好的教育的過程中，家庭的教育成本自然增加。而且，隨著孩子數量的減少，人們更希望精養，給孩子提供最好的教育機會。於是，參加各種課外興趣班、補習班成為父母的必然選擇，家庭的教育開支進一步增加。另外，在包括中國在內的很多國家，父母為了給孩子爭取優質的教育資源，還要去購買價格昂貴的學區房。日本的父母通常要在一般的公立學校和私立學校之間進行選擇；後者教育質量更好，但學費也非常高。簡言之，教育費用的增大以及父母大量時間的投入，當然會降低家庭的生育慾望。

以前人們常常認為，生育幾個孩子是夫婦自主決定的事情，跟家庭收入與花費無關，但實際情況並不是這樣。日本政府曾經進行過一項家庭調查，詢問為什麼孩子的實際數量少於他們理想中的數量，譬如說，夫婦雙方都認為兩個孩子比較理想，但實際上只生育了一個。結果，最多的回答是：養育孩子花費太高。用我們熟悉的說法就是養不起。

在養育孩子所付出的經濟代價上，還有一種更重要的成本，那就是經濟學上所說的「機會成本」（opportunity cost）。這個術語的含義是指因為選擇做了某事而放棄了另外一種選擇的機會。在傳統的日本社會，女性結婚後專注於家務勞動和育兒，機會成本很小，因為女性除此並沒有多少其他的選擇。換言之，女性專心在家育兒，放棄的東西並不多。所以，她們傾向於多生育。

隨著經濟的增長，收入水平的提高，女性受到了更好的教育，可以和男性一樣工作，獲得同樣的報酬。這是第二次世界大戰後日本社會演化的趨勢。日本最近二十多年間，一直推行「男女共同工作」的社會政策，目的也是要鼓勵女性進入社會。女性由此獲得了與男性同等的工作機會，這意味著如果專心在家育兒，那麼女性要付出更大的機會成本。我們平常說女性為家庭作出了犧牲，意思是說女性失去了自我實現的機會，而在本質上則是指女性犧牲了外出工作的機會成本。

上述各種因素綜合作用的結果就是，日本社會經濟越發達，國民收入水平越高，出生率就越低。

當然，這個人口與經濟關係的規律也可以反過來講，那就是，經濟越落後

的社會，人們的生育慾望就越高，因為孩子是潛在的勞動力來源，有助於提高家庭收入。或者說，在經濟落後的地區，家庭選擇多生育，可以視為一種投資行為。由於機會成本相對來說很低，父母從自己的孩子身上看到「回頭錢」的可能性就相對高了。另外，還有個說法叫「養兒防老」，說的就是在經濟不發達的社會，因為缺乏有效的社會保障體系，當然是孩子越多越好。相反，經濟發達的社會通常有發達的養老金制度，養老的問題就不再和孩子的數量有直接關係了。

綜上所述，由於日本實行的是完全自由的生育政策，影響出生率的主要原因，就是經濟發展的水平。現代日本社會出現的「少子高齡化」問題，無非是它經濟高度發達的結果，反而是現代化成功的標誌。

——— ⊙ ———

日本政府在人口問題上實行的是放任政策，唯一做的一件事就是發展經濟。之所以要強調這一點，是因為 18 世紀末英國經濟學家馬爾薩斯（Thomas Malthus, 1766–1834）在《人口論》（*An Essay on the Principle of Population*）中提出的觀點曾經在一些學者中很有市場：馬爾薩斯認為貧困的根源在於人口過多。當然，無論按照經濟學理論，還是迄今為止的人類經驗，這都是一個錯誤的理論。人口與經濟發展的關係，在 19 世紀日本的崛起與 1950 年代後日本的重建過程中得到了經典的表達。事實上，日本兩次崛起的背後，都有著人口數量增長的要因，經濟學家一般稱其為「人口紅利」。

正因為認識到人口問題的重要性，隨著「少子高齡化」狀況的到來，日本政府第一個站了出來，它要阻止這種狀況持續下去。

日本政府的目的很簡單，它要保持經濟的增長。這裏面涉及人口與經濟關係的另外一個方面。概括而言，出生率減少意味著勞動人口的最終減少，而勞動力減少，則直接影響經濟發展。另外，很多經濟學家通過嚴密的計算發現，出生率低下，還會導致國民儲蓄率下降，國內投資減少，從而影響經濟的活力。[1] 不

1　參見〔日〕小峰隆夫編：《超長期予測老いるアジア：変貌する世界人口・経済地図》（東京：日本経済新聞出版社，2007），第 2 章。

管怎樣，從國家理性的角度，日本政府並不希望人口減少。

其實，在歷史上很多政府都採取了直接鼓勵生育的政策，因為人口的基數直接決定了可動員的士兵的數量。隨著 19 世紀中後期世界進入帝國主義時代，主要西方國家展開了全方位的競爭，人口幾乎成了西方大國最為重要的政策，國家對生命實行嚴格的保護和管理制度。譬如在近代法國，各種新老馬爾薩斯主義者遭到了嚴厲的攻擊，而墮胎則被視為對國家和種族的犯罪。[2] 最近十幾年間，日本政府為了提高國民的生育慾望，維持勞動力數量的穩定，作出了各種各樣的努力。

一方面，日本政府通過立法的手段，鼓勵女性參加工作，為她們參加工作創造更有利的條件。譬如，早在 1999 年，日本就通過了一項叫《男女共同參畫社會基本法》的法律，同時成立了「內閣府男女共同參畫局」這一新的政府部門，目的就是提高女性在勞動力市場的地位，真正實現男女平等。這是一種在現有人口資源內部挖掘潛力的方法。日本傳統上也有著類似「男主外、女主內」的家庭分工，女性在結婚後通常會留在家庭內部，也就是做所謂的「專業主婦」。在男性勞動力充足的情況下，這不失為一個恰當的分工模式；但當勞動力人口不足時，這種做法就是一種浪費。

另一方面，日本政府還通過直接發放津貼的方式，降低家庭的育兒成本。譬如，日本政府延長了「兒童津貼」的發放年限，最終期限從以前的小學三年級提高到了六年級；對於生育三個孩子以上的家庭，則提高了津貼的數額。[3] 這裏面的道理很簡單。對於個體而言，降低育兒成本的最直接方式就是減少生育的數量，但這種行為會對社會整體的經濟造成不良影響，而這種不良影響最終又會反過來作用到個體的身上。政府通過直接發放津貼的方式降低家庭的育兒成本，目的就是要截斷這種不良循環，保護社會的整體利益。

當然，上述從法律、社會、經濟等角度實施的鼓勵生育政策，並非日本獨

2　〔法〕勒納烏爾、瓦朗蒂著，高煜譯：《不存在的孩子：19–20 世紀墮胎史》（北京：中國人民大學出版社，2012）。

3　這裏介紹的一些事實，參見〔日〕金子勇：《少子化する高齡社會》（東京：NHK 出版，2006），第 5 章、第 6 章。

創，而是適應經濟與社會發展規律的通行手段。

——— ⊙ ———

第二次世界大戰後日本能迅速復蘇，與它的人口規模、人口素質可謂有直接的關係。因此，追問日本在人口政策上到底做對了什麼，並不是一個恰當的問題。我們已經看到，日本做的唯一一件事就是發展經濟，讓人民過上體面的、有尊嚴的生活。現代社會的經驗表明，人口的出生率與經濟發展水平呈相反的關係。日本專心發展經濟的結果，固然使得它的人民過上優渥的生活，但也同時導致出生率的下降。因此，「少子高齡化」現象出現之後，日本在人口政策領域的根本目的，仍然是要維持經濟的增長。

不過，這種以經濟為中心的政策，並不意味著經濟發展是至上目的，不意味著為了經濟目標可以犧牲其他。相反，日本為促進經濟發展的各項施策，實際上體現了一種「以人為本」的根本目標：經濟發展的目的是增加每一個個體的福利，而非其他。所以，日本可以動用國家財政，以發放津貼的方式對家庭育兒進行直接的補助，這是一種國民直接受益的福利制度。在經濟發展過程中，日本自始至終將兒童視為社會自身的「優良資產」，而不是工具，更沒有將人口數量視為國家的負擔。

中國早在 2000 年就進入了老齡化社會，而且老齡人口的比例持續上升。最近幾年，東北三省更是率先在人口總數上出現了負增長。反思日本的應對措施，有助於我們尋找科學的應對措施。日本的經驗表明，人口是一個國家最為重要的資源，而不是任何意義上的負擔；國家存在的目的是服務於每一個國民，而不是相反。

靖國神社 | 民族國家的原罪

　　我們在前面討論的人口問題，主要還是在日本社會有識之士、政治家視野中的問題；一般而言，普通國民很難從宏觀的經濟視野與文明存續的角度對人口問題產生關注。與此相對，日本在歷史認識上的一個核心議題，即「靖國神社問題」，性質則截然不同：它幾乎沒有什麼門檻，大多數人都會產生興趣，並以各種方式參與其中。這不難理解，因為靖國神社問題涉及日本歷史、文化與社會多層面的要素，與日本國民的日常生活關聯緊密。這也決定了靖國神社問題的複雜性。

———— ◉ ————

　　首先，靖國神社就如同「天皇」、「櫻花」、「武士道」等標籤，已經成了現代日本社會的一個象徵。這裏面的根本原因在於，它是一個「供奉護國英靈」的神社；而所謂的「英靈」，則是指從明治維新到太平洋戰爭期間的戰死者，目前有將近 247 萬個。換言之，在日本，靖國神社有著國家紀念碑與國家公墓的屬性。不但如此，它還供奉有「甲級戰犯」的牌位，這意味著它與已經灰飛煙滅的日本帝國主義有關聯。因為這層關係，當代日本政治家的靖國神社參拜行為，自動將歷史問題轉化成了現實的政治問題。

　　日本政治家，尤其是日本首相對它的參拜，通常會被視為一個象徵，標誌著日本歷史認識不徹底，並試圖美化過去的侵略戰爭。這種參拜行為旋即會引發當年戰爭受害國的批判，並每每演化為外交問題。作為這種政治連鎖反應的結果，日本國內針對靖國神社的看法也出現了分裂。在一般日本國民的心目中，參拜靖國神社只是他們表達個體「心情」的行為。神社方面提供的解釋，代表了很多人的心聲，這裏抄錄一段如下：

日本人從古昔時代開始就相信「森羅萬象的大千世界處處有神靈」。這些神靈不是基督教等所言的唯一的造物主；大千世界所有東西當中都有著神秘的靈魂的作用，人們從中發現了「神靈」的存在。那些在戰爭中殞命的人，他們是為了保護家人、保護家鄉，更是為了保護國家，才豁出尊貴的性命而走上戰場的。而且，英靈們懷著對家人、對日本將來的強烈掛念，現在依然在冥冥之中保護著我們。我們正是為感謝這些英靈，懷著源於內心的敬畏之念，將他們視為「護國之神」而加以祭祀的。[1]

這段引文出自靖國神社面向一般參拜者發行的小冊子，非常清晰地表達了日本普遍的泛神論宗教意識、靈魂信仰傳統與神社之間的關係，是一種反映一般民眾樸素心聲的解釋。不過，這個說法迴避了核心的、容易引發爭議的政治因素：靖國神社目前的身分雖然是「宗教法人」，但在歷史上卻是國家指定的國家祭祀場所，是國家機構的一部分，當下還和國家有著千絲萬縷的關聯。

日本庶民的參拜行為以及他們的民俗信仰，並不會引發爭論；人們爭論的正是這個神社與現代日本國家之間的關係。在眾多批評性的聲音中，有這樣的說法：日本政治家參拜靖國神社，目的是要為軍國主義招魂；他們是在美化過去的侵略行為。

對於複雜問題作出簡化回答所遮蔽以及帶來的問題，往往比它揭示的真相還要多。由於靖國神社問題是歷史認識問題的焦點所在，非常複雜，我們有必要從日本社會的內部去觀察相關看法的來龍去脈。換言之，我們接下來探討的目的並不是要對問題給出一個最終的結論，而是要進入關於靖國神社爭論的語境中，看看日本的政治家和國民到底在爭論什麼。我們要描繪出一個關於靖國神社論爭的光譜，以確定各種論點的位置和彼此之間的關係。

描繪這個光譜，其實就是描繪靖國神社的歷史演化過程。今日人們爭論的火種，依然在這些歷史的灰燼當中發著光和熱。這些火種時刻會激發人們對過去

1　轉引自〔日〕保阪正康：《「靖国」という悩み》（東京：毎日新聞社，2007），頁 22。

的創傷記憶，這是真切的事實。這一事實在日本內外造成的困擾和不安，激發了人們從各自的角度回到歷史現場的熱情。

——— ⊙ ———

靖國神社的前身叫「東京招魂社」，創建於明治二年（1869）。當時的維新政府為了祭奠在打倒幕府的戰役中殉命的「官軍」，根據天皇的命令，創立了這個設施。[2]值得注意的是，「招魂」這兩個字出自中國經典《楚辭》當中的〈招魂〉篇。「招魂」本來是一種巫術儀式，但屈原卻以淒涼絕美的筆觸，通過對這一儀式的再現，表達了對被招魂者的同情和對國家民族深重的憂慮。

或許因為「招魂」二字有著過於濃厚的巫術氣息，1879 年，明治天皇下賜「靖國」二字，東京招魂社由此成為「靖國神社」。這裏同樣值得我們留意的是，「靖國」這個詞也是大有來歷。它來源於中國儒家經典《春秋左傳》（僖公二十三年）當中「吾以靖國也」這一句話。「靖」的意思是安定，「靖國」就是「使國家安定」。所以，從命名上我們會看到，這個神社被視為日本近代天皇制國家的守護者，具有特殊的政治地位。

靖國神社成立後，就一直處於軍方的管理之下，是一種軍事設施。1937 年日本發動全面侵華戰爭之後，靖國神社開始全面滲透到國民生活當中。作為國民精神總動員的一環，靖國神社開始舉行「護國英靈合祭」活動；經過這個國家舉行的公祭儀式，戰場上戰死的士兵，就會成為神社祭祀的神靈。從這個時候開始，為天皇戰死就成了全體國民的最高道德；而在此前，這種為天皇捐軀的觀念還僅限於軍人。

由於靖國神社成了日本軍國主義思想的重要生產車間，日本戰敗後，它的命運可想而知。1945 年 12 月 25 日，主政日本的「聯合國軍最高司令官總司令部」（GHQ）發佈了一條關於神社地位的命令，通常稱為「神道指令」。它對靖國神社地位的規定引發了後來的複雜爭論。「神道指令」的核心內容有兩點。

2　以下提到的部分歷史事實，主要依據〔日〕赤澤史朗：《靖国神社》（東京：岩波書店，2005）。

第一，關於「政教分離」的規定。政教分離，也就是政治和宗教的分離，一方不對另外一方的事務加以干涉。與這種政體相對的是「政教合一」的政權，即政權為宗教提供庇護，宗教為政權提供支持。政教分離是現代絕大多數國家通用的一種政治原則。為了落實這個原則，GHQ 首先將神社定性為一種「國家認定的宗教和祭祀儀式」。在隨後制定的《日本國憲法》中，政教分離進一步落實為憲法條文，成為現代日本的根本制度。

第二，神社的「非軍國主義化」規定。佔領軍認為「神道的教義和信仰」遭到了日本統治者的歪曲，成為軍國主義和極端民族主義意識形態的工具。軍國主義者通過對神道教義和天皇信仰的宣揚，尤其是通過具體的「祭祀儀式或者祭祀形式」，鼓吹日本對其他民族進行統治的正當性。

這兩個原則實際上也是日本戰後改革的原則，所以「神道指令」實際上給出了靖國神社繼續存在的條件，那就是將靖國神社規定為普通的宗教設施，與國家政權剝離開來，同時對它的教義和宗教儀式等進行非軍國主義化處理。

根據這項法令，靖國神社在當下日本的法律地位就很清楚了：它的身分就是宗教法人，和日本存在的眾多宗教組織在法律地位上並無不同。但問題同樣出現在這裏。如果靖國神社是宗教法人，那麼日本保守派極力推進的「首相公式參拜」，也就是「首相以公職身分參拜」，就構成違背憲法政教分離原則的法律問題。

———— ⊙ ————

我們繼續看一下相關的歷史事實。每當日本首相參拜靖國神社時，記者一定會追問一個問題：首相的這次參拜，是以公職身分還是以私人身分參拜？日本在任首相參拜靖國神社，最早是 1975 年三木武夫（1907–1988）首相的「私人」參拜；隨後，福田赳夫（1905–1995）與鈴木善幸也進行了同樣性質的參拜。

到了 1985 年 8 月 15 日，這種曖昧的狀況終於獲得了突破；這一天，時任首相中曾根康弘正式實施了所謂的「公式參拜」：在參拜者名簿上記名「內閣總理大臣」後，他進入大殿參拜，此行花費的三萬日元由國庫支出。結果可想而知，輿論立刻被點燃了：包括靖國神社在內的參拜推進派人士紛紛表明支持和感

謝;與此相對,所有的在野黨和主要新聞媒體,則異口同聲地發表聲明,批判首相破壞了憲法政教分離的原則。在這種輿論壓力下,此後的首相即便進行參拜,也宣稱是以私人身分進行的參拜。

這裏值得我們注意的是,在中曾根康弘實施「公式參拜」前,日本政府發表了一份正式見解,也就是日本政府的官方解釋。見解的內容可以分為兩點。第一,日本政府宣稱「靖國神社是我國舉行戰爭犧牲者追悼的中心設施」,這就否定了靖國神社的宗教性格,只是將其視為普通的追悼場所。這種聲明的目的顯然是為了防止出現參拜違憲的批評。第二,針對追悼的目的,日本政府宣稱,「我國在過去給以亞洲各國為中心的多數人民造成了巨大的苦痛和傷害。我國對此有強烈的自覺,決意不讓這樣的事情再次發生。在這種決意和反省的基礎上,我國走上了作為和平國家發展的道路。這次參拜並不意味著我國在和平發展的道路上有任何變化」,因為參拜的目的是「在追悼戰爭犧牲者的同時,也祈願世界的和平」。[3]

在日本首相的靖國神社參拜史中,2001 年出任首相的小泉純一郎格外惹人注目。他在此前的競選公約中宣稱,一旦當選,他每年都將參拜。他在第一次參拜靖國神社後,進一步表達了日本政府此前發表的見解。他說,「日本基於錯誤的國策,在過去一個時期實施了殖民統治和侵略行為,將難以估量的慘害和苦痛強加給了亞洲各國人民」;因此,「在深刻反省的同時」,他表示「對於所有的戰爭犧牲者」、「致以哀悼之意」。[4]小泉的參拜立刻引發了中國、韓國等亞洲國家的強烈批評,成為當時外交的熱點事件;甚至美國的一些政治家也發表看法,表達了不滿。但這位首相我行我素,到 2006 年卸任時為止,連續六次參拜;尤其是最後一次選擇在 8 月 15 日進行,實現了競選諾言。

單純從日本政府或政治家的這些聲明來看,一般人並不容易看到破綻。不過,如果注意到前面提到的靖國神社「宗教法人」的身分,那麼,日本國內出現的批判聲音就容易理解了。

3　〔日〕赤澤史朗:《靖国神社》,頁 204。
4　〔日〕赤澤史朗:《靖国神社》,頁 242。

在中曾根康弘實施了「公式參拜」後不久，日本國內就有人對他提起了行政訴訟，認為他違反了憲法原則。同樣，以首相屢次參拜而受到精神打擊為由，188 人針對小泉純一郎提出了訴訟，要求精神賠償。這些針對首相的訴訟，原告雖然形式上最終都敗訴了，卻獲得了實質性的勝訴——判決文都表明首相的參拜行為違背了憲法的原則。所以，日本國內靖國神社論爭的焦點，就是首相的參拜行為是否違憲。

説到這裏，我們可能已經注意到，所謂的「軍國主義」問題並沒有被刻意追究。在靖國神社、一般的參拜者乃至一般日本國民看來，將「軍國主義」問題帶入靖國神社的討論中是一種他們難以想像的誤解。他們通常主張説，神社祭祀的是神靈，一般國民參拜靖國神社，目的是祭奠因戰爭殉命的人；參拜的人也都是和平主義者，不存在任何讓日本軍國主義復活的意圖。

這並不是説「軍國主義復活」問題是純然的虛構；由於日本在歷史認識上的曖昧態度，人們有理由懷疑日本政治家的真正動機。其實，將靖國神社與軍國主義復活關聯起來，主要來自新加坡、韓國、中國等日本軍國主義的受害國家，尤其是在 1978 年靖國神社開始供奉甲級戰犯的牌位之後。這一年，靖國神社也將此前「戰犯死歿者」改為「昭和殉難者」，否認了東京審判的「戰犯」説法。在亞洲受害國家的民眾看來，日本首相參拜這樣的靖國神社，恰好表明了日本歷史認識的曖昧性格，有為過去軍國主義者的侵略行為進行美化的意圖。

這種來自國際社會的批評讓靖國神社問題越發複雜起來。日本政府雖然一再聲明走和平國家的道路，但在軍國主義受害者看來，日本政治家對靖國神社的一再參拜，正表明他們缺乏對歷史的反省。這種內政外交共同作用的結果，使得日本國民時至今日也未達成對於歷史認知的合意。在我們前面談到的圍繞「東京審判」的論爭中，靖國神社問題就一再被提出來。

———— ⊙ ————

這裏要再次強調的是，我們這裏對「靖國神社」問題重新討論，目的是描繪出爭論的主要論點。我們已經看到，日本國內圍繞靖國神社的爭論，大致可分為法律問題、歷史認識問題、文化與宗教信仰問題等幾個方面；而進入 1980 年

代之後，又出現了外交問題。[5] 日本國民每年都在這個問題的爭論上花費巨大的精力。

靖國神社問題不僅僅是日本一個國家自身的問題；如何紀念、悼念死者，幾乎是所有經歷過戰爭與革命的現代國家都要面臨的課題。國家層面的追悼或悼念行為，實質上是國家政治意志的一種表達，當然具有強烈的政治屬性。譬如，美國學者本尼迪克特・安德森（Benedict Anderson, 1936–2015）在他的名作《想像的共同體》（*Imagined Communities*）中，就分析了紀念與追悼儀式在近代國家形成中的關鍵作用。[6] 在現代國家與民族共同體建構中重要的不僅僅是人們對於同胞的「想像」，更是支撐人們想像的具體的政治與社會實踐。在這個意義上，靖國神社中所謂的「英靈」既是現代日本民族國家的犧牲品，又是這個民族國家的原罪。

從這個國家與祭祀關係的角度，我們可以對世界各國的國家形態進行觀察，從而獲得觀察現代世界的一個普遍視角。政治、法律、宗教、民俗等諸多因素非常複雜地交織在一起，共同建構著現代的國家形態。今天日本國民圍繞靖國神社的激烈爭論，實際上是經過放大器放大的結果；這個放大器，就是第二次世界大戰後日本的重建過程。在這個意義上，靖國神社問題可以說就是二戰後日本國家體制的問題。在前面的歷史敍事中，我們已經多次涉及這個體制形成的過程。

5　日本國內有關靖國神社的主要觀點，可參見〔日〕波多野澄雄著，馬靜譯：《國家與歷史：戰後日本的歷史問題》（北京：社會科學文獻出版社，2016），第 4 章。
6　〔美〕安德森著，吳睿人譯：《想像的共同體》（上海：上海人民出版社，2011）。

戰後體制
東亞世界秩序的縮影

　　靖國神社問題將現代日本的政治與法律、國民的信仰與民俗實踐等諸多問題雜糅在了一起，是日本歷史認識問題的象徵。因此，靖國神社問題給我們提供了一種觀察這個體制的內部視角。不過，從根本上說，靖國神社問題從屬於戰後日本國家體制——通常簡稱為「戰後體制」——問題，或者說是這個體制固有的問題。因此，人們在討論具體的歷史認識問題時，最終會觸及這個天花板。由於美國在日本重建的過程中扮演了至關重要的角色，人們往往從日美關係的角度去思考「戰後體制」問題。

　　簡單地說，日本的戰後體制就是指經過麥克阿瑟主導的佔領軍當局的改造，最終在 1951 年 9 月 12 日舊金山和會上為簽約國所承認的日本國家存在形態。1952 年 4 月 28 日《舊金山和約》正式生效後，日本名義上獲得了獨立，但在國防上的主權卻遭到了大幅度的限制；日本在安全保障上要依賴於同時成立的日美同盟關係。同樣，戰後日本的主流歷史認識——即以日美戰爭為中心建構的所謂的「太平洋戰爭史觀」——也在這一期間形成。因此，如何認識、理解以及是否要改變這個體制，一直是戰後日本社會持續討論的問題。

——— ⦿ ———

　　我們在前面討論日美同盟關係時，曾經辨析過「日本是美國的第五十一個州」、「日本是美國的屬國」、「日本不是完全獨立的主權國家」等說法。我們還介紹了作為「美國軍事殖民地」的沖繩地位一說；日本的一些政治評論家、國會議員用這個說法來描述沖繩地位的本質屬性，但由於沖繩屬於日本，那麼在邏輯上也可以說「日本是美國的軍事殖民地」。於是有人乾脆說，日本不是一個正常的國家。

　　這些說法雖然都是一些極端的表述，但它們在形式上都指向了二戰後的日

美關係，在根本上則涉及如何理解「戰後體制」的問題。這些極端的説法同時也意味著，日美關係在日本國內必然是一個熱門的話題；只要談到這個話題，日本國民就會發生分裂，圍繞「反美」還是「親美」的問題展開激烈的辯論。

問題雖然複雜，但日本國內還是有一個基本的認知，那就是日本在政治和軍事方面從屬於或者説依附於美國。這就是説，日本國內關於「戰後體制」爭論的核心是日美關係。1990 年代以後出現的「擺脱戰後體制」或「成為普通國家」的呼聲，實質上是要求重新安排日美關係。這當然是一個巨大的課題，因為它在根本上又涉及戰後東亞世界秩序的問題。

不過，1952 年《舊金山和約》生效後的日本，畢竟是國際法上得到承認的完全獨立的國家，這是一個明白無誤的客觀事實；這意味著「戰後體制」還包含著日本主動選擇的結果。因此，要把握這個日美關係的當下性格，我們有必要具體觀察一下日本國民的主觀評價。

首先，從日本國民的代表，也就是日本政治家的角度來看，戰後日本對美國的「從屬」或者説「半從屬」狀態是客觀事實，但並不是一個理想的狀態。

譬如，2006 年第一次出任首相的安倍晉三（1954–2022），當時非常年輕，意氣風發，強勢提出了「擺脱戰後體制」的施政目標。他當然不是第一個這麼提的首相。早在 1980 年代初，時任首相中曾根康弘就提出了「戰後政治總決算」的説法。這兩個口號代表了日本保守主義的心聲。他們覺得戰後日本實行的民主主義制度，尤其是美國主導制定的《日本國憲法》，並沒有反映日本國民的意志，不符合日本的傳統價值，日本需要擺脱這些束縛自身的制度和觀念。日本最近數年間出現的修憲運動，就是「擺脱戰後體制」的一個關鍵步驟。

安倍晉三的口號側重於修改憲法，而 2009 年出任首相的鳩山由紀夫則試圖在外交上用力，提出了建構日本—美國—中國等邊三角形、建設「東亞共同體」的戰略，旨在拉開日本和美國的距離。當然，迄今為止這些努力都未能取得成功。對此，日本政治學者白井聰下了一個斬釘截鐵的結論：日本試圖改變日美關係的努力，不僅現在沒有成功，將來也不會成功。他將這種狀況重新命名為「永續戰敗」，即日本自 1945 年以來一直處於「永遠持續下去的戰敗」狀態中。

白井聰「永續戰敗」的提法，實際上給我們提供了一個理解當下日美關係

的新視角。他在 2013 年出版的《永續戰敗論：戰後日本的核心》一書中，詳細闡述了這個說法的含義。該書出版後，很快成為暢銷書，可以說表達了日本民間的聲音。針對戰後日本實施的各種內外政策，白井聰這樣評論道：

> 很明顯，日本對外問題的兩個側面緊密關聯。追根溯源，問題的本質總會歸結為「從屬於美國」的這種結構。日本針對亞洲各國（包括俄國）的排外的民族主義主張，不管是否有明晰的意識，都建立在駐日美軍這一壓倒性的存在感的基礎之上。日本即使持續當「東洋的孤兒」也無所謂，這種恃寵撒嬌的意識越深入下去，就會和作為庇護者美國的關係越緊密。最終的結果是，無論美國有多麼不合理的要求，只要它提出來就必須接受。這是必然的結論。這樣一來，就出現了一種循環：對美國的從屬讓日本越發從亞洲孤立出來，而這種孤立，又進一步導致了日本對美國的從屬。[1]

白井聰提到兩個對外問題：一個表現在日美關係問題上，利益衝突正在成為日美關係的主流，尤其以沖繩美軍基地問題最為突出；而另一個問題則是他在文中提到的日本民族主義高揚的問題。這個解釋的特殊之處在於，它提供了一種精神分析的視角，也就是說，戰後日本和美國的關係，從最初的政治安排逐漸演化為一種日用而不知的心理狀態。日本既安於美國庇護的現狀，並因這種庇護而對其他國家顯示出咄咄逼人的一面，又試圖擺脫這種關係，因為後者並不是正常的國家間關係。所以，沖繩住民對美軍基地的憤怒和「縣外移設」的呼聲，其實正是日本本土國民的「本音」——日本國民內心真正的聲音是要求美軍基地撤出日本！

當然，在這個「從屬」關係形成的過程中，日本獲得了現實利益的激勵。戰後美國對日本的寬大處理、經濟上融入自由貿易體制，這些都讓國民切實享受

1　〔日〕白井聰：《永続敗戦論：戦後日本の核心》（東京：太田出版，2013），頁 27–28。

到了和平和繁榮的好處。那麼，這種狀況為何還讓人感到不滿？畢竟，日本國民已經過上了非常體面的生活。不過，在具有批判精神的日本知識分子的眼中，事情並不這麼簡單。在白井聰看來，日本面臨的最大的問題是，戰後日本的體制其實是延續了戰前的體制，因而將戰前體制的弊端也同時延續了下來。他認為，這種狀況完全源於美國對自身利益的追求。

為了說明這個體制的弊端，白井聰在書中舉了一個例子，那就是 2011 年「3·11 日本東海大地震」引發的福島核電站核洩漏事故。很多人或許會認為，地震及其引發的海嘯屬於自然災害，屬於不可抗力；在自然偉力造成的巨大破壞面前，核電站出現事故實屬無可奈何。不過，對於政治共同體而言，這種將事故原因歸結為自然力量的做法，其實是喪失了一次自我新生的機會。福島核電站事故造成的衝擊，讓日本國民瞬間意識到了和平與安全的脆弱性，這激發了他們的體制批判意識。日本國民在平靜地接受事故「天災」一面的同時，對於事故的「人禍」一面進行了尖銳的批評和剖析。

白井聰論述說，如果說戰前的政治體制幾乎讓日本國民在 1945 年遭受滅頂之災，那麼戰後體制就要為 2011 年福島核事故所帶來的對國民生活的破壞負責。他解釋說，在日本政治家和官僚體系應對事故的過程中，人們看到的正是第二次世界大戰前的情形；他用了諸如「空話大話」、「隱瞞真相」、「盲目的樂觀」、「自私自利」、「阿諛奉承」、「缺乏合理的批判精神」、「盲從於權威」等說法來刻劃他看到的現實。他特別指出，這個政治體制「要求他人付出最終的犧牲」，對結果卻無動於衷。這顯然是一種激烈的體制批判。

在承平時代，人們通常不會從根本上質疑體制的正當性，但福島核電站核洩漏引發的空前危機，將體制根深蒂固的弊病凸顯了出來。白井聰在展開體制批判時引用了「無責任體系」這一說法，意思是「無人承擔責任的體系」；這個說法是著名的政治思想史學者丸山真男在分析日本軍國主義政治體制時提出的概念，他認為戰前日本政治體制的根本問題就是缺乏政治主體意識，沒有人主動承

擔引領國家的責任。[2]白井聰仔細分析了福島核電站事故前後日本官員的各種言論後，得出結論說，日本政治體制的「無責任體系」屬性在今天依然如故。

那麼，1945 年日本的慘敗為什麼沒有終結這種體系？白井聰由此轉向了對戰後政治安排的分析與批判。他認為，由於 1945 年後的日美關係剝奪了日本的主體性，「戰後」這個説法本身就不成立；存在的只是「戰敗」這個基本事實。這個事實具體表現在兩個方面：其一，表現在日本在政治、經濟和軍事上對美國的從屬體制上，而這個體制正是「戰敗」的結果；其二，「戰敗」本身在認識上遭到了巧妙的遮蔽，大部分日本人的歷史意識與歷史認識並未發生變化。這兩個因素相互補充，相互加強，使得「戰敗」體制無限期地延長，這就是他所描述的「永續戰敗」狀態。

這種戰後體制由於它的對美從屬性格，在關鍵時刻無法保護國民的利益。譬如，2011 年 11 月日美兩國就 TPP 協定（「環太平洋區域經濟協定」）進行協商時，日本汽車工業協會表示支持日本加入。這時，美國突然要求日本「廢除輕型汽車規格，因為它們構成了美國進入日本市場的壁壘」。日本輿論嘩然，認為美國純粹是在推行帝國主義策略；美國汽車在日本市場所佔份額低，完全是因為它的汽車缺乏市場競爭力，對照樣本就是德國汽車在日本市場的暢銷。一位日本評論家對美國吐槽道：「美國無法製作出好東西來，就認為別人的規格是錯的。」[3]

———— ⊙ ————

顯然，日本朝野上下對這種規定了日本國家形態的「戰後體制」均有不同程度的不滿。日本首相「擺脫戰後體制」的説法表明了為政者的真實意圖，而白井聰的觀點，則代表了日本國民輿論中「反美」的一系。不過，我們同時也看到了，日本政治家在正式場合都表達說，堅持日美同盟體制是其基本的國策。這就出現了顯而易見的矛盾。要理解這一矛盾，我們就得跳出日本國內的對美批判，

2　參見〔日〕丸山真男：《現代政治的思想與行動》。
3　〔日〕白井聰：《永続敗戰論》，頁132。

進入「東亞世界體系」中看問題。

從東亞世界的角度來看，「日美關係」並非僅僅指日本和美國兩個國家的關係。這個日美關係的真正本質，體現在它在戰後東亞世界體系扮演的角色上；再進一步說，體現在它和東亞世界體系的另外一極，即中國的關係上。尤其是在1990年代美蘇冷戰體系解體之後，中國逐步上升為美國的主要戰略競爭對手，日美關係的發展必然要從屬於美國世界戰略的調整。

但這並不意味著日本被綁架到美國的「戰車」上，全然身不由己。很多日本學者指出，如果日本擺脫了日美同盟的束縛，獲得真正的自立，它就將單獨面對來自中國的壓力。這是地緣政治使然。在日本政治家意識乃至無意識的深處，有著對「中國」莫可名狀的不安，有人將其視為「中國恐懼症」。這種壓力與不安導致日本在追隨美國的東亞政策時少了幾分顧慮。

這種意識當然其來有自。在我們前面重構的歷史敘事中，從「倭王受封」到「盧溝橋事變」的演化史表明，「中國」在日本的自我意識中一直佔據著特殊的位置；日本對中國的態度可以說在「尊崇」和「蔑視」的兩端之間徘徊不定。進入近代之後，「蔑視」逐漸上升為主流意識，並最終導致它試圖武力征服中國。隨著1945年日本的戰敗以及1949年中國革命的成功，以及美國軍事力量的介入，中日之間達成了相對平衡的關係。不過，隨著中國最近數十年間的高速發展，此前東亞世界體系的平衡狀態發生了變化。2012年9月爆發的釣魚島爭端，將兩國間脆弱的關係暴露無遺。按照白井聰的說法，日本在這場危機中表現出的強勢，是因為它以日美同盟關係為後盾，而這種做法反過來強化了它試圖擺脫的戰後體制。

值得注意的是，美國很早就注意到了中日關係的特殊屬性。日本對歷史上中華王朝的尊崇、對近代中國的蔑視，第二次世界大戰後雙方的脫鉤以及貫穿整個歷史的競爭與不安意識，這些在美國的政治家、戰略家眼中都非常清晰，並構成了他們制定東亞世界戰略時的一種「離間」材料。譬如，1951年1月，負責處理對日和約的美國國務卿顧問、隨後出任國務卿的杜勒斯訪問東京時，和英國的外交官大致說了這樣一番話：

日本人認為西方文明具有的某種理性取得了勝利，而英國以及隨後的美國則是西方文明的代表。他們將一種國際社會中更為良善的立場賦予了美國和英國，而且這一立場正在亞洲各國的面前樹立起來。……日本人認為自己在亞洲各國面前，多少也具有理性上的優越性。於是，日本人認為自己屬於歐美各國一側，希望能獲得歐美各國的接受。為了進一步助長日本人的這種想法，美國人要盡力做的就是，把日本人當作我們友好的合作者，通過展現這種吸引力讓他們留在我們的身邊。在日本的面前，中國大陸有著經濟上的魅力；而在這個經濟條件上，我們大概無法滿足日本的希望。所以，我們更要計算助長日本人那種感情的吸引力。[4]

　　我這裏引用這一段說法，當然不是為了揭露美國在中日之間、在亞洲國家之間的離間；合縱連橫，分而治之，大國使用這些手段來達成自己的霸權可謂司空見慣，美國自然不例外。上面這段引文有意思的地方在於，美國給日本開出的代價只是將日本拉入英美白人的「盎格魯—撒克遜俱樂部」；換言之，讓日本保持針對中國的心理優勢，僅僅這一點就對日本有著莫大的魅力。杜勒斯的計策未免有樂觀的成分，但他並不盲目。我們在前面的歷史敍事中已經多次指出，在近代日本的對外關係上，心理因素往往發揮著巨大的能量。

　　因此，無論是從強調權力的現實主義角度，還是從隱微的心理動機的角度，「擺脫戰後體制」對現代日本而言都是一個艱難的任務。我們甚至可以說，除非東亞世界秩序發生急劇的變化，否則約束日本的「戰後體制」很難發生變動。當然，這不意味著日本將處於「永續戰敗」的悲慘境地；毋寧說，當下人們所見的日本，正是包括它自身選擇在內的多種因素達成的平衡狀態。

　　這裏要特別指出的是，傳統東亞文明和近代西方文明這兩種曾左右近代日本國家道路的力量，如今它們的對立和衝突已經極大緩和。不過，當今天中美兩

<hr />

4　轉引自〔美〕ジョン・W・ダワー、ガバン・マコマーック著，〔日〕明田川融、吉永ふさ子譯：《転換期の日本へ：「パックス・アメリカーナ」か「パックス・アジア」か》（東京：NHK 出版，2014），頁 105–106。

國展開堪稱激烈的大國競爭時，源於歷史和現狀的張力就再次在日本身上呈現出來；日本不得不在「日美同盟」與東亞地緣政治兩種壓力中進行反覆的計算與平衡。在很多持現實主義立場的國際關係學者看來，日本因有著與支配性力量結盟以尋求安全的傳統，中國在東亞世界政治中權力地位的變化，最終會決定日本的國家體制。[5] 因此，當日本國民討論「戰後體制」時，他們實際上討論的依舊是日本在東亞世界體系當中的位置問題。

———— ◉ ————

日本國民對「戰後體制」有著多種看法，非常複雜。人們通常認為這個體制源於日本的戰敗，但在我們重新設定的東亞世界體系的框架內，這個體制的另外一副面孔顯現了出來：它事實上就是東亞世界秩序的縮影。

從現狀上看，日本政治家一方面高喊著「擺脫戰後體制」，表達對二戰後日美關係的不滿；但另一方面，他們一再聲稱要堅持日美同盟這個基本路線不動搖。這不意味著日本在採取矛盾的政策，不意味著日本進退失據；毋寧說，日本要在「擺脫」和「堅持」這兩條路線上，實現自身的最大利益。單純地說現代日本是不是正常國家並不具有實質意義；在今日的東亞世界體系中，內在的合作、競爭、衝突乃至對抗關係，使得主要的當事者都無法簡單用「正常」一語來描述自身的存在狀態。

經過長期的實踐與調適，第二次世界大戰後形成的日美關係自身已經成為日本國家體制的一種不證自明的部分。今天引人注目的日本民族主義的興起、現代日本的歷史認識問題以及日本社會固有的體制弊端等等，都可以從日美關係的角度來進行解釋。而且，這個體制在戰後日本復興的過程中也扮演了至關重要的角色。沒有這個讓日本國民愛恨交加的「戰後體制」，可能也就沒有所謂的「日本奇蹟」與日本復興。因此，當代日本知識分子的批判性說法，其實表達了日本國民不斷追求變革、追求自我革新的意識。

5　〔美〕亨廷頓：《文明的衝突與世界秩序的重建》，頁 263–265。

最後要強調的是，在東亞世界體系的框架下，「主權國家」或「國家主權」並不是認知日本最有效的視角；實際上，今天日本面臨的「戰後體制」問題本質上是現代世界秩序自身的問題。這迫使我們再次去觀察日本與現代乃至未來世界秩序的關係問題。

和平憲法

未完的世界主義理想

　　本書對日本二千年演化史的重現與重構已接近尾聲。現在，我們以對當代日本政治的一個主要議題的討論來結束本書的日本探索之旅。這個議題就是「憲法修正」，也就是日本對 1947 年 5 月 3 日正式實施的《日本國憲法》進行修訂的問題。

　　憲法是日本國家的最高法規，修憲必然觸及日本「戰後體制」的核心安排，我們有必要繼續從東亞世界秩序的角度來觀察日本修憲這一政治課題。

———— ⊙ ————

　　我在前面已經指出過，日本戰後體制的問題是東亞世界秩序的縮影，或者說，東亞世界秩序在事實和觀念層面上一直對日本國家形態發生著影響。隨著中國國家力量的增長，東亞世界原有的平衡關係發生了變動，正在進行重新的調整。這種調整主要體現在中美關係上，而作為美國的同盟國以及東亞主要軍事基地的日本，不得不在這些複雜的競爭與合作關係中對自身進行定位。這正是日本為政者試圖修改憲法的東亞世界秩序背景。

　　事實上，日本政治家一直將《日本國憲法》視為日本展開自身戰略時的一個至關重要的支點。一方面，作為最高法規，這部由聯合國佔領軍司令部民政局制定的新憲法規定了日本必須走自由、民主、和平的國家道路；尤其是這部憲法著名的第九條，它剝奪了日本保持軍隊以及在國際紛爭中使用武力的權利。這誠然是近代民族國家主權喪失的象徵，但日本政治家旋即發現了這一條的政治效用：他們以憲法的這一條規定為後盾，為日美同盟關係安裝了一個「後門」——日本以憲法不承認向海外派兵的條文為由，拒絕自己被無條件綁到美國的戰車上。1990 年海灣戰爭期間，日本反對黨就通過國會阻止了日本政府試圖派遣軍事人員的激進行動。這種國家戰略上的考量，加上國民對此前戰爭的反省，最終

形成了日本國民的「和平主義」觀念和理念。因此，這部憲法在日本又被稱為「和平憲法」。

　　但事情還有另外一面，那就是日本的一部分政治家認為這部憲法有問題，要求對它進行修改。修憲是日本國內最為顯白的一項政治議題。我們如果留意日本國內的新聞報道，隨時都會注意到日本「修憲派」政治家對憲法的討論；與此相對的是，日本國民經常舉行遊行集會，反對日本政府的修憲活動。譬如，2015年日本出現了幾次規模達數萬人的大規模抗議集會。示威民眾往往舉著「保護憲法」、「反對修憲」、「不許殺任何人」等標語進行遊行與示威，這些人被稱為「護憲派」。這些事實表明，修憲在日本國內的政治議程中有著非常高的優先度，但又是一個會引發分裂乃至對抗的議題。

　　在一部分日本民眾看來，修憲意味著為日本走向戰爭鋪就道路；而日本周邊的國家，尤其是日本軍國主義發動的侵略戰爭的受害者，同樣有這樣的擔憂。不過，日本的修憲派政治家卻一再宣稱：修憲的目的是為了更好地維護和平！他們的主要理由是，現行憲法原則上禁止日本向海外派遣軍事力量，但如果取消憲法對軍隊的這種約束，那麼日本就可以更積極地參與聯合國維護和平的行動，從而更有助於維護世界的和平。

　　修憲派與護憲派論爭的焦點是憲法與和平的問題。那麼，日本修改憲法究竟是為戰爭還是為和平作準備？這個問題其實是日本國內雙方爭論焦點的尖銳化表述，並無實質性的意義。換言之，日本在未來究竟是走和平主義的道路，還是再次走上戰場，並不僅僅取決於當下修憲與否。不過，從日本演化史的角度看，修憲與否則是一個極為重要的標尺，我們可以通過它衡量出日本在自我意識上究竟取得了怎樣的高度與成熟度。因為從世界秩序的角度看，這部憲法並不是日本一國的憲法；日本的修憲活動反映的正是它對世界秩序與文明的認知。

──── ◉ ────

　　我們首先就從這部憲法最容易引發爭議的核心條款，也即憲法第九條來觀察一下修憲議題的結構。這個條款非常特殊，共分為兩款：

（1）日本國民衷心謀求基於正義與秩序的國際和平，永遠放棄以國權發動的戰爭、以武力威脅或武力行使作為解決國際爭端的手段；

（2）為達到前項目的，不保持陸海空軍以及其他戰爭力量，不承認國家的交戰權。

很明顯，這個條款的特殊之處就在於它禁止日本擁有軍隊，並否認了日本國家的交戰權。有人說日本不是完全獨立的主權國家，不是正常的國家，一個主要的根據就是這一條，因為按照人們對國家的一般理解，交戰權是國家主權的最主要象徵之一。這一條是日本憲法被稱為「和平憲法」的法律依據。

圍繞這一條是否恰當的問題，日本國民分成兩派，雙方進行了無休止的爭論。日本右派或者說保守派認為這個條款限制了日本國家的自由，必欲除之而後快；而左派則認為這個條款是聯合國佔領軍，是美國給日本國民帶來的最大福利，因為它在法律上對國家的暴力行為進行了根本的禁止，日本無法參與戰爭。由於雙方依據的標準不同，他們注定無法達成合意。右派強調的是傳統意義上的國家主權與安全上的理由，而左派強調的則是近代文明的理想：對權力進行約束正是近代政治文明的起點和要達成的目標。在一部分左派人士看來，在民族國家的內部，文明國家已經通過法治率先實現了對權力的馴化；但在民族國家的外部，國家主權還有待進一步的約束。

在上述問題的爭論中，日本修憲派政治家一直強調修憲的第二個理由也出現了：現行憲法是一部美國強加的憲法。這一理由也被稱為憲法的「美國強加論」。從原理上說，憲法作為國家的最高法規，它應該反映的是全體國民的意志，但在日本的一部分政治家看來，這個憲法的一些條文脫離了日本固有的價值觀和風俗習慣，必須對其進行修改，而第九條只是要改動的條款之一。

現在，我們看到了保守派推進修憲運動的全部邏輯鏈條：日本現行憲法是美國強加給日本的，而不是日本人自己依據自身的觀念、習俗制定而成，它對日本共同體的存續造成了損害；憲法第九條不僅僅是不切實際的幻想，還嚴重束縛了日本的國家主權；因此，日本必須修改憲法。

值得注意的是，這種憲法的「美國強加論」並不是日本保守主義者的專利，

日本的左派人士也持有同樣的看法。不過，左派通過建構另外一種邏輯鏈條，推導出了反對修憲的理由。譬如，早在 1955 年，當時有名的啟蒙思想家鶴見俊輔（1922–2015）就發表了一篇文章，叫〈弄假成真〉。在文章中，他這樣寫道：

> 戰後日本公佈了新的和平憲法，但這是一個謊言。這部憲法由美國強加給日本，卻佯裝是基於日本人自由意志制定的，因此是個不折不扣的謊言。發佈當時是謊言，現在依然是謊言。然而，試圖從這個謊言中引導出真實的運動，我卻是支持的。

我自己在評論日本憲法時，總會引用這段話。這是因為，這段話的前半部分將日本國民的真實感受呈現了出來：日本國民普遍承認憲法的「美國強加論」。如果說這段話的前半部分並無新意，那麼後半部分則是洞見迭出。一方面，它將日本知識分子，尤其是進步主義知識分子的理想呈現了出來，代表了後來反對修憲的多數知識分子的心聲。這種理想就是憲法所謳歌的民主主義、人權保障以及和平主義思想。另一方面，它還表明了憲法制定的一種機制，即，如果國民通過自己的努力，將這部憲法的理念轉化為現實，那麼日本國民事實上就成了造法的主體。

上述說法基本上涵蓋了目前日本國內關於修憲的主要觀點。不過，這些觀點和視角依然停留在日本民族共同體的內部，未能揭示日本憲法所具有的超越民族國家的本質特徵。我們的認識還要更進一步。

———— ⊙ ————

這時，我們就要仔細思考一下「美國強加論」這個日本國民廣泛共有的認識，因為它涉及日本憲法「和平主義」的本質問題。其實，如果回到憲法制定的歷史現場，我們就不會簡單地接受日本憲法是美國強加的看法。為了說明這部憲

法的真實起源，我們快速回顧一下我們曾經談到的幾個歷史片段。[1]

1945 年 8 月 15 日，裕仁天皇通過廣播發佈《終戰詔書》，日本宣佈戰敗，這是一切問題的起點。如果不回到這個歷史現場，很多歷史爭論就失去了焦點，往往不得要領；而在歷史現場，這個詔書的本質非常清晰：它是日本政治家的最高的政治決斷，即宣佈接受《波茨坦公告》。這個公告由中美英三國在此前的 7 月 26 日聯合發佈，要求日本無條件投降；如果日本不接受這個最後通牒，將面臨滅頂之災。廣島和長崎遭受原子彈轟炸，正是日本統治集團無視公告的結果。在遭受原子彈打擊以及蘇聯在 8 月 9 日宣佈對日作戰後，日本自認為失去了繼續抵抗或有條件求和的機會，最終在戰和兩難的局面下，裕仁天皇作出了政治決斷。

因此，以美國為首的盟國佔領軍的入駐，以及隨後佔領軍對日本的一系列施政行為，都是以這個法律文件為基礎的。就此而言，佔領軍司令部為日本起草新憲法，以及日本隨後接受並實施憲法，在法律上只是履行《波茨坦公告》條款的行為。這裏並不涉及新憲法是否應該由日本國民來創制的問題。

換言之，接受《波茨坦公告》是日本最高主權的決定。發動戰爭是日本國家最高主權的呈現，戰敗接受無條件投降，同樣是日本最高主權自我意志的表達。作為履行這個公告的一環，佔領軍當局為日本制定新憲法，本質上是對日本最高主權的執行，因而不涉及所謂的「強加」問題。宣佈放棄戰爭權利的憲法第九條，同樣可視為實現《波茨坦公告》精神的關鍵條款。

憲法的「強加」論邏輯不成立，而「美國強加」論則更不成立，因為在日本宣佈戰敗的時刻，立法者——作為戰勝國的美英中三國（蘇聯宣佈對日作戰後，在公告上署名）與戰敗國的日本——的政治意志就是日本必須作為和平國家才能夠存在。如果一定要說「強加」，那也只能說是「同盟國強加論」。美國在制定日本憲法中的角色，本質上是對盟國一方政治意志的執行。日本新憲法的大立法者，就是我們這裏一再強調的同盟國各國以及日本自身。

1　關於日本憲法歷史起源與屬性更為細緻的介紹和討論，可參見拙著《分身：新日本論》，第 6 章。

回到憲法制定的現場，我們還會找到法律以外的證據證明「美國強加論」或者「同盟國強加論」的偏頗。其中最重要的一點就是，憲法第九條實際也是佔領軍一方和當時日本政府合作的結果，而且還是通力合作的結果。問題的關鍵就在於天皇和天皇制。在日本宣佈戰敗前後，日本政府主要關心的就是天皇自身的安危，因為無條件投降意味著天皇的命運將由佔領軍決定；而在當時的美國、中國以及其他諸如澳大利亞、蘇聯等同盟國一方的國家，都出現了懲治戰犯、要求天皇為戰爭負責的強烈呼聲。

不過，對於佔領軍當局而言，以適當的方式維護天皇的地位是實行順利佔領的最佳手段。這個時候就出現了讓人驚奇的一幕：面對來自聯合國一方懲治天皇的壓力，佔領軍司令部和日本政府一拍即合，要趕在東京審判開始之前創造具體的「事跡」或「業績」，來為天皇免責。而迅速制定一部新憲法，一部在最高水準上滿足所有人的憲法，就成了最佳手段。

經過一系列的互動，麥克阿瑟最終親自為憲法制定了指導原則，亦即有名的「麥克阿瑟三原則」：（1）天皇為國家的象徵元首；（2）日本放棄發動戰爭的權利；（3）廢除封建制度。佔領軍民政局組織了一個由 25 人構成的憲法起草小組，從 1946 年 2 月 4 日開始，僅用了九天就拿出了憲法草案。這部憲法隨後通過了日本國內的立法程序，11 月 3 日正式向國民公佈，並於半年後正式實施。各種流行的日本憲法「美國強加論」的觀點，只是看到了憲法條文撰寫的這個極其有限的歷史片段，而選擇性地忽視了日本接受新憲法的根本原因。

這樣，我們就可以得出結論說，二戰後日本新憲法的制定是日本以主權者的身分發動戰爭以及同樣以主權者的身分接受無條件投降這一歷史進程演進的結果。對此，當事者倒是有比較清晰的認知。譬如，在 1949 年 11 月第六次國會施政方針演說中，時任首相吉田茂這樣說道：

> 正如新憲法莊嚴宣稱的一樣，我國作為非武裝的國家，領先列國一步而主動放棄戰爭，並撤銷了軍備，這是保障我國安全的唯一道路；我國以愛好和平的世界輿論為依託，國民決意為世界文明、世界的和平與繁榮作出貢獻。我們要進一步明確宣佈這一點。促進文明世界對於我國的理解，

我認為這是促進締結和平條約的唯一道路。……沒有軍備正是我國國民幸福的保障，也是讓世界信賴我們的理由。[2]

在這個說法中，日本首相還表明了接受新憲法的另一種理由，那就是與世界各國締結和平條約，從而換取國家主權獨立地位。總之，如果將整個憲法的制定與實施過程納入我們的視野，那麼日本憲法的「和平主義」的本質涵義就呈現了出來。——在歷史的現場，和平主義是最大的共識；這部憲法的制定是歷史進程中各種力量與觀念因素共同作用的結果。這裏面的認知要害在於，歷史中的那些真實力量和觀念最初就超越了民族共同體，而具有了普遍的世界主義的性格。在這個意義上，日本憲法是一部世界主義的憲法。

——— ⊙ ———

這就是日本憲法所謳歌的「和平主義」的歷史起源。這種和平主義是當時歷史參與者的最大共識，有著堅實的法律基礎。今天日本國內的修憲派和護憲派，其實都忽視了這部憲法的大前提，忽視了憲法最根本的法律基礎。

當鶴見俊輔說他贊成從「謊言」中「導引出真實的運動」時，其實他已經觸及了日本憲法之所以為「和平憲法」的根本精神機制。這是因為，對於戰爭末期飽嘗苦難的日本國民來說，憲法謳歌的和平理念並不是無法實現、可有可無的理念，而是必須實現的一個目標；只有實現這個目標，他們的犧牲才不會變得沒有意義。在這種意義上，說「和平主義」構成了戰後日本民族自我認同的一個核心要素也恰如其分。戰後日本一直有一種強大的反對修憲的民意，與民眾的真實感覺有著直接的關係。在這個意義上，日本國民最初就是新憲法的制定主體。

事實上，這部新憲法的最大價值就在於它有著創造現實、構成現實的功用。憲法如果得到遵守，它必然會規範國民的行為，進而將其倡導的理念持續轉變為國民生活的現實。有怎樣的憲法，就有怎樣的國民。當代日本的觀察家們對此有

2　〔日〕外岡秀俊等：《日米同盟半世紀》，頁44。

如下評論：「時至今日，日本人比任何民族都更強烈地獻身於和平主義，這是他們的偉大理想，獲得了他們感情上和理性上的支持」；「日本人比任何其他民族都更熱情洋溢地獻身於國際主義思想，並且斷然否定任何民族主義的權威」。[3] 戰後的《日本國憲法》所創造出的和平主義，已經不再僅僅是理想，而是獲得了強烈的現實屬性；它所創造的國民主體會在歷史進程中要求國家實現他們的和平主義意志。

當然，我在這裏並不是要宣揚法律或制度的萬能主義，因為法律、制度以及國民主體是否最終能防止戰爭再度發生，還要依賴於其他的條件。但是，這部憲法所創造出的和平主義的事實，在日本演化史上卻是新的事物，將對日本國家的慾望與行為產生深遠的影響。

現在，我們可以得出這樣的結論了：日本與傳統中華世界以及近代西方世界的恩恩怨怨，或者說日本二千年的演化進程，最終表達為這樣一部具有導向永久和平意義的憲法。在這個意義上，日本憲法體現了人類的世界主義理想。這一結果已經超越了它自身的悲喜劇，而獲得了世界史的意義。如何將和平主義理想在世界範圍內加以實現，這應該是現代日本面臨的最大課題。當然，這也應該是當今所有國家和民族的共同理想與課題。

3　〔美〕賴肖爾、詹森：《當代日本人》，頁 398、472。

下篇　現代日本的深層結構
420

終章

日本二千年的啟示

1.

　本書最初的意圖是探索日本的「變異」。中日兩國在東亞世界體系中有著長期共生、協同演化的關係，日本在我們的眼中形成了一種兼具「分身」和「他者」的混合角色，有著顯著的異色。探索日本的變異，就是要探索、理解日本異於其他國家，尤其是我們自身的獨特原理與屬性。因此，本書始終聚焦於現代日本呈現的卓異品性。

　同任何國家與民族一樣，日本作為國家與民族共同體的品性也都是源於長期演化的結果。我們為此進行了多角度、多層次的分析：在時間上，我們的探索跨越了古代與現代，涉及日本二千年的演化歷程；在空間上，我們將日本列島納入東亞大陸、歐亞大陸乃至世界自身的大空間中，重新描繪了它與多元的地理及文化空間的互動過程。

　在這個過程中，我們一再提出我們當下的疑問，期待來自「日本」的應答。本書對日本的探索實際上是我們與日本進行的一場「對話」。因此，本書的日本演化史敘事不是傳統的以時間和事件為經緯組織的編年史敘事，而是在我們當下的問題意識──即日本何以成為我們當下所見的「日本」──導引下建構的精神史敘事。這種由問題意識導引的日本探索，在本質上是對日本的重新認識，是一種新的日本論。

　那麼，當我們回望本書的探索歷程時，會獲得怎樣的認知？在回答這個問題之前，我們首先要回顧一下，我們已經看到了什麼。

　我們看到了生活在歐亞大陸東端海外列島上的人群，從蒼茫的歷史深處走出；他們的生活共同體從原始的部落狀態逐步演變為「倭國」，又從倭國轉變為「日本」，最後在 19 世紀下半葉開始成長為「大日本帝國」。我們還看到了這個帝國最後灰飛煙滅，並隨即搖身一變，轉化為和平主義國家。這就是日本二千年演化的歷史事實。

　但我們的目光並未僅僅停留在表面的事實上；從起點開始，我們在歷史事件上每一次短暫駐足，都是為了更好地觀察下一個事件得以發生的來龍去脈。這種對歷史事件的重構與歷史事實的重現，亦是我們對自身問題意識的回應。所

以，本書的核心是對已知的歷史事實進行重新的觀察與解釋，以豐富我們對歷史事實的認知。

當然，這並不意味著本書只是提供了一種相對主義的日本歷史敍事。「草蛇灰線，伏脈千里」；一條從草叢中穿過的蛇，一條在爐灰裏拖過的細線，總會留下一些若隱若現的痕跡，留下一些線索，讓人們意識到它們曾經的存在。種瓜得瓜，種豆得豆，人們通常稱其為因果關係。

我這裏要説的是，一部有意義的歷史敍事同樣如此；歷史中的因果鏈條就如同草蛇灰線，要經過特別的觀察、洞察和省察，它的歷史脈絡才能最終呈現在我們面前。這意味著，在我們對日本演化史進行重新敍述時，首要任務就是沿著歷史事件留下的蛛絲馬跡，找到事件背後或者説歷史深處的邏輯。

為此，我們從最初就將「日本」從日本列島解放了出來，將其置於一個更大的格局中。這意味著，「日本」首先不是人們觀念中僅僅存在於「日本列島」這一特定地理空間的一個國家和一群人共同生活的組織。當我們把日本放到東亞世界這個框架中時，它此前隱匿的屬性就頓時鮮明地呈現出來。由於獨特的地理位置，它成功地和傳統中華世界建立了一種若有若無的聯繫。

説這種關係「有」，是指日本列島的人們一直在吸收東亞大陸形成的古典文明，使其呈現出與東亞世界各國並行演化的狀態。譬如，它吸收了漢字書寫體系，吸收了隋唐的律令制度，吸收了儒家思想和文化，吸收了禪宗佛教，吸收了大陸的各種農業和手工業技術……最終，它還形成了與大陸中華王朝同型的「天下」意識，形成了自身作為「中華」、作為「文明之花」的自我意識。它的最高統治者自稱「天皇」，將東亞王權思想與它自身的神話體系完美地結合在一起。歷史上它還創造了以自身為中心的朝貢—冊封體系，先後將北海道、朝鮮半島的一部分以及琉球王國納入自己的統治範圍。

16 世紀末一統天下的豐臣秀吉，將這種天下秩序推至極處——他妄圖將朝鮮王國、大明王朝、印度乃至南洋諸國悉數納入自己的統治範圍。在隨後的江戶時代，日本的儒者與經略學家們分別在觀念與戰略上，繼續展開天下想像。明治日本奮發圖強，在近代工業力量的加持下，帝國觀念如虎添翼，「大陸政策」日漸明朗，最終在昭和時代形成一套建立在東西文明對決基礎上的世界戰略。

説這種關係「無」，是指它最初就試圖形成同中華王朝對等、平等的關係，有明確的競爭與對抗意識。因此，只是在一些特定的歷史時期，譬如在相當於童年時代的倭國時期，或者在它急需海外貿易的 15 世紀初期，日本才主動選擇進入中華世界體系；而在更多的時刻，它主動和這個體系保持著距離。同時，它的意識深處還潛藏著一種慾望；它要成為這個體系的核心，想像著有一天能入主中原。近代以來的中日關係史，實際上就是日本挑戰並試圖取代中國的歷史。日本在與中華世界的互動過程中形成了非常複雜的心理意識。

　　日本這種獨特的自我意識的生成、演化與變異，正是我們追溯日本演化路徑的核心線索。日本特殊的地理位置，亦即孤懸海外的列島特徵，給它的自我意識的獨自演進提供了空間保障。在古典東亞的時間和空間中，我們看到了日本演化的各種信息。

　　上述説法並不是要指出一種觀念決定論或地理決定論；在人類事務中，並不存在著有意義的「決定論」。不過，這也不意味著「決定論」這個詞語自身沒有意義。事實上，在給定的時空中，我們的理性總傾向於去探尋其中發生的各種事件的關聯，並將那種關聯稱為因果關係，而如果可以追溯到一個源頭，我們就會用「決定」這個説法來表達那種關聯。在人類的歷史上，神祇、地理、物質、精神等等，這些都曾充當過那個莫須有的源頭，充當了各種決定論預設的前提。問題在於，理性自身尚不足以説明人類歷史複雜的演化過程。

　　這麼説的目的不是要進行理論思辨。從古代日本的形成以及近代以來與大陸的互動過程中，我們發現了一種非常強烈的關聯：日本在有文獻記錄以來，乃至在此之前形成的認知與慾望，在意識深處甚至是無意識的層面上，深刻影響了此後日本的國家形態。如果將這種影響關係與作用形式用「因果」來表達，説日本的演化過程是注定的也恰如其分。當然，在這個過程中有形形色色的因素在發揮著作用，它們時刻決定著一個特定事件的微觀走向。當這些事件串聯起來而成為歷史時，我們就隱約看到了它特定的或者説注定的走向。

　　在上述的意義上，日本就是它的精神、觀念、意識在其演化進程中的顯現；但這個顯現只有通過與我們有意義的關聯，才能最終轉化為我們自身對日本的認知。這個關聯就是作為文明與地理關係的東亞世界體系。

透過東亞世界體系的框架，日本演進過程中草蛇灰線般的蛛絲馬跡就變得昭然若揭了：日本的本質正是東亞世界體系演化的特定結果。日本在 19 世紀中後期崛起的動力機制，形成於東亞世界內部；日本的崛起就是東亞自身在近代世界中的崛起。20 世紀展開的中國革命和現代化建設過程，同樣是東亞世界演進的一部分。我們當下正處在這個歷史巨變的進程中。

2.

如果我們將視角繼續擴大，便可獲得理解東亞世界史的框架，那就是近代文明進程與世界秩序的變遷。伴隨著工業革命和全球資本主義的興起，東亞世界逐漸捲入這個世界巨變的進程中。傳統中華帝國由於是東亞世界體系的主導國家，它始終與新世界體系處於一種抵抗和競爭的關係。

我們首先看到的是抵抗，然後是全方位的競爭。在這個過程中，日本因其在文明和地理上的特殊位置，迅速馴化了新時代的工業力量。日本在傳統東亞世界體系中形成了高度發達的自我意識，這使得它在新世界體系中如魚得水。19 世紀末世界進入殖民帝國時代時，日本已經成了殖民帝國不折不扣的樣本。它是西方世界的闖入者，以全方位吸收西方文明的方式，同西方列強展開抵抗與競爭。日本是近代世界文明與世界秩序的嫡子，但有著桀驁不馴的叛逆性格。

因此，近代日本的毀滅與重生也就獲得了多重的含義。在我們的敘事中，我們努力揭示的是內在於東亞文明的力量。日本帝國通過吸收這種力量，最終改變了東亞乃至世界的歷史和文明進程。1945 年以後，人們多看到的是它的失敗；但是，我們的目光不應該為它的失敗所束縛，因為下述事實更有意義：彷彿附體得到了驅逐一樣，「和平」和「文化」成為新生日本的標籤，使其迅速走到了世界文明演化的前沿地帶。

作為東亞王權的競爭者和日本帝國擴張的受害者，我們昔日的位置和處境影響了我們對日本的認知。但在今天，我們自身的境況讓我們獲得了新的問題意識和視角。我們說的「日本」，最終就是我們在此刻的意識下對「日本」進行的觀照與呈現。這麼說當然不意味著「日本」只是我們的想像，而是指在新的歷史

意識和自我意識的導引下，我們對日本進行了重新的認知。

　　這個說法實際上揭示了我們自身的歷史觀。英國著名的歷史學家 Ｅ·Ｈ·卡爾（E. H. Carr, 1892–1982）在討論了各種歷史學的觀念後，得出了一個非常有名的結論：「歷史是歷史學家與歷史事實之間連續不斷的、互為作用的過程，就是現在與過去之間永無休止的對話。」他的另外一個說法是：「歷史學家的作用是……作為把握現在的關鍵來把握過去、體驗過去。」[1] 過去發生的各種事件只有納入我們當下意識所建構的意義體系中，才能構成我們所知的歷史。重要的是，我們當下的意識也不是憑空而來，而是源於各種歷史的、現實的與心理的因素相互作用所形成的意義空間。我們所追求的歷史和我們所關注的當下，都存在於我們此時此刻對歷史的表述與重現中。

　　我們對日本演化史的重新敍述與呈現，正是為了把握現在，以便審慎地探索未來。敍述與呈現，事實上是我們共同進行的一次歷史體驗。我們體驗到了居住在日本列島的人們，在彷彿宿命一般的自然地理環境和世界政治環境中生成和演化的歷史。我們努力進入它的精神世界的深處，剖析並理解它的慾望、激情和信仰，並理解它的精神。我們進一步通過它外在的行動對此加以印證，進而確認了它生成和演化的邏輯。我們描述的日本表象，就是它的本質。

　　因此，對「什麼是日本」這個問題的每一個回答，都構成了我們所要認知的日本的一部分。我們的日常觀念中有一個叫「讓事實本身說話」的說法，但它並不準確。事實能說出什麼，最終取決於我們的發問和解釋，因為事實本身並不會說話。同時我更要指出的是，「事實」自身同樣取決於我們的取捨，取決於我們的認知體系對它的呈現。

　　只有在這種關於「事實」的取捨、建構和解釋的過程中，我們才會獲得對於對象的認知。認知一個對象，從根本上說是關於這個對象的建構。我們所能看到的「日本」，依賴於我們所建構的認知體系。在這個意義上，我在本書中關於日本二千年歷史的探索，就是這個認知體系的建構。

1　〔英〕Ｅ·Ｈ·卡爾著，陳恒譯：《歷史是什麼？》（北京：商務印書館，2017），頁 110–115。

這個認知體系的建構過程，也是對日本演化史的重現過程。我選取了這個演化史的一些節點和現象，試圖將每一個特殊事件和現象背後的邏輯揭示出來。我們已經看到，這些事件和現象在邏輯結構上有著驚人的一致。這個深層的邏輯，就是本書試圖提供的日本認知，它同樣也是對我們自身的認知。

從「分身」到「變異」，我們看到了東亞世界的歷史與現實呈現。在這個東亞世界呈現的畫面或者說巨幅的表象中，一部分我們稱其為「日本」，而另一部分，我們則稱其為「中國」。

3.

每當提到中日關係時，我的頭腦中都會浮現出這樣一種說法：「中日兩國隔海相望，一衣帶水，擁有許多共同的文化遺產。然而，令人遺憾的是，今天他們彼此之間竟是如此陌生。……將來，這兩個大國之間的關係肯定是世界上最重要的關係之一，既決定著他們自己，也決定著全人類的命運。因此，他們之間的相互理解和合作，對於兩個民族和全人類，都是至關重要的。」[2] 這是美國的日本專家賴肖爾在其《當代日本人》中文版序言中的說法。這段話寫於 1988 年，但我們今天讀來也不禁為之共鳴。從東亞世界史演化的脈絡看，說中日關係既決定著彼此又決定著全人類的命運，並非言過其實。

賴肖爾所言的日本在我們中國人眼中的「陌生」性，我在本書中將其表述為「日本變異」。我們對日本的「陌生」的感受，首先表現在我們內心的比較中，表現為作為這種比較結果的「異己感」。現代日本對於我們而言，正是這種集自身與他者為一體的存在，是一種特殊類型的「陌生」。如果說東亞世界在數千年前可能有著共同的開端，那麼，在我們的眼中，日本的演化歷程就是它轉變為異質性的他者，也即「變異」的過程。

因此，本書就是一部呈現、探求日本「變異」──變得「奇異」和「卓

---

2 〔美〕賴肖爾、詹森：《當代日本人》，頁 vii。

異」——的演化史。通過重構這一演化史，我們看到了一個民族從蒙昧狀態走向文明的全景視圖，看到了人類文明演化的一個真實事例。在這個意義上，我們這場探索之旅的「終點」，同時也是一個「起點」：我們要帶著新的認知和省察，投入到現實的人類文明進程中，去推進我們共同的文明化事業。

我們是誰：從日本的回望

1.

　　我們終於走到了這個從日本回望自身、省察自身的時刻。什麼是中國？這是當下的時代要求我們直接面對的問題。中國最近數十年間的高速經濟發展和現代化的成就，堪稱這個時代最大巨變的表象，是全球化時代的象徵。中國以其超大規模的屬性，時時刻刻都在對世界的政治經濟格局發生著不可忽視的影響。人們對於中國的成長，有著各種評價。美國前國務卿基辛格、新加坡前總理李光耀（1923–2015）等著名的政治家，日裔美國政治學者弗朗西斯·福山等人，都在著述中專門討論過中國的發展與文明角色。

　　這些名人的論述並非沒有爭議，更不是定論，但通過他們提供的視角與認知體系，我們也看到了過去不曾看到的中國。而從日本回望中國，我們同樣會獲得新的認知。這裏所說的「日本」，並非具有永恒不變的屬性，不是日本列島上那個民族樸素的自在，而是我們建構的認知體系自身。我們要從「日本」這個認知體系來反觀中國自身。

　　事實上，我們對任何有關日本「事實」的認知，最終都依賴於我們自身的位置和意圖，依賴於二者建構的意義空間，所以它們決定著我們認知的廣度和深度；而它們與歷史事實的結合，就是我們經過慎重思慮後形成的歷史觀。這意味著，我們對日本演化史的重述，時刻都在呼應著「我們是誰」、「什麼是中國」的根本問題。

　　中國曾長期是東亞世界體系的核心，是東亞文明的中心。這個體系的另外一個說法是朝貢—冊封體制，是傳統中國「天下」觀念的制度表達。在這個體系內，「天朝」、「上國」以及「天朝上國」成為中國的自我意識。這些說法同樣被這個體系的參與者所承認，並為富有野心或雄心的政治家所主動追求。這正是歷史上東亞大陸上的各個政權逐鹿中原的根本動力機制。日本國內將這一套政治觀念稱為「中華思想」，對此頗有微詞，但歷史上也數次參與到這一遊戲中來，最終在 1945 年出局。

　　這裏我要說的是，歷代中華王朝作為「天朝」的自我意識並非僅僅源於所謂的「自民族中心主義」（ethnocentrism）的傲慢，還有著一種特定的「文明國

家」與「世界國家」真實的歷史內容。在中國的自我意識中，這個「天朝」創制的世界體系的根本原理不在於武力的強大，而是由其文明水準所顯示的「天意」。「中華」這個觀念有著它固有的政治哲學與政治神學的涵義。

傳統中國在東亞世界體系中的位置，現在的學者們通常使用國際關係學中的「霸權國家」這一術語來描述。「以力假仁者霸，以德服人者王」（《孟子》）。但如果我們知道中國政治思想史中有名的「王霸之辯」，就會認識到「霸權國家」這個標籤與古代中國的自我意識和行為大異其趣。

日本的演化史將傳統東亞世界的「中華」屬性和原理凸顯了出來。日本二千年演化有一個不斷獲得「中華」意識並將其具體落實的歷史脈絡，是日本獲得「大國意識」與「文明國家」自我意識的歷史。但這種自我意識畢竟和傳統中國不同；由於日本處在文明體系的邊緣位置，它在演進過程中逐漸積蓄了一種非常特殊的心理能量：趕超中國和文明化。這是一種傳統中國不容易覺察與理解的異質性事物。

日本的這種特殊的演化路徑，到近代之後最終釋放出巨大的能量。這種能量帶來了日本的崛起，但同時也產生了巨大的破壞性；它對中國造成的衝擊和影響，持續至今。我們的歷史敘事，也揭示了日本這種心理機制的生成和演化的路徑。日本的成長，可以理解為日本自我意識演化並現實化的歷史。1930年代以後日本對西方主導的世界秩序的挑戰，正是這種演化的極致情形：它要成為新文明的中心，成為世界史的推動者。

正是在這種極致情形中，我們看到了日本自我意識中致命的危險因素。它雖然獲得了成為「大國」與「文明國家」的自我意識，但對文明的理解極其偏頗。尤其是進入近代西方殖民帝國以暴力為基礎的世界秩序後，日本演化成一個徹底的「霸權國家」，而暴力則成為它落實自己「大國」與「文明國家」自我意識的唯一手段。結果，日本徹底與近代文明的演化進程分道揚鑣。1930年代的日本一意孤行，對中國發動侵略戰爭，就是其逆時代而動的表現和結果。

這裏重提日本演化邏輯的目的不是要再次指出它的失敗，而是要從日本的失敗之處反觀中國何以成為「中國」，何以在歷史上長期集「大國」與「文明國家」於一體的現實。當然，這麼說不意味著歷史上的中華王朝從未對其他民族或

國家動用過暴力，也不是指它的某個時刻的特定行為完全符合文明的標準。我們不能求全責備。

中國之所以是「中國」，是因為它的自我意識和行為有著內在的關聯。中國的行為受到了文明意識的規範和約束，而且，這種約束在多數的歷史時刻名副其實，並尤其表現在它的對外關係中。傳統中國主導的東亞世界秩序，亦即朝貢─冊封體制，本質上是一種基於貿易與禮儀的秩序。這個秩序的輸入是周邊國家的朝貢和接受冊封，二者在本質上都是象徵，而輸出的卻是區域的安定、和平與繁榮；暴力是維持和平的最後手段。這是一種文明的世界秩序。

2.

第二次世界大戰後，日本被強制從傳統的東亞世界體系中分離出來，編入美國主導的西方世界秩序中。這種突如其來的變異，激發了日本國民去理解什麼是真正的文明。在新憲法體制下，和平主義思想在國民中逐漸生根發芽；堅持和平主義的平民成長為日本政治生活中的一個重要角色。

從日本的角度看，中國在東亞世界體系中的地位並未發生根本的變化。日本在東亞世界體系中形成的歷史記憶，加上它作為西方世界體系一員的自我意識，會讓它持續對中國保持著競爭甚至是對抗性的關係。換言之，日本認為，中國的發展給它造成了持續的不安和壓力。這意味著，無論中國怎樣強調自己是和平崛起、文明崛起，都不容易改變自己在日本眼中的形象。這種情況源於所謂「地緣政治學」的動力機制，但更有著日本演化史自身的內在邏輯在發揮著作用。包括日本在內的很多國家首先會聯想到傳統中華帝國的復興。這是中日關係面臨的深層課題。

這裏面的根本問題在於，在現代民族國家的主權與民族主義觀念的反觀之下，傳統中國主導的東亞世界體系變成了不堪忍受的「霸權體系」。隨著經濟規模的持續增大，中國面對的壓力將會越來越大。民族國家體系是一種結構性的約束，我們無法簡單地改變自己在他人眼中的形象，因此我們就需要真正和真實地理解這個世界對中國的感受和認知。

對日本演化進程的重現，實際上就是認知框架的建構，並藉此更新我們自身的歷史認知。對於個體而言，新的自我和世界認知會成為自我變革的起點；對於國家而言，同樣如此。我們對包括日本在內的世界的重新認知，實際上是在當下的、新的文明意識導引下的認知。藉助他者的視線，我們要再一次確認自己面向文明的慾望、激情和信仰，確認中國作為「世界」的歷史記憶和現實屬性。如果獲得了這種面向世界文明的自我意識，我們就可以稱自己為真正的「世界歷史民族」。

從而，中國近代以來的演化過程，也將是這個「世界歷史民族」從自在到自覺、從傳統的自覺走向現代的自覺，並最後自我實現的過程。這種自覺意識，我們也可以表達為「世界主義」。這就是我們的「世界主義的中國」。

附錄

參考文獻 | 按章節順序

周作人：《苦竹雜記》，北京：北京十月文藝出版社，2011。

〔日〕內田樹著，郭勇譯：《日本邊境論》，上海：上海文化出版社，2012。

Ezra F. Vogel, *Japan As Number One*；日文版：《ジャパンアズナンバーワン》，東京：阪急コミュニケーションズ，2004。

李永晶：《分身：新日本論》，北京：北京聯合出版公司，2020。

李永晶：《友邦還是敵國？——戰後中日關係與世界秩序》，上海：上海人民出版社，2018。

〔日〕竹村公太郎著，謝躍譯：《日本文明的謎底：藏在地形裏的秘密》，北京：社會科學文獻出版社，2015。

〔日〕丸山真男著，唐永亮譯：《丸山真男講義錄》，第 6 冊，成都：四川教育出版社，2017。

〔美〕賴肖爾、詹森著，陳文壽譯：《當代日本人：傳統與變革》，北京：商務印書館，2016。

〔日〕岡倉天心著，陳小妹譯：《東洋的理想》，北京：商務印書館，2018。

〔日〕和辻哲郎著，朱坤容譯：《風土：一項人間學的考察》，北京：東方出版社，2017。

〔法〕列維—斯特勞斯著，于姍譯：《月亮的另一面：一位人類學家對日本的評論》，北京：中國人民大學出版社，2018。

〔法〕柏格森著，彭海濤譯：《道德與宗教的兩個來源》，北京：北京時代華文書局，2018。

〔日〕谷川健一著，文婧等譯：《日本的眾神》，北京：社會科學文獻出版社，2015。

〔日〕津田左右吉著，鄧紅譯：《日本的神道》，北京：商務印書館，2011。

〔美〕大貫美惠子著，石峰譯：《神風特攻隊、櫻花與民族主義：日本歷史上美學的軍國主義化》，北京：商務印書館，2016。

李永晶：《東京留學憶記》，桂林：廣西師範大學出版社，2015。

何新：《諸神的起源》，北京：民主與建設出版社，2018。

〔日〕大山誠一：《聖德太子と日本人》，東京：角川書店，2005。

〔日〕岡田英弘著，王嵐等譯：《日本史的誕生》，海口：海南出版社，2018。

〔日〕小泉八雲著，曹曄譯：《神國日本》，長春：吉林人民出版社，2008。

〔日〕荒木博之：《日本人の心情論理》，東京：講談社，1976。

〔日〕本田総一郎：《日本神道》，東京：日本文芸社，2006。

〔日〕河合隼雄著，王華譯：《神話與日本人的心靈》，北京：生活‧讀書‧新知三聯書店，2018。

〔日〕松岡正剛：《日本という方法：おもかげ‧うつろいの文化》，東京：NHK出版，2006。

〔日〕白川靜著，陳強譯：《漢字的世界：中國文化的原點》，成都：四川人民出版社，2018。

〔日〕錢稻孫譯，《萬葉集精選集》，上海：上海書店出版社，2012。

〔日〕柄谷行人著，薛羽譯：《民族與美學》，西安：西北大學出版社，2016。

〔日〕笹原宏之：《日本の漢字》，東京：岩波書店，2006。

〔日〕吉野耕作著，劉克申譯：《文化民族主義的社會學：現代日本自我認同意識的走向》，北京：商務印書館，2004。

陳力衛：《東往東來：近代中日之間的語詞概念》，北京：社會科學文獻出版社，2019。

沈國威：《一名之立旬月踟躕：嚴復譯詞研究》，北京：社會科學文獻出版社，2019。

〔美〕亨廷頓著，周琪等譯：《文明的衝突與世界秩序的重建》，北京：新華出版社，2002。

〔以〕艾森斯塔特著，王曉山譯：《日本文明：一個比較的視角》，北京：商務印書館，2008。

〔英〕湯因比著，郭小凌等譯：《歷史研究》，上海：上海人民出版社，2010。

〔日〕福澤諭吉著，北京編譯社譯：《文明論概略》，北京：商務印書館，2007。

〔德〕雅斯貝爾斯著，李雪濤譯：《論歷史的起源與目標》，上海：華東師範大學出版社，2018。

〔英〕皮林著，張岩譯：《日本：生存的藝術》，北京：中信出版社，2020。

〔日〕大矢根淳等編，蔡驎等譯：《災害與社會 1：災害社會學導論》，北京：商務印書館，2017。

李澤厚：《美的歷程》，北京：生活・讀書・新知三聯書店，2012。

〔日〕大西克禮著，王向遠譯：《日本風雅》，長春：吉林出版集團，2012。

徐復觀：《中國藝術精神》，瀋陽：遼寧人民出版社，2019。

〔日〕岡倉天心、九鬼周造著，江川瀾等譯：《茶之書・「粹」的構造》，上海：上海人民出版社，2011。

〔日〕岡田武彥著，錢明譯：《簡素：日本文化的根本》，北京：社會科學文獻出版社，2016。

戴季陶：《日本論》，北京：九州出版社，2005。

〔德〕席勒著，張玉能譯：《審美教育書簡》，南京：譯林出版社，2009。

錢穆：《晚學盲言》，北京：九州出版社，2011。

〔法〕涂爾幹著，馮韵文譯：《自殺論》，北京：商務印書館，2005。

李永晶：《正眼看世界：歷史、國家與文明新論》，桂林：廣西師範大學出版社，2015。

〔美〕本尼迪克特著，呂萬和等譯：《菊與刀》，北京：商務印書館，2002。

〔日〕佐藤健志：《バラバラ殺人の文明論：家族崩壊というポップカルチャー》，東京：PHP 研究所，2009。

〔法〕范熱內普著，張舉文譯：《過渡禮儀》，北京：商務印書館，2016。

〔日〕諏訪春雄著，王保田等譯：《日本的祭祀與藝能》，南京：南京大學出版社，2013。

〔日〕山折哲雄：《神と仏 —— 日本人の宗教観》，東京：講談社，1983。

〔日〕鈴木範久著，牛建科譯：《宗教與日本社會》，北京：中華書局，2005。

楊慶堃著，范麗珠譯：《中國社會中的宗教》，成都：四川人民出版社，2016。

〔美〕伊利亞德著，晏可佳等譯：《神聖的存在：比較宗教的範型》，桂林：廣西師範大學出版社，2018。

〔法〕涂爾幹著，渠東等譯：《宗教生活的基本形式》，北京：商務印書館，2011。

〔日〕加地伸行：《沈黙の宗教 —— 儒教》，東京：筑摩書房，1996。

〔日〕九鬼周造著，彭曦等譯：《九鬼周造著作精粹》，南京：南京大學出版社，2017。

王汝梅：《王汝梅解讀〈金瓶梅〉》，長春：時代文藝出版社，2015。

〔日〕小谷野敦：《日本売春史》，東京：新潮社，2007。

〔荷〕布魯瑪著，倪韜譯：《日本之鏡：日本文化中的英雄與惡人》，上海：上海三聯書店，2018。

〔日〕沖浦和光著，張博譯：《「惡所」民俗志：日本社會的風月演化》，上海：上海三聯書店，2015。

〔日〕藤本箕山、九鬼周造、阿部次郎著，王向遠譯：《日本意氣》，長春：吉林出版集團，2012。

〔日〕梅原猛：《梅原猛、日本仏教をゆく》，東京：朝日新聞社，2009。

〔日〕佐伯順子著，韓秋韵譯：《愛慾日本》，北京：新星出版社，2016。

〔日〕上野千鶴子：《発情装置：エロスのシナリオ》，東京：筑摩書房，1998。

〔日〕上野千鶴子：《スカートの下の劇場》，東京：河出書房新社，1992。

〔日〕谷崎潤一郎著，鄭民欽等譯：《瘋癲老人日記》，海口：南海出版公司，2016。

〔德〕恩格斯：《家庭、私有制和國家的起源》，載《馬克思恩格斯選集》，第 4 卷，北京：人民出版社，2008。

〔法〕巴塔耶著，劉輝譯：《色情史》，北京：商務印書館，2004。

〔美〕莫德爾著，劉文榮譯：《文學中的色情動機》，上海：文匯出版社，2006。

〔法〕基爾伯著，莒蓓譯：《愛慾的統治》，北京：商務印書館，2019。

汪公紀：《日本史話》，北京：中國書籍出版社，2011。

〔英〕韓歇爾著，李晉忠等譯：《日本小史：從石器時代到超級強權的崛起》，北

京：北京聯合出版公司，2016。

〔日〕西嶋定生：《日本歷史の国際環境》，東京：東京大学出版会，1985。

〔日〕宮崎市定著，馬雲超譯：《謎一般的七支刀：五世紀的東亞與日本》，北京：中信出版社，2018。

〔日〕藤堂明保等譯註：《倭国伝：中国正史に描かれた日本》，東京：講談社，2010。

〔日〕丸山真男：〈開国〉，載《丸山真男集》，第 8 卷，東京：岩波書店，1996。

〔日〕朧谷壽、仁藤敦史著，韋平和譯：《倒敘日本史 04：平安・奈良・飛鳥》，北京：商務印書館，2018。

〔日〕鬼頭清明：〈七世紀後半の国際政治史試論：中国・朝鮮三国・日本の動向〉，載〔日〕上田正昭等編：《古代の日本と朝鮮》，東京：学生社，1974。

〔日〕舍人親王編：《日本書紀》，成都：四川人民出版社，2019。

〔日〕中村修也著，吳明浩譯：《天智天皇的日本：白村江之戰後的律令國家與東亞》，北京：社會科學文獻出版社，2019。

〔日〕杉山正明著，周俊宇譯：《忽必烈的挑戰》，北京：社會科學文獻出版社，2013。

姚大力：《追尋「我們」的根源：中國歷史上的民族與國家意識》，北京：生活・讀書・新知三聯書店，2017。

〔日〕賴山陽著，〔日〕久保天隨訂：《日本外史》，北京：北京大學出版社，2015。

〔日〕杉山正明著，孫越譯：《蒙古帝國的興亡》，北京：社會科學文獻出版社，2015。

〔日〕前阪俊之著，晏英譯：《太平洋戰爭與日本新聞》，北京：新星出版社，2015。

〔日〕梅津一朗：《蒙古襲来：対外戦争の社会史》，東京：吉川弘文館，1998。

〔日〕杉山正明著，黃美蓉譯：《遊牧民的世界史》，北京：中華工商聯合出版社，2014。

〔日〕北島萬次：《豊臣秀吉の朝鮮侵略》，東京：吉川弘文館，1995。

〔美〕貝里著，趙堅等譯：《豐臣秀吉：為現代日本奠定政治基礎的人》，南京：
　　江蘇人民出版社，2017。

鄭潔西：《跨境人員、情報網絡、封貢危機：萬曆朝鮮戰爭與 16 世紀末的東
　　亞》，上海：上海交通大學出版社，2017。

〔美〕鄧恩著，余三石等譯：《從利瑪竇到湯若望：晚明的耶穌會傳教士》，上海：
　　上海古籍出版社，2003。

〔美〕韓利著，張鍵譯：《近世日本的日常生活》，北京：生活‧讀書‧新知三聯
　　書店，2010。

〔美〕麥克萊恩著，王翔等譯：《日本史（1600–2000）》，海口：海南出版社，
　　2014。

葛兆光：《想像異域：讀李朝朝鮮漢文燕行文獻札記》，北京：中華書局，2014。

葛兆光：《宅茲中國：重建有關「中國」的歷史論述》，北京：中華書局，2011。

〔日〕北島正元著，米彥軍譯：《江戶時代》，北京：新星出版社，2019。

〔日〕藤井讓治著，劉晨譯：《江戶開幕》，北京：社會科學文獻出版社，2018。

覃啟勛：《朱舜水東瀛授業研究》，北京：人民出版社，2005。

梁啟超：《中國近三百年學術史》，北京：東方出版社，2003。

〔日〕桂島宣弘著，殷曉星譯：《從德川到明治：自他認識思想史》，北京：中國
　　社會科學出版社，2019。

〔日〕陸奧宗光著，趙戈非等譯：《蹇蹇錄》，北京：生活‧讀書‧新知三聯書店，
　　2018。

王芸生編著：《六十年來中國與日本》，北京：生活‧讀書‧新知三聯書店，
　　2005。

〔英〕凱恩斯著，張軍等譯：《和約的經濟後果》，北京：華夏出版社，2008。

孔祥吉、〔日〕村田雄二郎：《罕為人知的中日結盟及其他：晚清中日關係史新
　　探》，成都：巴蜀書社，2004。

廣西師範大學出版社編：《馬關議和中之伊李問答》，桂林：廣西師範大學出版
　　社，2008。

〔美〕任達著，李仲賢譯：《新政革命與日本：中國，1898–1912》，南京：江蘇人

民出版社，2006。

〔日〕實藤惠秀著，譚汝謙等譯：《中國人留學日本史》，北京：北京大學出版社，
　　2012。

〔美〕孔飛力著，陳兼等譯：《現代中國國家的起源》，北京：生活・讀書・新知
　　三聯書店，2013。

〔日〕纐纈厚著，顧令儀譯：《田中義一：日本總體戰爭體制的始作俑者》，北京：
　　社會科學文獻出版社，2017。

唐啟華：《被「廢除不同等條約」遮蔽的北洋修約史》，北京：社會科學文獻出版
　　社，2010。

〔意〕范士白著，趙京華整理：《日本的間諜》，北京：中國青年出版社，2012。

〔日〕緒方貞子著，李佩譯：《滿洲事變》，北京：社會科學文獻出版社，2015。

〔日〕田原総一郎：《日本の戰爭》，東京：小学館，2000。

解學詩：《偽滿洲國史》，北京：人民出版社，2008。

〔美〕入江昭著，李響譯：《第二次世界大戰在亞洲及太平洋的起源》，北京：社
　　會科學文獻出版社，2016。

〔日〕丸山真男著，陳力衛譯：《現代政治的思想與行動》，北京：商務印書館，
　　2018。

〔日〕藤原彰：《日中全面戰爭》，東京：小学館，1982。

〔美〕入江昭著，吳焉譯：《權力與文化：日美戰爭（1941–1945）》，北京：中信
　　出版社，2019。

茅海建：《近代的尺度：兩次鴉片戰爭軍事與外交》，北京：生活・讀書・新知
　　三聯書店，2011。

〔日〕加藤祐三著，蔣豐譯：《黑船異變：日本開國小史》，北京：東方出版社，
　　2014。

〔美〕貝拉著，王曉山、戴茸譯：《德川宗教：現代日本的文化淵源》，北京：生
　　活・讀書・新知三聯書店，1998。

〔日〕小路田泰直：《日本史の思想：アジア主義と日本主義との相克》，東京：
　　柏書房，1997。

〔日〕和田春樹著，易愛華等譯：《日俄戰爭：起源和開戰》，北京：生活‧讀書‧新知三聯書店，2018。

羅福惠：《非常的東西文化碰撞：近代中國人對「黃禍論」及人種學的回應》，北京：北京大學出版社，2018。

嚴安生著，陳言譯：《靈台無計逃神矢：近代中國人留日精神史》，北京：生活‧讀書‧新知三聯書店，2018。

〔美〕麻田貞雄著，朱任東譯：《宿命對決：馬漢的幽靈與日美海軍大碰撞》，北京：新華出版社，2018。

〔日〕鳥海靖編，歐文東等譯：《近代日本的機運》，北京：社會科學文獻出版社，2014。

〔美〕格魯著，沙青青譯：《使日十年》，北京：社會科學文獻出版社，2020。

〔日〕服部卓四郎著，張玉祥等譯：《大東亞戰爭全史》，北京：世界知識出版社，2016。

〔日〕竹內好：《竹內好全集》，第 14 卷，東京：筑摩書房，1981。

〔美〕道爾著，韓華譯：《無情之戰：太平洋戰爭中的種族與強權》，北京：中信出版社，2019。

〔日〕井上壽一：《日中戰爭下の日本》，東京：講談社，2007。

〔日〕前田哲男著，王希亮譯：《從重慶通往倫敦、東京、廣島的道路 —— 二戰時期的戰略大轟炸》，重慶：重慶出版社，2015。

〔日〕伊香俊哉著，韓毅飛譯：《戰爭的記憶：中日兩國的共鳴和爭執》，北京：社會科學文獻出版社，2016。

王國林：《1942：轟炸東京》，北京：生活‧讀書‧新知三聯書店，2016。

〔美〕內伯格著，宋世鋒譯：《1945：大國博弈下的世界秩序新格局》，北京：民主與建設出版社，2019。

〔日〕高橋哲哉著，徐曼譯：《國家與犧牲》，北京：社會科學文獻出版社，2008。

〔日〕小森陽一著，陳多友譯：《天皇的玉音放送》，北京：生活‧讀書‧新知三聯書店，2004。

〔日〕西尾幹二：《天皇と原爆》，東京：新潮社，2014。

〔日〕岡倉覚三：《茶の本》，東京：岩波書店，1991。

〔美〕惠特尼著，王泳生編譯：《麥克阿瑟：1880–1964》，北京：京華出版社，2008。

〔美〕曼徹斯特著，黃瑤譯：《美國的凱撒大帝：麥克阿瑟》，北京：中信出版社，2017。

〔美〕道爾著，胡博譯：《擁抱戰敗：第二次世界大戰後的日本》，北京：生活‧讀書‧新知三聯書店，2008。

〔日〕田中利幸等著，梅小侃譯：《超越勝利者之正義：東京戰罪審判再檢討》，上海：上海交通大學出版社，2014。

〔日〕中里成章著，陳衛平譯：《帕爾法官：印度民族主義與東京審判》，北京：法律出版社，2014。

〔日〕孫崎享著，郭一娜譯：《日美同盟真相》，北京：新華出版社，2014。

〔日〕外岡秀俊等：《日米同盟半世紀：安保と密約》，東京：朝日新聞社，2001。

〔日〕毛里和子著，徐顯芬譯：《中日關係 —— 從戰後走向新時代》，北京：社會科學文獻出版社，2009。

〔美〕費正清編，杜繼東譯：《中國的世界秩序：傳統中國的對外關係》，北京：中國社會科學出版社，2010。

〔日〕赤嶺守：《琉球王国：東アジアのコーナーストーン》，東京：講談社，2004。

〔日〕西里喜行著，胡連成等譯：《清末中琉日關係史研究》，北京：社會科學文獻出版社，2010。

〔日〕安岡昭男，胡連成譯：《明治前期日中關係史研究》，福州：福建人民出版社，2007。

〔日〕新崎盛輝：《沖繩現代史》，東京：岩波書店，2005。

〔日〕岩波書店編，陳言等譯：《記錄‧沖繩「集體自殺」審判》，上海：上海譯文出版社，2016。

〔日〕矢吹晉著，張小苑等譯：《釣魚島衝突的起點：沖繩返還》，北京：社會科學文獻出版社，2016。

〔美〕麥考馬克、〔日〕乘松聰子著，董亮譯：《沖繩之怒：美日同盟下的抗爭》，北京：社會科學文獻出版社，2015。

〔日〕細谷千博、本間長世編：《日米関係史：摩擦と協調の一四〇年》（新版），東京：有斐閣，1991。

〔美〕沃爾克、〔日〕行天豐雄著，于傑譯：《時運變遷：世界貨幣、美國地位與人民幣的未來》，北京：中信出版社，2016。

〔英〕洪特著，霍偉岸等譯：《貿易的猜忌：歷史視角下的國際競爭與民族國家》，南京：譯林出版社，2016。

〔日〕園部逸夫著，陶旭譯：《思考皇室制度》，北京：社會科學文獻出版社，2012。

〔日〕安萬侶著，周作人譯：《古事記》，上海：上海人民出版社，2015。

〔日〕福永光司：《道教と古代日本》，京都：人文書院，1987。

〔德〕盧克曼著，覃方明譯：《無形的宗教：現代社會中的宗教問題》，北京：中國人民大學出版社，2005。

〔美〕斯特倫斯基著，李創同等譯：《二十世紀的四種神話理論：卡西爾、伊利亞德、列維 —— 斯特勞斯與馬林諾夫斯基》，北京：生活·讀書·新知三聯書店，2012。

〔美〕伯格、盧克曼著，汪湧譯：《現實的社會構建》，北京：北京大學出版社，2009。

〔日〕安丸良夫著，劉金才等譯：《近代天皇觀的形成》，北京：北京大學出版社，2010。

〔法〕布洛赫著，張緒山譯：《國王神跡：英法王權所謂超自然性研究》，北京：商務印書館，2018。

〔法〕列維—施特勞斯著，楊德睿譯：《神話與意義》，開封：河南大學出版社，2016。

〔日〕北岡伸一：《自民党：政権党の 38 年》，東京：中央公論新社，2008。

〔意〕薩托利：《政黨與政黨體制》，北京：商務印書館，2006。

〔美〕斯塔林著，陳憲等譯：《公共部門管理》，上海：上海譯文出版社，2003。

〔日〕辻清明著，王仲濤譯：《日本官僚制研究》，北京：商務印書館，2008。

〔美〕科爾著，周保雄譯：《犬與鬼》，北京：中信出版社，2006。

〔美〕約翰遜著，金毅等譯：《通產省與日本奇跡：產業政策的成長（1925–1975）》，長春：吉林出版集團，2010。

〔日〕飯尾潤：《日本の統治構造》，東京：中央公論新社，2007。

〔日〕野口悠紀雄：《1940 年体制：さらば戦時経済》，東京：東洋経済新報社，2002。

李永晶：《馬克斯·韋伯與中國社會科學》，上海：華東師範大學出版社，2015。

〔日〕新渡戶稻造著，張俊彥譯：《武士道》，北京：商務印書館，1993。

〔美〕斯托克斯著，于是譯：《美與暴烈：三島由紀夫傳》，北京：北京聯合出版公司，2020。

〔日〕三島由紀夫著，隰桑譯：《葉隱入門》，南京：江蘇文藝出版社，2010。

唐月梅：《怪異鬼才 —— 三島由紀夫》，北京：九州出版社，2015。

〔日〕豬野健治著，張明揚等譯：《日本的右翼》，北京：東方出版社，2013。

沈國威編著：《漢語近代二字詞研究：語言接觸與漢語的近代演化》，上海：華東師範大學出版社，2019。

〔日〕東浩紀：《観光客の哲学》，東京：株式会社ゲンロン，2017。

〔美〕弗朗西斯·福山著，郭華譯：《信任：社會美德與創造經濟繁榮》，桂林：廣西師範大學出版社，2016。

〔日〕常盤文克著，董旻靜譯：《創新之道：日本製造業的創新文化》，北京：知識產權出版社，2007。

〔日〕稻盛和夫著，曹岫雲譯：《幹法》，北京：機械工業出版社，2018。

〔日〕北康利著，徐藝乙譯：《工匠之國：日本製造如何走向卓越》，北京：中信出版社，2018。

宋應星著，潘吉星譯註：《天工開物》，上海：上海古籍出版社，2016。

〔德〕薛鳳著，吳秀傑等譯：《天工開物：17 世紀中國的知識與技術》，南京：江蘇人民出版社，2015。

〔日〕藤本隆宏等：《ものづくり経営学：製造業を超える生産思想》，東京：光

文社新書，2007。

〔日〕藤本隆宏：《日本のもの造り哲学》，東京：日本経済新聞出版社，2004。

〔日〕伊丹敬之：《日本型コーポレートガバナンス：従業員主権企業の論理と改革》，東京：日本経済新聞出版社，2000。

〔日〕盛田昭夫、下村滿子著，周徵文譯：《日本製造：盛田昭夫的日式經營學》，北京：中信出版社，2016。

〔美〕西倫著，王星譯：《制度是如何演化的：德國、英國、美國和日本的技能政治經濟學》，上海：上海人民出版社，2010。

〔法〕科耶夫著，邱立波譯：《法權現象學》，上海：華東師範大學出版社，2011。

〔美〕ジェームス・C・アベグレン著，〔日〕山岡洋一譯：《日本の経営》，東京：日本経済新聞出版社，2004。

〔美〕レナード・ショッパ著，〔日〕野中邦子譯：《「最後の社会主義国」日本の苦闘》，東京：毎日新聞社，2007。

〔日〕武川正吾著，李蓮花等譯：《福利國家的社會學：全球化、個體化與社會政策》，北京：商務印書館，2011。

〔日〕小峰隆夫編：《超長期予測老いるアジア：変貌する世界人口・経済地図》，東京：日本経済新聞出版社，2007。

〔法〕勒納烏爾、瓦朗蒂著，高煜譯：《不存在的孩子：19–20 世紀墮胎史》，北京：中國人民大學出版社，2012。

〔日〕金子勇：《少子化する高齢社会》，東京：NHK 出版，2006。

〔日〕保阪正康：《「靖国」という悩み》，東京：毎日新聞社，2007。

〔日〕赤澤史朗：《靖国神社》，東京：岩波書店，2005。

〔日〕波多野澄雄著，馬靜譯：《國家與歷史：戰後日本的歷史問題》，北京：社會科學文獻出版社，2016。

〔美〕安德森著，吳睿人譯：《想像的共同體》，上海：上海人民出版社，2011。

〔日〕白井聡：《永続敗戦論：戦後日本の核心》，東京：太田出版，2013。

〔美〕ジョン・W・ダワー、ガバン・マコマック著，〔日〕明田川融、吉永ふさ子譯：《転換期の日本へ：「パックス・アメリカーナ」か「パックス・ア

ジア」か》，東京：NHK 出版，2014。

〔英〕E・H・卡爾著，陳恒譯：《歷史是什麼？》，北京：商務印書館，2017。

後記

　　本書是我計劃中的「日本三部曲」的第二部。我最初設想，在書中提出一種包括性的解釋框架，而不再局限於特定的時代和事件。但在具體構想和寫作過程中，我意識到這個目標並不容易實現。於是我嘗試再次聚焦於人們所關注的日本文化、歷史與社會領域中的特定事件或現象，讓它們在我們的問題意識中得到重新的解釋，並期待藉此獲得新的認知。

　　當然，這種嘗試並非沒有益處。孟子云：「觀水有術，必觀其瀾。」我們只需觀察水面的波瀾，就能夠獲知水體、水源乃至一般的水文特徵。在本書中，我正是通過再現日本二千年演化史中的一些波瀾壯闊之處，通過分析現代日本在政治、經濟與文化上的一些卓異表現，試圖將這個共同體的演化歷程呈現出來。在這個過程中，此前曾經讓我們感到奇異甚至不可理喻的一些現象，自然褪去了它們或曖昧或神秘的面紗，顯現出了真實的面目。

　　我在本書中試圖重新理解的不僅僅是日本，更是我們自身。從根本上説，二千年來的日本歷史與文化所顯現出的種種「異象」，更多的是我們觀察者心智的產物。我們中國人觀察日本的心智，初開於 19 世紀中後期。在東西交匯的世界史進程中，我們開始了艱難的自我更新的歷程。明治維新後，日本率先從危機中突圍而出，隨即成為中國面臨的「艱難」的一部分，但也是促使傳統中國進行自我「更新」的一種動力機制。

　　在某種意義上，今天的日本依然扮演著同樣的角色，這得益於日本在文明進程中的位置。因時制宜，與時協行，君子豹變，這是日本文明演進的根本機制。「齊一變，至於魯；魯一變，至於道。」從 7 世紀的大化改新到 19 世紀的明治維新，再到第二次世界大戰後的民主化改革，日本這個古老的民族最終走上了文明發展的正道，如今已經行進至人類文明發展的前列。

　　晚清著名的外交家、曾出任日本大使的黎庶昌（1837–1898）有言：「君子之觀於人國者，第取其長而已。」這同樣是我們今日觀察日本乃至觀察世界列

國的不二法門。因此，本書多用力於對日本「長處」的揭示和分析。我們只有看到其他國家與民族的長處，才能形成激勵自己進取的意志。我們已經看到，現代日本之所以在科學、技術、藝術、文化等領域異彩紛呈，實得益於人類文明自身的哺育。「一明珠內，萬象俱現。」如果將人類文明比作一顆明珠，那麼我們在現代日本的身上就看到了這顆明珠的真實光華。讓人類文明的明珠持續生輝，而不是讓其蒙垢，每一個民族、每一個人都責無旁貸。

本書重述日本二千年演進歷程的最終目的，其實就是要為我們優化自身的心智結構服務。因此，我在本書中對日本演化進程中的每一個節點、事象的描述，在深層的意義上都指向了精神分析的目標。這其實是一種理論探索。我期待本書的這種嘗試，對我們的自我認知與理解、對我們內心的豐富能有所助益。

在撰寫的過程中，我一再經歷了從日本觀察中國、從中國觀察日本以及從中日兩國觀察世界的反覆的認知過程。這當然不是刻意為之，而是在各種具體情境中的自然反應。進而言之，藉助「他者」的眼光重新審視「自我」，在判斷人類事務時形成一個一以貫之而非雙重的標準，正是我所理解的現代人文社會科學研究的意義所在。

本書表述的一些想法最初出現於 2009 年我在汕頭大學法學院開設的「現代日本社會論」、「日本地方政府」與「東亞政治制度」三門本科課程的講稿中。隨後在華東師範大學的教學與研究過程中，這些想法得到了進一步的發展。2018年 3 月，「得到 App」約我撰寫關於日本的音頻課程，我獲得了將此前的想法整理成文的機會。在此我要對羅振宇先生及其團隊致以特別的謝意。

在最終形成書稿的過程中，本書編輯提出了非常珍貴的閱讀反饋和修改意見，在此我也要再次表達謝忱。然而，由於學殖不足，言不逮意，拙筆未能將本書部分主題涉及的閫奧之處完全呈現，對於未涉及的主題更只能存而不論，為此我要向讀者表達歉意，也請各位方家不吝批評賜教。

作者謹識

於崑山市花橋鎮寓所

2020 年 7 月 6 日

策劃編輯　梁偉基

責任編輯　朱卓詠

書籍設計　陳朗思

書籍排版　吳丹娜

書　　名　變異：日本二千年

著　　者　李永晶

出　　版　三聯書店（香港）有限公司

　　　　　香港北角英皇道四九九號北角工業大廈二十樓

香港發行　香港聯合書刊物流有限公司

　　　　　香港新界荃灣德士古道二二〇至二四八號十六樓

印　　刷　美雅印刷製本有限公司

　　　　　香港九龍觀塘榮業街六號四樓 A 室

版　　次　二〇二三年九月香港第一版第一次印刷

規　　格　十六開（165 mm × 230 mm）四八〇面

國際書號　ISBN 978-962-04-5099-0

© 2023 三聯書店（香港）有限公司

Published & Printed in Hong Kong, China.